Ullstein

## ÜBER DIESES BUCH

Hans Georg Pragers authentische Berichte lassen den Leser die gefährlichen Rettungseinsätze hautnah miterleben. Ob bei schweren Grundbrechern über den Riffen von Helgoland oder im Orkan vor der Küste Islands, ob Schneeböen oder Nebelnächte auf See – bei Wind und Wetter riskieren die »Retter ohne Ruhm« ihr Leben.

Der Autor weiß aus eigener Erfahrung, was auf den Booten unter dem roten Hansekreuz geleistet werden muß. Jeder seiner packenden Berichte macht deutlich, daß es die vordringlichste Aufgabe der Rettungsmannschaften ist, Menschleben zu retten. Prager informiert aber auch – in gewohnt versierter Weise – über die gesamte Geschichte des Rettungswesens und über die neuesten Entwicklungen, über den Einsatz von Ruderrettungsbooten und Rettungsraketen sowie über die Ausstattung der modernen Seenotkreuzer und Seenotrettungsboote. Aber auch die oft genug dramatischen Einsätze der Seenotflieger in den SAR-Hubschraubern werden zur miterlebten Realität.

In der mit völlig neuem Bildmaterial versehenen Auflage des packenden Reportage-Sachbuches entdeckt der Leser aber auch die großartige und bewegende »Brotherhood of the sea« – eine Internationale der praktizierten Menschlichkeit, die niemanden unbeteiligt läßt.


## DER AUTOR

Hans Georg Prager, Jahrgang 1925, ist Schiffskonsulent und Fregattenkapitän der Reserve beim Such- und Rettungsdienst (SAR) der Marine. Er hat bisher 22 Reportage-Sachbücher veröffentlicht, die teilweise bis zu 15 Auflagen erlebten.

Hans Georg Prager

# Retter ohne Ruhm

## Das Abenteuer der Seenothilfe

Mit 35 Abbildungen
und 3 Karten

Ullstein

Ullstein Buchverlage GmbH & Co. KG,
Berlin
Taschenbuchnummer: 24618

Ungekürzte Ausgabe
August 1999

Umschlaggestaltung:
Hansbernd Lindemann
Illustration: YPS Hamburg
Alle Rechte vorbehalten
© 1978, 1993 by Koehlers Verlagsgesellschaft, Herford
Taschenbuchausgabe mit freundlicher Genehmigung
der Koehlers Verlagsgesellschaft, Hamburg
Printed in Germany 1999
Gesamtherstellung: Clausen & Bosse, Leck
ISBN 3 548 24618 4

Gedruckt auf alterungsbeständigem Papier
mit chlorfrei gebleichtem Zellstoff

Die Deutsche Bibliothek – CIP-Einheitsaufnahme

**Prager, Hans Georg:**
Retter ohne Ruhm: das Abenteuer der Seenothilfe / Hans Georg Prager. –
Ungekürzte Ausg. – Berlin: Ullstein, 1999
(Ullstein-Buch; Nr. 24618)
ISBN 3-548-24618-4

# Inhalt

*Mensch sein heißt*
*Verantwortung fühlen, sich schämen beim*
*Anblick einer Not,*
*auch dann, wenn man selber spürbar keine*
*Mitschuld an ihr hat –*
*stolz sein auf den Erfolg der Kameraden –*
*und persönlich seinen Stein beitragen in dem*
*Bewußtsein,*
*mitzuwirken am Bau der Welt.*
ANTOINE DE SAINT-EXUPÉRY

# »Ketzerische« Gedanken

»Man sollte sich auf nichts verlassen, was heute ausposaunt, zur Schau gestellt, versucht und gepriesen wird. Alles miteinander wird rascher verschwinden, als es kam. … Wir haben es mit dem widerspruchsvollen Fall eines Lebensstils zu tun, der Echtheit predigt und zugleich eine Fälschung ist. Kein heutiger Politiker ist von der Unabwendbarkeit seiner Politik überzeugt, und je extremer seine Gebärde, um so windiger ist sie, um so weniger vom Schicksal gefordert.«

Liest man solche Worte, hält man sie für ein Produkt unserer Tage, in denen es sich jeder zu leicht macht, der mit dem Schlagwort »Politikverdrossenheit« hausieren geht. Die Sätze stammen jedoch von dem spanischen Philosophen José Ortega y Gasset. Sie wurden geprägt im Jahre 1930, vor mehr als sechs Jahrzehnten. In Ortegas »Aufstand der Massen« heißt es außerdem: »Andererseits sinkt dieses mein Leben, das nur mich angeht, wenn ich es nicht in den Dienst einer Sache stelle, haltlos zusammen ohne Spannung und ohne Form. Wir sehen heute viele Menschen in ihrem eigenen Labyrinth verlorengehen, weil nichts da ist, was ihre Hingabe fordert.«

Vielleicht ist das Gesagte Schlüssel dafür, warum eine bereits 1865 gegründete und damit sozusagen altehrwürdige Institution wie die Deutsche Gesellschaft zur Rettung Schiffbrüchiger eine derart uneingeschränkte Hochachtung genießt. Sie blieb sich selbst und ihrem humanitären Auftrag

immer treu. Mit Hingabe handelt sie dynamisch-traditions-
bewußt. Wie ein fahrendes Schiff stets wieder seinen Standort neu bestimmen muß, mit welchen Mitteln auch immer,
so prüft diese gemeinnützige Gesellschaft unterm roten
Hansekreuz immer wieder, wie sie ihren Auftrag mit best-
möglicher Technik, jeweils auf der Höhe ihrer Zeit, erfüllt.

Sie war und ist seit 1865 jeweils so modern wie möglich,
ohne je einem billigen Zeitgeist zum Opfer zu fallen. Sie ist
unanfechtbar glaubwürdig geblieben und beschämt den zur
Lustseuche gewordenen radikalen Kulturpessimismus bis
auf die Knochen – damit auch Eugène Ionesco mit seiner
leichtfertigen Aussage: »Man wagt nicht mehr zu sagen: Im
Namen der Nächstenliebe ... Geheuchelt ist das Lächeln des
Humanismus ... Wer die anderen liebt, ist verrückt.«

Wenn das tatsächlich so wäre, ergäbe sich zu Recht die
Frage, wie es dann möglich ist, daß im wiedervereinigten
Deutschland allein 1,36 Millionen Feuerwehrleute für die
anderen in den Einsatz gehen. Und wie erklärt sich insgesamt die »Brotherhood of the Sea«, jene faszinierende »Internationale« der Rettungsmänner und Seenotflieger, deren
Kameradschaft und Einsatzmut bei eigener höchster Lebensgefahr uneingeschränkt weiterexistiert? In dieser überzeu-
genden humanitären Gesinnung gibt es keine politischen
Grenzen. Da steht der polnische »Ratowniectwo Okre-
towe« sozusagen Schulter an Schulter mit der »Svenska Sällskapet för Räddning af Skeppsbrutne«, die britische »Royal
National Life Boat Institution« mit der französischen »Société Nationale de Sauvetage en Mer«. Der internationale
Erfahrungsaustausch der »Life Boat Conferences« macht sie
weltweit zu Kollegen mit derselben bewundernswerten
Grundeinstellung. Die finden wir bei der »Koninklijke
Noord- en Zuid-Hollandsche Redding-Maatschappij« nicht
ein Deut anders als bei der japanischen »Nihon Suinan Kyu-
saikai«.

Die Sensationsgier, mit der sich Massenmedien auf jede

Art Gewaltanwendung bis zum brutalen Terrorismus und zum zynischen Raubmord, vom unartikulierten Protestgeschrei bis zu anderen Formen des Dagegenseins um jeden Preis stürzen, verzerrt die Maßstäbe.

In Wirklichkeit setzt sich das Leben und Treiben in unserer Zeit wie seit je aus Hell und Dunkel, Gut und Böse zusammen. Und sicherlich behält das Schiller-Wort aus dem »Don Carlos« seine Gültigkeit: »Die Wahrheit ist vorhanden für den Weisen, die Schönheit für ein fühlend Herz.«

Es ist für Sehende durchaus beglückend, wieviel Erfindergeist und Energie für immer weitere Vervollkommnung der Seenotrettungsdienste investiert wird und mit welcher Bravour in allen Kontinenten Rettungseinsätze im Geiste einer phrasenlosen Humanitas gefahren und geflogen werden. Freilich verstehen sich Rettungsmannschaften aller Art nicht aufs Showgeschäft. Sie reden nicht, sondern sie handeln. Darum werden sie so wenig bemerkt – was nichts daran ändert, daß sie sich einer breiten Sympathie der Öffentlichkeit erfreuen.

Tatsächlich wüßte ich nicht zu sagen, warum eine Institution wie die traditionsreiche Deutsche Gesellschaft zur Rettung Schiffbrüchiger am Ende unseres Jahrhunderts nicht ebensoviel Bewunderung verdient, wie sie ihr schon im vorigen Jahrhundert entgegengebracht wurde. Retten und helfen, unter Einsatz des eigenen Lebens, ist schwieriger, aber wertvoller als krakeelen, rauben und zündeln oder gar morden. Bis jetzt haben die Boote unterm roten Hansekreuz rund 55000 Menschen aus der See geholt. Das entspricht der gesamten Bevölkerung einer Mittelstadt. Und das alles funktionierte mit ungebrochenem Ethos auf der Basis freiwilliger Spenden, Mitgliedsbeiträge und Zuwendungen mit dem denkbar kleinsten Verwaltungsaufwand. Es geschieht unter ausdrücklich erklärtem Verzicht auf staatliche Zuschüsse – darum fehlt auch jede Bürokratie!

Bei jedem Unwetter gehen meine Gedanken hinaus auf die

stürmische See – zu denen, die mal wieder im Einsatz sind – wie schon ihre Väter, Großväter, Urgroßväter. Hier braucht sich keine Generation vor der anderen zu verstecken.

Ich widme dieses Buch allen Seenotrettern der Welt. Und mit Ehrfurcht gedenke ich derer, für die es keine Rückkehr mehr gegeben hat.

*Hans Georg Prager*

# Die Ostsee läuft Amok

In der Nacht zum 14. Januar 1993 nimmt das Jaulen und Tosen im Dachgeschoß der Station Kap Arkona des Deutschen Wetterdienstes immer weiter zu. Der Blick auf die Wetterkarte läßt das Schlimmste befürchten.

Soeben hat der Meteorologe vom Dienst seine Stationsmeldungen, das sogenannte Wetter-Obs, an die Zentrale des Deutschen Wetterdienstes in Offenbach und an das Seewetteramt Hamburg abgesetzt, als ein dumpfer heftiger Schlag das ganze Gebäude erzittern läßt.

Rasch wirft sich der »Wetter-Doktor« den Anorak über und stürzt mit dem Handscheinwerfer ins Freie, um nach dem Rechten zu sehen. Ein großer Ast ist von einem der benachbarten Bäume abgebrochen und mit voller Wucht aufs Dach der Wetterwarte geschmettert worden.

Draußen bieten die wie Furien umherwedelnden, kahlen Baumkronen im regelmäßig aufleuchtenden Widerschein der Dreier-Blitzgruppe des 22 Seemeilen weit sichtbaren Leuchtfeuers Kap Arkona ein gespenstisches Bild. Nachtschwarze Wolken jagen über diesen nördlichsten Punkt von Mecklenburg-Vorpommern.

Drüben im Instrumentenfeld, jenseits der Straße, rast das Schalenkreuz-Anemometer wie eine durchgegangene Turbine.

Nach Rückkehr ins Haus liest der Meteorologe die neuen Meßwerte ab: Windgeschwindigkeit 46 Meter pro Sekunde, in den Böen bereits 62 m/sec. Windstärke 12 ist also längst überschritten. Der Orkan faucht aus 260 Grad und damit fast genau aus Westen.

Es ist eine scheußliche Nacht. Gnade Gott dem, der jetzt draußen auf See sein muß. Schlagartig verlöscht das Licht in der Wetterwarte. Die wichtigste Überlandleitung zur Stromversorgung der Insel Rügen hat einen schweren Orkanschaden erlitten. Binnen 15 Sekunden springt jetzt das Notstromaggregat des Leuchtfeuers Kap Arkona an, so daß der charakteristische dreifache Lichtblitz auch weiterhin vor dem gefährlichen Felsenkap warnt und der Schiffahrt zwischen mittlerer und westlicher Ostsee sowie zwischen Sund und Ostsee als Ansteuerungspunkt und Peilmarke dienen kann.

Ausgefallen ist jedoch durch den Leitungsbruch die zentrale UKW-Relaisstation Putbus/Rügen, die im September 1991 eingerichtet wurde und die drahtlose Kommunikation mit den unbemannten UKW-Stationen Greifswalder Oie, Arkona und Darßer Ort ermöglicht. Putbus Radio steht über eine gemietete Post-Standleitung jederzeit mit der Seenotleitung der Deutschen Gesellschaft zur Rettung Schiffbrüchiger (DGzRS) in der Werderstraße der Hansestadt Bremen in Verbindung. Die Seenotleitung nennt sich im internationalen Sprachgebrauch MRCC = Maritime Rescue Coordination Centre. Seit Inbetriebnahme der Relaisstation Putbus deckt das MRCC Bremen sein SARCOM-Netz von Borkum bis hinüber nach Usedom und zum Stettiner Haff/Oderhaff lückenlos ab.

SARCOM bedeutet »Search and Rescue Communication«. Jeder Seenotkreuzer und jedes von den kleineren Seenotrettungsbooten steht über dieses Netz jederzeit so laut und klar mit dem MRCC Bremen in Sprechfunkverbindung, als befände sich der Gesprächsteilnehmer im gleichen Ort.

Aber jetzt hat Putbus unerwartet einen Totalausfall. Ausgerechnet in diesem Augenblick tritt ein schwerer Seenotfall ein. Die Küstenfunkstelle Rügen Radio nimmt den verstümmelten Notruf der polnischen Frachtfähre JAN HEWELIUSZ auf, die mit 63 Menschen an Bord zu kentern droht. Rügen Radio arbeitet mit eigenem Notstromaggregat weiter. Das Sprechfunk-Codewort »Mayday« für den SOS-Fall hat die Küstenfunker sofort in höchste Spannung versetzt. Aber die Positionsangabe kam unvollständig an. Rügen Radio konnte nur »16 Seemeilen – Arkona« heraushören, aber ohne geografischen Bezug. Ist das nun westlich, nördlich, östlich von Rügens Nordspitze?

Sofort wird der Notruf bestätigt, aber das polnische Ro-Ro-Schiff antwortet nicht. Entweder brach ihm die Antenne weg, oder es ist schon das Allerschlimmste passiert.

Umgehend wird die Seenotleitung Bremen verständigt. Sie bemerkt den Ausfall der SARCOM-Station Putbus, alarmiert deshalb über den Telefon-Landanschluß den Seenotkreuzer ARKONA im Hafen von Saßnitz.

Bei Ertönen der Alarmglocke »fallen« die Rettungsmänner blitzschnell in ihre griffbereit gelegten orangeroten, wasserdichten Überlebensanzüge. Der zur Zeit die ARKONA führende stellvertretende Vormann Hermann Beilfuß ist sofort ans Telefon gesprungen und nimmt von MRCC Bremen die Anordnung entgegen, ersatzweise über Grenzwelle mit Rügen Radio Kontakt aufzunehmen, während der Maschinist bereits die ständig vorgeglühten und deshalb jederzeit startbereiten Diesel anwirft und die beiden anderen Besatzungsmitglieder das Loswerfen der Festmacher-Leinen vorbereiten.

Hermann Beilfuß läßt nun das Telefonkabel abschlagen und ruft: »Los vorn und achtern!« Mit seinen beiden Seitenmaschinen, Achtzylinder-Diesel von je 780 PS (547 kW), legt Seenotkreuzer ARKONA vom Liegeplatz ab. Die Fahrhebel werden auf »Voll voraus« gelegt. Der 1632 PS (1200 kW) starke Mittelmotor des Drei-Schrauben-Schiffes wird wegen des zu erwartenden Seegangs nicht mit eingesetzt. Die ARKONA kann bei diesen Wetterverhältnissen ihre volle Geschwindigkeit von 24 Knoten gar nicht zum Tragen bringen. Aber 20 Knoten Fahrt sind es doch, mit denen der Seenotkreuzer jetzt auf die Saßnitzer Ansteuerungstonne zuprescht. Die vier Männer an Bord wissen, auf was sie sich gefaßt machen müssen. Es wird bei diesem vollen Orkan eine Höllenfahrt, sobald man aus der Landabdeckung des Kreidefelsen-Hochufers der Stubnitz hinausgelangt.

Die erst am 28. August 1992 feierlich in Saßnitz getaufte und damit offiziell in Dienst gestellte ARKONA ist im Augenblick dieses Seenotfalls Deutschlands modernster Seenotkreuzer, Namensnachfolger der kaum halb so schnellen alten ARKONA vom polnischen Typ R 17. Die neue ARKONA, vom Typ »Großer Seenotkreuzer« der BERLIN-Klasse, wird in dieser Nacht ihre Feuertaufe erhalten. Das ist gewiß.

Noch immer fegt die ARKONA durch halbwegs ruhiges Wasser, sofern es das bei diesem Kuhsturm überhaupt irgendwo gibt. Aber der Kreuzer kann wenigstens die mit den Seitenmaschinen erzielbare Geschwindigkeit von 20 Knoten halten, was einer Fahrt von über 37 km/h entspricht. Durch eine kluge Kombination von unbegrenzt seetüchtigem »Verdrängungsboot« und schnellem »Gleitboot« sind die deutschen Seenotkreuzer international die schnellsten ihrer Art.

Jetzt ertönt es laut und klar über den Grenzwellen-Empfänger: »Seenotkreuzer ARKONA, ARKONA von Radio Rügen: Es wurden Rotfeuer gesichtet. Die Notrufposition ist demnach *ostwärts* vom Kap Arkona!« »Rügen Radio von Seenotkreuzer ARKONA: Verstanden, nehmen Kurs auf das angegebene Seegebiet!«

Mit dem Abscheren aus der Landabdeckung der Stubnitz beginnt der Tanz, der zu einer Art Veitstanz wird, sobald sich an Backbord die Tromper Wiek weit geöffnet hat und der Orkan volle Angriffsmöglichkeit bekommt. In der steilen und hohen See ist das Schiff ein Spielball der Wellen. Der Kreuzer verfällt in Rollwinkel bis zu insgesamt 80 Grad, er wedelt zum Gotterbarmen hin und her, denn zwangsläufig kommen nun die Orkanseen genau von der Seite.

Es ist allerhöchste Eile geboten, denn die Überlebenschance für im Wasser befindliche Schiffbrüchige ist bei den jetzt gemessenen Wassertemperaturen von nur 3 Grad Celsius äußerst gering. Die Unterkühlung dürfte lebensbedrohlich sein, so daß es für die Rettungsmänner der ARKONA jetzt keine Rücksicht auf die eigene Person geben kann. Schauerböen überschütten den Seenotkreuzer erbarmungslos, Brecher prasseln an Deck. Die Sicht ist fast Null in der brodelnden See. Ein Augenpaar behält den Radarschirm genau im Auge, drei andere Augenpaare spähen angestrengt in das Geifern und Schwallen der See. Beide Seitenscheinwerfer sind angestellt und kämmen die Wellentäler und Wellenberge ab.

»Da ist ein Echo!« ruft der Radarbeobachter, »Richtung 42 Grad.« Tatsächlich gibt eine zerstiebende Gischtwolke bald darauf die Sicht in der angegebenen Richtung etwas frei. Und dort blinkt es jetzt in der See »verräterisch« auf. Das sind Reflektorstreifen einer Rettungsinsel! Man sieht schließlich das Zeltdach einer wild umhertänzelnden Rettungsinsel.

Behutsam manövriert »Stüermann« Beilfuß, wie sie ihn nennen, mit geschicktem Wechselspiel der beiden Fahrhebel, den mal von einer See nach oben gestemmten, dann wieder fahrstuhlartig nach unten wegsausenden Seenotkreuzer von der Leeseite, von der Mitwind-Richtung, an die Rettungsinsel heran. Nun berge mal jemand bei diesem Teufelstanz die Schiffbrüchigen!

Mal liegen die Rettungsmänner, wie es scheinen will, waagerecht freischwebend in der Luft, dann stehen sie wieder bis zum Hals im Wasser. So geht es nicht weiter. Zwei Mann legen sich darum flach an Deck, was immer neues Eintauchen unter Wasser bedeutet. Sie kriegen einen der beiden Polen zu fassen. Er hatte noch die Kraft, bis in Reichweite der Rettungsmänner am Rettungsnetz emporzuklettern. Eine Luft-akrobatiknummer mit Unterwasser-Einlagen: Die Rettungs-insel saust nämlich ebenso wild hinauf und hinunter wie der Seenotkreuzer, nur leider nicht im gleichen Takt. Der zweite Pole hat keine Kraft mehr, er ist bereits völlig apathisch. Am Sicherheitsgurt angeleint, hängt sich einer der Rettungsmän-ner außenbords ans Netz, um dem völlig kraftlosen Schiffbrüchigen emporzuhelfen. Es ist zwecklos. Es gibt nur eine einzige Möglichkeit, den Mann nach oben zu expedie-ren: Man hievt die Unterkante des Netzes empor, wuchtet den Schiffbrüchigen mit aller Kraft in die entstehende Mulde hinein und holt Netz samt Inhalt nach oben – eine Tortur für alle Beteiligten, zumal sich der Pole eine Zeitlang in dem Netz verheddert. Die Befreiungsaktion bedeutet immer neues Wasserschlucken für die an Deck befindlichen Ret-tungsmänner, die angeleint auf diesem umherschleudernden Seenotkreuzer schuften. Endlich haben sie den Mann her-ausgeklaubt und können ihn unter Deck in Sicherheit brin-gen.

Im Hospitalraum wird dieser Schiffbrüchige sofort fach-gerecht wiederbelebt und werden beide Polen mit dem Warmluftbeatmungsgerät behandelt. Ihr Zustand ist äußerst kritisch, das Elektrokardiogramm eindeutig genug. Die Kör-pertemperatur der beiden Geretteten hat den kritischen Grenzwert nach unten überschritten.

Die Besatzung des Seenotkreuzers ARKONA ist sich auf Anhieb einig: Aufwinschen zu einem Rettungshubschrauber würden die Polen kaum überstehen. Was jetzt sofort statt dessen zu tun ist, wissen die Rettungsmänner nach ihrer Fachausbildung in einem Unfallkrankenhaus genau: Einzige Überlebenschance ist die sofortige Abgabe an die Intensiv-station der nächstgelegenen Klinik.

Der als Vormann fungierende Schiffsführer Beilfuß ver-ständigt über die geschaltete Grenzwellenfrequenz via Rü-gen Radio das MRCC Bremen vom sofortigen Not-Anlaufen von Saßnitz und setzt solange den inzwischen an der Untergangsstelle der Jan Heweliusz erschienenen polnischen Seenotkreuzer Huragan als sogenannten On-Scene-Commander – als Koordinator aller Such- und Rettungsmaßnahmen vor Ort – ein, bis die Arkona wieder zur Unfallposition zurückkehrt.

Tatsächlich gelingt es, mit Hilfe der herbeikommenden Seenot-Hubschrauber weitere sieben Schiffbrüchige aus dem eisigen Wasser der aufgewühlten winterlichen Ostsee zu bergen. Sie fliegen mit ihnen direkt zur Unfallklinik, während die Arkona ihre beiden Geretteten an der Saßnitzer Hafenmole sofort an den herbeibeorderten Notarztwagen übergibt.

Nach Hellwerden kämmen die Rettungskreuzer weiter die Sturmseen ostwärts vom Kap Arkona ab – ein grauenvoller Seenoteinsatz, denn von der Frachtfähre Jan Heweliusz sind nur noch ein paar aufgeschwommene Gegenstände und Trümmerteile, einige leere Rettungsflöße und zwei ebenfalls leere Rettungsboote übrig geblieben. Den ganzen Tag über wird mit vereinten Kräften weitergesucht. Aber lebende Schiffbrüchige werden nicht mehr gefunden. Seenotkreuzer Arkona kann nur noch zwei Tote bergen. Auch der von seinem viel weiter entfernten Einsatzhafen Greifswalder Oie herbeigeeilte Seenotkreuzer Hans Lüken findet nur zwei Leichen. Bei Einbruch der Dunkelheit wird die gründliche Suche als ergebnislos eingestellt.

Nur neun Mann konnten also gerettet werden – neun von 63 Menschen an Bord dieser gekenterten Fähre. Nur ein knappes Sechstel also. Die anderen sind in der kochenden See ertrunken oder erstarrt, großenteils aber gar nicht mehr aus dem umgeschlagenen Schiff herausgekommen.

Chefreporter Günter Stiller formliert wenig später im »Hamburger Abendblatt« unter der Überschrift »Als die Ostsee Amok lief« mit großem Ernst: »Als es mit der polnischen Fähre Jan Heweliusz zu Ende ging, stellte sich den zur Rettung Aufgerufenen in ihren modernen Seenotkreu-

21

zern und Hubschraubern die Frage: Leben gegen Leben? Meines für deines? Aber auch vor dem Kap Arkona war an jenem tristen Orkanmorgen des 14. Januar 1993 die Antwort unausweichlich: Lebensretter haben keine Wahl.«

## Grenzen der Menschen

Auf die Frage des Reporters, welche Gedanken den Zweiten Vormann des Seenotkreuzers ARKONA bewegen, antwortete er, der seit 30 Jahren zur See fährt: »Einen Einsatz bei Orkan kann man nicht trainieren. Unser neuer Seenotkreuzer hat sich sehr bewährt. Aber wir mußten erkennen, daß wir Menschen unsere Grenzen haben und wo diese Grenzen liegen. Ich wüßte nicht, was wir hätten besser machen können.«

Der Januar 1993 fällt selbst an der sturmgewohnten Waterkant aus jedem Rahmen, man wird ihn noch lange in Erinnerung behalten: Drei Orkane innerhalb von zwei Wochen, eine schwere Sturmflut – und in kürzester Folge vier dramatische Seeunfälle, bei denen (mal wieder) die Besatzungen der Seenotkreuzer bis an die äußersten Grenzen ihrer Belastbarkeit gefordert werden.

Wenige Tage nach dem schweren Fährschiffsunglück vor Rügen fordert die Nordsee ihren Tribut. Es ist die Nacht vom 22. zum 23. Januar. Ein harter Nordweststurm mit Windstärke zehn wühlt das Wasser der Deutschen Bucht und der Außenelbe mit ihren gefährlichen Sandriffen und Treibsänden auf.

Die Tag und Nacht mit zwei Kapitänen auf Großer Fahrt (Patent AG) besetzte Seenotleitung Bremen im Verwaltungsgebäude der DGzRS – aus der eigenen Funkstelle längst zu einem hochmodernen Kommunikations- und Einsatzleit-Zentrum entwickelt – hält den Funkkontakt zu allen SAR-Wachen und schwimmenden Einheiten der Rettungsflotte. Die beiden einschlägig erfahrenen und speziell ausgebildeten

Wachhabenden haben das Einsetzen des neuen Unwetters genau verfolgt. Jetzt dröhnt und heult der Sturm wieder ums Gebäude, als sei die Wilde Jagd unterwegs, wie nun schon fast den ganzen verhexten Januar 1993 hindurch. Und schon bei Antritt ihrer Wache saß es den beiden MRCC-Einsatzleitern im Genick: Es wird garantiert wieder Seenotrufe geben.

Um 2.30 Uhr ist es soweit. Das Lotsenschiff KOMMODORE RUSER ruft in Höhe der Tonne 25, etwa fünf Seemeilen nordwestlich von Cuxhaven in der sturmgepeitschten Außenelbe, über UKW-Kanal 16 »Mayday, Mayday«: Sein Lotsenversetzboot ist gekentert. Die drei Mann Besatzung, darunter ein Lotse, treiben in der eiskalten Nordsee.

Das MRCC reagiert sofort. Auf dem Seenotkreuzer HERMANN HELMS der Station Cuxhaven schrillt die Alarmglocke. Im Handumdrehen ist die Besatzung auch hier in ihre wasserdichten Überlebensanzüge geschlüpft, wirft die Dieselmotoren an, schlägt das Telefon- und Strom-Landkabel ab und wirft die Leinen los. Schon vor der Kugelbake, die Symbol für die eigentliche Mündung der Elbe in die Nordsee ist, peitschen Gischt und Brecher über Vorschiff und oberen Fahrstand. Immerhin ist die Elbmündung fünfzehn Kilometer breit. Bei Nordweststürmen steht eine gehörige See in diesem Trichter.

Während nun der Seenotkreuzer – auch er gehört zu den 27,5 Meter langen Einheiten der BERLIN-Klasse – mit der größtmöglichen, bei diesen Wetterverhältnissen überhaupt möglichen Fahrtstufe zur Unfallposition läuft, stellt der zur Zeit im Dienst befindliche, also wachhabende Zweite Vormann Jörg Bünting einen Verband von Suchschiffen zusammen. Sie alle haben den von der Seenotwache Cuxhaven über die Küstenfunkstelle Elbe-Weser Radio ausgestrahlten Notruf ebenfalls empfangen und befinden sich im gleichen »Revier«. Es handelt sich um Fahrzeuge der Wasser- und Schiffahrtsverwaltung, von Zoll, Wasserschutzpolizei und Bundesgrenzschutz sowie um zwei Seeschlepper.

Ein SAR-Hubschrauber der Marine wird ebenfalls in den Suchverband »eingespleißt«. Und nun wird gemeinsam nach international festgelegten und jedem Nautiker bekannten Regeln eine koordinierte, systematische Suche durchgeführt. Alle Fäden laufen beim Seenotkreuzer HERMANN HELMS als dem On-Scene-Commander, dem Suchgebietsleiter vor Ort, zusammen. Er steht laufend im Direktkontakt mit der Seenotleitung Bremen, die alle Informationen zusammenträgt, mit Gezeitentabelle und Computerhilfe ein bestmöglich zutreffendes Suchgebiet errechnet sowie laufend die Daten und Nachrichten aktualisiert.

Dieselbe Situation wie eben erst beim Kap Arkona: Nur drei Grad Wassertemperatur, äußerst geringe Überlebensmöglichkeit für die beim Kentern des Lotsenbootes in die Sturmseen Geratenen. Aber den Seenotrettern gelingt es tatsächlich, eins der drei vermißten Besatzungsmitglieder aus dem Wasser zu bergen. Dabei ging es mal wieder nicht ohne das Tochterboot, das sich in die Grundseen des Flachwassers außerhalb vom Tonnenstrich vorwagen konnte und selbst unter den dortigen extremen Seegangsbedingungen äußerst manövrierfähig blieb und seinen geringen Tiefgang ausnutzen konnte. Der unterkühlte Schiffbrüchige wird sofort im Bordhospital erstbehandelt, es werden umgehend Wiederbelebungsmaßnahmen eingeleitet, Warmluftbeatmungsgerät und auch die EKG-Telemetrie-Anlage werden eingesetzt.

Das MRCC Bremen hat nach Absprache mit dem Vormann der HERMANN HELMS den Notarztwagen alarmiert, der schon an der Notfallpier von Cuxhaven auf den mit Höchstfahrt einlaufenden Seenotkreuzer wartet.

Es läuft genauso ab wie Tage zuvor in Saßnitz. Alles geht blitzschnell: Festmachen, Gangway auslegen, Anbordkommen von Notarzt und Rettungssanitäter. Sofort wird der Schiffbrüchige unter Blaulicht ins Städtische Krankenhaus gebracht. Aber alle ärztliche Kunst ist ebenso vergebens wie alle bisherigen ergriffenen Maßnahmen. Der Mann verstirbt ziemlich bald nach der Einlieferung. Die Unterkühlung hat einmal mehr ein Todesopfer gefordert. Und erst Tage später gibt die See die beiden anderen Vermißten aus dem Lotsenboot frei. Man findet ihre Leichen in der Brandung umliegender Sände.

Und als wollte es die berühmte Duplizität der Fälle auch an diesem Tag: Am Vormittag des 23. Januar 1993 nach dem Lotsenboot-Unglück gerät 17 Seemeilen nordwestlich von Borkum der Hamburger Frachter STAR TRADER in überaus schwere See. Unvorstellbar gewaltsame Wassermassen brechen über das Deck herein und waschen einen Matrosen regelrecht außenbords. Zwei Seenot-Hubschrauber und der Seenotkreuzer ALFRIED KRUPP von der Station Borkum nehmen unter unglaublich schlechten Sicht- und Seegangsverhältnissen die mühselige Suche auf, die nur aus Kampf gegen Böen und Brecher besteht. Aber es ist alles vergebens. Mittags wird der Einsatz abgebrochen. Der über Bord Gerissene hatte eindeutig keinerlei Chance mehr, bis zu diesem Zeitpunkt in der eiskalten Nordsee überlebt zu haben.

So ein vergeblicher Kampf ist besonders bitter. Er kommt immer wieder vor, aber darf auf keinen Fall frustrieren. Jede Seenotrettung ist ein Vabanquespiel um Tod und Leben. Und gerade solche vergeblichen Einsätze machen denselben harten Kampf gegen die Naturgewalten erforderlich wie die erfolgreichen. Um so schwerer wiegt die positive Bilanz der Deutschen Gesellschaft zur Rettung Schiffbrüchiger, die von 1865 bis Jahresende 1992 nicht weniger als 54 741 Menschen aus Seenot gerettet oder aus lebensbedrohender Gefahr befreit hat.

Fast 55 000 Menschen schon bis zu diesem Zeitpunkt – die gesamte Bevölkerung einer Mittelstadt!

Nur in Ausnahmefällen handelte es sich dabei um eine komplette Schiffsbesatzung. Das Gros der Einsätze war weniger spektakulär, aber ebenso gefährlich. Zu Buche schlugen dann vier Gerettete von einem kleineren Küstenmotorschiff, zwei Mann von einem Krabbenkutter oder von einer Segelyacht, ein einzelner, der über Bord gefallen ist und wiedergefunden wurde oder dem die einsetzende Flut beim Wattwandern die Rückkehr zum Festland verwehrte, ihn in höchste Gefahr brachte.

## Das Leben geht weiter

Die ersten vier Monate des Jahres 1993 brachten nicht nur Orkane und Tragödien, sondern auch erfreuliche Momente in den Alltag der DGzRS. Zunächst einmal konnte sich das – wie immer hochinteressante und gut gestaltete – Jahrbuch der DGzRS in seiner Ausgabe 1993 mit dem darin veröffentlichten Tätigkeitsbericht über die 2331 Einsatzfahrten des Vorjahres 1992 sehen lassen, obwohl die darin genannten Ziffern durchaus einem Normalfall unter den alljährlichen Tätigkeiten entsprechen, wenn auch mit ständiger Zuwachsrate:

1992 haben die 48 Boote der deutschen DGzRS-Flotte 65 000 Seemeilen zurückgelegt, was umgerechnet 120 000 km oder dem dreifachen Äquatorumfang entspricht! Dabei haben sie 225 Menschen aus Seenot gerettet, 1494 Personen aus kritischen Gefahrensituationen befreit, 55 mal Schiffe oder Boote vor dem Totalverlust bewahrt, 843 Hilfeleistungen für Wasserfahrzeuge aller Art erbracht und obendrein 569 Kranke oder Verletzte von Seeschiffen, Inseln oder Halligen zum Festland transportiert.

Im Januar 1993 gab es am Anleger vor der »Strandlust« von Bremen-Vegesack, unweit vom Gelände der berühmtem Werft F. C. Lürssen, eine Schiffstaufe. Ein neuer Seenotkreuzer, Schwesterschiff der ARKONA, erhielt den Traditionsnamen BREMEN.

Der Lürssen-Neubau ersetzt den 1965 zur 100-Jahr-Feier der DGzRS in Dienst gestellten Seenotkreuzer ARWED

EMMINGHAUS, der nach dem Gründer der Rettungsgesellschaft benannt war und zuerst auf der Station Cuxhaven,
nachher auf der Station Grömitz in der Lübecker Bucht
Dienst tat.

Sechs Wochen lang hatten sich auch diesmal die beiden
Wachschichten, die acht festangestellten Rettungsmänner
der Station Grömitz, mit ihrem neuen Schiff vertraut gemacht. Der zur Klasse der neuen »Großen Seenotkreuzer«
gehörende Neubau wurde auf Herz und Nieren erprobt, bevor er seine Station übernehmen konnte.

Natürlich waren prominente Gäste aus dem Ostseebad
Grömitz bei der Taufe der BREMEN zugegen. Und die Grö-
mitzer Rettungsmänner sind ebenso stolz auf ihr neues
Schiff, wie die Kollegen in Saßnitz auf das ihre.

Die Seenotkreuzer ARKONA und BREMEN sind Weiterent-
wicklungen der BERLIN-Klasse. Ihr Typschiff ist der Seenotkreuzer BERLIN der Station Laboe bei Kiel.

Diese Einheiten sind zugleich vollwertige Feuerlöschboote. Sie verfügen über zwei Löschmonitore mit 130 Meter
Wurfweite an der Achterkante des Aufbaues. Der 1632 PS
(1200 kW) starke Mittelmotor dieser Drei-Schrauben-
Schiffe, ein 12-Zylinder-Turbodiesel, beaufschlagt eine
Hochdruckfeuerlöschpumpe mit einem Durchsatz von
2200 Tonnen pro Stunde. Die beiden Monitore jagen also
36 000 Liter Wasser pro Minute aus ihren Rohren. Eingebaute Schaummitteltanks machen die Verwendung der Monitore auch als Schaumwerfer möglich. Vier Anschlüsse für
große B-Schläuche an Deck mit Verteilern und abkuppelba-
ren C-Schläuchen samt Strahlrohren, Hitzeschutzanzug und
zwei Preßluftatmern (300 bar) ergänzen die Feuerlöschaus-
rüstung. Die Rettungsdienstausrüstung besteht aus Schlepp-
leinengeschirr sowie transportablen Bergungs-/Lenzpum-
pen mit 120 Meter Kabel für den Einsatz auch während des
Schleppens sowie aus einer neu entwickelten Bergungs- und
Transporttrage.

Für die Erste-Hilfe-Leistung befinden sich alle notwendigen Erstversorgungssysteme einschließlich EKG-Gerät an Bord, in Transportkoffern gestaut und damit auch mobil verwendbar. Eine UKW-Telemetrie-Anlage macht die Funkübermittlung der EKG-Werte zur Funkarztberatung durch eine Unfallklinik jederzeit möglich. Ein Exwarn- und Kombiwarn-Gasspürgerät, ebenfalls transportabel, ergänzt die Sicherheitsfürsorge.

Die Rettungsmänner sind sich alle einig, daß die Ausrüstung der neuen Generation Seenotkreuzer mit je vier UKW- und zwei Grenzwellen-Seefunkanlagen, je einer UHF-, sprich Dezimeterwellen- und einer UKW-Sprechfunkanlage für Luftfahrtfrequenzen, zwei tragbaren UKW-Seefunkanlagen, zwei Funkpeilern für alle See- und Luftnotfrequenzen, einem Homer (Spezial-Peilgerät für Funkzielfahrt), zwei Radaranlagen mit Plotter * und Monitor – auch auf dem oberen (Freiluft-)Fahrstand – sowie zwei Echolote und eine Decca-Navigator-Hyperbelfunkpeilanlage zur laufenden präzisen Standortbestimmung optimal ist.

Besonders loben die Rettungsmänner die Unterwasser-Abgasanlage aller neuen Seenotkreuzer und die – als Folge davon – möglich gewordene neuartige Zweibein-Mastkonstruktion. Sie bietet freie Sicht nach achtern, denn es steht ja kein Schornstein mehr im Wege!

Wie alle deutschen Seenotkreuzer führen auch die der BERLIN-Klasse ein Tochterboot mit, das auf den Gleit- und Führungsrollen einer schrägen Heckwanne im Achterschiff gezurrt lagert und nach hydraulischem Abklappen des Mutterschiff-Hecks durch einfachen Hebelzug ausgeklinkt werden kann. Es läuft dann durch eigene Schwerkraft rückwärts ab, sozusagen »vom Stapel«.

---

* Plotten bedeutet Darstellen der auf dem Radarschirm erscheinenden Relativbewegungen georteter anderer Seefahrzeuge im Zusammenhang mit der laufenden Ermittlung der Eigenbewegung.

Diese Tochterboote sind mit ihrem geringen Maximaltiefgang von nur 75 Zentimeter für Flachwassereinsätze im Wattenmeer der Nordsee oder auf den Riffen und Sandbänken der Ostsee geradezu ideal. An Ort und Stelle entscheidet es sich, ob das Tochterboot ausgesetzt werden muß oder ob der Einsatz vom Mutterschiff selbst durchgeführt werden kann.

Die Tochterboote des neuen Typs »Großer Seenotkreuzer« sind immerhin 17 Knoten schnell und stehen ihren 24 Knoten schnellen Mutterschiffen nur wenig nach. Diese Huckepack-Boote sind komplett mit allen erforderlichen Geräten für die Bergung und Rettung ausgerüstet, sozusagen als Mini-Seenotkreuzer. Sie werden von einem 165-PS-Schnelläufer-Diesel angetrieben.

Die Seenotkreuzer BERLIN, HERMANN HELMS und ALFRIED KRUPP wurden noch mit herkömmlicher Einrichtung zum Wieder-Anbordhieven des Tochterbootes in Betrieb genommen. Bei den Neubauten ARKONA und BREMEN wird das bei dieser Kreuzer-Klasse* vollautomatisch bewirkt: Das Tochterboot hakt sich selbsttätig ein, nachdem es mit Vollgas in die Heckwanne hineingesteuert wurde. Dann wird es auf einem von hydraulisch angetriebenen Ketten bewegten Schlitten in seine Zurrstellung zurücktransportiert.

## Ein großer Tag für Warnemünde

Am 23. Dezember 1981 ratifizierte die Bundesrepublik Deutschland das internationale Abkommen über den Such- und Rettungsdienst auf See (SAR-Dienst), welches am 22. Juni 1985 in Kraft getreten ist. Das am Bug aller Seenotkreuzer und Seenotrettungsboote weithin lesbar ange-

---

* Zum ersten Mal wurde das neue Verfahren beim für die Station Maasholm/Schlei in Dienst gestellten Seenotkreuzer NIS RANDERS eingeführt. Aber dieses Doppelschraubenschiff gehört zu einer anderen Klasse Seenotkreuzer, von der noch die Rede sein wird.

brachte, mit zwei in gleicher Schrägung angebrachten, unterschiedlichen Kennstreifen zum Logo gewordene Kürzel SAR bedeutet Search and Rescue, Suche und Rettung.

Am 11. März 1982 hat der Bundesminister für Verkehr in einer Vereinbarung der traditionsreichen DGzRS die Koordinierung und die Durchführung des Such- und Rettungsdienstes im deutschen SAR-Bereich von Nord- und Ostsee übertragen.

Es ist weltweit einmalig, daß ein privater und sogar auf Spendenbasis arbeitender Verein offiziell die Zuständigkeit für hoheitliche Aufgaben erhalten hat. Darin liegt die Bestätigung und Anerkennung des international bekannt hohen technischen und organisatorischen Standards der Deutschen Gesellschaft zur Rettung Schiffbrüchiger, die immer wieder Schrittmacher moderner Rettungstechnik war und bleiben wird.

Der amtliche Vorgang vom 11. März 1982 bedeutet die öffentliche Sicherstellung ihrer satzungsgemäßen Aufgaben, die bereits seit der DGzRS-Gründung am 29. Mai 1865 Gültigkeit haben. Damals hatte der Nationalökonom Dr. Arwed Emminghaus die gemeinnützige Gesellschaft in Kiel gegründet. In ihr wurden alle bereits vorhandenen örtlichen Rettungsvereine gleich oder bald danach in die neue Organisation eingebracht, die jetzt eine breite nationale Basis hatte und zu eigenen Normungen und Typisierungen von Rettungsmitteln schreiten konnte. Seit je befindet sich die Seenotleitung der DGzRS in Bremen, das ja auch Sitz der Hauptverwaltung ist.

Nach Aufkommen der Funktelegrafie richtete die Deutsche Gesellschaft zur Rettung Schiffbrüchiger in ihrer Seenotleitung eine eigene Funkstelle ein, aus der sich längst ein hochmodernes Kommunikationszentrum für die Seenot-Einsatzleitung entwickelte. Es ist, wie schon aus den vorherigen Kapiteln dieses Buches erkennbar wurde, Tag und Nacht mit je zwei einschlägig erfahrenen und speziell ausgebildeten

Kapitänen besetzt, die Funkkontakt zu allen SAR-Wachen der deutschen Küste zwischen Borkum und Vorpommern haben und sofort bei Eintritt eines Seenotfalles alle notwendigen Maßnahmen koordinieren können – erforderlichenfalls auch international in Zusammenarbeit mit den Seenotrettungsdiensten der Nachbarländer, deren SAR-Bereiche in Nord- und Ostsee an den deutschen SAR-Bereich grenzen. Seit der Wiedervereinigung sind nicht nur die Niederlande und Dänemark, sondern nunmehr auch Schweden und Polen unmittelbar mit ihren SAR-Bereichen angrenzende Nachbarn. Man hält ständig kollegialen Kontakt zu den Seenotleitungen dieser Nachbarländer und ist mit ihnen durch Telefon und Funk verbunden.

Es wurde schon erwähnt, daß sich die Seenotleitung Bremen der DGzRS nach internationalem Sprachgebrauch MRCC – Maritime Rescue Coordination Centre nennt, MRCC Bremen.

Das Jahr 1990 wurde zu einem denkwürdigen ereignisreichen Jahr in der Geschichte der Deutschen Gesellschaft zur Rettung Schiffbrüchiger. Am 29. Mai 1990 hatte sie gerade erst ihr 125-jähriges Bestehen mit einem Festakt im Bremer Rathaus feiern können.

Am 3. Oktober 1990 um Mitternacht wurde ihr Einsatzgebiet um ein Drittel größer, die nach 1945 entstandene Situation war sozusagen über Nacht erloschen. Es gab fortan 16 Bundesländer und fünf anstatt nur vier Küstenländer. Durch das Hinzukommen des Bundeslandes Mecklenburg-Vorpommern wurde die frei zugängliche deutsche Ostseeküste fortan doppelt so lang wie vorher.

Mit dem Augenblick der Wiedervereinigung wurden alle 15 festangestellten und sämtliche 135 freiwilligen Rettungsmänner des bis dahin staatlich gewesenen Seenotrettungsdienstes der vormaligen DDR (dem Seefahrtsamt Rostock angegliedert) von der Deutschen Gesellschaft zur Rettung Schiffbrüchiger übernommen. Damit kehrte die DGzRS in ihr angestammtes Einsatzgebiet Mecklenburg-Vorpommern zurück, nach 45 Jahren gewaltsamer Trennung.

Das vormalige RCC Warnemünde, die »Seenotleitstelle Hohe Düne« rechts neben der Warnow-Mündung, wurde als SAR-Wache Warnemünde in das Netz der deutschen Seenotwachen integriert. Die beiden Seenotkreuzer STOLTERA (Station Warnemünde) und ARKONA (Station Saßnitz/Rügen), Schwesterschiffe vom polnischen Typ R 17), zwei kleinere Seenotrettungsboote und vier motorisierte Schlauchboote mit festem Rumpf (Rigid Hull Inflatable = RHI) sowie drei schon vorher von der DGzRS erworbene 7-Meter-Boote sowie der Seenotkreuzer G. KUCHENBECKER bildeten zusammen mit mobilen Raketengeräten den Grundstock des Seenotrettungsdienstes in Mecklenburg-Vorpommern, den es nun technisch und organisatorisch an den international anerkannten hohen Standard der DGzRS anzugleichen galt.

Der wertvollste Zuwachs für die DGzRS sind die erfahrenen, revierkundigen und hochmotivierten Seenotretter dieses Bundeslandes zwischen der Lübecker Bucht und dem Stettiner Haff/Oderhaff. Mit solchen Mitarbeitern kam man rasch vorwärts: Bereits im November 1990 wurden die Vormänner und Maschinisten aller Rettungsstationen Mecklenburg-Vorpommerns zu Fortbildungsseminaren nach Bremen geholt. Fachtagungen und Personalaustausch für weitere Rettungsmänner schlossen sich an. Sie fühlten sich in Bremen voll anerkannt.

Hatten vielleicht Skeptiker anfangs vermutet, daß die Seenotretter in Mecklenburg-Vorpommern etwa dazu ausersehen würden, »die alten Schuhe« der »reichen Verwandten aus dem Westen« aufzutragen, dann wurden sie bald eines Besseren belehrt: Der neueste Seenotkreuzer des Jahres 1990 wurde für die Station Warnemünde bereitgestellt. Er hatte erst Mitte Oktober die Schweers-Werft an der Unterweser verlassen. Nun holte man die bisherige Besatzung der STOLTERA (bis auf Vormann Uwe Kröger, der solange sein bewährtes Boot mit freiwilligen Rettungsmännern der Station weiterbesetzte und später für eine ganz neue Aufgabe vorgesehen war) zur Weser.

Für die Warnemünder STOLTERA-Männer begann ein neues technisches Zeitalter. Sechs Wochen lang absolvierten sie in Nord- und Ostsee ein umfassendes Erprobungs- und Ausbildungsprogramm auf diesem »schwimmenden Wunder«, dem neuen Seenotkreuzer. Sie waren von einem maximal 10 Knoten laufenden Boot auf einen »schnellen Hirsch« mit 20 Knoten Geschwindigkeit umgestiegen. Es handelte sich um eine Weiterentwicklung des Seekreuzertyps EISWETTE mit rund 2000 PS Leistung auf den beiden Propellern. Ihr nur 60 Zentimeter tiefgehendes 165-PS-Tochterboot bringt es immerhin auf 17 Knoten Fahrt und steht somit dem Mutterschiff geschwindigkeitsmäßig kaum nach. Am meisten stolz waren die Warnemünder Rettungsmänner natürlich darauf, daß ihr neuer Seenotkreuzer einer der ersten überhaupt war, der mit der ganz neu entwickelten automatischen Tochterboot-Aufholevorrichtung ausgerüstet wurde.

Die DGzRS hat aufgrund ihrer ausgereiften Erfahrung bei der Rettung von rund 55000 Menschen und ihrer detaillierten Kenntnis der nautischen Kriterien aller Rettungsstationen die beiden Bauserien der BERLIN-Klasse (BERLIN, HERMANN HELMS, ALFRIED KRUPP, VORMANN STEFFENS, ARKONA und BREMEN für die Stationen Laboe, Cuxhaven, Borkum, Wilhelmshaven, Saßnitz und Grömitz) und der EISWETTE-Klasse kreiert.

Der für Nicht-Bremer etwas sonderbar anmutende Name EISWETTE ist auf einen originellen Brauch zurückzuführen. Seit 1829 wird alljährlich am 6. Januar gewettet, ob die Weser »geiht« oder »steiht«, d. h. ob sie noch halbwegs eisfrei fließt oder schon so zugefroren ist, daß sie von einem 99-Pfund-Schneider mit einem heißen Bügeleisen in der Hand trockenen Fußes überquert werden kann. Dieser Aspekt, wann einsetzende Vereisung jeden Schiffsverkehr lahmlegen werde, war für die handelsorientierte Hansestadt Bremen von großer Bedeutung. Da Schneider im Rufe standen, besonders schmächtige Leute zu sein, und deshalb eben weniger wogen als ein Grobschmied oder andere Vertreter von Schwerarbeiter-Berufen mit entsprechendem Appetit, hielt man sie für weniger gefährdet, ins Eis einzubrechen. Allerdings war ihr dementsprechend geringeres Körpergewicht durch das mitgeführte Bügeleisen zu ergänzen. Und die Bremer Kaufmannschaft pflegte entsprechende Wetten abzuschließen, in welchem Zustand sich die Weser befindet.

Heutzutage sorgen verändertes Klima und stärkere Erwärmung der Weser infolge von Kühlwasser-Rückflüssen der Industriebetriebe und Kraftwerke dafür, daß sich die Frage einer Weservereisung kaum noch stellt. Gewettet wird weiterhin, aber der zunftgerecht kostümierte Schneider mit seinem Bügeleisen wird von einem der kleineren Seenotrettungsboote oder der Seenotkreuzer-Tochterboote über den zumeist eisfreien Strom zur anderen Seite übergesetzt.

Wenn anschließend die Eiswett-Genossen einen geladenen Kreis zum zünftigen Essen bitten, dann wird dabei traditionsgemäß für das Seenotrettungswerk gesammelt. Dabei konnten in der letzten Zeit jeweils sechsstellige Summen als Spende für die DGzRS überwiesen werden. Tatsächlich wurde die Finanzierung des Prototyps der neuen Seenotkreuzer-Klasse dadurch gesichert, so daß der Name EISWETTE eine dankbare Verbeugung vor den Spendern darstellt.

Das entspricht ebenfalls einer Tradition: Die Fahrzeuge der DGzRS tragen entweder die Namen berühmter Vormänner, im Einsatz tödlich verunglückter Rettungsmänner oder von verdienstvollen Mäzenen des Rettungswerks – gelegentlich auch geografische Bezugsnamen wie BREMEN, ARKONA, BERLIN, MINDEN, JUIST, SÜDPERD, NORDDEICH.

Die sieben Seenotkreuzer der EISWETTE-Klasse sind – neben dem Typschiff und Klasse-Namensgeber – FRITZ BEH-

RENS, MINDEN, VORMANN LEISS, NIS RANDERS, VORMANN JANTZEN und HANNES GLOGNER.

Die EISWETTE gehört zur Station Amrum/Nordfriesland, die anderen Seenotkreuzer (in der Reihenfolge ihrer obigen Aufzählung) zu den Stationen Büsum, List auf Sylt, Bremerhaven, Maasholm/Schlei, Warnemünde und Langeoog/Ostfriesische Inseln.

Am 27. November 1990 waren die West- und die Mittelmole am Alten Strom von Rostock-Warnemünde dicht bevölkert. Die Menschen winkten begeistert dem neuen 23-Meter-Seenotkreuzer zu, der über die Toppen geflaggt und mit einer grünen Girlande ums Vorschiff die Molenköpfe seines künftigen Heimathafens passierte.

Der Alte Strom von Warnemünde ist ein liebenswertes Stück Bilderbuch-Waterkant, ein geradezu idyllisches Fotomotiv. In dieser Keimzelle des Warnemünder Hafens ist seit je die Küstenfischerei mit ihren Kuttern zu Hause. Dort befindet sich auch seit 1866 die Station Warnemünde der Deutschen Gesellschaft zur Rettung Schiffbrüchiger. Freilich hat der frühere Rettungsschuppen mit der Ablaufbahn für das Ruderrettungsboot längst dem Anleger samt Wachhaus für das Warnemünder Motorrettungsboot und schließlich den Seenotkreuzer Platz gemacht. Bis zum Eintreffen des Neubaues war das auch Liegeplatz der STOLTERA.

Als der neue Seenotkreuzer am Ende seiner sechswöchigen Erprobungs- und Einfahrperiode unter Führung des Vormanns Wolfgang Rätzer in Warnemünde erschien, war das Namensschild des Neubaues wohlweislich noch verborgen. Man hatte die Nummer KRS 21 darübergehängt.

Ab 1942 wurde die Registrierung der einzelnen DGsRS-Boote nach einem »hausgemachten«, DGzRS-internen System vorgenommen. Demnach wurden moderne Seenotkreuzer mit der Kennung KRS versehen, so daß das Warnemünder Boot als der 21. Seenotkreuzer in der Geschichte der DGzRS anzusprechen ist. (Anfang der neunziger Jahre wurde die interne Registernummer »KRS« geändert. Seit dem Neubau SK 23, getauft auf den Namen Arkona, wird jetzt unter dem Kürzel SK = Seenotkreuzer weitergezählt.)

Ganz bewußt sollte der Taufakt des Neubaus KRS 21 erst im Hafen von Warnemünde vollzogen werden. Es war die 16jährige Tochter Anja des Vormannes Rätzer, die als Taufpatin die Sektflasche mittels einer raffiniert ausgedachten Fallvorrichtung auf einem Poller des Vorschiffs zum Zerschellen brachte: »Hiermit taufe ich dich auf den Namen Vormann Jantzen, ich wünsche dir allzeit gute Fahrt und stets eine sichere Heimkehr!«

Matthias Brehm, 15 Jahre alt, Sohn eines freiwilligen Rettungsmannes der Station Warnemünde, zog mit gleichen Wünschen nach und übergab auch das Tochterboot Butscher seinem Element. Im Hafen dröhnten Typhone. Die Warnemünder applaudierten heftig, denn die Namensgebungen waren nach ihrem Geschmack. Ein »Butscher« (in Hamburg würde man »Butje« dazu sagen) ist ein kleiner, pfiffiger Kerl, der mit allen Wassern gewaschen ist.

Der für den Seenotkreuzer ausgewählte Name Vormann Jantzen erfüllt die Herzen der Mecklenburger mit Stolz. Er erinnert an den noch immer populären Warnemünder Lotsenkommandeur Stephan Jantzen, der 1827 dort geboren wurde und von 1867 bis 1903 Vormann der Rettungsstation Warnemünde war. Er hatte schon vorher als Kapitän vor der nordamerikanischen Küste 14 Portugiesen von ihrer sinkenden Bark gerettet, nachher als Vormann der Station Warnemünde 80 Menschen aus höchster Seenot. Das Buch kommt später auf ihn zurück.

Schalten wir wieder um auf die Ereignisse am Anfang des Jahres 1993. Nach der »Feuertaufe« des Seenotkreuzers Arkona beim katastrophalen Kenterunglück der Jan Heweliusz wurde, wie gesagt, in Bremen-Vegesack das für die Station Grömitz gebaute Arkona-Schwesterschiff Bremen getauft.

Während man den Seenotkreuzer BREMEN noch auf Herz und Nieren erprobt, wird sein Vorgänger ARWED EMMINGHAUS auf der eigenen Werft der DGzRS in Bremen grundüberholt und für eine ungewöhnliche Seereise klargemacht. Der isländische Rettungsdienst »Slysavarnafelag Islands« hat diesen Seenotkreuzer erworben. Er reist im März 1993 mit eigener Kraft von Bremen über die Shetland- und Färöer-Inseln zu seinem neuen Einsatzrevier vor Islands Hauptstadt Reykjavik. Zwei Deutsche von der bisherigen Besatzung nehmen an der unvergeßlichen Überfahrt teil.

Mit zwei an Deck festgelaschten Propellerwellen (für Reservezwecke) und vollen Brennstoffbunkern verläßt die ARWED EMMINGHAUS mit sieben isländischen Rettungsmännern und den beiden deutschen DGzRS-Angehörigen Peter Dutz und Peter Hellwig, nach nochmaliger Wasserübernahme in Bremerhaven, die Wesermündung. Am zweiten Reisetag verschlechtert sich das Wetter. Die beiden Deutschen haben die Vier-Acht-Wache, die Morgenwache, übernommen. Wegen weiterer Wetterverschlechterung laufen sie den Hafen von Kirkwall, Hauptstadt der Orkneys, an. Nochmals werden Brennstoff und Wasser gebunkert, dann geht die Reise schließlich weiter. Nächster Anlaufhafen ist Torshavn, Hauptstadt der halbautonomen Färöer-Inseln. Die neun Rettungsmänner werden vom Bürgermeister persönlich zum Essen eingeladen. Er ermöglicht ihnen am nächsten Tag eine Inselrundfahrt. Peter Dutz notiert: »Hier scheint alles miteinander verwandt und bekannt zu sein. Die Landschaft und die Gastfreundschaft sind beeindruckend.«

Längst befindet sich der Seenotkreuzer im Nordatlantik. Die Nordsee hat er schon bei den Shetlands verlassen. Die Atlantikwellen kommen von der Seite, das ist unangenehm, zumal auf dem mit neun Personen zu eng gewordenen Schiff. Einige ziehen es vor, auf dem Fußboden zu schlafen.

Am siebenten Reisetag kommt Island in Sicht. Aber der Seenotkreuzer hat Weisung, zunächst in einer ruhigen Bucht

vor Anker zu gehen. Man hat »Großen Bahnhof« für die
ARWED EMMINGHAUS vor.

Zwar wird das Wetter wieder schlechter, es wird langsam
ungemütlich auf diesem Ankerplatz. Doch nun kommen aus
allen Himmelsrichtungen andere isländische Rettungsboote,
die Decks voller Menschen. Es sind zuletzt zehn Boote, die
sich trotz viel Wind und sehr hoher Dünung mit brennenden
Fackeln zu einem Ehrenkorso zusammengefunden haben.

Und nun beginnt das feierliche Einlaufen in den Hafen von
Reykjavik. Salutschüsse dröhnen, ein großes Feuerwerk
plattert los. Die neun Rettungsmänner auf der ARWED EM-
MINGHAUS trauen ihren Augen nicht: Die Pier ist schwarz
von Menschen. Es scheinen wohl ziemlich alle der knapp
98 000 Einwohner der Beinahe-Großstadt Reykjavik auf den
Beinen zu sein!

Die wackeren Rettungsmänner schlucken ein wenig, denn
noch nie haben sie derart im Mittelpunkt der Öffentlichkeit
gestanden. Blitzlichter grellen auf, Fernseh-Scheinwerfer
sind auf das Boot und seine Besatzung gerichtet. Eine Musik-
kapelle hat sich eingefunden. Und nun erscheint gar die
Staatspräsidentin von Island, der ältesten Republik unter
den heute bestehenden souveränen Staaten der Welt: Wikinger haben diesen Staat gegründet und bereits 930 das erste
Thing abgehalten. Sogar die Einführung des Christentums
wurde per Akklamation demokratisch beschlossen – und
Althing nennt sich das isländische Parlament auch heute
noch.

Die 256 000 Staatsbürger der Republik Island sind fast
durchweg leibhaftige Nachfahren der vor über 1000 Jahren
ins Land gekommenen norwegischen Wikinger. Sie sprechen
noch heute deren Sprache, die anderswo auf der Welt längst
ausgestorben ist: Altnordisch.

Islands Staatspräsidentin Vigdis Finnbogadottir nimmt
persönlich die Umtaufe des Seenotkreuzers auf den neuen
Namen HANNES HAFSTEIN vor. Das ist der Name des ehe-

maligen Direktors der isländischen Rettungsgesellschaft »Slysavarnafelag Islands«.

Anschließend gibt es Kaffee und Kuchen. Es werden viele Ansprachen gehalten und Präsente überreicht. Auch der deutsche Botschafter Dr. Kurt Pagensteert ist zugegen und beginnt herzliche Gespräche mit den Rettungsmännern der beiden Nationen. Die Botschaft entsendet einen Gruß an die DGzRS in Bremen.

Am Sonntag werden die deutschen Rettungsmänner zu einem Ausflug in die Berge abgeholt, am Montag und Dienstag folgen nochmals Ausbildung im Hafen und auf See. Dann fliegen die beiden deutschen »Instrukteure« wieder nach Deutschland zurück. Natürlich kommt eine gewisse Wehmut auf, als sie ihr vertrautes, ihnen längst liebgewordenes Schiff in einem fremden Land zurücklassen müssen. Aber sie wissen den Seenotkreuzer HANNES HAFSTEIN ex ARWED EMMINGHAUS in guten Händen. Die isländischen Wikinger-Nachfahren sind vorzügliche Seeleute, ihnen liegt die Seefahrt im Blut. Und sie werden in den rauhen Gewässern des permanenten Zusammentreffens von atlantischem Warmwasser des Golfstroms und des abzweigenden Irmingerstroms mit dem kalten Gletscherschmelzwasser des Grönlandstroms, in der »Kinderstube« der berüchtigten Island-Tiefs, noch manchen harten Einsatz fahren, vor allem in den Wintermonaten mit der Gefahr des »Schwarzen Frostes«, allzu großer Eisschichten auf den Wetterdecks der Fischkutter und Trawler, die zur Topplastigkeit und sogar zum Kentern führen können. Die Arbeit der Islandfischer ist gefährlich, aber sie ist die lebenswichtige, eigentliche Grundlage der isländischen Volkswirtschaft. Nicht weniger als 67 Prozent aller Exportgüter Islands sind Fische und Fischerei-Erzeugnisse.

Für den Verfasser dieses Buches ist es ein seltsames Gefühl, die einstige ARWED EMMINGHAUS nunmehr in den Gewässern von Island zu wissen. Insgesamt fünfmal habe ich zu verschiedenen Jahreszeiten als angemusterter Rettungsmann auf diesem Seenotkreuzer Dienst getan, als er noch in der Elbmündung stationiert war. Die Station Cuxhaven der DGzRS brauchte sich über Mangel an Einsätzen noch nie zu beklagen. Und so vollbrachte die Arwed Emminghaus so manches »Husarenstück«, das es verdient, in die Erinnerung zurückgerufen zu werden. Blenden wir zurück:

## Weltraum-Weihnacht

In unserer hektisch-schnellebigen Zeit war das eben noch eine Weltsensation. Aber seitdem Menschen bereits ihren Fuß auf die Oberfläche des Mondes setzten, ist diese Pionier-leistung fast schon wieder vergessen, die uns alle so sehr in ihren Bann geschlagen hat. Erinnern wir uns noch einmal:

Weihnachten 1968: Fünfhundert Millionen Fernsehzu-schauer in aller Welt stehen im Bann eines bis dahin einma-ligen Geschehens. Sie erleben am Bildschirm ausschnittweise mit, wie Borman, Anders und Lovell mit einer Geschwin-digkeit von 40000 Kilometern pro Stunde durchs Weltall jagen – nur durch eine dünne Doppelwand aus Stahl, Alumi-nium, Titan und Quarzfasern gegen Raumkälte, tödliches Vakuum, kosmische Strahlungen und Meteoritenschläge ab-geschirmt.

Drei Millionen Liter hochexplosiven Treibstoffs in einem Projektil, beinahe 20 Meter höher als die Freiheitsstatue, ha-ben erstmals Menschen aus dem Bannkreis des Planeten Erde hinausgetragen ins Schwerefeld eines anderen Gestirns. Bei zehn Mondumrundungen riß jeweils 45 Minuten lang je-der Funkkontakt zur Erde ab, und die drei Astronauten wur-den die einsamsten aller Erdbewohner.

Aber mit fantastisch anmutender Präzision vollenden sie ihre Mondreise. Borman gelingt es schließlich, das Raum-schiff Apollo 8 durch erneutes Zünden des Triebwerkes aus dem Schwerefeld des fremden Planeten wieder herauszuschießen und auf eine Rückkehrbahn zur Erde zu bringen.

Borman, Anders und Lovell haben ihre vierhunderttausend Kilometer lange Rückreise angetreten, aber noch ist alles offen bei diesem gewagten Spiel.

Die Entdeckerkaravelle der drei Weltraumfahrer ist zwar das Resultat einer bis zur Hybris forcierten technologischen Entwicklung und das aufwendigste Gefährt, das bis zu diesem Zeitpunkt jemals auf eine Reise ging. Aber die APOLLO 8 ist dennoch nicht minder gebrechlich als die SANTA MARIA des Columbus, die TRINIDAD von Magellan oder die ENDEAVOUR von Cook. Der kleinste technische Versager, der unscheinbarste Meteorit können ihren Weg abrupt beenden.

Über der trostlosen Wüste der Mondoberfläche, über dem »Meer der Ruhe«, lesen die Lunanauten mit verteilten Rollen die Schöpfungsgeschichte vor und senden ihren Wortlaut als drahtlose Weihnachtsbotschaft zur Erde. Und dann sprechen die drei Männer in der Kapsel plötzlich von »unserer guten, alten Erde«.

Über dem gipsgrauen Einerlei des erstarrten Gestirns und in der Weltraumkälte von 130 Grad Celsius fasziniert sie das leuchtende Blau der Erdkugel wie eine Verheißung. Blau ist die Farbe des Wassers und damit des Lebens. Und so finden die drei Raumfahrer bestätigt, daß unser Erdball ein Wasserplanet ist, den das Weltmeer zu fast drei Viertel überdeckt.

Fünfhundert Millionen Fernsehzuschauer werden Augenzeuge eines Moments, den man historisch nennen kann: spätestens jetzt, Weihnachten 1968, beginnt ein neues Zeitalter der Entdeckungen. Man startet freilich zu Entdeckungsreisen mit von vornherein bekannten Zielen und mathematisch präzisen Kurskorrekturen. Nur das Risiko der unmittelbar Beteiligten ist dem der früheren Fahrten ins Ungewisse gleich.

Wenn alles gutgeht, sollen Borman, Anders und Lovell

147 Stunden nach ihrem Start am Kap Kennedy, am 27. Dezember 1968 um 16.51 Uhr Mitteleuropäischer Zeit, rund tausend Meilen südwestlich Hawaii im Pazifik niedergehen.

Die Weltöffentlichkeit sieht dieser geplanten Punktlandung mit gespanntem Interesse entgegen, denn noch steht ein problematischer Teil der Reise bevor: der Wiedereintritt von APOLLO 8 in die Erdatmosphäre. Ein ganz bestimmter Auftreffwinkel muß dabei eingehalten werden. Zuvor ist das Raumschiff so zu drehen, daß der Titan-Hitzeschutzpanzer die 2750 Grad Celsius der entstehenden Reibungshitze voll auffangen kann.

Gebannt verfolgt das Fernsehpublikum die Ereignisse im Weltraum. Und wenn das große Abenteuer der ersten bemannten Mondumrundungen ein gutes Ende findet, wird man den drei Astronauten natürlich zujubeln.

Dagegen verblaßt im Augenblick alles, was auf unserem Planeten an Problemen und sogar Abenteuern gemeistert werden muß. Niemand nimmt Notiz davon, daß genau zur gleichen Zeit hier auf der Erde vier andere Männer ein Wagnis vollbringen, bei dem es vielleicht ebensowenig eine Rückkehr gibt wie für die drei Astronauten.


## »Astronauten« ohne Raumanzug

Diese Vier kennen keinen »Countdown«, wenn sie auf eine Fahrt gehen. Sie tragen keine Raumanzüge und keinen Crash-Helm. Sie stecken in schlichten Wolljumpern und knallgelbem Ölzeug. Und wenn sie nicht gerade den Südwester auf dem Kopf festgebunden haben, tragen sie das Abzeichen der Deutschen Gesellschaft zur Rettung Schiffbrüchiger an ihren blauen Schiffermützen.

Diese vier Mann, die ohne weltweite »Publicity« bleiben werden und lieber plattdeutsch als hochdeutsch reden, heißen Hoffmann, Claußen, Dorn und Köhn. Sie bilden die Besatzung des Seenotrettungskreuzers ARWED EMMINGHAUS vom Seenotbezirk Elbe, Station Cuxhaven.

Diese »Astronauten des Wattenmeeres« werden nie ins Weltall gelangen, und sie haben auch noch nie die Schöpfungsgeschichte in den Äther deklamiert. Für sie ist aber klar, daß die »gute, alte Erde« neben dem reißenden Strom eines ungezügelten, vielleicht sogar ziellos gewordenen Fortschritts auch unverrückbar gültigen Gesetzmäßigkeiten unterworfen bleiben muß. Es sind Gesetze, die niemand ungestraft außer Kraft setzen kann.

Auch gibt es Herausforderungen, auf die tagtäglich erneut eine Antwort zu geben ist. Wer sehenden Auges ist, erkennt, daß die Gebote der Humanität stets Triebfeder für lebensgefährliche Rettungstaten bleiben werden.

Am zweiten Weihnachtsfeiertag 1968 um 05.36 Uhr morgens alarmierte die Seenotwache im Radarturm Cuxhaven die ARWED EMMINGHAUS. Auf dem berüchtigten Scharhörnriff vor der Außenelbe, in Höhe der Fahrwassertonne B 1, ist das sowjetische Motorschiff NJANDOMA aufgelaufen. Es ist praktisch gestrandet und benötigt dringend Hilfe.

Wind: Nord bis Nordwest in Stärke 6–7, starke Schneeschauer, böig. An den Signalmasten der Sturmwarnstationen hängen bereits die zwei roten Warnungslichter für Nordwest in Windstärken über acht.

Jetzt hat Vormann Rolf Hoffmann, der Kapitän des Seenotrettungskreuzers, die 2400 Pferdestärken der drei Antriebsdiesel »voll ausgelegt«. Die ARWED EMMINGHAUS, die bis zu 24 Knoten laufen kann, jagt mit höchster Fahrt beinahe rechtwinklig gegen die steife See. Masthohe Gischtschleier fetzen hinter dem turmartigen Ruderstand vorbei und überschütten das in der Heckwanne festgelaschte Tochterboot, das deutsche Seenotkreuzer nach dem Huckepackprinzip mitführen.

Mit harten Stampfbewegungen fängt das schnittige Schiff die schmetternden Schläge der kurzen »Seen« auf. Alles wippt und vibriert. Der gedrungene Dreibeinmast nickt im Stampfrhythmus durch den Nachthimmel. Dieser silbrig schimmernde Mast ist mit Antennen geradezu gespickt – für Radar, Decca-Navigator, Sichtfunkpeiler, Radiokompaß, UKW-, Grenz- und Mittelwellen-Funkgeräte sowie Spezialgeräte für den Flugfunkverkehr.

Das Doppelblinkfeuer vom Feuerschiff ELBE 2 kommt wegen der Schneeböen gar nicht in Sicht. Nur das Radarecho des Feuerschiffes wurde längst unter zahlreichen anderen gelblichen Leuchtkäfern auf dem Bildschirm des Radargeräts als ruhender Punkt erkannt. Zeitweilig hört man das Brüllen des Nebel-Luftschallsenders vom Feuerschiff, bis das Heulen und Orgeln der Böen in den Antennen, der Lärm der See und das Brummen der Antriebsdiesel jenen Urlaut wieder übertönen. Alles auf dem offenen Ruderstand des Kreuzers ist weiß überzuckert. Horizontal peitscht dem Vormann der Flockenwirbel ins Gesicht. Und man fühlt es jetzt mehr, als man es eigentlich sieht: auf, ab, vor und zurück fingert jetzt der Mast durch den Flockenwirbel. Nur zeitweise erkennt man im Topp die rotierende Radar-Drehantenne, die ringsum ihre elektronischen Fühler aussendet. Matt leuchten die beiden warmluftbeheizten Instrumentenbretter des Ruderstandes und werfen ihren Widerschein auf das gelbe Ölzeug des »Skippers«, der mit zusammengekniffenen Augen am Ruder steht. Fröhliche Weihnachten auf der guten, alten Erde! Ein Wassersport für Verrückte, eine Party für Kenner.

Der Rettungsmann Egon Köhn, ehemaliger Kutterfischer aus Büsum, steht als Ausguckposten mit an Deck. Maschinist Hermann Claußen steht – jetzt sozusagen als Steuermann – ein Deck tiefer, im geschützten unteren Steuerstand. Dort sind die wasserempfindlichen Navigations- und Funkgeräte untergebracht. Dort liegen auch die Seekarten aus.

Hermann Claußen bekommt am Radarschirm allmählich einen steifen Nacken, so intensiv beobachtet er die einzelnen Radarechos.

Die Bugwelle des Seenotkreuzers prustet, schwallt und schwappt jedesmal, wenn Arwed Emminghaus beim Stampfen in ein Wellental saust und die gewölbte Bordwand des Vorschiffs eine neue Explosion von Gischt hervorruft. Es flirrt und peitscht der Schnee von Steuerbord nach Backbord schräg über Deck. Bisweilen wird er vom Luftsog des Sturmes ein Stück in die Höhe gerissen, dann schneit es von unten nach oben. Längst brüllt auch das Typhon des Seenotkreuzers regelmäßig seine Nebelschallsignale für ein »maschinengetriebenes Schiff, Fahrt durchs Wasser machend«.

Arwed Emminghaus ist, nach Passieren von Feuerschiff Elbe 2, aus der Abdeckung der vorgelagerten Untiefen heraus. Der Seegang beginnt durcheinanderzulaufen. Er wird außerordentlich unangenehm und überdies unberechenbar. Bösartige »Aufsteher« steilen wie übergroße Hocken eines Kornfeldes zwischen den Wellenkämmen auf. Eine solche Wasserbewegung entsteht, wenn Sturm und Gezeitenstrom gegeneinanderwirken. Man weiß dabei nie, von welcher Seite man durch Brecher eingedeckt wird.

Wenn Gischt und Schneeflocken in waberndem Gemisch an der Steuerbordlaterne vorbeigerissen werden, erscheinen sie giftgrün, feindselig, wie ein Stück Bühnenbild vom Fliegenden Holländer. Auf der anderen Seite werden sie, durch die Backbordlaterne, in blutiges Rot getaucht. Von der »Dampferlaterne« im Topp ist nur ein milchiger Fleck zu sehen. Als Lichtschein kann man das nicht mehr bezeichnen.

»Radar Cuxhaven, Radar Cuxhaven ruft Arwed Emminghaus: Emminghaus bitte kommen!« quarrt es aus dem Lautspecher.

Claußen geht ans UKW-Gerät: »Hier Emminghaus, Emminghaus – over!«

»Das in Seenot befindliche Sowjetschiff befand sich mit 24 Mann Besatzung auf der Reise von Windau nach Immingham. Nach unserer Peilung sitzt der Russe südlich vom Pegel Scharhörnriff mitten in der Brandung. Nach der Peilkarte des Wasser- und Schiffahrtsamtes muß das in nächster Nähe vom Wrack der ANTOINETTE sein, also direkt auf dem Riff.«

»Hier EMMINGHAUS, danke, haben verstanden. Die Sicht ist augenblicklich ganz schlecht, wir haben aber einen Radarkontakt in Richtung dieser angegebenen Position. Ende!«

Direkt auf dem Scharhörnriff! Die vier im gelben Ölzeug haben verstanden, verdammt gut sogar!

Das Scharhörnriff und der Große Vogelsand vor der Elbmündung haben traurige, internationale Berühmtheit. Mit ihrer Brandung und ihren Mahlsänden gehören sie zu den großen Schiffsfriedhöfen der Nordsee. Man nennt sie gleich nach den Goodwin-Sands, den Sänden vor Terschelling, Den Helder und Borkum, der Jammerbucht am Skagerrak. Sie sind Schiffsmörder seit Menschengedenken – wie all die Sände und Riffe zwischen England, Holland und Dänemark.


## Gewetzte Messer

Vormann Hoffmann hatte zuvor einen Fernsehkommentar der amerikanischen Weltraumbehörde vernommen. Darin hieß es, Optimismus und Triumph vor Beendigung der erfolgreichen Mondumrundungen seien verfrüht. Noch wisse niemand, ob die drei Raumfahrer nicht doch verglühen oder auf kosmische Irrwege geraten, von denen es keine Rückkehr gibt. Nochmals sei darum gesagt, daß das Schicksal von APOLLO 8 besiegelt sei, wenn das Zurücktauchen in die Erdatmosphäre nicht genau winkelgerecht erfolgt. Der Arbeit des Navigators und der Überwachungstätigkeit der Computer im Kontrollzentrum komme deshalb erhöhte Bedeutung zu.

Die vier auf der ARWED EMMINGHAUS sind jetzt in ähnlicher Lage, obwohl es für sie kein Kontrollzentrum und keine Überwachungscomputer gibt. Auch bei ihrem Schiff

»muß der Winkel haargenau stimmen«, wenn es in die kochende Brandung des Scharhörnriffs hineinstößt.

Der Vormann kennt diesen Teufelsgrund wie seine Westentasche. Er hat auch die alljährlich neu angefertigte Untiefen-Peilkarte genau im Kopf. Hoffmann weiß daher: Der Seenotrettungskreuzer muß zwischen drei höchst gefährlichen alten Unterwasserwracks regelrecht Slalom laufen, wenn er an die NJANDOMA herankommen will. Jedes Aufschlagen auf die scharfen Kanten eines solchen Schiffsleichnams kann den Totalverlust der ARWED EMMINGHAUS bedeuten. Wie gewetzte Messer lauern diese rostroten Schneiden in der Brandung, unter Wasser unsichtbar, auf ihr Opfer. Und fortwährend ändert sich die Lage dieser Wracks im ewig wandernden Sand! Jedes von ihnen »lebt« auf eine gespenstische Weise. Mal liegt es schräg, mal auf der Seite, dann wieder richtet es sich ohne ersichtlichen Grund plötzlich auf. Wind, Gezeitenstrom und Sandspülungen sind die Ursachen dieser erstaunlichen Vorgänge.

Maschinist Claußen steht noch immer am Radargerät. Er sieht jetzt auf dem Scharhörnriff deutlich zwei verschiedene Radarechos. Der eine Leuchtkäfer stammt nach seinen Peilungen eindeutig von dem griechischen Frachter EMMANUEL M., der in einer stürmischen Dezembernacht des Vorjahres auf das Riff geriet, genauer gesagt auf die dahinterliegende Robbenplatte. Seitdem ist das Schiff dort gefangen. Niemand ahnt, daß es Jahre später wieder freikommen wird. Das andere Radarecho kann nur von der NJANDOMA stammen.

Gott sei Dank hört bei Fahrwassertonne C wenigstens das Schneetreiben auf. Weiß geifert jetzt die Brandung an Backbord, schon zum Greifen nahe, in der Dunkelheit. Brandung entsteht durch das Aufrennen der Wellen an eine Küste oder gegen eine Untiefe, sie erzeugt einen weithin leuchtenden Saum. Wo der Wind in gleicher Richtung zur Untiefe weht und die Wellenfront rechtwinklig zu ihr verläuft, sieht man fast immer mehrere Schaumlinien in der Brandung, denn die Wellenfront schwenkt zum flacheren Bereich ein. Die Tiefenlinien werden durch die Brandungswelle fast kartografisch genau angezeigt – also dort, wo das Wasser steilt und kippt. Jede Luftaufnahme von einer Küste bestätigt das.

Rolf Hoffmann folgt nach Auge und Gehör jetzt diesem leuchtenden Schaumkamm der buchstäblich sein Wegweiser ist. Er navigiert nach dem Brandungssaum wie ein Kapitän der Hansezeit. Verstärkt tost das Brechen der Brandungswellen aus der Finsternis, der Sturmwind heult unvermindert in der Takelage.

Da sieht man mitten in dem weißen Gebräu ein paar glitzernde Lichter. Das muß die Decksbeleuchtung des Russen sein! Hoffmann und Köhn blicken nacheinander durchs Glas. Sie erkennen beide einwandfrei zwei rote Lampen im Mast. Dieses Signal bedeutet nach der internationalen Seestraßenordnung, zusammen mit den gesetzten Ankerlaternen, »Schiff auf Grund«.

Bei Tage würde man drei schwarze Bälle übereinander setzen.

Rettungsmann Köhn hat inzwischen die gummierte Segeltuchpersenning von beiden Turmscheinwerfern abgezogen, die bestimmt bald benötigt werden.

Ganz deutlich spürt er, daß die Seen kürzer und höher sind, weil hier die allgemeine Wassertiefe von achtzehn Metern schlagartig auf zwei bis vier Meter verringert wird. ARWED EMMINGHAUS macht Bewegungen wie ein störrischer Gaul. Jetzt hat Rettungsmann Köhn den großen Mast-Scheinwerfer eingeschaltet, dessen breiter Lichtkegel starr nach vorn gerichtet ist. Und Raumschiffkommandant Borman wird beim Drehmanöver seiner Kapsel mit Raketenhilfe genauso die Zähne zusammenbeißen wie der »Kreuzerkommandant« Hoffmann. ARWED EMMINGHAUS hat bald jenen Punkt erreicht, wo der Schiffsführer beim stehenden Gezeitenstrom in das Riff eindrehen muß – rechtwinklig auf die gewetzten Messer der unsichtbaren Wracks zu. Hoffmann geht ans Sprechrohr und ruft zum unteren Steuerstand: »Wahrschau, ist das hintere Schott dicht? Wir bekommen jetzt die Seen von achtern!« Und mit wenig Ruderlegen manövriert er den Kreuzer vor den Wind.

Fast unmittelbar darauf ist der Hexenkessel erreicht. Jäh wird das Heck der ARWED EMMINGHAUS hochgeworfen und das Vorschiff steil niedergedrückt. Eine schiebende Brandungswelle hat den Kreuzer unterlaufen. Sofort danach jagt die nächste, überholende Brandungswelle heran, von dem hinteren Deckscheinwerfer halbwegs aufgehellt.

Der Erste Maschinist Wolfgang Dorn ist jetzt im Maschinenraum und überwacht die von den Steuerständen aus fernbediente Anlage. Vom Funktionieren der drei Antriebsdiesel hängt von nun an das Schicksal des Schiffes ab. Das stählerne Herz des Seenotkreuzers muß unbedingt arbeiten! Dorn läßt die Diesel nicht mehr aus den Augen. Die Höllenreise durch die Brandung – ohne Sicht auf die heranstürmenden Brandungsseen – ist für den Maschinisten hart. Er ist übrigens Inhaber des Schiffsingenieurpatents C 5.

Das Durchqueren einer Brandung von See her ist immer riskant. Durch die überholende Welle wird das Heck rasend schnell vorwärtsgeschoben, während der gewaltsam ins Wellental gepreßte Bug durch das seewärts zurückflutende Wasser gestoppt wird. Wer bei diesem Teufelsritt auf einer Brandungswelle nicht haarscharf aufpaßt, schlägt hoffnungslos quer. Und dann erübrigt sich alles Weitere.

Angespannt steht der Vormann am Rad. Mit blitzenden Augen luchst er, ob die aufsteilenden Seen vor und hinter ihm sogenannte Überkämmer oder Aufsteher sind. Er schätzt die Grundbrecher ab und jongliert genau zwischen ihnen hindurch. Blitzschnell hantiert er mit den Hebeln für die beiden seitlichen Verstellpropeller und paßt die Schußfahrt des Seenotkreuzers durch Verändern der Schraubensteigung, der Propeller-Flügelstellung, den von achtern hereinbrandenden Seen genau an. Der dritte, starre Propeller ist ausgekuppelt. Der 1350 PS starke Mittelmotor läuft momentan nur für äußerste Notfälle mit.

Mehrmals droht ARWED EMMINGHAUS, wie von Furien gehetzt, querzuschlagen. Meisterhaft jongliert der Vormann zwischen den Seen herum und behält sein Heck durch richtige Maschinenmanöver im Wind.

Endlich ist genau die richtige Dosis Fahrt im Schiff. Der Kreuzer kann die Seen gut »beißen«. Hoffmann läuft so lange wie möglich in einer sich brechenden See mit und hält sein Schiff fast genau auf ihrem Kamm.

Aber das Zähnezusammenbeißen bleibt, das unbewußte Lauschen, ob es nicht doch plötzlich verräterisch knirscht. Denn nicht mal die wabernde See verrät jetzt die Lage dieser verdammten Wracks.

## West-östliche Verständigungsprobleme

Nach jedem Blick auf die Schaumkämme beobachtet der Vormann das eine der beiden nebeneinanderliegenden beleuchteten Echolote. Das eine ist ein normaler Lotschreiber oder Echograph, der hier auf dem Riff nicht von Nutzen ist. Entscheidend ist jetzt ein anderes Lot. Dieses Flachwasserlot für alle Bereiche von weniger als fünfzehn Meter Tiefe arbeitet auf Dezimeter genau. Der rote Anzeigeblitz vermerkt auch das Auf und Ab der Brandung auf der Tiefenskala deutlich.

Der schlimmste Teil des Weges aber ist geschafft. Durch den gefährlichsten Brandungsgürtel sind die vier Rettungsmänner durchgekommen. Und da zur Zeit ablaufend Wasser, Ebbe, ist, tastet sich ARWED EMMINGHAUS nun langsam an den Havaristen heran, bis in seine unmittelbare Nähe.

Eben hat die Küstenfunkstelle Elbe-Weser Radio durchgegeben, daß ein Teil der russischen Besatzung sofort vom Seenotkreuzer übernommen werden soll.

In dem breiten Voraus-Lichtkegel des starr eingestellten Mastscheinwerfers zeigt sich jetzt, daß der Vorsteven der NJANDOMA zur Insel Scharhörn gerichtet ist. Die See steht also rechtwinklig zum Wrack, die Brecher laufen Amok. Die weiß geifernden, mitten über dem Wetterdeck des todgeweihten Schiffes zusammenschlagenden Seen ergeben ein Rembrandtsches Helldunkel von schauriger Schönheit. Der Anblick ist so großartig, daß man ihn nie vergessen wird. Und diese vier Männer auf der EMMINGHAUS haben weiß Gott schon mehr als ein Schiff auf dem Scharhörnriff und dem Großen Vogelsand »sitzen« sehen.

Die russischen Seeleute sind ruhig und gefaßt. An Bord herrscht keinerlei Panik. Die Schiffsoffiziere geben einige Handzeichen, die den Rettungsmännern nicht verständlich sind. Sie versuchen darum, auf UKW-Kanal 16 mit dem sowjetischen Kapitän zu sprechen. Der spricht zwar Englisch, aber mit allzu russischem Akzent. Die Deutschen bleiben so klug wie zuvor, denn sie verstehen kein Wort.

Ähnliche Verständigungsprobleme ergeben sich bei Seenotfällen immer wieder. Seenotretter müßten Polyglotte sein, wollten sie sich mit allen Seeleuten verständigen, die sie im Laufe der Zeit aus der Brandung herausholen.

Jetzt hat jemand eine Glanzidee. Vor der Hundebalje von Neuwerk, auf einem geschützten, ausreichend tiefen Ankerplatz, liegt seit gestern der russische Tanker YELSK. Der an Bord befindliche deutsche Lotse bietet an, die YELSK als Funkvermittler einzuschalten. Tatsächlich erweist sich dieser Vorschlag als richtig. Der russische Tankerkapitän spricht beinahe reines Oxford-Englisch. Er dolmetscht fortan alle Funksprüche des Seenotkreuzers in die russische Sprache und alle Funksprüche der NJANDOMA in die englische. Die Lage ist sehr ernst. Die NJANDOMA hat schwere Wassereinbrüche in Luke drei und den Wohnräumen.

Der Seenotrettungskreuzer fühlt sich so nahe wie möglich an den Havaristen heran und umrundet ihn vorsichtig, um erst einmal »Lage zu peilen«, wie man in der Seefahrt sagt. Die vier Rettungsmänner müssen Klarheit gewinnen, wie es ringsum mit den Wasserverhältnissen bestellt ist. Drei von ihnen sind auf dem Turm postiert, nur Dorn bleibt auch jetzt bei seinen Maschinen. Drei Augenpaare spähen im Scheinwerferlicht in die kochenden Seen, die teilweise zu Kreuzseen kollidieren.

Auf der Leebordseite des verunglückten Frachtes saugt sich die Arwed Emminghaus ganz merkwürdig fest. Die sonst auf dieser Seite ruhigere Wasserfläche brodelt wie in einem Hochdruckkessel, der ganze Rumpf des Seenotkreuzers vibriert. Das Flachwasserlot zeigt ein wildes Zickzack an, als sei es von Sinnen. Seine Tiefenangaben spotten jeder Beschreibung.

Den Rettungsmännern wird plötzlich klar, daß der Russe auf ein schon vorhandenes Wrack aufgeschlagen sein muß. Er sitzt anscheinend mitten auf der Antoinette!

Mit eisiger Konzentration und mit möglichst wenig Propellerumdrehungen, eine Hand schon am Kupplungshebel – falls plötzlich ein Propellerflügel gegen ein Wrackteil stößt – zieht Rolf Hoffmann den Kreuzer langsam aus der Gefahrenzone, die zur Falle werden könnte.

Es gelingt tatsächlich, den Kreuzer wieder herauszumogeln und hinter das Heck der Njandoma zurückzuziehen. Und die drei auf dem Turm der Arwed Emminghaus ahnen, daß sie eben dem Unglück um Haaresbreite von der Schippe gesprungen sind. Der Kreuzer muß eben mitten über dem alten Wrack gewesen sein, das vermutlich genau quer unter dem sowjetischen Frachter liegt.

Noch weiß freilich keiner der Rettungsmänner, daß Arwed Emminghaus das Schlachtmesser tatsächlich schon an der Kehle gehabt hat. In dem Lärm von Brechern und Böen, in den hektischen Stößen des Seegangs wurden sie gar nicht gewahr, daß die scharfen Zacken der geborstenen Antoinette das Kiel-Totholz des Seenotkreuzers an mehreren Stellen gleichzeitig zertrümmert haben. Sie schlugen ganze Stücke aus dem hölzernen Kiel und haben außerdem spitze Stücke aus der chromstählernen Backbordschraube herausgehackt!

Jetzt wird nicht lange gefackelt. Ran mit der »Schnauze« des Seenotkreuzers an das Frachterheck. Wie ein Radiergummi rutscht die schützende Gummi-Wallschiene der Emminghaus an der Bordwand auf und ab. Ein Fender reißt ab und geht verloren. Der Steven des Kreuzers drückt ein Bullauge ein. Aber die Russen stehen wie versteinert. Keiner springt!

»Arwed Emminghaus, Arwed Emminghaus, hier ist Tanker Yelsk. – Bitte kommen Sie ...«

Eine neue Nachricht vom Kapitän der Njandoma. Die kaltblütigen Russen möchten doch noch nicht von ihrem Schiff herunter. Der Kapitän will erst die Abbergung mit Schleppern versuchen!

Den Rettungsmännern leuchtet das ein, denn zur Zeit läuft das Wasser ab. Es ist Ebbe. Bis zur nächsten Tide kann sich die Gefahr nicht erhöhen, sondern allenfalls verringern.

Was es für einen Kapitän bedeutet, sein Schiff aufgeben zu müssen, ist von Außenstehenden kaum nachzuempfinden. Alle Rettungsmänner der Welt können ein Lied davon singen, daß die Schiffsleitungen von Havaristen erst alles Menschenmögliche versuchen, um Schiff und Ladung – die ja Millionen Mark wert sind – zu erhalten.

Die ortskundigen Männer der Arwed Emminghaus aber wissen genau: Diese Sache hier geht auf keinen Fall gut. Das Wrack der Antoinette zerschlitzt die Njandoma immer weiter. Der Sturm wird mit dem nächsten auflaufenden Wasser, also mit der Flut, zunehmen. Bis eine Schlepperbergung beginnen kann, verstreichen wertvolle Stunden.

Über UKW gibt der Seenotrettungskreuzer an die russische Schiffsleitung durch, daß er in der Nähe bleiben wird, sich aber vorerst in tiefere Wasser zurückziehen muß. Inzwischen ist es schon dämmerig geworden. Jetzt sieht man in dem fahlen Licht das von Brechern überspülte Vorschiff des Sowjetfrachters und das Häuflein Menschen, das achtern auf den Decks zu sehen ist. Good luck for you!

Der Vormann wendet jetzt seinen Kreuzer, stößt – diesmal senkrecht gegen die Grundbrecher anlaufend – aus der Brandungszone heraus und macht draußen im Fahrwasser wartend »stand by«.

Mit zunehmender Helligkeit sind schließlich beide Wracks auf dem Riff erkennbar. Auf der NJANDOMA wird der Amoklauf der Seen quer übers Deck sichtlich schwächer, weil das Wasser fällt. Die EMMANUEL M. aber sitzt noch immer hoch und trocken auf einem Sandbuckel der benachbarten Robbenplatte, fast genauso wie bei ihrer Strandung vor einem Jahr.

An sich ist das ein Phänomen: Da fliegen Menschen zum Mond und vollbringen »weiche Landungen« auf seiner Oberfläche. Hier unten aber, auf unserem Wasserplaneten, kommt es noch immer vor, daß starke Motor- und Turbinenschiffe vor irgendwelchen Flußmündungen in den Mahlsand geraten. Große, stählerne Kunstbauten gehen rettungslos zugrunde, nur weil sie ein paar hundert Meter aus dem Tonnenstrich, der Seezeichenlinie, herausgekommen sind.

Der für Fremde unberechenbare Gezeitenstrom kann große Seeschiffe mit vielen tausend Pferdestärken ins Verderben bringen. So etwas passiert fast ausnahmslos Schiffen, die noch keinen Lotsen an Bord nehmen konnten oder die ihn bereits wieder abgegeben hatten.

So erging es auch der NJANDOMA, die den Lotsendampfer schon hinter sich gelassen hatte. Der Wetterlage wegen hätte sie weiter elbaufwärts, in die Landabdeckung oberhalb vom

Feuerschiff ELBE 2 *, zurückgezogen werden müssen. Doch die NJANDOMA fuhr weiter, bis ein Brecher die Verschanzung eindrückte, sie teilweise sogar wegriß und einen Wassereinbruch im Schiff verursachte. Dieser Seeschaden zwang den Kapitän des Frachters zum Beidrehen. Und dabei war es dann passiert.

## Die Lage wird kritisch

Später gibt Rolf Hoffmann durch das Sprechrohr nach unten, zum unteren Ruderstand: »Hermann, wir machen inzwischen das Sprungnetz klar!«

Auf einem Seenotkreuzer steht jeder mit jedem auf du. Aber diskussionslose Einordnung ist selbstverständlich, sobald der Vormann ein Kommando gibt. Die vier Mann Besatzung eines solchen Fahrzeugs sind ein blind aufeinander eingespieltes Quartett. Hätte ein einziger Mann von ihnen »zwei linke Hände«, wären Rettungsaktionen zum Scheitern verurteilt. Hier ist ein Team am Werk, in dem jeder Mann und jeder Handgriff unentbehrlich sind. Und auch das gibt es wohl nur im Rettungsdienst: Maschinisten sind zugleich Decksleute und Steuerleute, während umgekehrt der Vormann ein kleines Maschinistenpatent hat.

Die Männer von der ARWED EMMINGHAUS wissen genau, daß die Russen doch Rettungshilfe brauchen werden. Die Sache mit den Schleppern erscheint illusorisch. Und wer weiß, ob beim nächsten Hochwasser die Besatzung der NJANDOMA nicht aufs Bootsdeck ausweichen muß. Wenn sie aber von dort abzuspringen hat, schlägt sie sich ohne das große

---

* Das Feuerschiff wurde inzwischen durch den unweit der früheren Ankerposition im Wasser errichteten automatischen Leuchtturm GROSSER VOGELSAND ersetzt.

Perlonsprungnetz die Knochen kaputt, das darum schon jetzt von den Rettungsmännern über das Vorschiff gespannt wird.

Um 11.30 Uhr treffen die Schlepper BUGSIER 26, TAUCHER OTTO WULF 3 und FAIRPLAY 14 ein. Tatsächlich beruhigt sich über Mittag die Wetterlage zunächst so, daß der Bugsierschlepper den Bergungsinspektor, einen Maschinisten und zwei Pumpen mit seinem Motorboot zur NJANDOMA übersetzen kann. Aber die Wassereinbrüche sind derart schwer, daß auch die Pumpen kaum etwas nützen. Alle drei Laderäume sind vollgelaufen.

Mit der einsetzenden Flut verschlechtert sich das Wetter wieder. Gegen 15 Uhr meldet Tanker YELSK, daß der NJANDOMA-Kapitän nun doch um Abbergung eines Teils seiner Besatzung bittet. Der Seenotkreuzer unternimmt, wenn auch in etwas gemäßigter Form, seine Wellenreiter-Tour erneut, nachdem er alle verfügbaren Fender an der Backbordseite ausgebracht hat. Auf der Leeseite stößt ARWED EMMINGHAUS an das Heck des Russen heran. Aber um dieses Heck herum wirbelt jetzt ein heftiger Strom. Der Kreuzer wird sofort nach Lee gerissen, quer zum Havaristen und parallel zur darunterliegenden ANTOINETTE. Also gibt es nur eine Möglichkeit: eindampfen!

Beide Maschinisten und Rettungsmann Köhn arbeiten jetzt auf dem Vorschiff. Sie bringen mit Geschick eine – nach hinten gerichtete – »Springleine« aus, deren Ende von den sowjetischen Seeleuten auf der NJANDOMA festgemacht wird. Dann legt der Vormann die Ruderblätter des Kreuzers hart nach Steuerbord, während er die Seitenpropeller in Vorwärtsrichtung drehen läßt. Der Schraubenstrom drückt auf die Ruderblätter und stemmt dadurch das Heck des Seenotkreuzers so kräftig gegen die Wasserströmung, daß EMMINGHAUS tatsächlich parallel zur NJANDOMA an deren Hinterschiff zu liegen kommt. Hilfsbereit greifen die Rettungsmänner zugeworfene Kleidersäcke und Koffer und stopfen sie schleunigst unter Deck. Dann übernehmen sie neun Mann von der Besatzung, die doch ohne das Perlonnetz seitlich vom Aufbaudeck überspringen können. Sofort danach legt der Seenotkreuzer wieder ab, führt aber eine Perlon-Wurfleine mit, deren Ende auf der NJANDOMA festgemacht ist. Inzwischen hat sich nämlich der Schlepper OTTO WULF 3 von der Luvseite her mit großer Bravour an den Havaristen herangearbeitet. Er hat dabei seinen Buganker ausgebracht und steckt immer weiter Kette, er läßt sich also mit dem Wind zum Russen hin sacken, bis Seegang und Flachwasser eine weitere Annäherung an die NJANDOMA unmöglich machen. Schlepper haben allzu großen Tiefgang. Darum stellt der Seenotkreuzer jetzt die Wurfleinenverbindung zwischen Schlepper und Havaristen her. Claußen, Dorn und Köhn stecken mehrere solcher Leinen aneinander, deren Ende sie dem Schlepper übergeben. Daran ziehen die Russen mit Hilfe eines Spills, einer Winde, immer stärkere Leinen und zuletzt eine dicke stählerne Schlepptrosse heran. Aber das alles ist vergebliche Liebesmüh. Bald kann sich der Schlepper in den Seen nicht mehr halten. Die beiden anderen Schlepper kommen infolge noch größeren Tiefgangs überhaupt nicht an die Strandungsstelle heran.

Bevor auch ARWED EMMINGHAUS mit dem fallenden Wasser das Feld zunächst wieder räumen muß, holen die Rettungsmänner noch den Bergungsmaschinisten von der NJANDOMA wieder herunter und übergeben schließlich ihn und die geretteten neun Russen vor Neuwerk an den Tanker YELSK. Die Schlepper sind inzwischen alle drei unverrichteterdinge nach Cuxhaven zurückgekehrt. Der NJANDOMA-Kapitän bittet über Funk dringend darum, daß der Rettungskreuzer wieder in seine Nähe kommt. Das versteht sich für die vier von der EMMINGHAUS von selbst. Sie wissen, daß heute nacht endgültig ihre Aufgabe heranrückt.

Um Mitternacht ist es soweit: Tanker YELSK meldet, daß der NJANDOMA-Kapitän um die Rettung der restlichen Besatzung bittet, sobald es wasserstandsmäßig möglich ist.

Die Lage auf dem Frachter ist zu einem Furioso geworden. Das ganze Schiff rüttelt und bebt. Mit schrecklichem Knirschen, Knistern, Jaulen und Krachen rutscht der Schiffsboden auf den Dolchen und Metallsägen der ANTOINETTE-Trümmer herum. Schon läuft die Brandung längst auch bei Niedrigwasser, alles kurz und klein schlagend, quer übers Vorschiff. Die unteren Kammern der Wohndecks stehen ebenfalls – wie die Laderäume – unter Wasser. Lediglich der Maschinenraum kann vorerst noch mit den Bordpumpen »lenz gehalten« werden. Aber das scheußliche Schrapen und Schlieren des Schiffsbodens hört sich dort unten besonders schauerlich an. Mit jeder anrollenden See werden die Lecks der NJANDOMA vergrößert. Immer wieder dreht sich das teilweise aufgespießte Schiff, es wird dabei angehoben und krachend aufgesetzt.

## Weiße Geysire

Um halb drei Uhr morgens steht endlich genug Wasser auf dem Scharhörnriff. Das Finale des Seenotfalles NJANDOMA beginnt. ARWED EMMINGHAUS wagt sich, erst eine neue schwere Schneebö vorüberlassend, abermals in die Brandung und an den Slalomlauf durch die Wracks. Bevor neue schwarze Wolken heranjagen und alles wieder mit weißem Flockenwirbel überschütten, hat der Kreuzer seinen Höllenritt begonnen. Da plötzlich sehen die Rettungsmänner einen »Jonny« oder »Krauskopf« – eine See von besonders furcht-erregender Größe und Wucht – hinter sich. Diesem Ungetüm folgt noch eine zweite See, die auch nicht von Pappe ist. Ganz deutlich nehmen die Rettungsmänner wahr, wie diese Grundbrecher das Wasser vor sich aufsaugen und dann geradezu niederträchtig das Hinterschiff der EMMINGHAUS auf die Hörner nehmen. Hoffmann ist mit seinen Verstellpropellern wieder schneller, er bleibt balancierend auf dem Rücken der See, die ihn endgültig im rechten Winkel herumdrücken und zum Umschlagen bringen wollte.

Und nun ein »Breitwandpanorama« im Lichtkegel des Mastscheinwerfers: Was gestern schon unheimlich aussah, ist jetzt vollends zum Schreckbild und zum Nachtmahr geworden. Die furchtbaren Brecher decken die gesamte NJANDOMA von der Back bis zu den Aufbauten ein, sie springen mit der Gewalt isländischer Geysire zum Nachthimmel empor. Nur das bereits schwer angeschlagene Hinterschiff mit seinen Aufbauten ragt noch wie eine Insel aus dem Wasser. Dort steht enggedrängt die Traube von 15 Russen, die allesamt Schwimmwesten umgelegt haben. Auch der deutsche Bergungsinspektor, der immer noch auf dem Wrack ausgeharrt hat, ist im Scheinwerferlicht zu erkennen. Der Vormann »peilt die Sprunghöhe aus« – es geht auch diesmal gerade noch ohne das Perlonnetz. Und wieder ist das gewaltsame Heranscheren ans Wrack nur mit dem Trick des Eindampfens möglich, denn der um das Heck herumgurgelnde Strom hat mörderische Gewalt. Der Seenotkreuzer legt sich mit den vollen Pferdestärken der beiden Seitenmaschinen ins Zeug.

Wieder steilt auf dem Wetterdeck des Wracks eine tigerartig gestreifte See von furchtbarer Höhe auf. Ihr Donnerschlag gegen die Aufbauten hört sich an wie eine Detonation. Die NJANDOMA bewegt sich wie ein Gummischiff. Bug und Heck folgen dem Seegang unterschiedlich! Die restlichen Besatzungsmitglieder auf dem vibrierenden Wrack taumeln, aber jetzt ist der Rettungskreuzer dicht genug heran. Ein Mann nach dem anderen springt im günstigsten Moment ab, sofort mit sicherem Griff von Claußen, Dorn und Köhn wahrgenommen und aus dem Gefahrenbereich geschafft.

Die Russen sind auch jetzt noch von bestechender Kaltblütigkeit. Niemand ist nervös, keiner fällt vorbei oder bricht sich die Beine, weil er etwa zu früh absprang. Obwohl der

Seenotkreuzer zum Gotterbarmen dümpelt und rollt, kommen alle unverletzt an Deck.

Der vorletzte Mann wirft sogar noch die Springleine vom Poller los. Dann »jumpen« die beiden letzten Schiffbrüchigen mit gewaltigem Satz gleichzeitig. Alles klar – und jetzt bloß weg hier!

Während Kapitän Grechnjow aus Leningrad mit starrem Gesicht in das Inferno der Brecher zurückblickt und sein verlorenes Schiff hinter den aufspringenden, weißen Geysiren verschwinden sieht, laviert Rolf Hoffmann den Seenotkreuzer mit seinen Geretteten zum sechsten Male durch die Brandung, auch diesmal wieder ohne tödliche Bekanntschaft mit einer Unterwasser-Guillotine zu machen, zwischen den unsichtbaren Wracks hindurch ins tiefere Fahrwasser der Außenelbe zurück.

Längst »blowt« es mit voller Windstärke neun. Von der schwarzgerahmten weißen Flagge mit dem roten Hansekreuz – dem über hundert Jahre alten Wahrzeichen der Deutschen Gesellschaft zur Rettung Schiffbrüchiger – knattert nur noch ein handbreiter Fetzen unter dem Mast. Doch diese Flagge ist wieder zu einem Siegeswimpel der Humanität geworden.

Um halb vier Uhr morgens übergibt ARWED EMMINGHAUS vor der Hundebalje auch die jetzt geretteten, nassen und durchfrorenen russischen Seeleute an den sowjetischen Tanker YELSK und läuft um dreiviertel fünf in den Alten Hafen von Cuxhaven ein. Die »nobelste Gilde aller Seeleute«, die große internationale Familie der Rettungsmänner, hat wieder 26 Menschenleben gerettet.

Mit Hochstimmung gehen die vier vom Seenotkreuzer unter Deck, in die Wärme ihrer Wohnräume. Das Ausziehen schaffen sie eben noch. Dann fallen sie hundemüde in ihre Kojen. Sie waren 48 Stunden draußen in der schweren See und in der Dezemberkälte – und stundenlang zwischen den gewetzten Messern der Wracks.

Doch wer nimmt schon Notiz davon ...

Die Weltöffentlichkeit steht inzwischen im Zeichen der geglückten APOLLO 8-Rückkehr. Der Mensch »triumphiert über das Weltall«. Und doch hat er, trotz ungeheurem und vielleicht nicht mehr vertretbarem Aufwand, letztlich nur ein Stäubchen von der Unendlichkeit des Kosmos zu ritzen vermocht. Die Natur läßt ihn ihre Allgewalt täglich weiterhin spüren.

Draußen auf dem Scharhörnriff vollenden die Grundseen ihr Zerstörungswerk. Bald ist die NJANDOMA in der Mitte auseinandergebrochen. Die reißende Strömung hat das Hinterschiff im rechten Winkel herumgeklappt.

Zwischen den beiden Hälften des geborstenen Wracks aber brodelt und tost die See, quirlt der erbarmungslose Treibsand der »Mordsee Nordsee«.

Die Urgewalt der winterlichen Sturmseen entzieht sich allgemeinem Vorstellungsvermögen.


## Das machtlose Segelschiff

Als junger Steuermann einer britischen Bark erlebte Joseph Conrad den Untergang einer dänischen Brigg mit, die bei einem Orkan entmastet und leckgeschlagen worden war. Tagelang trieb das Wrack in sinkendem Zustand umher, und mit übermenschlicher Kraft hatte die Besatzung an den Pumpen gestanden. Aber das Leck des waidwunden Schiffes vergrößerte sich beständig. Conrad schreibt von den Seeleuten auf dieser Brigg: »Ihre braune Haut sah durch die Risse in ihren Hemden, und die beiden kleinen Gruppen halbnackter, zerlumpter Menschen verbeugten sich in ihrer rückenbrechenden Arbeit weiter tief voreinander, immer auf und ab; sie waren so hingegeben dabei, daß sie keine Zeit hatten, mit einem kurzen Blick über die Schulter nach der Hilfe zu sehen, die ihnen nahte. Als wir mit unserem Rettungsboot vollkommen unbeachtet längsseits schoren, brüllte eine heisere Stimme einen einzigen Befehl, und die Leute sahen stumpfsinnig und verstört aus roten Augenlidern flüchtig auf. Dann stürzten sie schwankend und durcheinandertaumelnd von den Pumpen fort und ließen sich, wie sie waren, ohne Mützen, graues Salz in den Falten und Furchen ihrer bärtigen, hageren Gesichter, Hals über Kopf auf uns herunter ...«

Als das geschah, hatte sich der Atlantik längst wieder beruhigt. Die Brigg sank an einem strahlend sonnigen Tag. Conrad empfand jäh »die schamlose Gleichgültigkeit der See gegen menschliches Leid und menschlichen Mut«. Er »erkannte die Tücke der See hinter ihrem strahlenden Antlitz«.

Und so sagte er: »Ich schaute mit neuen Augen auf die See. Ich wußte, daß sie in ihrer Gleichgültigkeit gegen Gut und Böse fähig war, den großmütigen Eifer der Jugend genauso unbarmherzig zu verraten wie die allerniedrigste Habgier und das edelste Heldentum ... Es gibt nichts, das die brütende Bitternis ihrer Seele zu rühren vermöchte. Sie steht allen offen und ist keinem treu – sie läßt ihren Zauber spielen, um die Besten zu verderben ... Es gibt nur einen Schlüssel zu ihrem Besitz, nämlich Kraft.«

Joseph Conrad führte damals eins der beiden Rettungsboote, die alle neun dänischen Seeleute abzubergen vermochten. Der Kapitän der britischen Bark – Retter in höchster Not – hatte sie unverzüglich aussetzen lassen, weil sonst der Wettlauf mit der Zeit nicht gewonnen worden wäre. Der Ozean, der sonst »so gewissenlos ist wie ein wilder Despot«, war an diesem Tage so still wie ein Ententeich. Es herrschte Flaute. Und so trieb der britische Segler wie ein lautloses Gespenst in der silbernen Weite. Nichts auf der Welt ist hilfloser als ein Segelschiff ohne Wind. Jedenfalls war das damals so, als man noch keine Hilfsmotoren auf solchen Fahrzeugen hatte. Nur mit Ruderbooten konnte die große Entfernung zwischen der britischen Bark und der sinkenden dänischen Brigg in angemessener Zeit überbrückt werden. Und diese

Tatsache ist aufschlußreich, sie führt uns auf die Spur einer interessanten historischen Entwicklung:

Obwohl das Segel ein Jahrtausend lang die Weltschiffahrt absolut beherrscht hat, die Erde unter Segeln entdeckt und auch erobert wurde, war das geruderte Boot in seiner Windunabhängigkeit und präzisen Manövrierfähigkeit vor Aufkommen des Motors dem Segelschiff und dem Segelboot im Rettungsdienst überlegen.

Vor knapp 200 Jahren, in der Zeit von Spätabsolutismus und Aufklärung, begann man allmählich darüber nachzudenken, wie man Hilfe auf See leisten könne. Man fing damit an, nach und nach örtliche, später größere nationale Rettungsdienste für Schiffbrüchige aufzubauen. Das aber gelang nur mit einem technischen Anachronismus. Man griff auf die Antriebsart des geruderten Wikingerschiffs und der antiken Ruderschiffe zurück. Bei allen Rettungsgesellschaften Europas und der Neuen Welt verließ man sich – vor dem Aufkommen der Motorrettungsboote – fast ausschließlich auf Teams von kräftigen, geschulten Ruderern. Sie lieferten eine genau regulierbare und jederzeit verläßliche Antriebskraft.

## Erfinder am Werk

Freilich nutzten auch die besten Ruderer nichts, wenn man ihnen keine brauchbaren Rettungsboote anvertraute. Es mußten besonders wetterfeste Boote für den Einsatz bei schwerem Seegang und zum Durchqueren des Brandungsgürtels sein. Immerhin entstanden die meisten Rettungsstationen irgendwo an einer weitläufigen Küste, ohne Nachbarschaft einer Flußmündung oder eines Hafens. Wenn also von einer solchen Stelle aus Schiffbrüchigen Hilfe gebracht werden sollte, mußten die verwendeten Rettungsboote vorn und achtern gleichermaßen spitz zugeschnitten sein, damit sie entgegenschlagender und mitlaufender Brandung denselben geringen Widerstand entgegensetzten. Solche Boote mußten notfalls auch ohne vorheriges Wenden von einem Rettungseinsatz zurückkehren können.

An ein brandungstaugliches Ruderrettungsboot mußten aber noch zwei weitere wichtige Forderungen gestellt werden: große Stabilität oder Kentersicherheit, außerdem Unsinkbarkeit im Falle des Vollgeschlagenwerdens. Da Rettungsboote oft im flachsten Wasser zu operieren hatten, um auf Sandbänken und Riffen an die Wracks heranzukommen, mußte auch der Tiefgang so gering wie möglich gehalten werden.

Rettungsboote fielen also konstruktionsmäßig aus dem Rahmen, sie ließen sich mit anderen Bootstypen nicht vergleichen. Und es ist nicht ohne Reiz, die Entwicklungsgeschichte der Rettungsdienste wenigstens in großen Zügen zu verfolgen.

Die erste systematische Rettungsorganisation der Welt dürften die Chinesen aufgebaut haben. In China hatte es immer wieder große Überschwemmungskatastrophen mit sehr vielen Todesopfern gegeben, besonders am Fluß Ming. Deshalb befahl der Kaiser von China im Jahre 1737, im Pa-Distrikt am Ming fünf Rettungsboote zu stationieren. Die freiwilligen Besatzungen dieser Boote sollten für ihren Dienst besoldet werden. Die Kosten für diesen Rettungsdienst seien aus Mitteln der Reis- und der Grundsteuer zu bestreiten.

Dieser Rettungsdienst wurde tatsächlich aufgebaut. Nach Aussage des holländischen Fachautors und Rettungsdirektors H. Th. de Booy konnten die chinesischen Rettungsmänner für besonders mutige Taten sowie für das Wiederbeleben von bereits scheintoten Wasseropfern mit der Zahlung von Prämien rechnen.

Schließlich wurde der chinesische Rettungsdienst auch auf die Küste ausgedehnt, zumindest nach dem Gesetz. Durch kaiserliches Dekret wurde eine humane Behandlung ausländischer Schiffbrüchiger befohlen. Alle Regierungsdschunken Chinas wurden beauftragt, bei Seenotfällen Hilfe zu leisten. Nach H. Th. de Booy hatte diese Verordnung vornehmlich zum Ziel, Ausländern deshalb zu helfen, weil sie Geld und Geschenke für den kaiserlichen Hof zu Peking mitzubringen pflegten. Die praktischen Auswirkungen des Dekrets blieben anscheinend ziemlich gering. Aber immerhin wurde der Rettung von Schiffbrüchigen erstmalig von offizieller Seite Aufmerksamkeit gewidmet.

Wie die Boote des chinesischen Hochwasserrettungsdienstes am Ming-Fluß ausgesehen haben, weiß man nicht.

In Europa darf der Franzose Bernières, Direktor für das Brücken- und Straßenwesen, den Ruhm für sich in Anspruch nehmen, als erster ein Spezial-Rettungsboot konstruiert zu haben. Bernières begann damit im Jahre 1765. Zwei Jahre später konnte er das Boot in Paris auf der Seine öffentlich vorführen und erproben. Nach zeitgenössischen Berichten wurde das Fahrzeug bis zum Dollbord, zum oberen Rand, voll Wasser geschöpft. Es blieb dennoch mit neun Mann an Bord schwimmfähig, denn Bernières hatte das Boot mit Hilfe von eingebauten Luftkästen unsinkbar gemacht. Die Vorführung des Monsieur Bernières fand bei der großen Zuschauermenge begeisterte Zustimmung, aber die Zeit war für solche Dinge noch nicht reif. Das unsinkbare Rettungsboot geriet zunächst wieder in Vergessenheit, außerdem war es anscheinend nur für Binnenwässer gedacht gewesen.

Als nächster Rettungsbootkonstrukteur machte der englische Wagenbauer Lionel Lukin von sich reden. Er war Nichtseemann und als Londoner sozusagen Binnenländer, aber die vielen erschütternden Berichte von Schiffbrüchen an der englischen Küste – mit etwa 1000 Todesopfern pro Jahr! – ließen den begüterten Lukin nicht ruhen. Er setzte sich in den Kopf, die Seetüchtigkeit von Schiffsbeibooten zu erhöhen und unsinkbare Rettungsboote aus ihnen zu machen.

Lukin kaufte sich zunächst eine Norwegische Jolle. Dieses recht rassige Ruderboot – etwa in der Form eines kleinen Wikingerschiffes – wurde von ihm mit einem eisernen Kiel, vorn und achtern mit Luftkästen und mittschiffs mit einer zusätzlichen wasserdichten Abteilung ausgerüstet. Außerdem lief in der Mitte der Bordwand beiderseitig ein dicker Korkgürtel vom Bug bis zum Heck.

Das umgebaute Boot wurde im Jahre 1784 auf einem Weiher bei Dunmore in Essex erprobt. Lukin schrieb an den Prinzen von Wales und erstattete ihm einen Erfolgsbericht. Diese Eingabe brachte ihm finanzielle Zuwendungen und außerdem das Wohlwollen des Erzbischofs von Northumberland ein, so daß Lukin 1785 bereits ein selbstkonstruiertes unsinkbares Boot zum Patent anmelden konnte. Dieses Boot wurde einem Lotsen in Ramsgate anvertraut, der aber damit leider nicht zu Rettungseinsätzen fuhr, sondern lieber einen fröhlichen Schmuggelbetrieb aufzog.

Lukin baute ein Jahr später einen sogenannten »cobler«, ein englisches Strandfischerboot, um. Das Boot wurde der ersten Rettungsstation an der englischen Küste, Bamborough Castle an der Tyne-Mündung, zur Verfügung gestellt. Die Station dürfte die erste in ganz Europa gewesen sein. Und sie war durchaus ein Kuriosum.

Das Kastell stand unter dem Patronat des genannten Erzbischofs. Es war schon vorher ein Asyl für Schiffbrüchige gewesen. Schließlich war man dazu übergegangen, am Schloßtor Tag und Nacht Ausguck nach Schiffen zu halten, die in Seenot geraten waren. Auch patrouillierten jeweils zwei Berittene an der Küste entlang, die bei Seenotfällen die Fischer der Insel Holy zu benachrichtigen hatten. Sie läuteten dann eine Sturmglocke und feuerten alle Viertelstunde einen Kanonenschuß ab.

Bamborough Castle erinnerte ein bißchen an ein verwunschenes Schloß. Es hatte übrigens noch eine weitere Funktion: Man hielt dort stets eine größere Anzahl von Särgen für angeschwemmte Leichen parat. Das scheint an dieser bösen Ecke der englischen Küste angebracht gewesen zu sein. Und es ist wohl kein Zufall, daß man gerade an diesem Punkt das neue Lukin-Boot in Dienst stellte. Es hat bereits im ersten Betriebsjahr zehn Schiffbrüchige zu retten vermocht. Und es wird gesagt, daß der Erzbischof das Boot vollständig aus eigener Tasche bezahlt habe.

Später, im Jahre 1807, baute Lukin für die Suffolk Humane Society, eine örtliche Rettungsorganisation, ein zwölf Meter langes Segelrettungsboot, aus dem sich schließlich eine ganze Serie populär gewordener Rettungsboote entwickelte. Dennoch ist Lukin nur einer der namhaften Rettungsboot-Pioniere gewesen. Auch andere Erfinder und Konstrukteure verdienen Erwähnung.

Im Jahre 1789 ging auf den Herd Sands vor der Tyne-Mundung der Segler ADVENTURER aus Newcastle zugrunde. Die Besatzung rettete sich vor den fürchterlich an Deck peitschenden Brechern in die Takelage. Bald aber ließen die Kräfte der Seeleute nach. Ein Mann nach dem anderen fiel herab und verschwand in der Brandung. Das ereignete sich nur wenige hundert Meter vor dem Strand, auf dem sich eine große Menschenmenge versammelt hatte. Keiner konnte helfen, alle sahen machtlos zu.

Nicht zuletzt unter dem Schock dieses Vorfalles setzten die »Gentlemen of Lawe House«, eine vornehmlich von Lotsen getragene private Vereinigung, ein Zeitungsinserat auf. Sie forderten darin öffentlich zum Bau noch besserer Rettungsboote auf. Der Preisträger sollte zwei Guineen erhalten. Das waren zwei Pfund und vier Shilling allerdings im Wert des damaligen Gold-Shillings.

An dem Wettbewerb nahm ein ziemlich exzentrischer und eigensinniger Mann namens William Wouldhave teil. Er übergab der Prüfungskommission das Blechmodell eines Bootes, das – sieben Meter lang – aus Kupfer gefertigt werden sollte. Zu den vorn und achtern eingebauten Luftkästen wurden zusätzlich Auftriebsmittel zur Beibehaltung der Schwimmfähigkeit vorgesehen. Wesentlich war aber vor allem, daß das Boot selbstaufrichtend sein sollte – ein Stehaufmännchen nach etwaigen Kenterungen.

Wouldhave, von Beruf Maler und Kirchenangestellter in South Shields, erzählte, daß er durch eine zufällige Beobachtung zu dieser Konstruktion angeregt worden sei. Er habe bei einer Landpartie einer Frau zugeschaut, die am Dorfbrunnen Wasser schöpfte. Sie benutzte dazu ein gewölbtes Gefäß, das beliebig ins Wasser geworfen werden konnte. Es habe sich jedesmal im Wasser selbst aufgerichtet, und es konnte darum mit immer gleichem Füllstand wieder emporgeholt werden. Das war einem Trimmsystem zu verdanken.

An dem Wettbewerb hatte auch der Schiffszimmermann Henry Greathead teilgenommen. Er entwarf ein sehr klobiges Boot, das schon eher die Form eines Floßes hatte. Es kam eigentlich nicht für den ausgesetzten Preis in Betracht. Man entschloß sich aber doch, den Preis aufzuteilen und Wouldhave sowie Greathead mit je einer Guinee auszuzeichnen. Wouldhave soll daraufhin den Preis wütend verweigert haben. Als seine Freunde herausbekamen, daß er dennoch sein eingereichtes Modell der Prüfungskommisison überlassen hatte, antwortete er: »Was macht das schon! Die haben Verstand genug, die guten Seiten meines Entwurfs herauszufinden. Ich war immer ein armer Teufel. Aber ich möchte jetzt wenigstens die Genugtuung auskosten, bei der Rettung von Schiffbrüchigen mitgeholfen zu haben.«

Zu einer wirklich befriedigenden Lösung aber hatte der Wettbewerb nicht geführt. Darum entwarfen Fairles und Rockwood von Lawe House nun ihrerseits ein Modell, das in groben Umrissen einer Norwegischen Jolle ähnelte. Sie gaben dem Schiffszimmerer Henry Greathead den Auftrag, eine Anzahl solcher Boote zu bauen. Diese Boote waren zwar nicht selbstaufrichtend, aber sie hatten doch Ähnlichkeit mit dem Wouldhave-Modell. Das aus Eichenholz gebaute Rettungsboot hatte dicke Korkgürtel am Dollbord – wie Lukins Boote – und bot zwölf Ruderern Platz. Das erste Typfahrzeug der Greathead-Boote bekam den drolligen Namen ORIGINAL. Das Boot stand 40 Jahre lang erfolgreich im Einsatz. Bevor es im Jahre 1830 bei einer Rettungsaktion auf einem Felsen zerschellte, hat es einige hundert Menschen zu retten vermocht.

1798 bestellte der Herzog von Northumberland zwei Greathead-Boote – eins für North Shields und eins für Oporto. Bis zum Jahre 1803 wurden einunddreißig Greathead-Boote gebaut, von denen acht ins Ausland exportiert wurden. Diese Boote gingen nach Hamburg, Memel, Stettin, Pillau, Kopenhagen, Göteborg, Elseneur und Kronstadt. Denn damals bildeten sich an einigen Plätzen Nordeuropas schon örtliche Rettungsvereine oder fiskalische Rettungsstationen.

Da man wohl in keinem Land der Erde einen Seenotrettungsdienst so notwendig brauchte wie auf den rings von gefährlichen Meeren und Meeresteilen umgebenen britischen Inseln, kam es dort bereits im Jahre 1824 zur Gründung der »National Institution for the Preservation of Life from Shipwreck«. Diese erste nationale Rettungsgesellschaft der Welt stand unter der Schirmherrschaft von König Georg IV. und der Präsidentschaft des Premierministers. Auch die Erzbischöfe von Canterbury und York sowie die Bischöfe von Sussex, Clarence und Cambridge unterstützten dieses Rettungswerk, das 1852 in Royal National Life Boat Institution (R.N.L.I.) umbenannt wurde. Diesen Namen führt die britische Rettungsgesellschaft auch heute noch.

Die Gesellschaft kam durch die Ideen und Kampagnen des Feuerkopfes Sir William Hillary zustande, den eine Ehrentafel auf seinem Grabstein als »Soldat, Schriftsteller und Philantrop« bezeichnet. Dieser ehemalige Offizier hatte einen ungewöhnlich bewegten Lebenslauf. Für seine militärischen Verdienste war er 1805 geadelt worden. Er lebte auf der Insel Man in der Irischen See. An der Küste von Man gingen allein in den Jahren 1822–45 nicht weniger als 142 Schiffe zugrunde. Sir William Hillary war darum vom Gedanken eines weitläufig organisierten Rettungsdienstes geradezu besessen. Er war aber nicht nur ein Mann der Feder und des Wortes, sondern zugleich ein Mann der Tat. Als Ruderer und schließlich Vormann des bereits 1802 beschafften Greathead-Rettungsbootes DOUGLAS der Station Man hat Hillary an der Rettung von dreihundert Menschen teilgenommen. Er wurde insgesamt dreimal mit der für außergewöhnliche Tapferkeit verliehenen Goldmedaille der Rettungsgesellschaft ausgezeichnet. Einmal wurde er im Alter von zweiundsechzig Jahren nach einem geglückten, außerordentlich kritischen Rettungseinsatz über Bord gerissen. Man bekam ihn gerade noch zu fassen und zog ihn wieder ins Boot, aber er hatte sich bei diesem Unfall sechs Rippen gebrochen.

## … und hatten die Pest an Bord

In England wurde 1824 mit Gründung des Vorläufers der heutigen »Royal National Life Boat Institution« ein Funke gezündet, der sofort aufs Festland übersprang. Schon ein halbes Jahr später zogen die Holländer mit Gründung ihrer »Noord- en Zuid-Hollandsche Redding Maatschappij« (N.Z.H.R.M.) nach.

In einem Abstand von nur acht Tagen folgte auch die Gründung der »Koninklijke Zuid-Hollandsche Maatschappij tot Redding van Schippbreukelingen« (Z.H.Mt.R.v.S.). Diese beiden Rettungsgesellschaften haben sich inzwischen zusammengetan. Die erste hatte ihren Sitz in Amsterdam, sie unterhielt zwischen Rottumeroog und Scheveningen 25 Rettungsstationen. Die zweite Gesellschaft war in Rotterdam ansässig, sie unterhielt von Terheyden bis Cadzand neun weitere Stationen. Ausländern fiel es schwer, die ähnlich klingenden Gesellschaftsnamen zu unterscheiden. Jetzt jedoch ist alles übersichtlich geworden: Auf 36 holländischen Stationen zwischen Cadzand und Eemshafen stehen 500 Freiwillige mit 50 Motorrettungsbooten rund um die Uhr bereit. Von 1824 bis 1992 wurden an der relativ kurzen niederländischen Küste immerhin 30 000 Menschen aus Seenot gerettet.

England und Holland waren also Schrittmacher einer Bewegung, die bald alle Küstenländer Europas ergriff. Schon im Jahre 1802 hatte die kaufmännische Korporation in Memel die erste deutsche Rettungsstation gegründet. Sie wurde von Lotsen besetzt und mit einem Greathead-Boot ausgerüstet. 1803 folgten Pillau und ab 1818 einige weitere fiskalische Stationen an der preußischen Ostsee-Küste nach. Es gab schließlich 20 »Königliche Rettungsstationen« dieser Art.

Man fragt sich mit Recht, warum der Rettung von Schiffbrüchigen erst verhältnismäßig spät die nötige Aufmerksamkeit geschenkt wurde. Immerhin gab es zu diesem Zeitpunkt bereits seit Jahrhunderten karitative Orden, die sich auf bestimmten anderen Gebieten rettend und helfend der tätigen Nächstenliebe widmeten und es heute noch tun.

Die Küsten Europas führten offensichtlich ein Eigendasein, sie verschlossen sich übermäßigen missionarischen Erfolgen. Außerdem besagte das angestammte »Strandrecht« der Friesen, Normannen, Bretonen und Angelsachsen gleichermaßen, daß ein gestrandetes Schiff dem Lehnsherrn verfällt und daß die Finder – sprich die Küstenbewohner – Anspruch auf angemessenen Bergelohn beim Einbringen der höchst willkommenen Beute hatten. Meistens konnten ja Teile der Schiffsladung aus der Brandung geborgen werden.

In den Kirchen der Nordseeinseln wurde früher offiziell gebetet: »Herr, segne unseren Strand.« Und es gibt die ergötzliche Erzählung von einer Weihnachtspredigt am Heiligen Abend, die plötzlich durch den Ruf »Schipp up Strand« unterbrochen wurde, den jemand in die aufgerissene Kirchentür gebrüllt hatte. Daraufhin trollte sich die gesamte Gemeinde sofort zum Strand, der Pastor im Talar vorneweg! Schließlich konnte man sich eine so großartige Weihnachtsbescherung wie die angeschwemmten Trümmer und Seefrachtgüter eines zerschellten Schiffes nicht entgehen lassen. Wat dem eenen sien Uhl, is dem annern sien Nachtigall. Eigene Vorteile konnten nicht sträflich sein, wenn man die Nachteile anderer doch nicht verhindern konnte.

Man dachte fatalistisch. Ein Schiffbruch war für die betroffenen Seeleute ganz einfach Pech, Unglück, Schicksal – und für die Bewohner des nächstgelegenen Küstendorfes eine Art Lotteriegewinn. Es herrschte Jubel, wenn direkt vor der eigenen Haustür ein Schiff sein Ende fand!

Überlebende Schiffbrüchige komplizierten die Rechtslage nur. Solange nämlich ein Wrack noch von Menschen besetzt war, galt es nicht als herrenlos. Eine solche Klausel besteht im internationalen Seerecht übrigens auch heute noch.

Zudem war man nicht übermäßig sentimental. Man wartete gelassen ab, bis die See das Schicksal der betroffenen Seeleute gnädig erfüllte – und dann bediente man sich. Mit toten Schiffbrüchigen hatte man die wenigsten Scherereien – außerdem war man lästige Augenzeugen beim Strandraub los. Denn mit dem Löwenanteil des Lehnsherrn am Strandgut nahm man es auch nicht pedantisch genau. Der Herzog und gar der König oder Kaiser waren weit weg. Und wo kein Kläger ist, da ist bekanntlich auch kein Richter.

Allmählich wich aber die angeborene Gleichgültigkeit gegenüber dem Leid Fremder einem menschlichen Mitgefühl. Immer öfter wurden Rettungsanstrengungen unternommen. Insbesondere Fischer versuchten ihr mögliches, schon bevor es eigentliche Rettungsvereine gab. Aber beim Retten gab es noch ein schwerwiegendes Hindernis: die Seuchenfurcht und die strengen Quarantäne-Vorschriften.

Nach einer alten holländischen Überlieferung war in früheren Jahrhunderten zwei Kilometer nördlich Katwijk aan

Zee ein Schiff gestrandet, dessen Besatzung von der Pest befallen war. Die panische Furcht gerade vor dieser verheerenden Krankheit war verständlich. Als sich ein paar beherzte Fischer doch an das gescheiterte Schiff heranwagten, riefen die Katwijker entsetzt: »Laßt sie versaufen! Laßt sie doch bloß um Gottes willen versaufen!«

Katwijk blieb vor der Pest bewahrt, denn die Schiffbrüchigen sind alle ertrunken. Bald aber ging an der holländischen Küste die Sage um, daß in dunklen Nächten dort, wo das Pestschiff untergegangen war, ein Geklirr von Ankerketten zu hören sei. Damit wollten die toten Seeleute die Katwijker anklagen, weil diese sie ihrem Schicksal einfach überlassen hatten.

Auch ohne Pestbefall eines Schiffes konnten Rettungsaktionen zu sehr unangenehmen Folgen führen. Von großer Fahrt heimkehrende oder europäische Gasthäfen anlaufende Schiffe brachten aus zumeist verseuchten exotischen Häfen oft genug andere gefährliche Krankheiten mit. Die Besatzungen dieser Schiffe mußten darum vor dem Einlaufen in die Häfen auf einer abgelegenen Reede ankern. Dort wurden sie streng untersucht und oft wochenlang isoliert.

Wenn also freiwillige Retter von einem hafenärztlich noch nicht abgefertigten fremden Schiff die Besatzung herunterholten, war ihnen allenfalls Undank gewiß.

So passierte es im Jahre 1804 nach Strandung der spanischen Brigg SAN JUAN an der Südwestküste der holländischen Insel Texel, daß die geretteten Überlebenden mitsamt den Rettern in rasch zusammengezimmerten Baracken eingepfercht wurden, die sie sechs Wochen lang nicht verlassen durften. Und schlimmer noch: Die Bevölkerung von Hoorn auf Texel durfte ihren eigenen Strand nicht mehr betreten. Eine bewaffnete Wache von 16 Mann mußte die ganze West- und Südwestküste von Texel abriegeln. Die Quarantänevorschriften galten, zum Kummer der Hoorner, auch für alle angeschwemmten Strandgüter!

Es gibt noch eine andere Begebenheit, die nicht gerade zu Rettungstaten ermuntern konnte. Im Jahre 1805 strandete auf den Eierlandschen Gründen bei Terschelling die schwedische Brigg GUSTAV ADOLPH. Dieser Segler kam aus einem seuchenverdächtigen Hafen. Die schiffbrüchigen Schweden hatten im eigenen Beiboot das Wrack verlassen, gerieten damit aber in großem Abstand vor der Küste auf einer Sandbank fest. Ostender fuhren hin, um sie herauszuholen. Da aber fielen ihnen die leidigen Quarantänevorschriften ein. Sie bekamen Angst vor ihrer eigenen Courage und kehrten um. Nur der Fischer Kuyper beschloß daraufhin, die Rettung allein durchzuführen. Sie glückte – mit dem Ergebnis, daß auch Kuyper vierzig Tage lang in Quarantäne gelegt werden mußte!

## Zu schwer für die Dünen

Auf die Dauer war die Idee der Humanität aber doch stärker, sie setzte sich auch in der Neuen Welt zügig durch. In den dreißiger Jahren des vorigen Jahrhunderts kam der New Yorker Bootsbauer Joseph Francis auf den Gedanken, Rettungsboote aus »kanneliertem« oder geknicktem Eisen zu bauen und sie dadurch widerstandsfähiger zu machen. Mit der Kannelierung der Bootswand erzielte Francis einen ähnlichen Effekt, wie man ihn beim Bau von Holzbooten mit der Klinkerbauweise erreicht. Die Klinkerplanken einer Bootshaut lappen dachziegelartig übereinander und versteifen sich dadurch gegenseitig.

Das Rettungsboot des Amerikaners Joseph Francis wurde ebenso international bekannt wie das Greathead-Boot. Aber der nächste Schritt zur technischen Vollendung des Ruderrettungsbootes kam wiederum aus England. Der aus Shields stammende Bootsbauer George Farrow schuf im Jahre 1841 das erste »selbstlenzende«, d. h. sich nach dem Vollschlagen selbst wieder entleerende Rettungsboot. Durch Einlegen einer Doppelboden-Plattform schuf Farrow im Boot einen wasserdichten Unterraum, der die Schwimmkraft erheblich steigerte. Den Doppelboden aber legte er höher als die Wasserlinie des vollbesetzten Bootes und brachte darin Ventilröhren ein, die durch die Außenhaut nach draußen führten. Sie leiteten von oben hereingeschlagenes Wasser sofort wieder ab, während ihre Ventile von unten her keinerlei Wellenschlag-Wasser eindringen ließen. Diese Erfindung Farrows war fortan aus Rettungsbooten nicht mehr wegzudenken. Noch heute haben auch nahezu alle Segelyachten der Welt eine »selbstlenzende Plicht«, ein sich selbst entleerendes Cockpit.

Und noch eine schon 1807 von dem Engländer Christoph Wilson gemachte und mit einer Goldmedaille prämierte Neuerung verdient Erwähnung: die Zweischalenbauweise, das Rettungsboot mit zwei Außenhäuten ineinander. Heute sind alle modernen Seenotrettungskreuzer und ihre Tochterboote in Zweischalenbauweise hergestellt, weil im Falle einer Verletzung der einen Außenhaut noch immer die andere dicht hält und weiterhin trägt.

Nach 1840 setzte sich auf den britischen Inseln das von James Peak in Woolwich entwickelte, legendär gewordene Holzrettungsboot mit fünf Zentner schwerem Eisenkiel, zusätzlichem Eisenballast und Korkfüllung zwischen Kielrükken und Doppelboden durch. Diese Boote besaßen eine besonders große Stabilität, also hohes Stehvermögen im Seegang. Sie wurden ebenfalls zum Exportartikel. Allerdings waren diese 30 Fuß langen Peak-Boote übermäßig schwer. Sie wogen fünfzig Zentner.

Das machte an der britischen Küste nichts aus, weil die Boote dort in der Regel von Slipanlagen zu Wasser gelassen wurden. An der flachen holländischen Küste jedoch erwiesen sich die Boote als kaum brauchbar. Es mußten allzu lange Wege durch die Dünen und über breite Sandstrände zurückgelegt werden, bevor die Boote zu Wasser kamen.

Raupenschlepper, die heute ohne Schwierigkeit fünf Tonnen schwere, motorisierte Strandrettungsboote zu jedem beliebigen Punkt des Strandes bringen, gab es dazumal noch nicht. Die Holländer stellten fest, daß ein Ruderrettungsboot allenfalls zwei Tonnen wiegen durfte. Sie entwickelten darum aus der »Grönländischen Schaluppe« den eigenen van-Houten-Typ. Auch die Dänen gingen eigene Wege. Sie schufen sich mit den Bonnesenschen Rettungsbooten einen hölzernen, klinkergeplankten Spezialtyp.

In Deutschland wurde 1865 auf Betreiben von Arwed Emminghaus die Deutsche Gesellschaft zur Rettung Schiffbrüchiger (DGzRG) gegründet, zu der sich die privaten Rettungsvereine von Bremen, Kiel, Lübeck und Rostock zusammenschlossen. Später traten auch die Einzelvereine von Emden, Hamburg, Stralsund und Danzig sowie – 1884–88 – alle fiskalischen Stationen Preußens bei. Die DGzRS schaffte sich zu Anfang sowohl amerikanische Francis- als auch englische Peak-Boote an. Die Eigenarten der deutschen Küsten setzten aber beiden Bootstypen Grenzen. Die Peak-Boote waren – wie in Holland – für den Dünensand zu schwer, die Francis-Boote hatten hingegen unzulängliche Tragfähigkeit. Sie ließen sich außerdem im Brandungsgürtel nur schlecht steuern. Deshalb entwickelte 1868 der Harburger Schiffbaumeister Kruse ein Rettungsboot von 30 Fuß Länge, das etwa die Form einer Helgoländer Schellfisch-Schaluppe hatte. Dieses Boot war als reines Segelboot konstruiert. Es besaß gedeckte Räumlichkeiten für Mannschaft und Gerettete. Aber nur an wenigen Punkten der deutschen Küste ließen sich Segelrettungsboote tatsächlich verwenden – nämlich dort, wo man von einem Hafen aus und nicht von einem Strand mit Brandung in den Einsatz fuhr. So bewährten sich die Segelrettungsboote nur auf den Stationen Cuxhaven, Büsum, Wremertief und Dorumertief. Dort waren sie sogar ausgesprochen segensreich, weil wegen der Gezeitenverhältnisse und der langen Anfahrtwege die Rettungsmänner oft 24 Stunden oder länger in ihrem Boot zubringen mußten. Gedeckte Segelboote ließen sich jedoch nicht rudern.

Für die anderen Stationen der deutschen Küste wurden offene Ruderrettungsboote benötigt, die allenfalls eine Hilfsbesegelung mitführten.

Die Schiffbauer Kirchhoff in Stralsund und Havighorst in Rönnebeck schufen in den siebziger Jahren das für die speziellen Bedürfnisse des deutschen Rettungsdienstes zugeschnittene »Deutsche Rettungsboot«. Es war von hoher Stabilität und machte sich die Francis-Idee der Verwendung von kanneliertem Stahlblech für die Außenhaut zunutze. Das Boot wog nur 1,3 Tonnen, war 8,5 Meter lang und 2,55 Meter breit. Es wurde auf einem besonderen Transportwagen im Pferdezug in die Brandung verbracht.

An Bord des Wagens lag das Boot auf Gleitrollen, auf denen es mit seinem Schlittenkiel leicht ins Wasser glitt, nachdem der Wagen in der Brandung umgedreht und durch Hochkanten seines Hinterteils schräggestellt worden war.

Dazu und zum Ausschirren der Pferde waren Helfer notwendig, die oft genug bis zum Hals im Wasser stehen mußten. Manch einer von ihnen wurde, irgendwo in Europa, von dem Sog der Brandung seewärts weggerissen und ertrank. Auch ist auf diese Art manches Zugpferd der Rettungsboote umgekommen.

Nach Ende des Einsatzes wurde das Boot am Strand mit einer Winde wieder auf den Slipwagen zurückgeholt.

## Schipp up Strand!

Meine Vorfahren stammten von den Inseln Usedom und Rügen. Sie waren fast ausnahmslos Steuerleute und Kapitäne, Lotsen, Fischer und Bootsleute. Nur mein Großvater war Landwirt auf Rügen. Aber er hielt auf seinem Bauernhof ständig zwei seiner besten Pferde für die »nobelste Gilde aller Seeleute« bereit. Er leistete freiwillig Gespanndienste für die Deutsche Gesellschaft zur Rettung Schiffbrüchiger.

Der ziegelrote große Bootsschuppen mit dem Teerdach und der grünen Flügeltür neben der Steilküste unweit des Höftes ist unauslöschlicher Bestandteil meiner Kindheitserinnerungen. An der Giebelwand des Schuppens hing das rote Hansekreuz auf weißem Grund, das Wahrzeichen der deutschen Rettungsgesellschaft. Neben dem Bootsschuppen ragte ein etwa fünfundzwanzig Meter hoher, weißgestrichener Schiffsmast empor. Auf diesem Stationsmast habe ich meine ersten seemännischen Kletterkünste erworben und mir das nötige Mindestmaß von Schwindelfreiheit anerzogen, obwohl das Herumturnen auf diesem Mast natürlich verboten war.

Immer wieder haben wir Kinder neugierig durch die Fensterscheiben ins Innere des Schuppens gespäht. Dort lag in dem dämmerigen Dunkel das grüne Ruderrettungsboot auf seinem Slipwagen, der bei Alarm – dieser wurde mit einem alten Schiffsnebelhorn getutet und außerdem vom Ausrufer des Ortes mit der Handglocke ausgeklingelt – von vier starken Pferden über den Strand ins Wasser gezogen werden mußte. Natürlich war dieses grüne Boot von einem geheimnisvollen Nimbus umgeben. Es wagte sich bei Seenotfällen tollkühn durch den Brandungsgürtel. Das Rettungsboot fuhr ja praktisch nur bei schwerem Wetter hinaus – und zwar auf das von Eiszeitfindlingen wimmelnde Riff. Das war eine böse Gegend, die sonst von allen Seeleuten und Fischern mit höllischer Furcht gemieden wurde.

Zweimal im Jahr versammelten sich die Rettungsmänner des Ortes zu einer Alarmübung am Bootsschuppen. Dabei wurde das Rettungsboot ernstfallmäßig in die Brandung gezogen und hinausgerudert, außerdem wurde der Raketenapparat zu einer Schießübung in Stellung gebracht. Die Rettungsmänner unsers Dorfes – wie damals die Rettungsmänner aller Stationen zwischen Memel und Borkum – waren ausschließlich Freiwillige. Es waren unvergeßliche Gestalten mit sogenannten Fischerhemden – mit knielangen Ölröcken, Südwestern und zweireihigen breiten Rettungsgürteln aus Kork.

Der Vormann der Rettungsstation war Fischer. Auch seine Mannschaft rekrutierte sich weitgehend aus erfahrenen Kollegen, während sie im benachbarten Thiessow aus Lotsen bestand. Den Rest der Bootsbesatzung und die Mannschaftsreserve bildeten bei uns Nichtseeleute: zwei Handwerker, ein Fuhrmann, ein Forstarbeiter und der Wasserwerksmaschinist. Schon von ihrer Gesinnung her galten die freiwilligen Rettungsmänner überall als Elite der Küstendörfer. In Orten ohne Fischerei und Schiffahrt kam es durchaus vor, daß die gesamte Rettungsbootbesatzung aus Nichtseeleuten gestellt werden mußte! Mit großem Fleiß und mit Liebe zur Sache haben sich diese Männer ihr seemännisches Können angeeignet und ihre Erfahrungen erworben. Auf einsamen Inseln ergänzten sogar Frauen die Bootsbesatzungen! Freiwillige Rettungsmänner waren an der Küste bald ebenso selbstverständlich wie freiwillige Feuerwehrleute.

In der Zeit der Ruderrettungsboote brachte die Dorfgemeinschaft an allen Küsten Nordeuropas jedes nur denkbare Opfer. Sie widmete sich der Rettungsarbeit mit derselben Hingabe, die ihre Altvordern dem Strandraub zugewendet hatten! Von 1865–1915 haben die Rettungsmannschaften der Deutschen Gesellschaft zur Rettung Schiffbrüchiger (DGzRS) – abgesehen von wenigen Segelrettungsbooten – allein mit offenen Ruderbooten und Raketenapparaten nicht weniger als 4139 Menschen aus Seenot gerettet. Die 1824 gegründete Koninklijke Noord- en Zuid-Hollandsche Redding-Maatschappij (N.Z.H.R.M.) brachte es bis zum Jahr 1915 auf 4592 Menschenrettungen. Auch die Rettungsorganisationen anderer europäischer Länder wiesen ähnliche Erfolgsziffern auf. Sie wiegen um so schwerer, als ja in fast allen Fällen die geruderten Rettungsboote erst durch den Brandungssaum ins freie Wasser durchstoßen mußten. Und die Heimkehr auf den Kämmen der Brandung war noch gefährlicher als die Ausfahrt. Aber darüber wird noch zu reden sein.

In der Zeit ihrer größten geografischen Ausdehnung, im Jahre 1910, besaß die Deutsche Gesellschaft zur Rettung Schiffbrüchiger zwischen Nimmersatt bei Memel und Borkum nicht weniger als 129 Rettungsstationen mit 111 Rettungsbooten und 78 Raketenapparaten.

Als der Zweite Weltkrieg ausbrach, betrieb die Gesellschaft noch immer 101 Stationen: 33 an der Nordsee und 68 an der Ostsee. Zwar standen bereits 40 Motorrettungsboote im Dienst, aber noch immer gab es 52 Ruderrettungsboote.

Die beiden Epochen lösten einander erst allmählich ab. Die Deutschen haben 1945/46, die Holländer erst um das Jahr 1950 ihre letzten Ruderrettungsboote abgeschafft. Die Holländer zogen diese Boote zuletzt nicht mehr mit Pferden, sondern mit Raupenschleppern ins Wasser. Das machen sie mit ihren motorisierten Strandrettungsbooten auch heute noch – von Ausnahmen abgesehen.

Die Epoche der Ruderrettungsboote ist ein literarisches Denkmal wert. Der 1946 in seinem »Drachenhaus« in Göhren auf Rügen verstorbene Dichter und Dramatiker Max Dreyer hat in seinem Buch »Gestrandet« – Mönchguter Erzählungen – den Einsatz eines Ruderrettungsbootes am Nordpeerd der Insel Rügen außerordentlich packend geschildert. Max Dreyer schrieb:


»Not am Mann!

Da geht ein Alarmruf durch den Ort. Jetzt kommt er auch zu Klaas Korl.

Schiff gestrandet – am Höft – Mannschaft in Gefahr.

›Der Gaffelschoner!‹ denkt er. Er legt sein Ölzeug an und

wühlt sich durch das Wetter an den Strand hinunter zur Rettungsstation. Die Luft brüllt und das Wasser schreit.

Schon ist Ludwig Burmester, der hochragende Vormann an Ort und Stelle. Sein roter Friesenbart leuchtet unter dem Südwester durch all das brausende Grau. Andere Männer sind um ihn, auch Willem ist dabei.

Eben hat der Vormann die Flagge gehißt, die schwarzumrandete Flagge mit dem roten Kreuz, die im Winde knattert. Wuchtig schließt er die Tür auf, überfliegt mit seinen scharfen, gelbgrauen Augen all die Geräte, die seine Pfleglinge sind, und gibt seine Befehle. Er weist auf die tobsüchtige Brandung, die sich selber würgt und verschlingt.

›Mit de Boot kamen wi nich dörch.‹

Es bleibt ihnen nur die Rakete.

›Wenn blot de Pier ierst dor wieren!‹

Aber von Pferd und Wagen ist noch nichts zu sehen. Da machen die Männer Anstalten, die Rettungsapparate auf Händen und Schultern nach dem Höft zu tragen.

Klaas Korl und der Vormann nehmen den schweren Raketenkasten, die anderen die Jolltaue und Steertblöcke, die Hosenbojen, die Leinen, Gabeln, die Anker und Bohrer.

Da kommt Bauer Kliesow mit seinen braven Füchsen durch den Wald heruntergejagt. Jetzt legen sie alles auf den Wagen. Und besser geht es so zur Strandungsstelle.

Besser, doch schlecht und langsam genug. Jeden Schritt müssen Pferde und Männer dem brüllenden Wetter abringen. Wie mit Keulen fährt es ihnen in die Flanken. Und der wütende Hagel zerschlägt ihnen das Gesicht.

Neun Männer sind es. Keiner spricht ein Wort, sie können nicht. Der Sturm würde es ihnen mit Hagel bespickt in die Kehle zurückpressen, daß sie daran erstickten.

Auch Jakob Heidemann, der rundliche, schlitzäugige, der so wehmütig zu Hause ist, wo er nichts zu sagen hat, und so gesprächig im Männerrat, muß hier den breiten, braunverpriemten Mund halten.

Auch die Blicke müssen sie in dem schmetternden Hagel an sich halten, wie die Worte. Nur mit Mühe fassen sie Bilder von dem gestrandeten Fahrzeug.

Schoner – liegt dwars vor der Dünung, das Vorgeschirr niedergebrochen – Fetzen des Sturmsegels beißen wütig in die Luft – von Menschen sieht keiner etwas.

Jetzt machen sie halt. Sie wissen alle, was zu tun ist.

Der mächtige Bohrer, der dem großen Tau als Anker dient, wird in den Sand getrieben. Die Gabelpyramide, über die das Tau läuft, wird aufgestellt. Der Schießstand für die Rakete wird bereitet.

Nun ist es soweit. Leine, Steertblock, Hosenboje, alles ist gehörig befestigt. Vormann Ludwig Burmester richtet die Rakete zum Schuß. Jetzt brennt er ab. Fauchend und heulend bohrt sich die Rakete in die tosenden Böen – die Männer schützen die Augen und sehen ihr nach – gut fliegt sie da. Zum letzten, wie höhnend, schlägt der Sturm sie ostwärts zur Seite.

Die Männer ziehen die Leine zurück durch den Gischt.

Eine neue Rakete. Durch den dichtesten Hagelprall. Sie können nicht sehen, wo sie bleibt.

Jetzt aber lichtet sich die Wut der Bö. Willem nickt dem Vormann zu. Er sieht, daß das Raketentau über die Brandung sich erhebt. Es läuft über Bord, auf dem Vorschiff liegt es, dicht beim Fockmast.

Und nun rührt sich auch etwas auf dem Schiff, das so gespensterhaft tot gewesen.

Zwei Gestalten sind es. ›Een *Wiev*!‹ brüllt Ludwig Burmester seinen Leuten zu.

Die beiden auf dem Schoner ziehen an der Leine das Rettungstau mit Steertblock und Hosenboje zu sich hinüber.

Bloß zwei – und das eine ein Weib. Wo sind die anderen? Zerschlagen – über Bord gespült?

›Not am Mann!‹ schreit der Mückenhengst Ludwig Burmester in die Ohren.

Jetzt sind die Sachen drüben. Die männliche Gestalt nimmt den Steertblock und will damit in den Großmast. Sie kommt nicht hoch, schon sinkt sie zurück. Und wieder versucht sie's, und wieder sinkt sie und fällt in Erschöpfung.

Da versucht es das Weib. Aber der Sturm reißt sie los und wirft sie schwer auf Deck.

Und nun ist es, wie es war. Tot ist das Schiff. Und immer tödlicher beißen und krallen sich die Wellen in das Wrack.


## Das Weib ist von Sinnen

›Boot!‹ schreit Willem Jessen.

Vormann Ludwig Burmester bohrt seine gelben Bussard-augen in die Brandung. ›Geht nicht‹, schreit er zurück.

›Moet gahn!‹ brüllt Klaas Korl. Und Willem hilft ihm: ›Moet!‹

Der Vormann steht regungslos. Jetzt hebt er den Kopf. Jetzt winkt er den Leuten.

Sie ziehen mit den Pferden nach der Station zurück. Sie wollen es mit dem Rettungsboot versuchen. Auf Leben und Tod geht es. ›Moet!‹

Im Schutz des Urwaldes haben sich Zuschauer aufgestellt. Alte Männer und wenige Frauen. Auch ein paar Kinder.

›Mit de Boot, dat ward nix!‹ sagt Großvadder Looks, wischt sich mit dem Handrücken die haarige Nase und spuckt gleichmütig aus.

›Nee‹, sagt ein anderer nach einer Weile.

›Nee‹, sagt ein dritter nach längerer Zeit. Und dann stehen sie stumm und warten.

Ein Rasseln durchschneidet den Sturm. Das ist von den schweren eisernen Plattenketten, welche die Hinterräder vom Bootswagen umspannen, damit sie in der Brandung festen Fuß gewinnen können.

Und nun kommt das hohe, breite, grüne Rettungsboot auf

seinem Wagen angefahren. Die Männer schieben und helfen den Füchsen. Es ist ein schweres Stück Arbeit. Ein Glück, daß der Hagel nicht mehr die Augen zerreißt.

Halt! Der Wagen wendet. Mit den Hinterrädern wird er bis in die hohe Brandung geschoben. Die Männer in Korkwesten klettern hinauf und steigen ins Boot. Der Vormann nimmt das Ruder zur Hand.

›Los!‹

Auf der Schiene inmitten des Wagens gleitet der Kiel ins Wasser. Jetzt greift der brüllende Wellenkamm an den Bug und wuchtet ihn in die Höhe, daß er krachend sich bäumt – ein kräftiger Abstoß mit den Riemen – das Boot hat Wasser. –

›Ruder an überall!‹

Mit gleichem, mächtigem Schlag, wie eine Maschine, treiben die acht Riemen, gefedert von sechzehn nervigen Armen, das Fahrzeug durch den ersten tollwütigen Brecher.

Und weiter windet es sich – steigt – und schlägt um sich – und peitscht, mit krachendem Platschen sich werfend, den schäumigen Grund. –

Jetzt, wie von Grauen gepackt, will es nicht fort – steigt und schüttelt sich – bäumt sich auf und wirft sich in die Tiefen – und wehrt sich wie verzweifelt zugleich gegen den tosenden Schwall wie gegen die Männerkraft. –

›Dat ward nix mit de Boot‹, sagt Großvadder Looks. Und Gleichmut ist in seinem Spucken.

›Nee‹, sagt der zweite. Doch wie der dritte ›nee‹ gesagt hat, ist das Boot schon aus seinem Bann gerissen. Die Männerkraft hat es vorgeschnellt, die bösesten Brecher hat es bestanden, überwunden ist das Schlimmste.

Nicht das Schlimmste.

Das Bergen ist schlimmer.

Aber die Fahrt ist jetzt gleichmäßiger. Das wilde Auf und Ab, so rauh und steil es ist, hat nicht so wirre Zuckungen mehr.

Jetzt sind sie dicht vor dem Schoner. Er liegt quer vor dem

84

Wind. Sein Steuerbord, dem Lande zugekehrt, hat sich tief gesenkt. Das alles ist gut für die Rettung.

Unter dem Wrack wollen sie beilegen. Der Vormann brüllt das Kommando ›Steuerbordseite – auf Riemen!‹ und deutet die vom Sturm gewürgten Worte durch Handbewegung.

Im Bogen fliegt das Boot an die Leeseite des Schoners.

›Backbord auf Riemen – Ruder an Steuerbord!‹

Sie mühen sich anzulegen. Da faßt sie der Sog. Vor dem Strudel haben sie sich nicht gewahrt. Und er reißt das Boot ostwärts am Wrack vorüber. Das schützt sie nicht mehr. Seitwärts faßt die See sie mit voller Wucht. Wie hilflos greift der Kiel des Bootes in die Luft.

Der Gischt wirft sich über das Boot, über die Männer.

›Koppzeist!‹ sagt Großvadder Looks. Das Spucken ist ihm vergangen. Aber wie er das Wort hervorbringt, haben seine Augen schon gesehen, daß das Boot nicht koppzeist, gekentert, ist. Der Kiel hat wieder die See gefaßt – die Riemen der Steuerbordseite haben mit ihren Blättern das Boot auf dem Wasser abgestützt.

Jetzt sind alle Riemen in machtvoller Arbeit.

Jetzt schwankt das Boot zurück unter das Wrack.

›Binah‹, sagt Großvadder Looks, um der Wahrheit die Ehre zu geben, und er wischt die Nase mit dem Handrücken. Zum Spucken hat er noch nicht wieder genug zusammen, und die beiden anderen vom Chor sprechen kein Wort. Es hat zu doll ausgesehen. An einem Haar hat es gehangen, daß nicht viele Klagen und Tränen über das Dorf gekommen sind.

Jetzt sind sie beim Bergen.

An Bord ist nur einer, der sich bewegt, auch er nur mit Mühe. Das ist der rothaarige Jungmann, der zuerst in den Mast stieg und hinuntergeworfen wurde. Dabei hat er sich die Hüfte verrenkt.

›Not am Mann!‹ brüllt er über die Reling. Da müssen zwei aus dem Boot hinauf. Der Mückenhengst ist der erste, der zweite Klaas Korl.

Drei Menschen liegen auf Deck, zwei Männer und ein Weib. Das Weib liegt vornüber, der Südwester ist ihr vom Kopf gerissen, das Gesicht hat sie in die Arme gewühlt, die auf ein zusammengerolltes Tau sich breiten. Ihre Kleider unter dem Ölzeug spült das flutende Wasser. Am Steuerruder, auf einem Segelhaufen, liegt ein massiger Graukopf ohne Besinnung. Eine herabfallende Stenge hat den viereckigen Schädel getroffen. Für die Stenge war es der Tod.

Der andere hilflose Mann sitzt auf dem Achterdeck, eingeklemmt zwischen Wassertonne und Kajütenhals, auf den kahlen Planken. Das treibende Wasser steigt ihm bis über den Bauch. Aus seinem verkniffenen Lappländergesicht stieren zwei verglaste Punkte.

Der Jungmann deutet auf den Mann am Ruder, ihm helfen sie zuerst. Ziehen ihn auf dem Segelhaufen nach dem Boote hin, heben ihn über die Reling und halten ihn; acht Hände aus dem Boot nehmen ihn glücklich in Empfang.

Willem Jessen ist schon auf das Weib losgestürzt. Er packt sie an den Schultern, sie rührt sich nicht. Er will sie fortziehen, da krallt sie die Hände in das Tauwerk und stößt nach ihm mit Füßen. ›Denn versup mientwegen!‹ schreit er ihr zu und wendet sich kurzfristig nach dem eingeklemmten Mann. Zeit ist hier nicht zu verlieren.

Klaas Korl macht sich an das Weib. Er löst ihre Finger von dem Tau und hebt sie in die Höhe.

›Laat mi!‹ faucht sie ihn an. Er aber zieht sie fort. Da zückt sie die Hand und schlägt ihm ins Gesicht. Das trifft wie die Pranke eines Katzentieres …

Klaas Korl hat keine Zeit zur Wut oder Verwunderung. Er packt mit einer Hand ihre beiden Gelenke, nimmt sie auf den anderen Arm und trägt sie dem Boote zu. Wie er sie aber hinunterreichen will, schlägt sie mit Armen und Beinen um sich.

›Ick gah nich von mien Schipp!‹ kreischt sie, und ihre Augen speien Feuer.

Da schmeißt Klaas Korl sie auf den Segelhaufen, wickelt

sie in das oberste Segel ein, so daß sie sich nicht rühren, nichts hören und sehen und nichts sagen kann – und reicht sie ins Boot hinunter wie in einer Tüte.

Willem ist mit dem Jungmann über den Eingekeilten gekommen. Mit seinen sehnigen Armen reißt er ihn am Kragen auf die Beine, packt ihn fest ins Genick und stößt ihn vor sich her. Wie auf der Rutschbahn gleiten sie in sausender Fahrt über das Deck nach dem Rettungsboot hin. Dann reicht der Jungmann den Kasten mit den Schiffspapieren hinunter, wird dann selbst übernommen. Nach ihm verlassen der Mückenhengst und Klaas Korl den Schoner. Das Rettungsboot hat jetzt alles beisammen und sucht von dem Wrack wieder loszukommen. Sie treiben – Backbord rudert mächtig an – sie wenden – der Sog reißt sie vor die Wellen. Steuerbord streicht blitzschnell die Riemen, rudert also entgegengesetzt – das Boot fliegt dem Lande zu. Fliegt durch die Brandung, vom Vormann sorgfältig mit einem seitlich festgelaschten Riemen gesteuert und mit einem kleinen Treibanker genau mit dem Heck gegen die überholenden Brandungswellen gehalten, und stürmt auf den Strand. Die Männer springen hinaus und wuchten es mit Hilfe des Wassers höher hinaus. Jetzt liegt es fest. Das Rettungswerk ist getan.«

Zuletzt gab es in Deutschland nur noch zwei Ruderrettungsboote: Eins gehörte der Kurzschule für Europäische Erziehung in Weißenhaus/Ostsee. In zwei- bis dreiwöchigen Lehrgängen wurden hier junge Menschen, vornehmlich Lehrlinge aus der Industrie, einer harten Schule unterzogen. Sie wurden zu Sanitätern, Feuermännern und Rettungsmännern ausgebildet. Im Ruderrettungsboot lernten sie noch die »Seemannschaft« alter Art. Das zweite Ruderrettungsboot ist noch immer vorhanden. Es heißt FÜRST BISMARCK und steht als Traditionsboot für besondere Anlässe, außerhalb davon als komplett ausgerüstetes Ausstellungsstück, in seinem DGzRS-Rettungsschuppen der Station Norderney.

## Artisten im Wellenreiten

Die anschauliche Erzählung Max Dreyers beschreibt einen Vorgang, der sich bis zum Jahre 1945, ja bis in die fünfziger Jahre, in ähnlicher Form immer wiederholt hat. Wie gesagt, gab es bei Kriegsbeginn 1939 an der deutschen Küste noch immer 52 Ruderrettungsboote. Freilich hatte sich die Hauptlast inzwischen auf die zwischen Cranz in Ostpreußen und der Emsmündung verteilten 40 Motorrettungsboote verlagert.

Daß ein starker Bootsmotor leistungsmäßig auch der bestgeschulten Besatzung von Ruderern überlegen sein muß, liegt auf der Hand. Der entscheidende Vorzug einer Maschine liegt darin, daß sie keine physische Erschöpfung kennt und zu stunden- oder gar tagelangen Dauerleistungen fähig ist. Die Laufzeit eines gut gewarteten Dieselmotors ist im Seenotfall beinahe nur von der Kraftstoffmenge abhängig.

Aber man muß dem Schweizer Schriftsteller Hans Wirz durchaus beipflichten, der über die bewegende Epoche der Ruderrettungsboote schreibt: »Welche Leistung, welches Maß an körperlicher Mühe und Anstrengung, wieviel seemännisches Können und Wissen, durch Erfahrung und Übung zum Instinkt gewordene Sicherheit der Riemen, der Steuerung, des Takelwerks und der Segel, des Raketengeschützes und der Leinen hinter diesen geglückten Rettungen und auch hinter der unbekannt großen Zahl der nicht geglückten Hilfeleistungsversuche sich verbargen, wieviel Geistesgegenwart also neben aller Aufopferungsbereitschaft und aller freiwilligen Selbstaussetzung, ist heute in der Zeit der hochtechnisierten Seenotrettungskreuzer kaum mehr vorstellbar.«

Die fraglos größte Leistung wurde von den Rettungsruderern in der Brandung vollbracht. Für diese tollkühne Wellenreitkunst mit schweren Rettungsbooten mußte erst nach und nach eine besondere Technik ausgeknobelt werden. Zunächst zahlte man leider allerhand Lehrgeld. Patentrezepte ließen sich kaum aufstellen, denn die Brandung unterscheidet sich in Art, Ausmaß und Heimtücke von Ort zu Ort. Sie variiert allein schon dadurch, wie sie auf den Strand aufrennt – und ob auf eine flache Küste, wo sie sich auf den vorgelagerten Bänken erstmals in einer Wassertiefe von 6 bis 8 Metern bricht – oder in tieferem Wasser am Rand einer Untiefe – zumal dann, wenn Wind und Strom sich aus verschiedenen Richtungen begegnen. Und man nehme mal ein paar Seekarten zur Hand. Dann wird einem sofort klar, daß zum Beispiel bei Petten und Egmond die holländische Küste viel weniger flach ist als bei Ameland und Zaandvoort, daß die deutsche Küste vom Darß, vor Rügen oder in Samland weniger flach ist als bei Brunshaupten-Arendsee oder Heringsdorf.

Die braven Vormänner der Ruderrettungsboote und ihre Ruderer haben wohl kaum etwas von Schiffsbauphysik gewußt. Der Begriff der Formstabilität und der metazentrischen Höhe ihres Bootes war ihnen fremd. Ihre Erfahrungen auf diesem Gebiet erwarben sie sich in harter seemannschaftlicher Praxis.

Jeder Durchbruch durch die Brandung nach draußen hatte etwas von einem grandiosen männlichen Kampf an sich, wobei der Gegner die ungestüm herantosenden Brecher waren. Die Vortriebsleistung von zehn Ruderern ist im Grunde lächerlich gering, sie dürfte nicht einmal zwei Pferdestärken entsprochen haben. Um so größer war die Gefahr, daß ein hart gegen den Bug des Bootes knallender Brecher jegliche Fahrt wegnahm. In solchen Fällen drohte das Boot sehr schnell querzuschlagen und umzukippen – was den Holländern allein in den Jahren 1913 bis 1943 nicht weniger als ein dutzendmal widerfuhr, wobei elf Rettungsmänner ertranken.

Im Augenblick des gewaltsamen Gestopptwerdens ist ein normales Steuerruder vollständig zwecklos. Man griff darum reumütig wieder auf den guten alten Steuerriemen der Wikingerschiffe zurück, mit dem man auch bei momentanem Stilliegen das Heck kräftig nach der einen oder anderen Seite gegendrücken konnte, falls der Bug des Bootes durch Wellenschlag »wegzuschmieren« drohte. Der Steuerriemen der meisten Ruderrettungsboote wie auch aller Wikingerschiffe war auf der rechten Seite angebracht, die deshalb seit normannischen Tagen Steuerbordseite heißt. Beim Handhaben des Steuerriemens mußte der Rudergänger Gesicht und Hände seinem Steuerriemen zuwenden. Dabei drehte er zwangsläufig seinen Rücken – englisch the back – der linken Schiffsseite zu. Und damit ist auch die Herkunft des Wortes Backbord geklärt!

Man versuchte beim Hinausfahren durch die Brandung möglichst kräftig anzurudern und unbedingt Fahrt im Boot zu behalten, sobald der Vormann »Wahrschau Brecher!« brüllte. Aber das gelang nicht immer, besonders nicht draußen bei der zweiten Bank, wo immer besonders gemeine Grundsee steht. Eine vorgelagerte zweite Bank ist für flache Küsten an Nord- und Ostsee charakteristisch.

Wenn da draußen einzelne schwere Brecher kurz hintereinander folgten, dann versagte meistens jedes menschliche Bemühen. Das ist den Holländern 1937 bei einer Übung in Zaandvoort passiert. Der Wind wehte mit Westnordwest 6, es stand schwere Brandung. Sobald nämlich der Wind auch nur um Nuancen nördlicher als von Westen auf die niederländische Küste steht, nimmt dort die Brandung beträchtlich zu.

Es war also für die Zaandvoorter schon ein schweres Stück Arbeit, über die erste Bank hinwegzukommen. Auf der zweiten aber brach ein gewaltiger »Kaventsmann« ins Boot, eine riesige Sturzsee. Das Rettungsboot schlug sofort gänzlich voll, jede Fahrt war verlorengegangen. Und bevor die Besatzung überhaupt begriff, wie ihr geschah, krachte gleich eine zweite See ins Boot, das nun gewaltsam mitgerissen wurde. Der Vormann erhielt von seinem Steuerriemen einen so starken Schlag verpaßt, daß er bewußtlos wurde. Das Boot sauste ab, immer noch zu drei Vierteln voll Wasser. Bevor jemand den Schleppsack oder Treibanker auswerfen konnte, überrollte ein dritter Brecher das mittlerweile ganz quer zur See geratene Boot und schlug es langsam um. Wer von der Besatzung dazu noch in der Lage war, kletterte auf das gekenterte Boot und klammerte sich an den Griffleisten fest. Ein paar Mann gerieten jedoch unters Boot und schluckten gehörig Wasser. Der bewußtlose Vormann und ein Ruderer ertranken dabei.

Solche Unfälle waren allen Rettungsmännern bekannt. Darum war es für die Vormänner immer wieder ein spannendes Unterfangen, sozusagen Auge in Auge mit den weiß herangeifernden Seen den Durchbruch zu wagen.

Oft genug kam nach diesem harten Kampf eine Rettungsbootbesatzung völlig erschöpft bei den Schiffbrüchigen an – gerade dann, wenn sie alle Kräfte für das Rettungswerk benötigte. Es gab aber auch Fälle, wo der Durchbruch durch die Brandung gar nicht gelang. Die Männer mußten nach stundenlangem Kampf aufgeben. Sie waren so erschöpft, daß sie aus dem Boot getragen werden mußten!

Die Rettungsmänner aller Länder waren sich freilich darin einig, daß die Gefahr für Boot und Besatzung bei Rückkehr von der Rettungsaktion, wenn man vor der See herlief, noch weitaus größer als beim Hinausrudern war. Es bestand latente Gefahr, von den mitlaufenden Seen zurückgesogen zu werden und sogar in Längsrichtung »über Kopf zu gehen« – besonders aber, querzuschlagen und danach zu kentern. Überholende Brecher machten mit den Ruderrettungsbooten dasselbe wie auf dem Scharhörnriff mit dem Seenotrettungskreuzer ARWED EMMINGHAUS: der Achtersteven wurde steil angehoben, der Vorsteven aber hinuntergedrückt. Die sich brechende Welle jagt in solchen Augenblicken das Boot mit enormer Geschwindigkeit vor sich her. Der Widerstand vor ihm ist größer als hinter seinem Heck. Damals gab es noch keine Propeller, mit denen man im richtigen Augenblick rückwärts drehen konnte, um das Heck im Wind und das Boot in der Lotrechten zur Brandung zu halten. Aber es gab ein Gerät, das bei richtiger Handhabung fast Wunderdinge möglich machte: den Schleppanker, Schleppsack oder Treibanker, den deutsche Rettungsmänner auch als Lenzsack bezeichneten. Das war nichts anderes als eine Tüte aus Segeltuch, etwa 1,30 Meter lang und an der Öffnung 70 Zentimeter weit. Von den vier Leinen eines Hahnepots gehalten, wurde der Lenzsack an einer etwa zehn Meter langen, dicken Leine hinterm Boot ausgebracht. Eine zweite, dünnere Leine – Einholer genannt – führte vom Zipfel des Sackes zum Rettungsboot.

Wurde die dicke Schleppleine locker gelassen, die Einholerleine jedoch steifgeholt, zog man den Sackzipfel nach vorn. Der Lenzsack verlor damit jede Bremswirkung. Ließ man jedoch den Einholer los, stülpte sich unter dem Druck des vorn einströmenden Wassers der Zipfel sofort wieder nach hinten. Ruckartig trat eine Bremswirkung ein, weil sich vor der Öffnung des Sackes das Wasser staute. Mit diesem nach Belieben jederzeit herstellbaren Widerstand im Wasser, hinter dem Boot, vermochte man das Heck im passenden Moment immer gegen die Seen zu halten. Das mußte natürlich rechtzeitig geschehen, ehe das Rettungsboot von einer überholenden See erfaßt und mit hoher Fahrt ins Rennen gebracht wurde. Der Lenzsack war sozusagen der »Bremsfallschirm« des Rettungsbootes – und manche Vormänner handhaben dieses Instrument, mit immer neuem Einholen und Ausbringen, virtuos. Überhaupt hängt ja – auch heute noch – die Seetüchtigkeit eines Rettungsbootes weitgehend von der Art ab, mit der man es handhabt.

Der holländische Vormann Philippus Stam äußerte einmal, es sei immer wieder ein großer Augenblick gewesen, mit dem ausgebrachten Schleppsack im Rücken – sozusagen wellenreitend – auf die Küste zuzupreschen, durch die ersten, hundsgemeinen Grundbrecher mitgeschleift zu werden und dann den befreienden Ruck zu spüren, mit dem plötzlich der Treibanker die Fahrt aus dem Boot holte. Die Brandung donnerte nun mit unvergleichlichem Getöse vorbei und zerfetzte vor dem Steven zu Schaum.

Bei Motorstrandrettungsbooten, vereinzelt auch bei großen Motorrettungsbooten ist der Lenzsack auch heute noch in der Brandung notwendig.

Ein aufschlußreiches Dokument über die Handhabung offener Ruderrettungsboote in der Brandung ist die Sammlung von hundertachtundzwanzig schriftlichen Beantwortungen einer Fragebogenaktion, die 1855 von der Royal National Life Boat Institution darüber veranstaltet wurde. Die Antworten der Vormänner brachten überraschend unterschiedliche Auffassungen zutage. Siebenundzwanzig Vormänner plädierten dafür, beim Heranrollen eines Brechers soviel Fahrt wie möglich aufzunehmen, während sich einundsiebzig für Fahrtverminderung aussprachen! Auch waren die Methoden der Vormänner – selbst von Ort zu Ort bei ausnahmsweise gleichen Küstenverhältnissen – keineswegs einheitlich, wenn es galt, zum Strand zurückzufahren. Man konnte das bald bei sämtlichen Rettungsorganisationen beobachten: Die einen schworen auf die Methode, das Boot draußen – außerhalb der Brandung – möglichst zu wenden und mit dem Achtersteven zur See hin zurückzufahren. Bis auf die beiden Schlagleute – die hinteren Ruderer, die den Takt angaben und sich in diesem Falle umdrehten, um nun durch wechselseitiges Streichen oder Gegendrücken mit den Riemen die Steuerfähigkeit des Bootes zu erhöhen – ruderte die Besatzung ganz ruhig vorwärts. Der Vormann aber behielt die Seen hinter dem Boot argwöhnisch im Auge und jonglierte von Fall zu Fall entsprechend mit dem Lenzsack.

Andere Rettungsmänner wendeten das Boot vor der Rückkehr grundsätzlich nicht. Sie ließen sich, den Bug am bremsenden Lenzsack hängend, mit dem Heck zur Küste zurückspülen. Die Besatzung mußte dabei mit den Riemen

»streichen«, rückwärts rudern. Sie konnte aber, wenn nötig, sofort vorwärts anrudern und gegenangehen, wenn wieder ein gefährlicher Brecher heranrollte. Der Vormann blickte zum Bug und damit seewärts. Er hatte also besonders gute Aussicht auf die wütende Brandung. Bei beiden Methoden war freilich der richtig gehandhabte Lenzsack, Schleppsack oder Treibanker gleichermaßen unentbehrlich. Nur er konnte das Schlimmste verhindern.

Freilich glückte nicht jede Rettungsaktion der Ruderrettungsboote. Oft kamen die Rettungsmänner selbst in Bedrängnis oder sie kehrten gar nicht vom Einsatz zurück.

An der deutschen Küste ist vor allem eine tragisch verlaufene Fahrt des Ruderrettungsbootes VEGESACK von der Station Horumersiel der Deutschen Gesellschaft zur Rettung Schiffbrüchiger (DGzRS) zum Gesprächsstoff geworden. Sie ließ tatsächlich an Dramatik nichts zu wünschen übrig.

Dieses ausschließlich von Nichtseeleuten bemannte Boot hatte Anfang Dezember 1909 bei schwerem Sturm erst die Besatzung einer holländischen Tjalk namens ORA ET LABORA und anschließend die beiden Besatzungsmitglieder der deutschen Tjalk ETTINA aus Westrhauderfehn gerettet. Bei dem herrschenden Südweststurm mit Stärke 10 bis 11 konnte das Ruderboot nicht mehr in seinen Hafen Horumersiel zurück. Vormann Heinrich Tiarks, der auch als Nichtseemann sein Handwerk glänzend beherrschte, mußte das Neue Brack anzusteuern versuchen – ein großes Watt zwischen Schillig und den Buhnen der Sandbank Minsener Oog. Dort kann man bei dieser Sturmrichtung ohne weiteres landen und zu Fuß nach Schillig laufen. Aber in der unberechenbaren Strömung und in der Stockfinsternis mußte die VEGESACK die Orientierung verloren haben. Der Vormann guckte sich vergeblich die Augen nach den drei Lichtblitzen der Tonne M aus, die mitten vor dem Neuen Brack ausliegt. Zwei Stunden kreuzten die Rettungsmänner in den Sturmseen herum, ohne in der Finsternis ihren Standort genauer bestimmen zu können. Dann näherten sie sich der Old Oog-Plate. Der Vormann steuerte nur nach seinem Instinkt. Irgendwelche Navigationshilfen hatte er überhaupt nicht.

Der Marineschriftsteller Fritz-Otto Busch hat in der Schriftenreihe »Katastrophen auf See« die Ereignisse an Bord des Bootes in Reportageform packend beschrieben:

## Die Todesfahrt der VEGESACK

»Völlig überraschend gerät die VEGESACK urplötzlich mitten in eine gewaltige Brandung. Drei riesenhoch sich auftürmende Sturzseen, die wie steile, weiß marmorierte Wände heranschwingen und deren Kämme wie die Fänge weit aufgerissener Raubtiergebisse aufleuchten, überrollen mit donnerndem Tosen, in rasender Geschwindigkeit, das offene Boot.

Völlig unter Wasser gesetzt, nur noch auf den Luftkästen schwimmend, treibt die VEGESACK, im Nu manövrierunfähig geworden, wie ein von der See überflutetes Stück schweres Teakholz, hin- und hergeworfen von der Wucht der Grundsee.

Nachdem die drei ungeheuren Roller mit weißgestreiften Rücken, die wie Mähnen windschnell galoppierender Hengste durch die Finsternis schimmern, nach Nordosten davonwogen, setzen die normalen Sturmseen wieder ein und rauschen in langen Sätzen über das unglückliche Boot.

Die Menschen, die beim ersten Anprall unwillkürlich aufschrien und schreckensbleich aufsprangen, können sich nur mit Mühe aufrecht halten. Der entsetzlich kochende, schäumende und dröhnende Wirbel ringsum verwirrt ihre Sinne. Mit beiden Händen an Masten und Tauwerk sich anklammernd, suchen sie dem Erstickungstod durch die schwer heranwuchtenden Wassermassen zu entgehen, Atem zu schöpfen in den Pausen und den Kopf über diesem schrecklichen, rauschenden Brausen zu halten, das von allen Seiten auf sie einzudringen scheint.

Es ist gegen 19 Uhr abends. Die Ebbe muß bereits eingesetzt haben und wird das Rettungsboot im Verein mit dem Sturm erbarmungslos in die offene See hinausreißen.

Sie geraten danach in etwas stilleres Wasser. Heinrich Tiarks, der seinen kühlen Kopf bewahrt, winkt den Bugleuten zu und schreit seinen Befehl – den einzigen, den diese Lage erfordert – mit äußerster Lungenkraft durch das Tosen: ›Anker weg!‹

Sie verstehen und lassen den Anker an langer Leine außenbords gehen. Sie wissen, was der Bootssteuerer will: das Hinaustreiben in die freie See verhindern, das Boot lenzen, wieder manövrierfähig zu machen – und bei wiedereinsetzender Flut weiterfahren, die Küste zu erreichen suchen, d. h. das weite Watt des Neuen Brack.

Die Menschen müssen in Bewegung bleiben, denkt der Vormann, sie erstarren sonst – völlig durchnäßt, wie sie alle sind, erschöpft und am Ende ihrer Kräfte. (Sie sind zu diesem Zeitpunkt schon über sieben Stunden in dem offenen Boot auf See – und das an einem Dezembertag!)

Er, Heinrich Tiarks, weist sie an, den Versuch zu machen, das Boot zu lenzen. Zu ihrem Schrecken stellen die Männer fest, daß sämtliche Ledereimer, Holzpützen und alle Inventarstücke wie Ösfässer, Öskellen und jegliches Gerät, mit dem man das eingedrungene Wasser hätte entfernen können, aus dem Boot geschlagen wurden. Die Handpumpe ist unbrauchbar, sie steht völlig unter Wasser. Auch hier, in dem, was stilleres Wasser zu sein scheint, gehen die Seen immer wieder über das Boot hinweg.

›Nehmt die Südwester!‹ schreit Heinrich Tiarks.

Während diejenigen, die noch die Kraft dazu haben, dem Befehl nachzukommen, und die anderen, sich gegenseitig stützend, bis zu den Hüften im eiskalten Seewasser stehen, hebt weit drüben im sicheren Festland hinter den hohen Deichen der Sensenmann sein Haupt. Der Tod, der bisher die Rettung der Schiffbrüchigen geschehen ließ, reckt die Knochenfäuste. Er zählt die Opfer und legt dem ersten die frostkalte Totenhand aufs Herz.

Die gerettete junge Holländerin, die – mit den anderen aufrecht in der Plicht, der Bootskuhle, stehend – ihr Kind (einen Säugling!) in völlig durchnäßten Decken an die Brust preßt, schreit auf. Das Kleine, das zuletzt nur noch leise wimmerte, bewegt sich nicht mehr. Flehend und laut auf holländisch betend, sucht die Mutter das unvermeidliche Schicksal abzuwenden. Umsonst. Wenige Augenblicke später stirbt das Kind. Die zusammenbrechende junge Frau muß von ihrem Mann und Fritz Tiark, dem Hotelier und Rettungsmann, gehalten werden. Leiser und immer leiser wird das Beten, nur die immer wiederkehrenden Worte ›O Heer – o Heer‹ (o Herr) sind noch zu verstehen, dann erlahmen auch den beiden Helfern die Kräfte. Der Vormann springt hinzu, faßt die Bewußtlose unter dem Arm und hält sie über Wasser.

›Die Bootsapotheke, Fritz!‹ ruft er dem Bruder zu. ›Schnell! Hoffmannstropfen, Kognak!‹

Der Bruder bückt sich, sucht mit steifgefrorenen Fingern unter Wasser nach dem Kasten mit den Apothekersachen, reißt die Blechbox mit den Medizinen heraus, öffnet sie und zerrt die Kognakflasche aus den Taschen seines Ölrockes. Sorgsam hält er die Arzneiflasche an die Lippen der Frau, flößt der Sterbenden vorsichtig ein paar Tropfen ein. Dicht über das Gesicht der in den Armen des Vormanns Zusammengesunkenen gebeugt, beobachtet er die Wirkung.

Noch einmal schlägt die Frau die Augen auf. Sie ist schon ganz weit weg, denkt Fritz Tiarks, der erschüttert den Ausdruck ihres Gesichts im Scheinwerferlicht, das in diesem Augenblick über das Boot hinweggleitet, bemerkt. Tiefbewegt beobachtet er, wie die junge Niederländerin mit einer unendlich zarten Bewegung lautlos mit der Hand über das Gesicht seines Bruders streicht, zurücksinkt und den Geist aufgibt.

Sie haben alle das kalkweiße Licht bemerkt: Scheinwerferstrahlen, die über die See streichen, weit entfernt zwar, aber doch noch so hell, daß die Männer sich gegenseitig erkennen und die Masten mit ihrem Takelwerk scharf gegen das nächtliche Dunkel sich abheben.

›Sie suchen uns!‹ ruft der Vormann, der den Körper der Frau sanft auf die Ducht gleiten läßt, ›das Linienschiff KURFÜRST FRIEDRICH WILHELM wird das wohl sein, das wir gestern ja schon gesehen haben. Gebe Gott, daß sie uns finden!‹

Aber Signale können sie nicht mehr geben. Alle Blaufeuer sind verbraucht und andere Signalmittel nicht mehr vorhanden. Ein paarmal huschen die Strahlen noch über sie hin, aber vom Schiff aus werden sie nicht bemerkt. Die Scheinwerfer wandern weiter, suchen andere Stellen ab, und die halberstarrten Menschen im Boot versinken in Hoffnungslosigkeit. Mittschiffs und vorne stützen die Rettungsmänner die Schiffbrüchigen, reden ihnen Mut zu, halten sie unter den Armen und bewahren sie vorm Umsinken in das wassergefüllte Boot. In den Böen ist es noch immer stockfinster, aber einmal hellt es doch so weit auf, daß sie erkennen, wo sie eigentlich sind. Es ist die Stelle etwa 600 Meter ostwärts von Minsener Oog, an der ein englischer Schoner vor Jahresfrist, mit Kalinit beladen, sank. Die Tonne, mit der das Wrack, das etwa zwei Meter unter dem Meeresspiegel liegt, bezeichnet ist, können sie in der Finsternis nicht entdecken.

›Wir müssen auf die Flut warten!‹ entscheidet der Vormann, ›vorher können wir nichts tun.‹

Sie stimmen zu, aber sie wissen genau, daß manche unter ihnen nicht mehr lange leben werden. Vor allem die Schiffbrüchigen nicht, die nun schon die zweite Nacht mit Überanstrengung arbeiten mußten. Und Hochwasser, das wissen sie auch, wird erst um Mitternacht sein. Vorher dürfen sie ihren Ankerplatz nicht verlassen. In Bewegung bleiben, irgendwie körperlich arbeiten, das ist das einzige, was sie jetzt tun müssen. Sie nehmen die Südwester wieder ab und schöpfen, obwohl sie wissen, daß es hier kaum Erfolg haben wird. Und nun beginnt für die Unglücklichen das große Sterben.

Der holländische Schiffer, der seit dem Tode seines Kindes und seiner Frau kein Wort mehr gesprochen hat, stirbt während dieser Zeit. Der nächste ist der friesische Kapitän der Ettina. Er rafft noch einmal alle Kräfte zusammen, richtet sich auf und hebt den Arm: ›Nu hört man eben to, Jungs …‹

Dann bricht er zusammen. Ein Herzschlag hat seinem Leben ein Ende gemacht. Der Jüngste der Holländer und der Bestmann der deutschen Tjalk folgen kurz danach ihren Kameraden in den Tod.

Der Rest arbeitet verzweifelt. Sie wollen nicht sterben, sie wollen zurück zu ihren Frauen und Kindern, zurück nach Horumersiel. Neben ihnen steht der Tod. Es geht ums Leben, sie wissen es genau, und wenn sie nachgeben, liegen sie bald ebenso steif und starr wie die Verschiedenen. Vom Panzerschiff ist nichts mehr zu sehen. Kein Licht, keine Scheinwerfer, keine Ankerlaterne, nichts. Verbissen schöpfen und schöpfen sie mit ihren steifen Südwestern, entleeren sie überm Dollbord, bücken sich, schöpfen weiter. Das überkommende Salzwasser brennt in den Augen, die sie kaum noch offenhalten können. Funken tanzen vor ihren Blicken. Sind es Lichter von näherkommenden Fahrzeugen? Eilt jemand zu Hilfe? Sind es Wahnvorstellungen, die Übermüdung und der Wunsch, endlich aus dieser qualvollen Not befreit zu werden, hervorriefen? Niemand spricht ein Wort. Schweigend arbeiten sie. Nur das Heulen des Sturms ist zu hören, das Rauschen der See, das so unheimlich auf- und abschwellend zu ihren Ohren dringt. Und immer wieder mahnt, treibt und ruft der unerschütterliche Vormann seine Besatzung.

Ein wenig heller ist es geworden. Hier und da funkeln Sterne durch die Lücken der schweren Wolkendecke, hier und dort blinzelt eine Leuchttonne, um bald danach wieder in Finsternis und Nacht zu verlöschen.

Es gibt jetzt auch Pausen. Nicht jede See schlägt mehr über die Bordwand, und es scheint ihnen, als ob der Sturm ein wenig nachgelassen hätte. Die Flut hat eingesetzt.

›Wie viele Riemen sind noch klar?‹ fragt laut rufend der Vormann.

Er hat gesehen: Die meisten Riemen sind davongeschwemmt, außenbords gegangen, als die drei Grundseen ins Boot schlugen. Aber er hat beobachtet, daß noch ein paar Riemen, von den Beinen der Besatzung verzweifelt festgehalten, im Boot verblieben sind.

›Vier!‹ schreit Fritz Tiarks dem Bruder zu, ›vier Riemen, Heinrich!‹

Der Vormann befiehlt, den Anker zu lichten. Unmöglich. Er hat sich unglücklicherweise im Wrack des Schoners verfangen, und sie haben nicht mehr die Kräfte, das Eisen loszubrechen.

›Kappen!‹ schreit der Vormann.

Einen Augenblick zögern die Bugmänner. Die VEGESACK hat, wie alle Rettungsboote damals, nur einen einzigen Anker. Erreichen sie die Küste nicht, dann müssen sie ankerlos, ohne die Möglichkeit, das Boot festzulegen, umhertreiben. Aber der Vormann winkt noch einmal, und sie kappen die Leine.

Vier Mann haben die Riemen klargenommen, sitzen auf den Duchten und pullen nun mit letzter Kraft im Takt, den der Schlagriemen angibt. Vier Riemen für das schwere, mit sechzehn Lebenden und Toten überladene Boot. Langsam dreht Tiarks den Bug der Küste zu, dem Minsener Oog, das sie irgendwie erreichen müssen – eine andere Möglichkeit der Rettung gibt es nicht mehr. Alle Sinne gespannt, mit beiden Fäusten die Ruderpinne umklammernd, starrt der Vormann voraus. Die Abdrift ist groß, und das Rettungsboot kommt nur langsam, Zug um Zug, von der Stelle.

Er sagt nichts, der Vormann. Er fühlt, es hat keinen Sinn, Männern aufmunternde Worte zuzurufen, Männern, die

Längst hat die Gewalt der winterlichen Nordsee ihr Zerstörungswerk vollendet. Der auf dem Scharhörnriff gestrandete Sowjetfrachter NJANDOMA ist buchstäblich auseinandergebrochen, nachdem seine Besatzung vom Seenotrettungskreuzer abgeborgen war.

Dieses Bild bot sich früher an der ganzen deutschen Küste zwischen Nimmersatt und Borkum: Im Gespann von sechs Pferden wurde der Bootswagen mit dem schon besetzten stählernen Ruderrettungsbot in die Brandung gezogen und zum »Lanzieren« gewendet.

101

Im Bericht über das Rettungswerk 1897/1898 der Deutschen Gesellschaft zur Rettung Schiffbrüchiger erschien dieses Farbgemälde »Rettung Schiffbrüchiger«, das zu den frühen Werken des Marinemalers Hans Bohrdt zählt. In stummer Dramatik ahnt man, wie haarig das Abbergen der Überlebenden aus der Takelage werden dürfte.

Rettungen aus höchster Not mittels Raketenapparat waren auch in Deutschland recht dramatisch. Sie haben immer wieder das Vorstellungsvermögen von Künstlern angeregt. Was nebenstehend Ferdinand Lindner darstellte, ist recht informativ: Der eigentliche Raketenwagen wurde schon vierspännig vor Ort gebracht. Schießgestell und Leinenkasten sind bereits im Einsatz. Weitere vier Pferde haben nun auch den zweiten Transportwagen mit den Taurollen der aufgetrommelten Rettungstrosse und die Jolltauleine herbeigebracht. Rechts: Aufbau des Dreibeins.

fast zusammenbrechen, die ihr Letztes, ihr Allerletztes hergeben, um das Boot, um die Kameraden, die keinen Riemen mehr halten können, die starr vor Kälte und fast gleichgültig geworden im Boot hocken, heil durch diese Nacht der Schrecken zu bringen. Zuweilen sieht er den Bruder an, der so unvermutet mit ins Boot geriet. (Er ist Besitzer des Strandhotels in Horumersiel und ist als Ersatzmann eingesprungen.) Gleichmäßig, mit langem, kräftesparendem Schlag, wie ihn die Fischer der Küste, die Matrosen der Windjammer und alle Salzwasserleute gewohnt sind, zieht Fritz Tiarks seinen Riemen durch, bringt ihn ohne Hast vor, taucht das lange schmale Blatt ruhig ein und zieht bedächtig wieder durch. Genau wie die anderen auch. Mein Bruder, denkt der Vormann, mein Bruder! Er ist stark, er hält durch, er gibt nicht nach. Und er ist sehr stolz auf ihn.

Voraus erkennt der Vormann weiße Brecher, die an irgendeinem unsichtbaren Gegenstand im Wasser hochschlagen. Eine ins Dunkel hinein verschwindende Reihe von Brechern taucht auf: Die See muß hier aufgehalten werden, gegen einen Widerstand rennen, der sich ihr entgegenstemmt. Er hebt den Kopf, strengt die übermüdeten, qualvoll brennenden Augen an, und mit einem Mal weiß Heinrich Tiarks, was dies bedeutet. Der Kopf einer Schlenge – einer aus Strauchwerk geflochtenen Buhne, die erst im vorigen Sommer gebaut wurde – taucht aus der Dunkelheit.

›Wir haben die Schlenge! Minsener Old Oog!‹ ruft er ins Boot.

Alle sehen auf. Die nicht an den Riemen Arbeitenden drehen die Köpfe in die Fahrtrichtung: die Schlenge, eine der Buhnen von Old Oog ist es, der sie entgegensteuern. Baken stehen dort, zwei Baken. Wenn sie diese Schlenge entlangpullen, müssen sie an die Baken kommen, die beiden hohen Wohnbaken, die dort für die Beamten der Strombauverwaltung errichtet sind!

Tiarks stemmt sich gegen die Ruderpinne, dreht den Bug

des Bootes an die Schlenge heran, überfliegt mit kurzem Blick die Richtung, den Kurs, den er halten muß, um am Bauwerk entlang zur Bake zu gelangen. Er kommt ein wenig mit dem Ruder auf und läßt die VEGESACK entlang der Schlenge laufen. Nichts kann ihn mehr erschrecken. Gar nichts: Die Brandung, die hier steht, hell über das Flechtwerk hinwegschäumt, das in gleichen Abständen schwarz, verschlickt, versandet, mit Seetang und Muscheln bewachsen aus der Flut taucht, um gleich darauf im Gewoge wieder zu verschwinden, ist nichts gegen die Grundsee, in der sie waren. Es ist auch nichts gegen den Seegang, in dem sie nun zwölf Stunden lang segelten, trieben und ruderten. Da ragt auch schon die erste, 20 Meter hohe Bake aus der Nacht. Ein paar Sterne schimmern auf einmal durch das Pfahlwerk, das hohe Balkengerüst mit der steilen Leiter und dem kleinen viereckigen Wohnraum hoch oben.

›Auf Riemen! Riemen ein!‹ ruft erleichtert der Vormann und geht, während die Riemen ins Boot poltern, bei der Schlenge am Fuß der ersten Bake längsseits. Das Rettungsboot wird mit schnellen Handgriffen vertäut.

›Alles raus!‹ ruft der Vormann.

Sie sind gerettet.«

Soweit Fritz-Otto Busch. Er hat Anfang der fünfziger Jahre den letzten damals noch lebenden Rettungsmann der VEGESACK in Horumersiel besucht: den seinerzeit 78jährigen Fritz Tiarks, der noch immer im Ortsausschuß der DGzRS-Station Horumersiel tätig war.

Die Männer der VEGESACK und der einzige Überlebende der geretteten Schiffbrüchigen, der Steuermann Smit von der holländischen Tjalk ORA ET LABORA, haben eine schaurige Nacht auf den beiden Baken verbracht. Eng aneinandergeschmiegt gaben sie sich gegenseitig etwas Wärme. Aber sie mußten erleben, daß gleich nach der Landung ihr Kamerad, der Rettungsmann Behrens, im Boot zusammensank. Sie schleppten ihn an Land, aber er starb ihnen unter den Händen. Er starb an Unterkühlung und Entkräftung wie vor ihm und nach ihm unzählige Rettungsmänner und Schiffbrüchige auf der ganzen Welt.

Nachts brach die Ankerleine. Die VEGESACK trieb auf die Nordsee hinaus. Am Tage darauf wurde das Boot mit den Leichen der sechs verstorbenen Schiffbrüchigen an Bord ostwärts Helgoland von einem Fischdampfer geborgen.

Die Rettungsmänner und der überlebende Schiffbrüchige wurden erst nach Hellwerden von dem erwähnten Kriegsschiff entdeckt, das unausgesetzt nach ihnen gesucht hatte, obwohl es sie längst verloren glaubte. Ein Marinearzt und mehrere Sanitäter fuhren mit einem Boot zur Bake und ließ die ausgepumpten Männer abholen. Sie wurden ins Bordhospital des Linienschiffes eingeliefert und nach Wilhelmshaven gefahren. Schließlich kehrten die Totgeglaubten und sogar schon offiziell Totgemeldeten nach Horumersiel zurück.

Eindringlich wird uns aus der Erzählung von Busch klar, wie sehr vor allem der Gezeitenstrom den Ruderrettungsbooten der Nordseeküste zu schaffen machte. Er machte zeitweilig jedes Vorwärtskommen unmöglich, so daß die Rettungsmänner in der Nordsee so manches Mal vor Anker den Tidenwechsel abwarten mußten. Das war jedesmal ein qualvolles Warten für die durchfrorenen und durchnäßten Männer, erst recht für die geborgenen, womöglich auch noch verletzten Schiffbrüchigen. Freilich benutzte man die Segel, wo es nur ging.

In der Zeit der Ruderrettungsboote gab es schwimmende Rettungsstationen der DGzRS – die damaligen Feuerschiffe JADE, EIDER und die zu jener Zeit noch ausliegenden vier ELBE-Feuerschiffe.

Man kannte noch keine Seenot-Rettungskreuzer, die mit 20, 24, 30 Knoten Geschwindigkeit schnell genug zu einer entfernten Strandungs- oder Untergangsstelle preschen konnten. Es war darum notwendig, daß gleich draußen in den Außenmündungen von Elbe, Weser und Eider alarmbereite Rettungsmänner stationiert waren. Folglich boten sich die dortigen Feuerschiffe als Mutterschiffe von Ruderrettungsbooten an.

Bis zu ihrer Aufhebung im Jahre 1923 stand die Rettungsstation auf dem Feuerschiff ELBE 2 mit 362 geretteten Menschenleben an der Spitze. Auch das Feuerschiff ELBE 3 konnte immerhin 126 Lebensrettungen für sich verbuchen. Die Geretteten wurden vor dem sicheren Ende im Mahlsand bewahrt.

## Schußwaffen im Dienste der Menschlichkeit

Wir müssen eine bereits genannte Zahl noch einmal näher untersuchen. Es wurde gesagt, daß die Deutsche Gesellschaft zur Rettung Schiffbrüchiger in der Epoche der Ruderrettungsboote (1865–1915) insgesamt 4136 Menschenrettungen als Erfolgsbilanz verbuchen konnte. Von ihnen waren 3527 tatsächlich auf die Ruderrettungsboote zurückzuführen.

609 Menschenrettungen – bei 115 Seenotfällen – gingen jedoch allein auf das Konto der Raketenapparate!

Diese Geräte haben sich an vielen Punkten der deutschen Ostseeküste, aber auch an den Steilküsten von England, Frankreich, Island, Norwegen und Schweden sowie an vielen Küstenplätzen von Holland, Dänemark, Spanien, Portugal besonders bewährt. Teilweise sind sie noch immer unentbehrlich, auch in den USA, in Japan und in Rußland.

Im Wattenmeer der Nordsee machen vorgelagerte Sände die meilenweit entfernt gestrandeten Schiffe im allgemeinen für Raketenleinen unerreichbar. Dort blieb die Abbergung durch Rettungsboote fast immer die einzige Möglichkeit. Im deutschen Nordseegebiet konnten nur die Rettungsstationen von Sylt, Helgoland und Utlandshörn bei Norddeich einige

Raketenrettungen durchführen. An der Ostseeküste kommen jedoch gestrandete Schiffe dem Strand viel näher. Dort ziehen sich weitgehend parallel zur Küste drei Riffe entlang, über deren äußerstes die Wrack gewordenen Schiffe gewöhnlich hinwegstoßen, um dann dahinter zu sinken oder auf dem zweiten Riff festzugeraten – in Reichweite der Leinenraketen.

Eine Rettung durch raketengeschossene Leinenverbindungen zwischen Wrack und Strand bietet den Vorteil, daß die Rettungsmannschaft dabei nicht selbst gefährdet wird. Sie ist andererseits auch noch bei Windstärken möglich, die selbst Hubschraubereinsätze fraglich oder sogar unmöglich machen.

Schon im Jahre 1785 hat der Kolberger Tuchmacher E. F. Schäfer Versuche mit einer Kanonenkugel angestellt, an der er eine Leine befestigte. Er versuchte damit, vom Strand aus Verbindung mit aufgelaufenen Schiffen herzustellen. Er führte seine Erfindung Artillerieoffizieren Friedrichs des Großen vor, die sie aber für »nicht practicabel« erklärten. Man sieht daraus, daß Fachleute keinesfalls immer recht haben müssen. Auch Friedrich der Große hatte zu kraß geurteilt, als er dem Kolberger Tuchmacher ironisch mitteilen ließ, »daß er wohl tun würde, sich lediglich mit seinem Metier und nicht mit Sachen zu beschäftigen, die über seinen Horizont gingen«. Daß Schäfers Idee doch richtig war, bewiesen wenig später die Engländer.

Freilich hat man den britischen Artillerie-Sergeanten John Bell offen ausgelacht, als er 1791 vor dem Gewerbeverein von London über die Möglichkeit referierte, eine Rettungsleine mit einer Mörserkugel über ein gestrandetes Schiff zu schießen. Das Kopfschütteln des Publikums blieb auch dann noch stärker als jedes sachliche Argument, als Bell im gleichen Jahre im Arsenal von Woolwich praktische Versuche aufnahm und Leinenschüsse über eine Entfernung von über zweihundert Meter vollbrachte. An solchen Leinen sollten

Rettungsflöße zu Wracks hinausgezogen werden, damit sich die Schiffbrüchigen auf diese retten könnten.

John Bell muß wohl als der eigentliche Erfinder des Leinenmörsers betrachtet werden. Die Society of Arts hat ihn später, im Jahre 1816, dafür mit einem Preis von fünfzig Guineen belohnt.

Diese Preisverleihung brachte jedoch einen anderen Mann in Harnisch, der sich selbst für den Erfinder des Leinenmörsers hielt und der nun, offensichtlich schuldlos, sogar in den Verdacht geriet, ein Plagiat begangen zu haben. Damit aber tat man dem besagten Manne, dem Hauptmann und Kaserneninspektor George William Manby, Unrecht, weil er tatsächlich von Bells Versuchen nichts gewußt hatte. Es handelte sich also um eine echte Duplizität von Erfindungen, wie sie bei vielen Neuerungen vorzukommen pflegt.

Manby war im Jahre 1803 in die Garnison von Yarmouth versetzt worden. An dieser stürmischen Küste wurde er mehrfach Augenzeuge von Seenotfällen. Besonders nachhaltig erschütterte ihn, daß im Februar 1807 67 Menschen vor seinen Augen rettungslos ertrinken mußten, obwohl die gestrandete Brigg SNIPE nur 60 Meter vom rettenden Strand entfernt lag. Aber die Brandung war derart mörderisch, daß ein Boot beim besten Willen nicht durchgekommen wäre.

Der Vorfall hat bei Manby die Idee des Leinenschießens ausgelöst. Als er sie freilich anderen Leuten vortrug, wurde er genauso ausgelacht wie 16 Jahre vorher schon der Sergeant Bell.

George William Manby ließ sich aber durch so etwas nicht beirren. Er machte von seinem militärischen Rang Gebrauch und entlieh sich aus dem Arsenal einen Mörser. Damit experimentierte er; sobald er seiner Sache sicher war, übergab er den Mörser als Leihgabe an die Suffolk Humane Society, die in Yarmouth als örtliche Vereinigung die Rettung von Schiffbrüchigen betrieb.

Schon im Februar 1808 zeigt sich der erste Erfolg. Mit dem Manby-Mörser konnte eine Leine zu der bei Yarmouth gestrandeten Brigg ELIZABETH hinübergeschossen werden. Dank dieser Leinenverbindung wurden sieben Menschen gerettet. Der Rettungsverein war des Lobes über das neue Rettungsmittel voll.

Binnen kurzem wurden 45 Plätze der englischen Küste mit Manby-Leinenmörsern ausgerüstet, denen bis zum Jahre 1823 bereits die Rettung von 229 Schiffbrüchigen zu verdanken war. Noch gab es freilich keine Hosenboje. Diese wurde erst später von dem britischen Leutnant Kisbee erfunden. Auch Manby benutzte – wie es schon John Bell vorgeschwebt hatte – ein Rettungsfloß.

Dabei hatte Manby aber von vornherein den richtigeren Gedanken, das Floß zum Abbergen der Schiffbrüchigen nicht frei durch die Brandung zu ziehen, sondern es an einem dicken Tau zu führen und zu sichern. Auf diese Idee war Bell nicht gekommen, dem ja auch kein praktischer Erfolg vergönnt war.

Nach Informationen, die uns der Holländer H. Th. de Booy zugänglich machte, muß Manby ein Universalgenie gewesen sein. Er befaßte sich nicht nur mit Studien über Strafrechtsprobleme, sondern auch mit der Verbesserung der Greathead-Rettungsboote, mit Studien über neue Feuerlöscher, über Rettungsnetze zum Bergen von Menschen aus der Brandung und über Rettungsmittel zum Herausholen von unters Eis geratenen Schlittschuhläufern. Später erfand Manby den heute noch üblichen Leinenkasten für Schießleinen und das Dreibein zum Halten der Rettungstrosse, die zwischen Wrack und Schiff gespannt wird. Nicht zuletzt gingen auch die Transportwagen für die englischen Rettungsboote auf Entwürfe und Empfehlungen von G. W. Manby zurück.

Auch bei der deutschen Rettungsgesellschaft hatte anfänglich der Leinenmörser – noch in der Manby-Version – Verwendung gefunden. Er erlaubte aber keinen übermäßig zuverlässigen Schuß. Sein Hauptfehler – und damit der Hauptfehler des Leinenmörsers überhaupt – lag ganz einfach darin, daß eine Mörsergranate zwangsläufig eine viel zu hohe Anfangsgeschwindigkeit hat. Im Moment des Abfeuerns erhält die Kugel sogleich ihre größte Beschleunigung. Deshalb ist der dabei auftretende Ruck derart groß, daß die zu schießende Leine leicht bricht. Diese Gefahr besteht besonders dann, wenn die Schießleine nach einem früheren Gebrauch nicht vollständig ausgetrocknet werden konnte und verstockte. Anfangs schoß man einfache Rundkugeln ab, in die man die vorm Geschütz bereitgelegte Schießleine eingeknotet hatte. Die Folge war, daß die Kugel sich nach dem Verlassen der Rohrmündung halb überschlagen mußte, um fortan die Leine hinter sich zu lassen. Dieser Übelstand erhöhte die Leinenbruchgefahr. Darum versuchte man mit allen möglichen Mitteln, den Stoß auf die Leine abzuschwächen. Man umgab die Geschosse mit einem Leder-Überzug, an dessen längerem oder kürzerem Riemen die Schießleine befestigt wurde. Auch wurde mit Gummiriemen oder sogar Spiralfedern experimentiert.

Die deutsche Rettungsgesellschaft hat alle zur Zeit ihrer Gründung in Gebrauch gewesenen Leinenmörser englischer, französischer, italienischer und russischer Bauart getestet. Sie hatten alle denselben Nachteil. Mit wesentlichen Neuerungen konnten erst im Jahre 1870 bei einem internationalen Vergleichsschießen in Stettin der Berliner Ingenieur Brückmann sowie der Bremerhavener Büchsenmacher und Feuerwerkskörperfabrikant H. G. Cordes aufwarten. Beide hatten die Geschoßform grundlegend verändert. Brückmann feuerte eine Art Diskus ab, der an einem Metallbügel die Schießleine bis zu einer Wurfweite von 350 Metern hinter sich her zog. Er hatte die Fluggeschwindigkeit des Geschosses auf ein Viertel der sonst üblichen verringern können. Der Diskus »stieg langsam, wie von einer unsichtbaren Macht gezogen, in die Höhe und fiel dann, nachdem er den Kulmi-nationspunkt wenig überschritten, fast senkrecht aus der nicht unbedeutenden Höhe herunter«. Brückmann galt beim Stettiner Schießwettbewerb als Sieger in der Sparte Leinen-mörser.

Der Fabrikant Cordes fügte der Kanonenkugel eine lange Hülse an, in der sich die zum Teil darin gelagerte Schießleine erst abspulte, bevor die Leine steif kam und fortan aus dem Leinenkasten am Strand weiter ablief. Cordes hat dadurch den gefährlichen Ruck, der zum Leinenbruch führte, so weit verringert, daß er später ungestraft die Schußweiten – mit immer größeren Ladungen – auf maximal 570 Meter stei-gern konnte.

Dennoch konnten die beiden Erfinder Brückmann und Cordes in Stettin nur einen Achtungserfolg erzielen. Für den Rettungsdienst waren ihre Mörser zu schwer und zu un-handlich. Als eindeutiger Gesamtsieger ging aus dem Stetti-ner Schießen die neue Leinenrakete hervor, die im Auftrag der DGzRS vom Königlich-Preußischen Feuerwerkslabo-ratorium in Spandau entwickelt worden war. Sie wog fast 20 Kilogramm und konnte eine nachgeschleppte Leine mit größter Zuverlässigkeit bis zu 400 Meter weit tragen. Die Spandauer Leinenrakete wurde ab 1870 auf sämtlichen deutschen Rettungsstationen eingeführt.

Das Prinzip der Rakete war schon den Chinesen und Ara-bern bekannt. Es leuchtet aber ein, daß Raketen für das Lei-nenschießen ideale Voraussetzungen mitbringen. Sie haben eine geringe Anfangsgeschwindigkeit und steigern ihre Be-schleunigung erst während des Fluges. Die Gefahr eines Lei-nenbruches scheidet praktisch aus. Und noch ein ganz ge-wichtiger Vorteil spricht für die Leinenrakete: Sie benötigt zum Abfeuern keinen Mörser. Sie startet auf einem ebenso einfachen wie leichten, zusammenklappbaren Schießgestell.

In Anbetracht der Mängel von Manbys Mörsern – und

111

von Leinenmörsern überhaupt – hatte in England schon im Jahre 1824 der Hauptmann John Benett mit Leinenraketen experimentiert und wertvolle Erfahrungen gesammelt. Außerdem experimentierten die Franzosen Delvigne, Vildier, d'Houdetot sowie der Italiener Bertinetti mit Rohr- und Streichgeschützen. Sie wollten damit die Nachteile der Mörser mildern. Delvigne verfiel auf die bestmögliche Lösung dieser Art: Er arbeitete mit Geschoßpfeilen, die länger als das Geschützrohr waren. Die Vorteile der Raketen erreichte aber auch Delvigne nicht.

Auch in Deutschland regte bereits 1827 ein Brigadekommandeur in Memel Leinenschießversuche mit Raketen an. Nach seinen Vorschlägen stellten zwei Unteroffiziere der Artillerie die erste leinentragende Rakete Deutschlands her und schossen sie tatsächlich über die 250 Meter entfernte Nachbildung eines Schiffsmastes. Diese Leinenrakete war aber ihrer Zeit voraus. Es stand noch keine nationale Rettungsorganisation dahinter, die ein solches Instrument allgemein einführen und verwenden konnte.

Wie Manby bei der Strandung der Brigg SNIPE, so hatte auch ein gewisser Henry Trengrouse bei der Strandung des britischen Kriegsschiffs ANSON an der Küste von Cornwall – im gleichen Jahr 1807 – schreckliche Dinge mitansehen müssen. Vor seinen Augen ertranken 100 Seeleute. Diese Erschütterung ließ Trengrouse ab sofort nur noch dem einen Gedanken nachgehen, ein besseres, transportfähigeres Leinenschießgerät zu entwickeln. Tatsächlich waren die Klagen über die Unhandlichkeit der Manby-Apparate berechtigt: Sie waren übermäßig schwer, denn sie wogen immerhin 32 Pfund. Ihre Treibladung von zwei Unzen Schießpulver ermöglichten nur Leinenschüsse bis zu einer Entfernung von maximal 120 Metern.

Henry Trengrouse machte sich 1821 ans Experimentieren mit selbstgebastelten Raketen. Seine Versuche dauerten Jahre. Er bezahlte die gesamten Kosten dafür, in Höhe von weit mehr als 3 000 Pfund, aus eigener Tasche! Zwar erhielt er einige Male Anerkennungsprämien von 50 Pfund. Außerdem schenkte ihm der Zar von Rußland einen kostbaren Diamantring – als Dank dafür, daß mit Trengrouse-Raketenapparaten an den Küsten des Schwarzen Meeres mehrere Menschen gerettet werden konnten.

Henry Trengrouse hatte aber derartige Summen in seine Versuche gesteckt, daß er zuletzt am Bettelstab ging. Oft genug mußte er den Diamantring des Zaren als Pfand ins Leihhaus bringen. Trotzdem war der Erfinder von der Richtigkeit seines Handelns felsenfest überzeugt. Kurz vor seinem Tode prophezeite er – über die Raketenversuche in anderen Ländern nur unzulänglich oder gar nicht unterrichtet –, daß bald seine Raketenapparate an den Küsten aller Länder der Welt zu finden wären.

Tatsächlich fanden Raketenschießgeräte bei sämtlichen Nationen, die sich überhaupt mit der Rettung von Schiffbrüchigen befaßten, Eingang. Es handelte sich nur in den wenigsten Fällen um Trengrouse-Apparate, in England überhaupt nicht. Dort kamen Benett- und später Boxer-Raketen in Gebrauch. Die Raketenforschung für Rettungszwecke war mittlerweile international in Gang gekommen. In Paris forschte Captain Tremblay, in St. Petersburg Konstantinoff, in Kopenhagen waren Voß und Amici am Werk. Und in Holland erprobte der Artillerie-Premierleutnant J. W. Bergansius in den Pyrotechnischen Staatswerkstätten in Delft seit 1864 Leinenraketen eigener Entwicklung. Die Regierung war von diesen »vuurpijlen« (Feuerpfeilen) derart angetan, daß sie die Delfter Versuchsanstalt mit der Produktion solcher Geschosse beauftragte. Bald wurden zwanzig »vuurpijltoestellen« oder Raketenapparate des Systems Delft über die holländische Küste verteilt.

1896 stattete man die holländischen Stationen mit einer »neuen Generation« von Raketenapparaten des Systems Hembrug aus; sie besaßen doppelte Treibsätze, es waren also ganz modern anmutende Zweistufenraketen. Der Treibsatz der zweiten Stufe zündete erst nach 200 Metern Flugbahn! Dadurch kamen auch die holländischen Rettungsmänner mit ihren Hembrug-Raketen auf die Wurfweiten der deutschen Raketenapparate des Spandauer Typs.

Doch diese Raketentypen waren ebenfalls anfällig. Da eine Rakete grundsätzlich langsamer fliegt als ein Artilleriegeschoß, schont sie zwar die Leine, wird aber von seitlichen Winden und Fallböen entsprechend stärker abgetrieben. Der Schuß mit einer damaligen Leinenrakete erforderte darum gehörige Erfahrung. Der Vorhaltewinkel zum Ausgleich der erwarteten Abdrift konnte nur geschätzt werden. Man berücksichtigte ihn beim Einstellen der Schußrichtung auf dem Gradbogen am Gestell des Raketenwerfers.

Die mit Raketen geschossenen Leinen rissen bei richtiger Handhabung der Apparate nicht mehr ab. Die Raketenleinen der Deutschen bestanden übrigens aus einer besonders haltbaren Kombination von schlesischem Eisen- und italienischem Seidenhanf.

Die Plackerei eines Transports der gesamten Raketenausrüstung zur Strandungsstelle war allerdings immer noch beträchtlich. Zwar war das Raketenabschußgestell wesentlich leichter als das der früheren Manby-Mörser, aber die Schußausrüstung war ebenso umfangreich wie beim Mörser. Alle Teile, darunter der große Leinenkasten, die Taurollen für Trosse und Arbeitsleinen, das Dreibein für die Trosse, mußten oft meilenweit durch den losen Sand von Dünen und Strand oder aber über Stock und Stein geschleppt werden. Erst die Verteilung der Raketenausrüstung auf zwei Transportwagen genormter Konstruktion schaffte schließlich Erleichterung. Doch es gehörte auch weiterhin gehörige Muskelarbeit zum Handhaben eines Raketenapparates und einer Hosenbojenausstattung. Das Vorbohren und Einschlagen der Erdanker, das Aufrichten des Trossendreibeins, das Durchholen der Trosse vom Strand zum Wrack und schließlich das Strammholen des dicken Taus auf dem Dreibein – mit der Talje, dem Flaschenzug – waren nicht jedermanns Sache. Auch das Abladen von Taurollen und Leinenkasten war keine Arbeit für Schwächlinge.

Die pferdebespannten Raketenwagen waren natürlicherweise nur bedingt geländegängig. Wenn sie im losen Sand festsaßen, mußten die Rettungsmänner mit Leibeskräften an den Rädern herumwuchten. Half das nicht, trugen sie selbst alle Geräte wie früher weiter.

Um so höher sind die erfolgreichen Raketenrettungen – allein in Deutschland von mehr als 600 Menschen – einzuschätzen. Besonders hohe Rettungsziffern erreichten dabei die in der Nähe des felsigen Kap Arkona liegenden Stationen Lohme und Glowe auf der Insel Rügen, ferner die Stationen Hela, Neufahrwasser und Pillau. Hier ein kurzer Einsatzbericht von der Jahrhundertwende:

»Am 27. Februar 1900 um 04.00 Uhr morgens strandete auf der Reise von Trelleborg nach Saßnitz der schwedische Postdampfer REX bei dichtem Nebel und heftigem Ostwind vor der Insel Rügen. Kapitän Hermelin ließ sofort alle Personen an Deck rufen und mit Rettungsgürteln versehen. Trotz der gefährlichen Lage herrschte Ruhe und Ordnung, bis auf das weibliche Personal, dessen sich eine Panik bemächtigte. Es wurde ein Boot ausgesetzt, das aber auf halbem Wege zum Strand durch eine mächtige See kenterte. Im herrschenden Dunkel gelang es nur sechs Personen, sich zu retten, während die übrigen sechs – darunter fünf Frauen – ertranken. Inzwischen war die Rettungsstation Lohme (Vormann Venz) durch einen Fischer alarmiert worden. Durch den sofort an die Unfallstelle gebrachten Raketenapparat wurden zuerst zwölf Passagiere, dann die achtzehn Mann der Besatzung, zuletzt, gegen ein Uhr mittags, der Kapitän gerettet.«

Die Rettungsstation Danzig-Neufahrwasser hat noch in den letzten Monaten des Zweiten Weltkrieges 286 Raketenrettungen von Schiffbrüchigen vollbracht, die ihre Fahrzeuge durch Strandung verloren hatten.

Eine Raketenrettung lief auf folgende, in anderen Ländern noch heute gültige Weise ab: An der zum Wrack hinüberge-feuerten dünnen Schießleine zogen die Schiffbrüchigen einen sogenannten Steertblock durch die Brandung zum Wrack hinaus. Durch diese Seilrolle war eine Leine, ein Jolltau, geschoren.

Sobald die Schiffbrüchigen den Steertblock nach den mit-gelieferten zweisprachigen Gebrauchsanweisungen fachge-recht am Wrack befestigt hatten, gaben sie den Rettungs-männern am Strand ein Zeichen. Die zogen dann mit Hilfe von Jolltau und Steertblock das dicke 300 Meter lange Ret-tungstau zum Wrack hinaus.

Das dicke Tau wurde von den Schiffbrüchigen am Fuße des Mastes, an einem Maststumpf oder an einem Decksauf-bau befestigt. Auf ihm glitt fortan eine Rundkausch, eine Metallöse, zwischen Wrack und Strand hin und her, die von dem endlosen Jolltau bewegt wurde. Die Rundkausch trug an einem Hahnepot, einem Aufhänger aus vier kurzen Lei-nen, einen Rettungsring, unter dem eine stabile Segeltuch-hose angearbeitet war. In diese Hosenboje stieg jeweils im-mer ein Schiffbrüchiger mit den Beinen hinein. Er hing darin verhältnismäßig bequem und reiste so möglichst ohne Be-rührung mit der Wasserfläche zum Strand. Erfaßte ihn aber doch eine Welle oder hing das Tau wider Erwarten stärker durch, dann hielt der Auftrieb des in die Hosenboje eingear-beiteten Rettungsringes den Schiffbrüchigen über Wasser.

Um den Transport der schweren Raketenapparate zu je-dem Punkt der umliegenden Küste bequemer und außerdem schnell zu ermöglichen, stellte die DGzRS – als erste einer ge-planten Serie von 60 mobilen Stationen – in den Jahren 1938/39 zwei schwere, geländegängige Raketenwagen mit Gleiskettenantrieb für die Rettungsstation Weißenhaus/Ostsee und Westerland/Sylt in Dienst. Aber nur das Sylter

Fahrzeug ist bei zwei Menschenrettungen zum ernstfallmäßigen Schuß gekommen. Das liegt daran, daß die Segelschiffe weitgehend verschwunden sind und sich die Verhältnisse in der Schiffahrt und im Rettungsdienst gewandelt haben. Und längst sind die Tochterboote der Seenotrettungskreuzer flachwasserfähig. Die Holländer haben bis in die Gegenwart häufig Gelegenheit zur erfolgreichen Raketenrettung gehabt. Einige Steilküstenstrände ihrer vorgelagerten Inseln sind so beschaffen, daß gestrandete Schiffe bis auf Steinwurfweite an den Dünenrand herankommen. Die beiden holländischen Rettungsgesellschaften haben deshalb ebenfalls motorisierte Raketenstationen in Betrieb. Diese geländegängigen Kraftfahrzeuge haben allerdings keinen Gleiskettenantrieb, sondern grobstollige Geländereifen und Vierradantrieb. Auch die Polen und Portugiesen arbeiten weitgehend mit mobilen Raketenstationen. Übrigens ist in Portugal für sämtliche Raketenrettungen die Freiwillige Feuerwehr zuständig.

An Felssteilküsten bleibt das Prinzip der Raketenrettung auch in Zukunft wichtig. Nur an der deutschen Küste hat sich, auf Grund neuer geographischer und technischer Gegebenheiten, die Raketenrettung inzwischen überlebt. Drei Menschenrettungen durch Raketenleinen der DGzRS-Station Ostseebad Grömitz im Jahre 1954 dürften in Westdeutschland das Ende einer Epoche kennzeichnen.

Anders waren die Verhältnisse im Seenotrettungsdienst der DDR, der mehr mit Steilküsten zu tun hatte. Beispielsweise nahm 1952 die Raketenstation Kloster/Hiddensee, zunächst im Rahmen des Deutschen Roten Kreuzes, später des staatlichen Seenotrettungsdienstes die Arbeit wieder auf. 1952 bis 1984 haben ihre 16 freiwilligen Rettungsmänner bei acht gekenterten Schiffen und Booten, 31 auf Grund gelaufenen Schiffen und 24 Strandungen 306 Menschen aus Seenot retten können, bevor auch diese Station mit einem halbstarren Schlauchboot ausgerüstet wurde und seit Mitte

1991 mit dem 10 Knoten schnellen Seenotrettungsboot SWANTI, das zum Typ der 7-Meter-Boote gehörte und im Hafen von Vitte/Hiddensee stets alarmbereit im Wasser liegt. Es wurde 1993 durch eines der neuen 17 Knoten schnellen 8-Meter-Boote ersetzt.

Doch zurück zu den Raketen: Der Ingenieur und Raketenpionier Friedrich Wilhelm Sander hatte 1920 die Fabrik von H. G. Cordes in Bremerhaven gekauft. Sander baute dort Schwarzpulverraketen und Raketen für flüssige Treibstoffe.

Im Auftrag und mit Förderung der Deutschen Gesellschaft zur Rettung Schiffbrüchiger konnte Sander den deutschen Raketenapparat wesentlich verbessern. Er konstruierte eine kleinere und leichtere Rakete von nur 52 Kilogramm Gewicht, die bald allgemein die 196 Kilogramm schwere Spandauer Rakete ablöste. Sanders Kleinrakete war weniger empfindlich gegen Windeinflüsse, hatte größere Treffsicherheit und ein ganz kleines Schießgestell.

In der Zeit der Ruderrettungsboote hat es zeitweilig sogar Ankerraketen gegeben, die einen kleineren Anker über den Brandungsgürtel hinaus seewärts schossen. Das Rettungsboot konnte sich an diesem Anker mit nach draußen ziehen und hielt zugleich den Bug immer genau gegen die Brandung.

## Schiffbrüchige »im Hochgebirge«

Die isländische Seenotrettungsgesellschaft »Slysavarnafelags Islands« unterhält an den menschenleeren, felsigen Steilküsten der über 100 000 Quadratkilometer großen Insel ein Netz von 72 Stationen in den zehn Landesteilen. Rettungshütten längs der Küste und in den Bergen bieten Schiffbrüchigen und Bergsteigern gleichermaßen Schutz. 94 Rettungsgruppen mit 3116 Mitgliedern und 65 Tauchern sind im Einsatz. 1929 wurde das erste isländische Rettungsboot getauft. Zur Zeit gibt es vier hochseefähige Rettungsboote und Schiffe, 24 seegehende Barkassen, 82 Schlauchboote im küstennahen Bereich, 97 Allradfahrzeuge, 142 Motorschlitten und 32 Spezial-Schneefahrzeuge. Die Raketenapparate haben, in Kombination mit solchen Schneefahrzeugen, große Bedeutung behalten, seitdem man 1930 den ersten großen Rettungserfolg verzeichnen konnte: Alle 38 Besatzungsmitglieder des französischen Trawlers CAP FAGNET wurden nach der Strandung mit Raketenapparat und Hosenboje abgeborgen.

In der Polarnacht vor der Westküste von Island hat sich in einer Dezembernacht des Jahres 1947 die wohl dramatischste Raketenrettungsaktion in der Geschichte der Schiffahrt abgespielt. Damals gab es auf Fischdampfern noch kein Radar. Bei dem Versuch, vor einem schweren Süd-Südwest-Sturm Schutz zu suchen, verlor der aus Fleetwood stammende britische Trawler DHOON im schweren Schneesturm die Position. Stromversetzung, möglicherweise auch ein Kompaßfehler haben das Schiff dicht vor einer himmelhochragenden Felswand mit dumpfem, dröhnendem Poltern in der Brandung aufschlagen lassen. Auch sofort eingeleitete Maschinenmanöver mit »Volle Kraft zurück« konnten die Katastrophe nicht mehr verhindern. Das Schiff saß an der wohl »unglücklichsten« Stelle der gesamten isländischen Küste hoffnungslos zwischen den Felsklippen fest. Gurgelnd und tosend brachen sich die Seen über dem hilflos eingekeilten und todgeweihten Trawler. Mit Urgewalt fegten Brecher über die Decks und rissen binnen kurzem die gesamte Kommandobrücke über Bord, mit der Kapitän, Steuermann und ein Matrose in der Brandung verschwanden. Jetzt waren nur noch zwölf Mann auf dem Schiff, für die es nach menschlichem Ermessen keine Rettung mehr geben konnte. Zwei andere britische Fischdampfer, die mit der DHOON zusammengewesen waren, kreuzten draußen vor der Küste. Sie waren dem Verhängnis noch rechtzeitig entronnen. Die an Bord befindlichen Seeleute konnten für ihre Kameraden in der

Tochterboot CASPAR steuert mit hoher Fahrt die geöffnete Heckklappe des Seenotkreuzers ARKONA an. Im Vordergrund erkennt man den robusten Fang-
schlitten, in den sich das Tochterboot beim Auffahren auf die Heckwanne automatisch einklinkt. Zwei hydraulisch betriebene Ketten bewirken dann das Aufholen des Schlittens mitsamt Tochterboot.

Brandung beim besten Willen nichts tun. Sie sandten lediglich über Funk Notsignale aus, denn die DHOON war so plötzlich in die Falle geraten, daß sie vorher kein S-O-S in den Äther ausstrahlen konnte. Gleich beim ersten Aufprall auf die Felsen wurde ihre Funkanlage zerstört. Ihr Boden riß sofort auf, alle Räume standen voll Wasser.

Die Hilferufe der beiden anderen Trawler alarmierten die isländische Rettungsgesellschaft, die sofort einen Patrouillekutter aussandte und zugleich Rettungstrupps mit Raketenapparaten auf dem Landwege in Marsch setzte. Das aber ist leicht gesagt! Die Strandungsstelle lag im entferntesten Teil des Keflavikurbjark-Kliffs. Der Weg dorthin führte über endlose, unbewohnte Geröllhalden, Schluchten und schroffe Höhen – damals noch ohne Motorfahrzeuge. Der felsige Strand selbst war schließlich nur mit alpinistischen Mitteln, durch Abseilen aus großer Höhe, zu erreichen.

Der Einsatzleiter der Rettungsgesellschaft in Reykjavik meldete ein dringendes Telefongespräch mit Saurbaer bei Raudisandur an. Das war die einzige Telefonstation, die halbwegs in der Nähe lag. Die Verbindung war so miserabel, daß kein Wort zu verstehen war. Erst als sich das Amt Burdáladur einschaltete und jedes Wort laut und deutlich wiederholte, kam eine Art Gespräch zustande. Man solle durch Suchtrupps genau feststellen, ob das Schiff nahe Raudisandur oder vielleicht auf der anderen Seite, bei Stálfjall, zerschellt sei.

Um 10.10 Uhr waren die Hilferufe der britischen Fischdampfer in Reykjavik eingegangen. Um 12.30 Uhr bekam die Rettungsgesellschaft endlich Telefonverbindung mit Hvaljátrar. Dieser kleine Ort nördlich vom Látrarbjarg hat eine Rettungsstation mit Raketenapparat. Am Telefon meldete sich der Einödbauer Daniel, der trotz des weiten Überlandweges gleich zum nächsten Nachbarn aufzubrechen versprach, um Thórdur Jonsson, den Vormann der Rettungsstation Hvaljátrar, zu verständigen. Mit ihm und einem weiteren Rettungsmann machte er sich schließlich auf den Weg zum Fjord, um die Strandungsstelle genau zu erkunden.

Glück im Unglück war, daß die Schneeböen zeitweilig nachließen. Der Patrouillenkutter FINNBJÖRN konnte um 13.47 Uhr melden, daß er das Wrack vier Seemeilen von Látraröst gefunden habe. Ein Herankommen von See her sei fast unmöglich – der Trawler strandete am Fuße einer 200 Meter hohen Klippe.

Unterdessen marschierten die drei Rettungsmänner von Hvaljátrar vier Stunden lang durch das unwegsame Gebirge, über Steine, Schnee und Harsch. Um 16.30 Uhr kommen sie endlich zurück und melden über das Telefon, daß auch sie das Wrack gefunden hätten. Eine Rettung der britischen Fischer sei so gut wie ausgeschlossen, sie würde jedoch unter allen Umständen versucht. Der Vormann wird zum Handeln nach eigenem Ermessen bevollmächtigt. Er bricht noch während der Nacht mit einer Rettungsexpedition auf, um die Strandungsstelle bei Morgengrauen zu erreichen. Das Wetter ist wenigstens klar geworden. Der Wind hat auf Süd gedreht, aber er heult noch immer mit einer Stärke 6–7.

Inzwischen liegen die zwölf Überlebenden im Schutz der verbliebenen Aufbauten auf ihrem Wrack. Man hat ihnen von See her signalisiert, daß im Gebirge Männer mit Rettungsleinen und Raketenapparaten unterwegs seien! Das aber ist ein schwacher Trost, während die Brecher unausgesetzt auf das Wrack der DHOON einprügeln.

In dem Dorf Hvaljátrar haben sich inzwischen auf Geheiß des Vormannes 15 Männer von den verstreuten Höfen der Umgebung zusammengefunden. Endlich, um fünf Uhr morgens, brechen die Rettungsmänner auf. Sie haben Raketenapparate und Trossenrolle auf ein Island-Pony geschnallt, Leinen, Hosenboje, Kleidung, Lebensmittel und Petroleumlampen laden sich die Männer selbst auf die Schultern. Und in dreistündiger Kraxelei über die Gesteinshalden, durch die mittlerweile neblig gewordene Finsternis, erreichen sie schließlich ihr Ziel auf dem Gipfel der Klippe, unter der die DHOON gestrandet ist.

»Drei Mann bleiben hier«, ruft Vormann Thórdur, der am Vortag die Lage erkundet hat. »Diese drei sichern das Seil. Wir anderen zwölf seilen uns zum Flaugarnef ab!«

Das ist ein folgenschwerer Entschluß, aber die einzige schmale Chance.

Beladen mit Taurollen und Geräten schieben sich die zwölf Rettungsmänner kriechend über das glitschige, schneenasse Gras des Steilhanges hinunter – 120 Meter tiefer zu einer grasbewachsenen Felsnase, an der sich der Steilhang noch einmal fängt. Auf diesem Miniaturplateau, 80 Meter über der herauftosenden Brandung, beugen sich die Männer über die senkrecht abfallende Felskante und erspähen direkt unter sich das Wrack. Und jetzt wird die Seenotrettung endgültig zum Hochalpinismus. Der Vormann bestimmt die drei Männer, die mit ihm eine Seilschaft bilden und sich zum Brandungssaum abseilen sollen. Die anderen acht bleiben auf dem Flaugarnef. Selbstverständlich läßt sich der Vormann als erster in den Abgrund hinab. Während er an der dünnen Leine vor der Felswand pendelt, sausen immer neue Gesteinsbrocken an ihm vorbei, die sich aus der Wand gelöst haben. Aber tatsächlich kommen Thórdur und seine Seilschaft unverletzt auf einem flachen Felsen in der Brandung an. Bis zum Wrack sind es, wie sie jetzt bemerken, 500 Meter!

Die Männer auf dem Trawler DHOON haben ihre Retter entdeckt. Obwohl sie inzwischen 30 Stunden in der Brandung gesessen haben und weitgehend schon apathisch sind, versammeln sie sich auf dem zerschlagenen Vorschiff und winken hinüber.

Der Anblick der Schiffbrüchigen spornt die Rettungsmänner zu höchster Eile an. Die Leinen werden klargelegt, die Rakete mit der Schießleine verbunden und der Abschußapparat gerichtet. Dann jagt zischend die Rakete über das Wrack.

Bei Thórdurs erstem Schuß bricht die Leine. Aber der zweite Schuß trägt sie gut über den Havaristen. Die Männer auf der DHOON wissen Bescheid. Sie holen an der dünnen Schießleine Block, Steertleine und das Jolltau herüber. Nachdem der Block einwandfrei am Wrack festgemacht ist, geben sie ein Zeichen zum Land. Die vier Rettungsmänner ziehen mit dem endlosen Jolltau das schwere, dicke Rettungstau zum Wrack hinüber. Das ist über 500 Meter Wegstrecke eine Schufterei, die auch ein Dutzend Männer in Schweiß bringen würde. Wie die vier es überhaupt schaffen, wissen sie selber nicht.

Dabei peitscht ihnen eisiger Gischt in die Gesichter. Jedes Wort geht bei dem Brüllen der Brandung unter. Immer wieder rutschen die Rettungsmänner auf den naßglatten, tangbewachsenen Steinen aus. Sie stehen bis zu den Knien, bisweilen bis zur Brust in dem eiskalten Wasser!

Endlich ist das dicke Rettungstau am Wrack befestigt, von Land her steifgeholt und an einem großen Felsbrocken verankert. Jetzt ziehen die Rettungsmänner die Hosenboje zur DHOON hinüber.

Es ist ein Uhr mittags, bis dann der erste Engländer den felsigen Strand erreicht! Aber eine halbe Stunde später sind alle zwölf Überlebenden abgeborgen. In der steifen Segeltuchhose unter dem Rettungsring hängend sind sie auf schreckliche Weise von der Brandung geschurigelt worden. An Felskanten wundgeschlagen, durchnäßt bis auf die Haut, völlig erschöpft und kraftlos sitzen sie jetzt auf den Steinen und zittern an allen Gliedern.

Aber auch die vier Rettungsmänner sind am Ende ihrer Kräfte. Sie mußten beinahe jedem einzelnen Schiffbrüchigen in die anrollende Brandung entgegenlaufen, weil diese sich sonst nicht selbst hätten helfen können.

Retter und Gerettete legen eine kurze Rast ein. Trockene Kleidung, Lebensmittel und Zigaretten werden verteilt. Dann wird beschlossen, so viele von ihnen zum Flaugarnef aufzuseilen, wie es Tide und Tageslicht noch gestatten. Die herankommende Flut schneide in Bälde den Aufseilplatz ab! Vormann Thórdur hängt sich als erster ins Seil, um den Engländern zu zeigen, wie man es macht. Aber dem ersten Schiffbrüchigen, der nach ihm zum Flaugarnef emporgeholt wird, fehlen die alpinistische Erfahrung und die Kräfte gleichermaßen. Er kommt nicht gut von dem Felsen frei und schlägt immer wieder gegen ihn. Verwundet, mehr tot als lebendig und zitternd kommt er schließlich auf dem Felsplateau an.

Um 16.30 Uhr sind sieben der Schiffbrüchigen oben auf dem Flaugarnef – aber drei Isländer und fünf Gerettete befinden sich noch immer unten am Strand. Längst läuft die Flut auf und überspült die Felsplatte, von der aus das Aufseilen allein möglich ist. Die acht Männer unten am Strand müssen sich auf einer überhöht in der Brandung liegenden Felsplatte zusammendrängen und dort die längste Nacht ihres Lebens überstehen. Diese Menschen sind völlig erschöpft und ausgemergelt. Sie sind schutzlos, während die Polarnacht über sie hereinbricht.

## Duplizität der Fälle

Die Rettungsaktion DHOON fällt in jeder Hinsicht aus dem Rahmen. Hatte es erst 30 Stunden gedauert, bis die zwölf Überlebenden vom Wrack abgeborgen werden konnten, so dauerte es nun noch weitere 51 Stunden, bis Retter und Gerettete in Sicherheit waren!

Eine zweite Rettungsexpedition mit Zelten, Medikamenten und Brennöl hatte sich inzwischen auf den weiten Weg gemacht, verirrte sich aber im Nebel und im schließlich neu hereinbrechenden Schneetreiben. Nur wenige von ihnen erreichten den Rettungsfelsen. Die anderen kehrten um oder liefen so lange in die Irre, bis sie völlig erschöpft irgendwo auf ein Gehöft stießen. Die fünf wirklich ans Ziel gekommenen Männer kehrten jedoch wieder um, weil sie irrigerweise meinten, zu spät gekommen zu sein. Sie ahnten nicht, daß kaum 100 Meter unter ihnen die Kameraden mit den Geretteten im Felsen hingen! Deprimiert schleppten sich die fünf mitsamt ihrer schweren Ausrüstung nach Látrar zurück. Dort erst erfuhren sie die wahre Sachlage. Eine neue elfköpfige Expedition brach am nächsten Morgen auf, wiederum mit Leinen, Zelten, Heizapparaten, Proviant und Zubehör bepackt. Im Morgengrauen kamen sie auf der Bergkuppe an – und wurden zu Lebensrettern der Schiffbrüchigen und der ersten Rettungsmannschaft. Die einen hatten eine schaurige Nacht auf der Felsnase verbracht, die anderen unten am Strand. Der Vormann hatte der Strandgruppe an Leinen alles an Kleidern und Proviant Verfügbare abgeseilt – mit dem Ergebnis, daß nun die Retter auf dem Flaugarnef selbst in Not gerieten. Sie waren schlimm dran, denn sie hatten ihr eigenes, trockenes Zeug den Schiffbrüchigen gegeben und dafür die nasse Kleidung der Engländer angezogen!

Die Entsatzmannschaft trifft gerade noch rechtzeitig ein, denn auch die Rettungsmänner waren schon am Rande der Apathie. Jetzt beginnen neue Männer, mit zusätzlichen, neuen Leinen, das Aufholen der restlichen Schiffbrüchigen und ihrer Retter. Diese Strandgruppe hatte zuletzt stehend, an eine Felswand gepreßt, die restliche Nacht verbringen müssen, denn auch ihre Felsplatte wurde inzwischen von der Flut überspült.

Um vierzehn Uhr sind alle Männer der Strandgruppe glücklich auf dem Flaugarnef angekommen. Da aber bricht ein neues Unwetter herein. Trotz Sturm und Hagelschauern, jäh wieder einbrechender Polarnacht werden zuletzt auch noch alle auf dem Flaugarnef ausharrenden Leute zum Gipfel des Látrarbjarg verholt. Dabei gefährdet schwerer Steinschlag die letzten angeseilten Rettungsmänner beträchtlich.

Die letzten fünf der geretteten Engländer haben nicht mehr die Kraft, von dort aus den weiten Fußweg zu einem der isländischen Gehöfte anzutreten. Sie bleiben in dem auf dem Gipfelplateau stehenden Zweimannzelt – zu fünft! Der Vormann und zwei Rettungsmänner bleiben bei ihnen.

Am nächsten Morgen um vier bricht zum vierten Male eine Rettungsexpedition auf, um die halberstarrten Engländer von Látrarbjarg zu holen. Sie finden die Schiffbrüchigen in so schlechtem Zustand vor, daß sie umgehend Erste Hilfe leisten müssen. Sie reiben und massieren ihre Glieder, sie flößen den Männern heiße Getränke ein. Buchstäblich zur Wiederbelebungsmaschine wird dabei ein mitgebrachter Primuskocher.

Nach drei Tagen, drei Nächten und drei Stunden erreichen die letzten fünf Schiffbrüchigen auf entgegengebrachten Island-Ponys das Dorf Látrar. In den Betten der Bauern schlafen sie sich von allen Strapazen wieder gesund.

Die Engländer haben einen Seenotfall überstanden, der in seiner Verkettung unglücklicher Umstände bei der Rettungsaktion bis dahin einmalig gewesen sein dürfte.

Aber niemand ahnt zu diesem Zeitpunkt, was ein Jahr später genau an derselben Stelle der Westküste von Island passieren wird!

Eine Filmexpedition ist 1948 in Látrar erschienen, um die Strandung der DHOON und die Rettung von zwölf Mann ihrer Besatzung möglichst realistisch zu rekonstruieren. Man will einen Dokumentarfilm darüber drehen. Und man filmt den Aufbruch der Rettungsmänner, den Marsch zum Látrarbjarg.

Auf der Höhe der Klippe stellen die Filmleute ein Zelt auf, um dort zu übernachten. Am nächsten Tag soll mit einem herbeigeschleppten alten Trawler, einem Schrottschiff, die Strandung der DHOON nachgebaut werden. Die Rettungsmänner von Island spielen in diesem Film ihre eigene Rolle selbst. Komparsen stellen die Schiffbrüchigen dar.

In der Nacht nach Beginn der Dreharbeiten verschlechtert sich das Wetter zu tobendem Sturm. Und im Morgengrauen ereignet sich das Unfaßbare, daß genau an der Strandungs-stelle der DHOON ein weiterer Fischdampfer – die britische SARGON – auf den Klippen zerschellt und verlorengeht. Alles geschieht vor den Augen und Teleobjektiven der Filmexpedition, die sich nun das Schrottschiff und die Komparsen sparen kann. Aus der Staffage ist bitterer Ernst geworden. Die Rettungstat von Látrarbjarg wiederholt sich auf gespenstische Weise. Und da sie vollständig von den Kameraleuten aufgenommen werden konnte, entstand einer der bewegendsten Dokumentarfilme, der je gedreht wurde.

Beide Rettungseinsätze am isländischen Látrarbjarg zeigen den Wert der Raketenapparate an unzugänglichen Steilküsten und die Notwendigkeit eines lückenlosen Sprechfunk-Nachrichtennetzes. Sie machen aber auch deutlich, welche Bedeutung Rettungshubschraubern im modernen Seenotdienst beigemessen werden muß, die freilich wegen Fallböen nicht überall einsetzbar sind.

Die Ereignisse bei der Rettung der DHOON- und SARGON-Besatzungen erscheinen dem Betrachter heute wie eine Is-land-Saga aus einem anderen Jahrtausend. Aber täuschen wir uns nicht: Auch im Zeitalter des Seenot-Rettungskreuzers und des amphibischen Großhubschraubers hat der Einsatz der Rettungsmänner und Seenot-Flieger nichts von seiner echten Abenteuerlichkeit eingebüßt.

Die See schreibt ihre eigenen Gesetze.

Die See, die nach Joseph Conrad »nichts gibt außer harten Schlägen und mitunter eine Gelegenheit, sich der eigenen Kraft bewußt zu werden«.


## Erst der Motor schafft es

Man hat früher Ruderrettungsboote nicht nur direkt vom Strand, sondern teilweise auch von einem nahegelegenen Hafen aus operieren lassen. Ein Schleppdampfer nahm das

Boot auf den Haken, brachte es außerhalb der Brandungszone zur angegebenen Strandungsstelle und warf es in Luv
davon los. An ihrer eigenen Ankerleine ließen die Rettungsmänner ihr Boot leewärts sacken, bis sie die Schiffbrüchigen
vom Wrack übernehmen konnten. Das Problem der kräfte-
zehrenden Rückfahrt durch die Brandung jedoch, gegen
Strom und Seegang wieder hinaus zum Schlepper, blieb bestehen.

Deshalb verfiel man auf die Idee, Dampfrettungsboote zu
bauen. Auf der Pariser Weltausstellung von 1867 wurden
dem Publikum erstmalig Modelle von Rettungsdampfern
gezeigt, die von der britischen Firma J. C. White in Cowes
für die französische Zentralgesellschaft zur Rettung Schiffbrüchiger – die heutige »Société Nationale de Sauvetage en
Mer« – gebaut wurden. 1889 baute die britische Rettungsgesellschaft nach Plänen des Rostocker Schiffbaumeisters
Mitzlaff sogar zwei Dampfrettungsboote mit Dampfstrahl-
Düsenantrieb, die zwar seetüchtig waren, aber keinen allzu
großen Wirkungsgrad hatten. Sie wurden später auf Propeller umgerüstet. Insgesamt besaßen die Engländer vier, die
Franzosen zwei und die Holländer ebenfalls zwei Dampfrettungsboote. Anfang der zwanziger Jahre verloren die Holländer ihre beiden Dampfrettungsboote PRESIDENT VAN
HEEL und PRINS DER NEDERLANDEN bei Hoeck van Holland auf tragische Weise.

Dampfboote hatten übrigens zu viel Tiefgang und waren
zu aufwendig, weil sie ständig unter Dampf gehalten werden
mußten.

Im Jahre 1869 hatte der Franzose Lenoir in Paris sein erstes
Motorboot mit einem Gasexplosions-Motor laufen lassen,
1882 baute er sogar das erste Motorboot mit einem brauchbaren Petroleum-Motor. Im Jahre 1886 erregte der Deutsche
Gottlieb Daimler auf einer Frankfurter Ruderregatta mit
dem ersten Benzin-Motor erhebliches Aufsehen. Aber der

Verwendung eines Motors an Bord von Rettungsbooten stellten sich zunächst allzu viele Schwierigkeiten entgegen. Gefordert wurde: Auf kleinstem Raum eine Verbrennungskraftmaschine zu installieren, die unbedigt zuverlässig sein mußte, auch sollte sie völlig wasserdicht abgeschlossen und aus Sicherheitsgründen abgeschottet sein. Der Propeller eines Rettungsbootes durfte in der Brandung, auf Untiefen oder durch Schlag gegen Wracktrümmer keinesfalls beschädigt werden. Ausfall oder Verlust der Schraube würde das Schicksal des Bootes besiegeln. Dennoch wagte man sich in den USA schon 1899 daran, einen kleineren Benzin-Motor in ein 34 Fuß langes Rettungsboot einzubauen. Ab 1904 wurden zahlreiche Ruderrettungsboote der Amerikaner motorisiert. Im Jahre 1912 zählte man an den Küsten der Vereinigten Staaten tatsächlich nicht weniger als 147 motorisierte Rettungsboote!

In Europa ging diese Entwicklung langsamer voran als in den aufstrebenden USA, obwohl der Otto- und der Diesel-Motor ebenso aus der Alten Welt stammten wie seinerzeit die Dampfmaschine. Die britische Rettungsgesellschaft nahm 1904 die ersten Motorboot-Versuche auf, die zunächst enttäuschten. Aber man ließ nicht locker, denn es lag auf der Hand, daß die zumeist tiefen Küstengewässer rund um die britischen Inseln für die Verwendung von Motorrettungsbooten besonders geeignet waren. Man unternahm mehrjährige kostspielige Versuche, bis man die nötige Erfahrung gesammelt hatte und ab 1907 eine immer größere Zahl solcher Boote in Auftrag gab. Im Jahre 1913 verfügte die Royal National Life Boat Institution über 23 Motorrettungsboote. Bald hatten sie einen Standard-Typ gefunden, der international Schule machte: das Watson-Boot. Es fand bis in die skandinavischen Länder Verbreitung.

In Deutschland wurden die englischen Versuche aufmerksam verfolgt. Als die Entwicklung ausgereift war, ließ man von einer englischen Firma als erstes das kraweelgeplankte

offene Motorrettungsboot OBERINSPEKTOR PFEIFFER
bauen, das 1911 in Dienst gestellt wurde. Das Mahagoni-
holzboot erwies sich als robust und fuhr noch Mitte der dreißiger Jahre seine Einsätze. Im Jahre 1911 motorisierte die
DGzRS drei ihrer gedeckten Segelrettungsboote. Im Jahre
1913 waren außer auf der Station Laboe in Saßnitz, Witto-
wer Posthaus/Rügen, Neufahrwasser und Pillau vier offene
Motorrettungsboote, die dem OBERINSPEKTOR PFEIFFER
ähnelten, im Dienst. Drei weitere Boote für die Rettungsstationen Helgoland, Cuxhaven und Warnemünde befanden
sich damals im Bau. Die Schrauben dieser Boote waren nach
englischem Vorbild durch einen halben Schraubentunnel gegen Stoßbeschädigung und Blindschlagen im Seegang geschützt. Sie waren wesentlich schärfer, d. h. schmaler gebaut
als die Ruderrettungsboote. Das geschah aus Rücksicht auf
die stärkere Antriebskraft, denn die Boote hatten immerhin
schon Benzinmotoren von 28 PS Leistung. Sie waren deshalb
auch länger (11 m Länge) als die Ruderboote. Ihre Geschwindigkeit lag bei 7,5 Knoten. Der Ausbruch des Ersten
Weltkrieges unterbrach diese Entwicklung vorerst.

Der verlorene Krieg und die Inflationswirren verzögerten
in Deutschland die weitere Motorisierung zunächst, bis im
Herbst 1926 drei neue Motorrettungsboote von 11,5 Meter
Länge gebaut werden konnten. Sie waren mit dem damals
modernsten 45-PS-Rohöldiesel ausgestattet.

In den Jahren 1929/30 kamen sechs neue Motorrettungsboote in die Flotte der DGzRS, unter denen sich auch das gedeckte Doppelschrauben-Motorrettungsboot BREMEN befand. Das Boot erwies sich als guter Wurf, es wurde durch
die verwegenen Einsätze auf der Rettungsstation Norderney
unter seinem Vormann Friedrich Rass berühmt. Dieses Boot
machte später sogar Geschichte. Es wurde 1950 und 1951
zum ersten Huckepack-Seenotrettungskreuzer der Welt umgebaut. In ihrer ursprünglichen Form bewies die BREMEN
schon die besseren Manövriereigenschaften von Zwei-

schraubenbooten. Zwei Motoren mit je einer Schraube waren auch sicherer, falls einmal eine Maschine oder eine Schraube ausfiel.

Allerdings war der größte Teil der damals etwa 1000 km langen deutschen Küste für große, gedeckte Motorrettungsboote zu flach. Es mußten also für flache Strände auch genügend leichte, offene Strandmotorrettungsboote mit wasserdicht eingedecktem Motor gebaut werden, die allmählich die Ruderrettungsboote ersetzen sollten. Sie mußten auch noch auf Bootswagen über Land oder durch tiefen Dünensand befördert werden können. Ihr Tiefgang durfte nicht zu groß sein, damit man durch Flachwasser und über Sandbänke möglichst nahe an das gestrandete Schiff herankommen konnte. Die Boote benötigten einen besonders breiten Kiel. Ein scharfer, schmaler Kiel bohrt sich bei Grundberührung wie ein Messer ein, so daß das Boot festgehalten und aus der Fahrtrichtung geworfen wird. Das könnte in der Brandung zum Totalverlust des Bootes führen. Die Deutsche Gesellschaft zur Rettung Schiffbrüchiger referierte auf der IV. Internationalen Life Boat Conference, die 1936 unter Teilnahme von 17 Nationen in Göteborg abgehalten wurde, über einen neuartigen Typ des Strandmotorrettungsbootes von nur 2,8 Tonnen Gewicht. Das Boot beeindruckte schon deshalb international, weil bis zu diesem Zeitpunkt nirgendwo die Konstruktion eines Rohöl-Bootsmotors gelungen war, der binnen fünf Sekunden gestartet werden konnte. Das achteinhalb Meter lange Strandmotorrettungsboot der deutschen Rettungsgesellschaft hatte einen solchen Motor. Der Tiefgang des Bootes war gering, er betrug nur 55 Zentimeter. Das Boot war »doppelt Kraweel« geplankt. Seine Außenhaut bestand aus acht Millimeter starkem Mahagoni, die Innenhaut aus sechs Millimeter starker Eiche. Auch die Steven und der Kiel waren aus Eichenholz. Ein kompressorloser Vierzylinder-Diesel von 35 PS Leistung verlieh dem Boot eine Geschwindigkeit von achteinhalb Knoten.

Als Bootswagen wurde ein vormaliger Ruderbootswagen durch Einbau von Verstärkungen und Austausch der vorher verwendeten hohen Holzräder gegen kleine, breite Vollgummiräder so umgebaut, daß das Boot in weichem Sand oder Schlick mit vier Pferden im Vorspann und zwei Pferden an jeder Seite fortbewegt werden konnte. Die seitlich laufenden Pferde waren an zwei Spreizen angespannt. Sie konnten den Wagen ablaufrichtig ins Wasser schieben, ohne daß die Zugpferde vorn – wie es bis dahin üblich war – bis zur Schulterhöhe in die Brandung hineinlaufen mußten. Aber die Tage des Pferdezuges waren bereits gezählt. Wenig später wurden für die Rettungsstationen Wangerooge, Prerow und Ording drei Raupenschlepper beschafft, die eine schnelle Verfuhr der dort auf ihren Ablaufwagen alarmbereit stehenden Strandmotorrettungsboote durch das sehr schwierige Sand- und Dünengelände und im Watt möglich machten. Auch anderswo an der deutschen Küste setzten sich Traktoren und Zugmaschinen durch.

## Traktoren im Wasser

Zwangsläufig mußten an den meisten Stellen der Küste die Raupenschlepper beim Zuwasserbringen der Strandmotorrettungsboote genauso tief in die Brandung »hineinwaten« können wie vorher die Pferde. Deshalb wurden unabhängig voneinander in Nordamerika, Holland, England und Deutschland wasserdichte Brandungstrecker konstruiert. Die Holländer hatten bei der Strandung der Schiffe SHONGA, SALENTO und MALMÖ vor ihrer Küste eindringlich genug erfahren, daß man sich nicht auf die großen gedeckten Motorrettungsboote (MRB) allein verlassen durfte, die in den Häfen und Flußmündungen stationiert waren. Diese

Boote hatten anderthalb Meter Tiefgang, sie kamen also an manche Wracks vor dem Strand gar nicht heran. Es war eindeutig, daß große Motorrettungsboote und Strandmotorrettungsboote einander ergänzen mußten. Nach langer, sorgfältiger Prüfung entschlossen sich die Holländer, einen Bootstyp einzuführen, der an der dänischen Küste weit verbreitet war. Die dort üblichen zehneinhalb Meter langen Strand-MRB mit 30-PS-Benzinmotor wogen samt Kraftstoffvorrat für acht Stunden und voller Ausrüstung immerhin fünf Tonnen. Strandboote solchen Gewichts wurden bis dahin in Dänemark, England und Deutschland nur auf festen Ablaufbahnen zu Wasser gebracht. Die Holländer aber schafften es tatsächlich, diese Boote auf neuartigen Slipwagen mit Raupenketten schnell zu transportieren und an jeder beliebigen Stelle in die Brandung zu bringen. Wasserdichte Traktoren waren derzeit noch nicht vorhanden, also mußte improvisiert werden. Man beschaffte für einige Stationen Clayton-Schlepper von 30 PS Leistung, die mit Gummikappen über den Zündkerzen sowie durch den Einbau von abgedichteten Zündmagneten und Vergasern »seetüchtig« gemacht wurden. Doch bei den ersten Versuchen des Jahres 1930 klappte es nicht wunschgemäß: Es kam nämlich vor, daß ein in die Brandung gefahrener Raupenschlepper plötzlich streikte und verlassen werden mußte – mit dem Erfolg, daß er bei Hochwasser ganz unter den Wellen verschwand. So mußten einmal in Katwijk aan Zee, wo die meisten Erprobungen vorgenommen wurden, acht requirierte Pferde den abgesoffenen Traktor wieder ins Trockene holen. Ähnliches Lehrgeld haben anfangs auch die Deutschen bezahlt, die 1934 auch ein Fünftonnen-Strand-MRB samt Raupenwagen entwickelt und transportfähig gemacht hatten. Der allzu lose Dünensand der Ostseeküste begrenzte aber den Wert dieser Konstruktion. Das Boot war einfach zu schwer.

Die Holländer – deren Strände fester sind – verfügten schließlich auf drei Stationen über serienmäßig »wasserdicht« gebaute Trecker mit prächtigen 37-PS-Motoren, die den Wettbewerb gegen die anderen Modelle eindeutig für sich entschieden. Der erste Traktor des neuen Typs wurde »Seepferdchen« getauft und in Terschelling stationiert. Um seine Wasserdichtigkeit zu beweisen, wurde er bei Hochwasser am Hafen ins Wasser gefahren. Es bot sich der ungewöhnliche Anblick, daß ein Treckerfahrer bis über die Brust »im Bach« saß und einen vollständig weggetauchten Traktor steuerte. Er kam auch tatsächlich wieder aufs Trockene zurück. Die Maschine aber hatte doch Wassereinbrüche bekommen, sie mußte vollständig demontiert und gereinigt werden. Aber dieses erneute Lehrgeld führte endgültig dazu, daß die Lieferfirma bald ganz und gar wasserdichte Motoren liefern konnte. Allerdings sind »tauchfähige« Traktoren beträchtlich teurer.

In Deutschland, besonders an der Ostseeküste, konnten einige Strandmotorrettungsboote immer nur von derselben Stelle in die Brandung gebracht werden. Dort war der Strand für die Bootswagen zu steinig. Deshalb experimentierte man in Westerland auf Sylt zeitweilig mit einer »Abholboje«, die etwa 500 Meter vor dem Strand fest verankert wurde, durch deren schweren Eisenblock – eine Seilrolle – ein langes Drahtseil lief, dessen beide Enden zum Strand führten. An eins der Enden wurde der Steven des Bootes eingeklinkt, ans andere Ende der Trecker. Er konnte auf dem Trockenen bleiben und zog entgegengesetzt, also strandaufwärts. Dadurch bugsierte er mit dem gegenläufigen Ende der Stahlleine das Strandmotorrettungsboot in die See.

Für die von Ruder- auf Strandmotorrettungsboote umgeschulten Besatzungen ergaben sich zunächst viele Probleme. Sie mußten sich an die schnellere Gangart der neuen Boote erst gewöhnen. Rechtwinklig zur See durften sie nicht so viel Fahrt laufen, daß sie etwa mit mehr als einer Hälfte der Bootslänge über einen Wellenkamm hinwegschossen. Der anschließende Schlag ins Wellental erwies sich andernfalls als so enorm, daß die ganze Besatzung dadurch oder durch einen unmittelbar nachfolgenden Brecher aus dem Boot herausgerissen werden konnte.

Die Besatzungen fanden bald heraus, daß der Schleppsack bei der Rückkehr zum Strand noch immer von großem Nutzen war. So fühlten die Männer leicht lenkbare, vertrauenerweckende Fahrzeuge unter sich, wenn sie durch die steilen, grünen Seen hindurchstießen, die sich mit donnernder Gewalt vor ihnen brachen. Gerade die relativ kurzen Strandboote machen alle Bewegungen der See in ganzer Länge mit – vom langsamen Klettern gegen den Hang einer aufsteilenden See bis zu dem anschließenden Fall ins Bodenlose des nächsten Wellentales. Natürlich sitzen die Rettungsmänner in einem solchen Boot – trotz vorhandener Spritzschutz-Persenning – praktisch im Freien. Das Salzwasser peitscht ihnen oft in die Augen – und ein Brecher nach dem anderen schwallt über das nasse Deck. Bis zum heutigen Tage haben sich die Strandmotorrettungsboote an den Küsten Europas immer wieder bewährt. Ihres geringen Tiefgangs wegen wurden sie immer wieder zu heiklen Missionen herangezogen, mit denen kein anderer Rettungsbootstyp fertig geworden wäre.

Strandmotorrettungsboote können auch im flachsten Wattenmeer noch erfolgreich operieren, wo es den gedeckten, großen Motorrettungsbooten verwehrt ist. So hat der Vormann des Strand-MRB HORUMERSIEL von der gleichnamigen Rettungsstation – sie ist uns von der Todesfahrt ihres früheren Ruderrettungsbootes VEGESACK her geläufig – folgenden Einsatzbericht an die Rettungsgesellschaft nach Bremen geschickt:

# Um Haaresbreite

»Eines Tages, Ende Dezember, wurde die Rettungsstation Wangerooge gegen 11.20 Uhr durch einen Telefonanruf des Buhnenwärters von Oldeoog alarmiert, auf Oldeoog sei ein Schiff gestrandet. Das Motorrettungsboot LÜBECK lief sofort von Wangerooge übers Watt zur Blauen Balje und weiter zur Unfallstelle. Das Wetter war schlecht, es wehte in Stärke 6 bis 8 aus Nordwest mit heftigen Regenschauern.

In der Blauen Balje mußte das Rettungsboot einige schwere Brecher nehmen. Gegen 13 Uhr hatte es aber das zwischen den Buhnen A und B vor Oldeoog gestrandete Fahrzeug erreicht. Es handelte sich um das 135 Tonnen große Motorschiff EMMA OLTMANN, das mit einer Ladung Ölkuchen von der Ems nach Hamburg unterwegs leckgesprungen und hier zur Rettung von Schiff und Ladung aufgesetzt worden war. Das Schiff hatte Wasser in den Räumen. Bis auf etwa 500 Meter konnte sich das Rettungsboot dem gestrandeten Fahrzeug nähern und so die Lage genau erkennen. Da der Vormann befürchtete, wegen des zu großen Tiefgangs der LÜBECK auch bei Hochwasser nicht an das Fahrzeug heranzukommen, ließ er über die Seenotleitung in Bremen das Strand-Motorrettungsboot HORUMERSIEL alarmieren. Gegen 13.30 Uhr glitt die HORUMERSIEL vom Slip und lief gegen die auflaufende Flut und Nordnordwest in Stärke 7 bis 10, begleitet von heftigen Regenschauern, aus. Gegen 14.30 Uhr trafen sich die beiden Rettungsboote, der Vormann erklärte uns die Lage. Anschließend setzten beide Boote den Kurs zur Strandungsstelle ab. Dabei ging die See so hoch, daß von unserem Boot aus die Mastspitze der vorausfahrenden LÜBECK nicht mehr zu sehen war.

An der Strandungsstelle lag der Havarist mit dem Vorschiff nach See und mit dem Heck hoch auf Strand. Über das Vorschiff und die Luken rollten die Brecher. Das Hinterschiff aber ragte hoch aus dem Wasser und bekam nicht viel See.

Hier war das Wasser verhältnismäßig ruhig, wogegen weiter draußen ein sehr hoher Brandungsgürtel lag. Das Motorrettungsboot LÜBECK setzte bereits in der Grundsee hart durch – d. h. es schlug mehrmals heftig auf Grund. Deshalb wurde die Rettungsaktion von unserem flachgehenden Strand-MRB allein durchgeführt.

Die HORUMERSIEL versuchte, von der Buhne B aus die Brandung zu durchfahren, wurde aber dabei von einer Dwarssee völlig eingedeckt und zur Seite geworfen. Mit Maschine ›voll voraus‹ bekamen wir das Boot jedoch wieder mit dem Kopf auf die See und ›dampften‹ langsam zurück …«

Als das kleine Boot von der gewaltig heranrauschenden Dwars- oder Quersee getroffen und vom Bug bis zum Heck von ihrem Salzwasserschwall überschüttet wird, gelingt es Vormann Gruben mit einem »Manöver des letzten Augenblicks«, den Bug der HORUMERSIEL wieder gegen den Sturm zu drehen. Das Umschlagen des Bootes wäre sonst unvermeidbar gewesen.

Den zweiten Anlauf beginnt Arnold Gruben etwas westlicher. Seine fünf freiwilligen Rettungsmänner spannen alle Sinne an, denn diesmal ist das Rettungsboot bis auf Rufweite an das gestrandete Schiff herangeschossen. Drüben brüllt und gestikuliert der Schiffsführer gegen den Sturm, doch werden seine Wortfetzen vom Tosen der Brandung übertönt. Die Verständigung ist mehr als schlecht, aber alle Mann an Bord der HORUMERSIEL haben doch verstanden, daß die Besatzung drüben schleunigst das Fahrzeug verlassen will.

Die Rettungsmänner haben inzwischen durch Lotungen mit Peilstöcken festgestellt, daß die Wassertiefe an der erreichten Rufweite-Position der HORUMERSIEL nur lächerliche 1,20 Meter beträgt. Damit das Boot nicht noch weiter »auf Schiet« geworfen wird und glattwegs zerschellt, zieht Vormann Gruben es schleunigst wieder zurück. Es wird ja doch ein paar Minuten dauern, bis der Kapitän da drüben seine Schiffspapiere und Wertsachen eingepackt hat.

Endlich ist es soweit. Es muß ein dritter Anlauf gewagt werden. Und als habe sie nur darauf gewartet, steilt genau in diesem Augenblick eine gewaltige Grundsee auf. Sie nimmt die HORUMERSIEL auf die Hörner wie ein wildgewordener Stier und jagt sie mit Schußfahrt senkrecht auf den Strand zu. Arnold Gruben hat sofort den Fahrhebel auf »Volle Kraft zurück« gerissen. Der Propeller quirlt verzweifelt rückwärts – und die HORUMERSIEL entgeht dem Verhängnis ein zweites Mal. Inzwischen ist aber auch der dritte Anlauf mißglückt, man ist an das Wrack überhaupt nicht herangekommen.

Eigentlich ist das alles Wahnsinn, durchfährt es den Vormann. Zweimal ging es um Haaresbreite gut. Ein nochmaliger Anlauf hieße die Götter versuchen. Was nicht geht, das geht eben nicht. Höhere Gewalt. Aus. Schluß. Es ist bitter, aber es gibt Dinge, die nun mal unabänderlich sind.

Gruben sieht die nassen, kantigen Gesichter der fünf Ölzeugmänner in seinem Boot – das sind seine Freiwilligen, für deren Leben er die Verantwortung trägt. Vier von den Männern haben Frau und Kind zu Hause. Nur der eine nicht – es ist Grubens eigener Sohn.

Sobald die glitzernden Gischtfetzen und die geifernden Wellenkämme für Augenblicke ein bißchen Sicht auf das überbrandete Wrack freigeben, erkennt Arnold Gruben dort aber die drei zappelnden Menschen, die in diesem Inferno verloren wären.

Neben dem Vormann kauern die Rettungsmänner Lübben und Frerichs im Cockpit. Äußerste Entschlossenheit war es, was Gruben in ihren Augen las, als die See noch einmal den Blick auf das todgeweihte Schiff freigab.

Es ist beschlossene Sache – und seine Männer denken ebenso: Umgekehrt wird nicht! Aber ein Längsseitgehen an diesem verdammten Wrack ist völlig ausgeschlossen, es gewährt an keiner Stelle Windschutz. Die HORUMERSIEL würde dort drüben in tausend Stücke geschlagen.

Kein Lehrbuch und kein Patentrezept können helfen. Kein

Seenoteinsatz bleibt dem anderen gleich. Erst an Ort und Stelle kann der Groschen fallen. Instinkt und Erfahrung geben den Rettungsmännern plötzlich ein, was in dieser oder jener Lage zu tun ist. Und bei Vormann Gruben ist blitzartig die Konzeption da: Eine Chance ist rechtwinkliges Heranstoßen an das höherliegende Achterschiff. Das freilich bedeutet, daß sich das Rettungsboot in den allerflachsten Teil der Brandung vorwagen muß.

Es ist, als müsse ein großes Raubtier mit bloßen Fäusten angesprungen werden. Die See hat vorhin schon zweimal bewiesen, daß sie die Stärkere ist. Beim letzten Vorstoß ans Wrack hatte man wenigstens noch ein Meter und zwanzig Wasser. Da waren noch sechs Dezimeter Sicherheit unterm Kiel. Und diesmal? Die Chancen stehen nicht mal fifty-fifty.

Es ist wieder ein weiß-grau marmoriertes Ungetüm, das hinter dem Rettungsboot zum Schlage ausholt – und zum zerschmetternden Wurf auf den Strand. Aber diesmal sind Schraube und Ruder der HORUMERSIEL um Nuancen im Vorsprung. Brüllend läuft der Grundbrecher durch – und gewährt auf seinem Rücken ein Weilchen »Verschnaufpause«. Die aber nutzt der Vormann und stößt in einem Anlauf bis zum Hinterschiff der EMMA OLTMANN durch.

Die Rettungsmänner im vorderen Cockpit funktionieren glänzend. Treffsicher wirbeln sie beide Wurfleinen ins Ziel. Im Handumdrehen ist eine stabilere doppelte Leinenverbindung hergestellt. Die drei Schiffbrüchigen können glatt auf das erbärmlich schlingernde Rettungsboot überspringen. Sogar die Schiffspapiere gelangen in Sicherheit. Blitzschnell wird vorn wieder losgeworfen. Gerade noch rechtzeitig hat das Rettungsboot wieder Fahrt aufgenommen, als eine neue Dwarssee das Spiel endgültig beenden will. Der Zugriff der See kommt abermals zu spät. Um 17.30 Uhr läuft Strand-MRB HORUMERSIEL ohne Schramme in seinen kleinen Heimathafen ein!

# Besondere Vorkehrungen

In Deutschland wie im Ausland müssen sämtliche Motorrettungsboote unsinkbar sein. In den gedeckten Booten befinden sich zwischen den vom Boden bis unters Deck führenden doppelwandigen Seitenbeplattungen (Zweischalenbauweise) sowie in dem Doppelboden, der zwischen den vorderen und hinteren Luftkästen liegt, zahlreiche wasserdichte Abteilungen. So hatte das größte deutsche Zweischraubenboot der dreißiger Jahre nicht weniger als 42 wasserdichte Abteilungen!

Jedes Motorrettungsboot wird von einer Lenzleitung durchzogen. Jede Abteilung kann sowohl mit einer Motorpumpe als auch von Hand gelenzt werden. Die einzelnen Räume sind durch Schotten mit wasserdichten Verbindungstüren getrennt. Schotten erhöhen zugleich auch die Festigkeit der Verbände, des Bootsrumpf-Gefüges. Denn ein Rettungsboot ist ja in der Brandung häufig schweren Grundstößen ausgesetzt. Es muß deshalb extrem widerstandsfähig sein und starke Motorenfundamente haben. Diese Baumerkmale gelten heute für sämtliche Motorrettungsboote und Seenotrettungskreuzer der Welt. Es versteht sich am Rande, daß gedeckte Rettungsboote, gleich welcher Konstruktion, gegen Wassereinbrüche von oben – wie ein tauchklares U-Boot – völlig dicht verschlossen werden können.

Der Umgang mit Motorrettungsbooten war für alle Rettungsgesellschaften zunächst Neuland. Man fand allmählich heraus, auf welche Weise solche Boote in Brandung und Grundseen zu behandeln sind. Tatsächlich müssen diese Fahrzeuge auch schwersten Grundbrechern trotzen können – in Situationen, wo es für Ruderrettungsboote unmöglich wäre. Die Gefahr des Umschlagens besteht auch für Motorrettungsboote, wie der Verlust des unvergessenen holländischen Motorrettungsbootes BRANDARIS bewies. Dieses nach dem großen Leuchtturm und Wahrzeichen von West-

Terschelling benannte Boot hatte in den elf Jahren seines Dienstes 230 Menschen aus der See geholt. An einem Oktobertag des Jahres 1921, bei schwerem Nordnordweststurm, kämpfte sich das Fahrzeug aus dem Hafen von West-Terschelling auf die Eierlandschen Gründe hinaus. Dort war der deutsche Schoner LIESBETH gestrandet. Die BRANDARIS hatte aber zu viel Tiefgang, um an dieses Wrack heranzukommen, so daß dessen Besatzung durch das Ruderrettungsboot von Cocksdorp gerettet werden mußte. Das Motorrettungsboot trat die Rückreise nach Terschelling an. Es wurde noch querab von West-Vlieland gesichtet – dort, wo die Halbinsel Vliehors beginnt. Aber in einsetzenden Regenböen und hinter den Gischtschleiern der überall stehenden schweren Brandung kam die BRANDARIS außer Sicht – und zwar für immer. Sie war bei Vliehors verunglückt. Die vierköpfige Besatzung fand den Seemannstod. Der Verlust des legendären Bootes erschütterte die Bevölkerung der Niederlande. Eine neue BRANDARIS II wurde gestiftet, die von 1923 bis 1960 von Terschelling aus ihre schweren Einsätze fuhr. In 261 »tochten« oder Einsatzfahrten hat sie 457 Schiffbrüchige gerettet. Mittlerweile ist die BRANDARIS II durch das moderne Motorrettungsboot CARLOT abgelöst, dessen Erfolgsziffern denen von BRANDARIS I und BRANDARIS II in keiner Weise nachstehen.

Im Februar 1962 ging die Meldung durch die Weltpresse, daß während einer Rettungsfahrt das MRB der Station Seaham von einer Einsatzfahrt nicht zurückgekehrt sei, seine gesamte Besatzung war ertrunken. Als im März 1969 das MRB LONGHOPE dem in Seenot geratenen liberianischen Frachter IRENE beistehen wollte, kenterte es ebenfalls. Alle acht Rettungsmänner kamen ums Leben. Sowohl Vormann Kirkpatrick als auch Maschinist McFadyen hatten ihre beiden Söhne unter der Besatzung. Sie fanden mit den Vätern gemeinsam den Tod. Und es ist eine Ironie des Schicksals: Während alle Rettungsmänner der LONGHOPE umkamen, konnten alle Besatzungsmitglieder der IRENE mit der Hosenboje gerettet werden, nachdem der Frachter auf den Klippen von South Ronaldsay / Orkneys gestrandet war.

Die Royal National Life Boat Institution wurde auch schon im Januar und April 1939 von zwei schweren Verlusten betroffen. In beiden Fällen kenterten Motorrettungsboote, die als »self-righters« gebaut waren. Beide Boote richteten sich nach dem vollständigen Kentern zwar wieder auf, aber bei dem Unglück im Januar wurden sieben von acht, bei dem anderen Unglück sechs von zehn Rettungsmännern aus dem Boot herausgewaschen. Sie ertranken.

Das im Januar verunglückte Motorrettungsboot JOHN AND SARAH ELIZA STYCH gehörte zur Rettungsstation von St. Ives in Cornwall. Das Schicksal dieses Bootes ist ganz und gar ungewöhnlich. Nachts um zwei Uhr war das Boot von der Küstenwache alarmiert worden, weil unweit von Cape Cornwall ein nicht bekanntes Fahrzeug in höchst gefährlicher Lage sei. Das Rettungsboot von St. Ives mußte etwa elf Seemeilen gegen den schweren Westnordwest-Sturm ankämpfen, um die Position des Havaristen zu erreichen. Draußen aber stand eine derart höllische See, daß Vormann Cocking das Boot in einem großen, sich überstürzenden Grundbrecher nicht mehr halten konnte. Er schor aus dem Kurs und wurde überrollt. Die nächste Grundsee traf das quergeschlagene Boot mit solcher Gewalt an der Steuerbordseite des Bugs, daß es umschlug. Zwar richtete es sich binnen Sekunden wieder auf, aber es war nur noch die Hälfte der Besatzung an Bord. Ein Mann, der zwar auch beim Kentern über Bord gerissen worden war, klammerte sich an den Griffleisten des Rumpfes fest, so daß er von seinen drei Kameraden wieder ins Boot gezogen werden konnte. Der Motor stellte sich beim Umschlagen des Bootes automatisch ab. Aus Sicherheitsgründen sind »self-righters« mit einer Notstop-Vorrichtung der Antriebsanlage versehen, damit der drehende Propeller nicht etwa ins Wasser gestürzte Leute gefährdet.

Der Maschinist versuchte verzweifelt, den Motor neu zu starten. Dieser wurde aber immer wieder abgewürgt, weil die Schraube unklar war. Irgendeine Leine mußte sich herumgewickelt haben, die beim Umschlagen aus dem Boot gerissen worden war. Die Rettungsmänner waren jetzt in höchster Bedrängnis, weil das Boot auf die Felsklippen von Godrevy Head geworfen zu werden drohte. Sie warfen beide Anker weg und steckten die Leinen so lang wie möglich aus. Dann versuchten sie, die Notbesegelung klarzumachen. Der Maschinist bemühte sich inzwischen noch immer, den Motor in Gang zu setzen. Aber beim Getriebe-Einkuppeln ging der jedesmal wieder »in die Knie«. Das Rettungsboot schleuderte wie irrsinnig in den Kreuzseen der St. Ives Bay herum. Schließlich schlug das Boot abermals quer. Es wurde von einem Brecher getroffen und kenterte erneut. Diesmal wurde der zweite Maschinist über Bord gerissen. Der andere aber blieb in dem kopfübergeworfenen Maschinenraum – er saß dort vorschriftsmäßig angeschnallt – sogar trocken.

Jetzt waren nur noch drei Rettungsmänner übrig. Bald traf ein weiterer, schwerer Brecher das Boot und brachte es ein drittes Mal zum Kentern! Als es sich auch danach wieder aufrichtete, befand sich der Maschinist Freemann ganz allein an Bord.

Drei Minuten später zerschellte das Boot, mit dem Heck voran, auf den Felsen von Godrevy Head. Es wurde auf eine Steinplatte geschleudert, auf der es momentelang liegenblieb. Während die See zurückbrandete, brachte es Freemann, der einzige Überlebende, fertig, aus dem Boot herauszukommen und strandwärts zu kriechen. Dabei wurde er wieder von der Brandung überschüttet, die ihn aber nicht mehr zurückreißen konnte. Verletzt und unter Nervenschock erreichte Freemann mit letzter Kraft ein Bauernhaus, wo er sofort ins Bett gesteckt und wenig später ärztlich betreut wurde. Die Bauersleute verständigten telefonisch die Rettungsstation, so daß der Totalverlust des Bootes in dem kleinen Ort furchtbare Gewißheit wurde. Und es war bittere Fügung des Schicksals, daß am gleichen Tage die ungarische Botschaft in London fünf der umgekommenen Rettungsmänner mit Medaillen und Geldprämien auszeichnen wollte. Sie hatten genau ein Jahr zuvor unter sehr schwierigen Umständen die gesamte Besatzung des ungarischen Schiffes ALBA gerettet. Bei diesem Einsatz ging auch das Motorrettungsboot von St. Ives verloren, aber alle Schiffbrüchigen sowie die gesamte Rettungsboot-Besatzung konnten sicher an Land gebracht werden.

Die beiden tragischen Verluste des Januar und April 1939 bestärkten die Deutsche Gesellschaft zur Rettung Schiffbrüchiger in ihrer Auffassung, daß die bereits von Wouldhave konzipierte Idee des »self-righters« eine zweischneidige Sache sei. Man vertrat in Bremen die Meinung, daß einer breiten und nahezu unkenterbaren Bauweise mit der größten »Formstabilität« der Vorzug gegenuber dem Selbstaufrichtungsvermögen nach etwaigem Kentern zu geben sei. Immerhin muß ein »self-righter« eine große »Gewichtsstabilität« besitzen, die sich nur durch Einbau eines schweren Kielballastes oder durch Ballasttanks erzeugen läßt. Das aber bedeutet, daß das Selbstaufrichtungsvermögen des Rettungsbootes auf Kosten der Formstabilität und der Kentersicherheit erkauft werden muß. Dieser gravierende Nachteil kann bei einem Motorrettungsboot nicht mehr durch Handhabung der Riemen ausgeglichen werden. Bei den Ruderrettungsbooten konnten die Ruderer in kritischen Fällen das Boot dadurch abstützen, daß sie die Blätter der Riemen platt auf die Wasserfläche warfen.

Die holländischen Rettungsgesellschaften bauen ihre Motorrettungsboote auffallend schlank. Sie halten ebenfalls an den »self-righters« fest. Das Wiederaufrichtungsvermögen aller neu in Dienst gestellten Boote wird nicht nur in Modellversuchen erhärtet, sondern auch in der Praxis getestet. Mit Hilfe von Kränen werden die Boote im Hafen künstlich gekentert. Sie müssen ihre Stehaufmännchen-Eigenschaft beweisen und vor den Augen des Publikums wieder in die ursprüngliche Schwimmlage zurückrollen! Wie allerdings einer Besatzung zumute ist, die ein solches Wiederaufrichten draußen auf See miterlebt, weiß man spätestens seit dem 29. Janaur 1938. Damals wurde das Motorrettungsboot INSULINDE der N.Z.H.R.M. – es gehörte zur holländischen Rettungsstation Oostmahorn – bei einem nächtlichen Einsatz unweit vom Feuerschiff BORKUMRIFF auf 20 Meter Wassertiefe unvermutet durch eine ganz hohe Grundsee getroffen. Das Boot wollte dem in Seenot geratenen norwegischen Motorschiff CARMELFJELL Beistand leisten – was sich nachher als unnötig erwies. Im Bericht des Stationsleiters heißt es schlicht:

»Es ist schwierig, in wirklich treffenden Worten wiederzugeben, was Boot und Besatzung während dieser Fahrt durchgestanden haben. Von der Engelsmanplaat an bis nach draußen, außerhalb der Gründe, war die See *eine* weißkochende und wild durcheinanderbrausende Wassermasse. So weit das Auge reichte, sah man nur Schaum. Je weiter man fuhr, desto schwerer wurden die Brecher.

Kaum lag die INSULINDE heimkehrend auf ihrem südlichen Kurs, als eine enorme Grundsee unerwartet aus der Tiefe emporschoß. Mit Donnergetöse brach sie auf das Motorrettungsboot herab und schien alles zu verschlingen. Die INSULINDE schlug mit der Backbordseite platt auf die See. Die beiden Matrosen, die an Deck hinter dem Schutzschirm standen, sahen keine Chance, sich irgendwo festzuhalten und stürzten auf die Leeseite hinab. Dort endlich konnten sie sich noch irgendwie festklammern. Alles verschwand unter Wasser. Vormann Klaas Steegstra und Steuermann Klaas Toxopeus, die sich im Funkraum befanden, wurden ebenfalls mit aller Wucht leewärts in die Ecke geschleudert und stießen mit ihren Schädeln höchst unsanft gegen die Wand. Von der INSULINDE, die nach Schätzungen wenigstens 70 Grad

146

Schlagseite(!) hatte, war kaum noch etwas über Wasser. Auch die Backbordlaterne und das Backbordauspuffrohr verschwanden in der See und wurden erst wieder sichtbar, nachdem die schwere Grundsee unter dem Boot durchgerollt war. Die INSULINDE kam tatsächlich ›wieder zu sich‹. Sie befand sich jetzt jedoch erst recht in einer gefährlichen Lage. Ein Schiff mit geringerer Stabilität wäre mit Sicherheit ganz umgeschlagen worden.

Wegen des starken Seegangs wurde die INSULINDE nach dem Zwischenfall etwas mehr nach Osten ›versegelt‹, damit erst einmal Wetterbesserung abgewartet werden konnte. Als dann das Feuer von Schiermonnikoog zwischen den Schauerböen in Sicht kam, befanden sich die Rettungsmänner auf der Höhe der Nordostgründe. Toxopeus entschloß sich, direkt über die Gründe nach Hause zu fahren. Nachdem er einzelne schwere Grundbrecher passiert hatte, brachte er das Boot eilig auf die Innenkante der Gründe, die er wie seine Westentasche kannte. In Oostmahorn wurde ein Seufzen der Erleichterung hörbar, als der Radiotelefoniesender der INSULINDE die glückliche Heimkehr ankündigen konnte.«

Bei demselben Unwetter hatte das ebenfalls in Holland legendär gewordene Motorrettungsboot DORUS RIJKERS unfreiwillig Gelegenheit bekommen, die auf einen Schleppsack einwirkenden Kräfte kennenzulernen. Das 50 Tonnen schwere Motorrettungsboot wurde durch eine Grundsee mitgeschleift. Bei Höchststärke des Sturmes lief das Boot ins Molengat ein und setzte kurz vor der Untiefe den Schleppsack über Bord. Zugleich wurde der Hahn für Wellenberuhigungsöl aufgedreht. Diese Maßnahme wurde, wie sich zeigte, gerade noch rechtzeitig ergriffen. Genau auf Höhe der Untiefentonne Molengat kam achtern eine riesige See angerollt, die alle anderen weit überragte. Sie krachte auf das Deck und nahm blitzschnell das Rettungsboot mit. Augenblicke lang stand jeder im Ruderstand bis zur Brust im Wasser, doch dank Schleppsack blieb das Boot steuerfähig. Es wirkte eine unvorstellbare Kraft auf den Schleppsack, der einmal sogar aus dem Wasser sprang. Als er danach das volle Gewicht des Rettungsbootes ruckartig wieder aufzunehmen hatte, war es zuviel: Das dicke Segeltuch zerfetzte explosionsartig. Zum Glück war in diesem Augenblick der Brandungsgürtel schon durchquert.

## Vom Einsatz nicht zurückgekehrt

Am 9. und 10. November 1940 haben Vormann Hans Lüken und seine Besatzung mit dem Motorrettungsboot HINDENBURG der Rettungsstation Borkum auf zwei schweren Einsatzfahrten die Besatzung des vor der Osterems gestrandeten finnischen Dampfers MINERVA der See entrissen. Der gestrandete Dampfer lag mit 45 Grad Schlagseite nach Steuerbord auf der Brauer-Platen und arbeite schwer in den Grundseen. Die Besatzung war fieberhaft damit beschäftigt, die aus Grubenholz bestehende Deckslast über Bord zu werfen. Das Schiff war leck und drohte zu kentern. Dem Borkumer Motorrettungsboot war nur möglich, von der Luvseite her am Wrack anzulegen. Die Rettungsmänner stellten unter schwierigsten Umständen eine Leinenverbindung her, scherten längsseits und nahmen unter geschickter Ausnutzung der schweren Seen elf Männer und zwei Frauen über. Bei dieser Bergungsaktion wurde das Rettungsboot aber so stark beschädigt, daß es sich zunächst von dem Dampfer freimachen mußte. Dieser aber rollte jetzt – mit der einsetzenden Flut – so stark, daß die Deckslast in Bewegung geriet und über Bord rutschte. Die Schlagseite wurde immer größer. Das Rettungsboot kehrte nach Anlandung der dreizehn übernommenen Schiffbrüchigen und nach einer Notreparatur im Hafen von Borkum bei Südweststurm, grober See und Regen zu dem wrackgeschlagenen Dampfer zurück. Diesmal mußte an seinem Heck angelegt werden. Das Rettungsboot arbeitete bei dem steilen Seegang außerordentlich schwer. Mittels einer starken Trosse ließen die Rettungsmänner ihr Boot in die gefährliche Nähe des Wracks kommen, während der Vormann es mit Maschinenmanövern in der Gewalt behielt. Dennoch wurde das Motorrettungsboot mehrmals hart gegen die Bordwand des Wracks geschlagen, wobei es neue Beschädigungen erlitt. Es gelang aber, die noch an Bord befindlichen acht Finnen unverletzt zu übernehmen. Als letzter verließ der Kapitän sein Schiff. Dann wurde die Trosse gekappt. Mit voller Kraft »strampelte« sich das Rettungsboot frei. Noch einmal umfuhr es das todgeweihte Schiff, um dann Kurs durch das Riffgat auf Borkum zu nehmen. Diese geglückte Rettungsaktion war die letzte des Motorrettungsbootes HINDENBURG. Von einem neuen, sehr schweren Einsatz kehrte das Boot wenig später nicht mehr zurück.

Am 28. November desselben Jahres war der Frachtdampfer ERIKA FRITZEN aus Emden bei schwerem Sturm mit Ruderschaden in Seenot und forderte Beistand an. Sofort lief das Borkumer Motorrettungsboot – wiederum unter Führung von Vormann Lüken – und mit den freiwilligen Rettungsmännern Glockmann, Meyenburg, Ohlsen, Nolting und Eltze zur Hilfeleistung aus. Trotz Kriegsverdunklung, ohne Leuchtfeuer und Seezeichen, fand das Boot seinen Weg durch die schweren Seen zum Havaristen. Dessen Mannschaft war es inzwischen gelungen, die Havarie mit Bordmitteln wieder zu beheben, so daß die Hilfe des Rettungsbootes nicht mehr nötig war. Die Rettungsmänner hatten wieder einmal eine vergebliche Einsatzfahrt angetreten. Sie nahmen in der Finsternis wieder Kurs Borkum. Dort aber sind sie niemals angekommen. Nur den freiwilligen Rettungsmann Willi Glockmann gab die See nach neun Tagen wieder her. Er wurde als letzter stummer Zeuge einer Tragödie unter großer Anteilnahme der gesamten Inselbevölkerung beigesetzt. Über das Schicksal des Motorrettungsbootes weiß man bis heute nichts. Man hat keinerlei Anhaltspunkte für die Aufhellung des Unglücks.

So wie die HINDENBURG blieben auch die deutschen Motorrettungsboote HAMBURG und GREETSIEL auf See. Im Falle der HAMBURG glaubt man allerdings, daß sie mit hoher Wahrscheinlichkeit im Jahre 1947 noch das späte Opfer einer Treibmine wurde. Bis zur Drucklegung dieses Buches haben 42 deutsche Rettungsmänner auf Einsatzfahrten den Seemannstod gefunden. Ähnlich lang sind die Verlustlisten aller anderen Rettungsgesellschaften. Das Abenteuer der Seenotrettung wird leider auch weiterhin Opfer fordern. Oft genug sind die Mittel der modernen Technik gegenüber den Elementargewalten der See machtlos.


## Unter der Flagge von Genf

Das Borkumer Motorrettungsboot unter Vormann Lüken wurde Opfer der See in einer Zeit, die den Rettungsmännern im europäischen Kriegsgebiet fast Unmögliches abverlangte. In den Jahren 1939–1945 mußten zwischen Grundseen und Treibminen, bei gelöschten Leuchtfeuern und fehlenden Orientierungstonnen, bei ständiger Gefahr irrtümlicher Beschießungen und Bombardierungen – auch von der eigenen Seite – Einsätze in bis dahin nie dagewesener Zahl gefahren werden. Die Boote fuhren vollständig abgedunkelt, sie durften ihre Scheinwerfer allenfalls kurz im Augenblick der Rettung verwenden, und sie mußten weitgehend Funkstille wahren.

Die 145 Motorrettungsboote, 15 Ruder- und Segelrettungsboote sowie die 19 alten Reserve-MRBs, mit denen die Royal National Life Boat Institution bei Kriegsbeginn ausgerüstet war, haben allein in der kurzen Zeit November 1939 – Februar 1940 bei 520 Einsätzen 1552 Menschenleben gerettet und unzählige andere Hilfeleistungen vollbracht. In dieser Zeit hatten deutsche U-Boote, Minenleger und Flugzeuge den Seekrieg unmittelbar vor die britische Küste getragen. Ihnen fielen dort 135 britische, 143 neutrale Handelsschiffe und 38 Marineschiffe zum Opfer.

Der Seenotrettungsdienst hatte solchen Vorrang, daß im Falle einer deutschen Invasion die Rettungsmänner auf ihrem Posten bleiben sollten, während die Evakuierung der gesamten Zivilbevölkerung bestimmter Küstenstädte Südenglands vorgesehen war. Die Zahlen sind aufschlußreich: Im Ersten Weltkrieg hat die R.N.L.I. 4131, im Zweiten Weltkrieg insgesamt 6376 Menschen gerettet.

Als im Sommer 1940 die Luftschlacht um England begann, wurden die Motorrettungsboote für die Rettung abgestürzter Piloten – Freund und Feind wurden unterschiedslos behandelt – immer wichtiger.

Nach dem Sommer 1940 wurden steilere und damit schneller lanzierende, d. h. zu Wasser bringende Ablaufbahnen für die an Ort und Stelle zu »slippenden« Strandmotorrettungsboote eingerichtet. Vor allem das Gebiet der Themsemündung und die Küsten von Kent und Sussex wurden Schauplatz erbitterter Luftkämpfe und tragischer Flugzeugabstürze. Später sicherten die britischen Rettungsboote die Heimkehr angeschlagener alliierter Bomber auf die britischen Inseln. Mancher von ihnen erreichte die Küste nicht mehr, wenn er nach Flak- oder Jäger-Treffern von einem Einsatz gegen das Festland »zurückhumpelte«. Die Rettungsboote von England und Nordirland haben bis Kriegsende rund 30 Prozent aller Einsätze für Flugzeugbesatzungen gefahren.

Ganz ähnlich sahen die Kriegseinsätze der Deutschen Gesellschaft zur Rettung Schiffbrüchiger 1939 bis 1945 aus. Ihre Boote und Raketenapparate retteten 1626 Menschen. Immer mehr wurde für die deutschen Rettungsboote die Suche und das Retten von Flugzeugbesatzungen zu einer Hauptaufgabe. Da diese Aktionen sehr schnell vor sich gehen mußten, wurden 20 große Motorrettungsboote zwecks Meidung unnötiger Anfahrtwege aus den Häfen weg auf weit in See vorgeschobene wichtige Vorposten verlegt und dort in ständiger Bereitschaft gehalten. Sie konnten auf Anhieb in den für sie zuständigen Planquadraten Hilfe leisten. So entstanden die sogenannten See-Positionen »P I«. Die Boote wurden dort an ständig verankerten »Moorings« vertäut und brauchten bei Alarm nur loszuwerfen. Heute ist das Liegen auf Seeposition zum Ersparen langer Anfahrtwege bei den Wilhelmshavener Seenotkreuzern noch immer üblich. Sie haben bei der Mellumplate und im Fedderwarder Priel ihre »Moorings«.

Eine besondere Seekriegsklausel der Genfer Konvention schützt bei einem bewaffneten Konflikt unter der Flagge des Roten Kreuzes auch Schiffe von Privatorganisationen, die Verwundeten, Kranken und Schiffbrüchigen Hilfe leisten. In den Tagen der Apokalypse bildeten die Rettungsmänner über alle Grenzen hinweg eine Internationale der Anständigkeit. Ihre selbstlose Hilfe für Freund und Feind ist die helle Seite einer Menschheitskatastrophe gewesen. Und mit den zivilen Rettungsgesellschaften haben die Seenotdienste der britischen, amerikanischen und deutschen Luftwaffe eng zusammengearbeitet. Sie standen in der Anfangszeit ebenfalls unter dem Schutz der Genfer Konvention. Die Seenotflugzeuge waren in der damaligen Zeit noch mit dem Roten Kreuz gekennzeichnet.

In Deutschland trat unmittelbar nach Kriegsausbruch die DGzRS mit dem Oberkommando der Kriegsmarine in Verhandlungen, die eine Weiterführung des Rettungsdienstes sicherten und einen Sondereinsatz der größeren Boote unter dem Schutz der Genfer Konvention vorsahen.

Über die Schweizer Regierung war jedes dieser Boote an die damaligen Feindmächte gemeldet. Sie haben mit weithin sichtbar aufgemaltem Roten Kreuz ihre stille Arbeit im Dienste der Menschlichkeit vollbracht. Nur ein paar knappe telegrafische Meldungen einzelner Rettungsaktionen an die Geschäftsstelle der DGzRS, die gegen Ende des Krieges durch Bombenvolltreffer zerstört wurde, deuten ihre Einsätze an. Es sind Depeschen wie diese, die gerade durch ihre lakonische Kürze ganz besonders eindrucksvoll sind:

11. 12. 1943 – Das MRB HAMBURG der Station Langeoog rettet vier amerikanische Flieger aus der Nordsee.

20. 12. 1943 – Das MRB HAMBURG vollbringt abermals die Rettung einer amerikanischen Flugzeugbesatzung.

20. 12. 1943 – Das MRB HAMBURG läuft zur Bergung eines beschädigt notgewasserten deutschen Seenotflugzeugs vom Typ Do 24 abemals aus. Es gelingt dem MRB, das dreimotorige Flugboot mit sechs Mann Besatzung und zwei geretteten Amerikanern an Bord einzuschleppen. Die Maschine war bei einem Rettungseinsatz verunglückt.

Es sind nicht alle Depeschen erhalten. Was aber noch im kriegsbedingt lückenhaften Eingangsbuch erhalten ist, ist durchweg von derselben lakonischen Kürze:

22. 7. 1944 – Das MRB HAMBURG rettet von drei schwerbeschädigten Vorpostenbooten eines angegriffenen Geleitzuges 25 Männer.

22. 7. 1944 – Das MRB KONSUL JOHN rettet sechs deutsche und einen vorher geretteten britischen Flieger von einer havarierten Do 24 aus Seenot.

21. 11. 1944 – MRB GEHEIMRAT GERLACH von der Station Dorumertief rettet zwölf auf Flößen oder im Wasser treibende Schiffbrüchige.

# Ein Schritt nach vorn

Das MRB HAMBURG, das am 20. November 1947 von einer Einsatzfahrt nicht zurückgekehrt ist, gehörte zu einer ganzen Reihe von Motorrettungsbooten, die während des Krieges serienmäßig gebaut werden konnten. Ungeachtet der Materialengpässe wurde der Bootspark der DGzRS beträchtlich verstärkt. 1942 wurden sieben Dreizehnmeter-Boote, 1943/44 vier Vierzehnmeter-Boote, 1944 außerdem zwei 17,5-Meter-Doppelschraubenboote gebaut.

Während noch die Dreizehnmeter-Boote alle einen Mast mit »Krähennest« oder Ausguckkorb trugen und außerdem eine Stützbesegelung, erhielten alle deutschen Neubauten vom 14-Meter-Typ an einen Turmaufbau, bei dem wahlweise entweder im unteren, geschützten oder aber im oberen, offenen Steuerstand Ruderführung und Maschinensteuerung betätigt werden konnten. Dieses Prinzip hat sich seitdem bei allen Neubauten deutscher Motorrettungsboote und Seenotkreuzer erhalten.

Der zunächst von manchem Vormann mit Skepsis betrachtete Turm erwies sich bald wegen seiner guten Ausguckmöglichkeit und größeren Gischtfreiheit als vorteilhaft, man behielt ihn bei, bezog ihn aber weitgehend in die übrigen Aufbauten ein. Er bestimmt das »Gesicht« des neuzeitlichen deutschen MRB. Es entstand unter den bitteren Notwendigkeiten des Krieges.

Die unausgesetzte Bereitschaft der großen Motorrettungsboote auf den Seepositionen sowie die Vielzahl von Einsätzen machte es in den letzten Kriegsjahren notwendig, daß diese Boote mit zwei Besatzungen ausgestattet wurden, die sich im Zweiwachensystem ablösten. Es war nicht mehr möglich, diese Fahrzeuge mit nebenamtlichen Freiwilligen zu bemannen. So entstand schon im Kriege der Typ des hauptamtlichen Rettungsmannes als maritimes Gegenstück zum Berufsfeuerwehrmann. In Deutschland sind heute alle

Seenotkreuzer und Seenotrettungsboote mit fest angestellten Rettungsmännern bemannt, weil die hohen Einsatzziffern einfach dazu zwingen. Die kleine Kopfzahl kann aber im Bedarfsfall durch die Anbordnahme freiwilliger Rettungsmänner ergänzt werden. Die Seenotrettungsboote werden allerdings noch immer ausschließlich oder weitgehend von Freiwilligen besetzt.

Die weißen Boote mit dem roten Kreuz standen im Krieg jenseits der kriegführenden Parteien und damit jenseits aller Politik. Sie waren auch für Okkupanten tabu, in Übereinstimmung mit der Genfer Konvention. So arbeiteten auch die Rettungsgesellschaften von Frankreich, Belgien, Holland, Dänemark und Norwegen nach der Besetzung dieser Länder durch die Deutschen unter eigener Regie weiter.

Die holländischen Gesellschaften fuhren trotz der allgemein erschwerten Verhältnisse über 600 Rettungseinsätze ohne eigenen Verlust. Wie alle Rettungsboote im Kriegsgebiet operierten auch die holländischen zum Schutz gegen elektromagnetische Grundminen mit einer elektrischen Mineneigenschutz-Anlage (MES). Ein Gausskabel und ein Benzinaggregat sorgten für ein elektrisches Feld im Bereich des Bootes, das ein Zünden der Minen durch das Magnetfeld des Bootsrumpfes oder der Maschinen-Stahlteile verhinderte. Gegen akustische Grundminen schützte man sich mit Geräuschbojen. Die Gefahr durch Ankertauminen und Treibminen blieb jedoch unvermindert bestehen.

Obwohl es noch keine Radargeräte und keine Decca-Funkpeilungen gab und die Orientierung bei Kriegsverdunkelung, Schneesturm und Hagelböen allergrößte Schwierigkeiten bot, wurden großartige Rettungen vollbracht, die als Meisterstücke der Seemannschaft gelten dürfen. Nicht weniger als 1100 Schiffbrüchige und Flieger wurden sicher an die Küste gebracht, darunter viele Holländer von gestrandeten Fischer- und Küstenfahrzeugen. Auch im Krieg stand die Station Den Helder mit 343 Geretteten an der Spitze.

## »Ich konnte ihn doch nicht versaufen lassen ...«

Während des Krieges ereignete sich bei der britischen Rettungsgesellschaft ein Fall, der mit dem Kriege selbst nichts zu tun hat. Er ist aber bezeichnend und aufschlußreich.

In einer stürmischen Februarnacht waren Vormann Patton und seine Rettungsmänner von der Station Runswick mit dem Rettungsboot ALWAYS READY ausgelaufen, um dem sinkenden Bergungsdampfer DISPERSER beizustehen. Es war ein hartes Stück Arbeit, bei dem herrschenden Wetter an das Schiff heranzukommen. Unter großen Mühen konnten sieben von den acht Mann Besatzung abgeborgen werden. Der achte Mann aber konnte sich nicht selbst helfen, er war teilweise gelähmt. Die Rettungsmänner merkten es erst, als der an Deck liegende Mann auf die dringende Aufforderung zum Absprung nicht reagierte. Es war überhaupt keine Zeit mehr zu verlieren, denn die DISPERSER ging merklich auf Tiefe.

Das Rettungsboot konnte sich keinen Augenblick länger bei dem sinkenden Schiff aufhalten, es mußte sofort etwas geschehen. »Nun spring doch endlich!« brüllten die Rettungsmänner dem Mann an Deck der DISPERSER zu. Der aber konnte sich nur zur Reling schleppen. Er zog sich mühsam darüber und klammerte sich dann außen an ihr fest.

Verzweifelt schrie Vormann Patton nochmals, er solle doch um Gottes willen endlich springen. Aber der Mann hatte die Nerven dazu nicht. Wie angefroren blieb er an der Reling kleben.

In diesem Augenblick schoß eine schwallende See heran und begann, das Motorrettungsboot von der Bordwand wegzureißen. Patton befand sich in einer Zwickmühle. Natürlich konnte er den Mann einfach hängen lassen. Es war aber klar, daß der mit seinen lahmen Beinen dann ertrinken würde. Der Mann hatte keine Schwimmweste um. Würde der Vormann aber hinüberspringen, um den Schiffbrüchigen über Wasser zu halten, konnte die Sache böse ausgehen. Was dann, wenn der Mann sich wie von Sinnen an dem untergehenden Schiff oder an seinem Retter festklammerte und diesen mit hinabzog?

Patton hatte für solche Überlegungen nur Bruchteile von Sekunden Zeit, dann handelte er. Er ließ sich zur Reling der DISPERSER hinüberfallen, während das Rettungsboot mit Gewalt weggerissen wurde. Der Vormann hing nun, von Brechern überschüttet, unter der Reling und umklammerte den Schiffbrüchigen, der sich noch immer in Todesangst an dem sinkenden Dampfer festkrallte. In diesem Augenblick wurde die See heimtückischer denn je. Sie erfaßte das Rettungsboot, hob es mit Urkräften an und schleuderte es auf den Dampfer zurück! Die Welle feuerte es – so wie man einen Gummiball gegen die Wand wirft – mit aller Gewalt gegen den armen Vormann, der das ganze Gewicht des Rettungsbootes samt seiner beschleunigten Wucht gegen die Schwimmweste bekam. Die anderen Rettungsmänner sprangen sofort hinzu, um ihren Vormann zwischen Schiff und Rettungsboot herauszuziehen. Das dauert bei der vorspringenden Bordwand eines Rettungsbootes einige Zeit. Und in dieser Zeit wurde der bedauernswerte Mann noch zweimal zwischen den beiden Fahrzeugen eingeklemmt. Dann aber hatte man ihn endlich an Deck holen und vorsichtig flachlegen können.

Eine oder zwei Minuten später sank der Dampfer. Das Rettungsboot fuhr wieder heimwärts. Als es viertel nach sechs Runswick wieder erreicht hatte, wurde der Vormann sofort in ein Unfallkrankenhaus gefahren. Die Diagnose lautete: neben zahlreichen inneren Verletzungen mehrere Rippenbrüche, eine Lendenwirbelfraktur und einen dreifachen Beckenbruch.

Nach zwei Tagen kam Vormann Patton wieder zu Bewußtsein. Er konnte mit einem Inspektor der Rettungsgesellschaft sprechen. Und dabei stellte sich heraus, daß Patton von vornherein gewußt hatte, welches Risiko er mit seinem schnellen Entschluß auf sich nahm. Aber der Schiffbrüchige hatte gelähmte Beine und war ohne Schwimmweste.

»Ich konnte den armen Kerl doch nicht versaufen lassen!« sagte Patton ganz schlicht.

Eine Woche später starb Vormann Patton an den schweren inneren Verletzungen, die er sich bei seiner Rettungstat zugezogen hatte. Posthum wurde er mit der Goldmedaille der R.N.L.I. ausgezeichnet. Und damit sein Name immer in Erinnerung bleibt, trägt das Motorrettungsboot der Station Runswick seitdem den Namen ROBERT PATTON – THE ALWAYS READY – nach dem Vormann, der immer bereit gewesen ist.

Immer bereit – das ist die Devise aller Rettungsmänner der Welt …

Das damalige Geschehen liegt nun schon weit zurück. Geblieben aber ist die Arbeit der bereits 1824 gegründeten Royal National Life Boat Institution, die in Poole – westlich der Isle of Wight – ihr »Headquarter« hat und auch von freiwilligen Spenden unterhalten wird. Sie ist im ganzen Land populär. Auf ihren 130 Rettungsstationen der Britischen Inseln und beider Teile Irlands unterhält sie vom halbstarren Schlauchboot bis zum Groß-Motorrettungsboot des 70-Fuß-Typs 258 aktive und 78 Einheiten der Reserve. Dieses weitestverzweigte aller privaten Rettungssysteme hat von 1824 bis 1992 die Erfolgsziffer von 169000 Menschenrettungen ausweisen können. Das spricht natürlich Bände. Und wenn etwas jenen Geist zum Ausdruck bringt, der wohl die Rettungsmänner aller Nationen beseelt, dann war es die besagte Tat des britischen Vormannes Robert Patton von der Rettungsstation Runswick.

Wenn man eine solche Handlungsweise überdenkt, dann ist der darin zum Ausdruck kommende schlichte Heroismus, die bis zum Äußersten praktizierte Menschlichkeit, bewegend. Und da sieht man viele Vormänner, die man im Laufe der Zeit kennenlernen durfte, im Geiste wieder vor sich. Unvergeßliche, kantige und willensstarke Persönlichkeiten – Bilderbuchgestalten wie Johann Friedrich Raß von der Station Norderney, Rickmer Bock und Paul Denker, Station Helgoland, Peter Hartmann, Station Cuxhaven, Johann III. Eberhardt, Station Laboe. Das sind nur ein paar Namen in der langen Reihe der »Oldtimer«, die schon Geschichte sind. Nichts ist bezeichnender als jene Reaktion auf die Frage eines jungen Reporters an Peter Hartmann: »Herr Vormann, was denken Sie eigentlich, wenn Sie und Ihre Männer bei vollem Orkan hinausfahren müssen zum Einsatz?«

Peter Hartmann faßte den jungen Journalisten scharf ins Auge und nahm einen tiefen Zug aus seiner Tabakspfeife. Dann nahm er die »Piep« aus dem Mund und sagte ebenso langsam wie betont: »Das will ich Ihnen sagen, bester Mann – wenn wir in solcher Lage *denken* würden, dann blieben wir wohl doch besser zu Hause.«

## Vormann Stephan Jantzen

Es bedeutet keine Hervorhebung eines einzelnen Vormannes auf Kosten der anderen, wenn man nach solcher Aussage doch noch einmal auf Stephan Jantzen, den Lotsenkommandeur und Rettungsboot-Vormann der Station Warnemünde zurückkommt. Es war bereits gesagt worden, daß er auf dieser Station 80 Menschenleben gerettet hat – und zwar noch ausschließlich mit Ruderrettungsbooten des jeweils neuesten Typs. Unter anderem wurde er auch mit der dänischen Goldmedaille »Für edle Taten« ausgezeichnet. Der Anlaß dazu verdient eine Schilderung, wie sie der langjährige Direktor des Rostocker Schiffahrtsmuseums, Dr. Johannes Lachs, und der Kapitän sowie Diplom-Jurist Theodor Zollmann, der mehrere Jahre für die Belange des Seenotrettungswesens in der DDR zuständig war, kurz vor der Wende in ihrem

Buch »Gegen Sturm und Brandung« authentisch geschildert haben:

»An einem stockdunklen Dezemberabend des Jahres 1873 war der dänische Küstensegler ANNE CATHARINA bei Heiligendamm* gestrandet. Bei schwerem Sturm brachten Jantzen und seine Rettungsmänner die Plackerei fertig, das auf ein Pferdefuhrwerk verladene Boot sowie den Raketenwagen über die damals noch unbefestigten Wege (von Warnemünde aus) zu dem entfernten Einsatzpunkt zu badalgen. Dabei mußte ein alarmierter Maurer mitten in der Nacht das Stadttor von Bad Doberan durch Aufschlagen der Öffnung verbreitern, damit die klobige Fuhre überhaupt ans Ziel gelangen konnte.

An der Strandungsstelle fanden die Rettungsmänner zwei dauernd von Sturzseen überspülte Menschen vor, die sich an der Mastspitze ihres zerborstenen und gesunkenen Schiffes festgebunden hatten. Der Sturm nahm an Heftigkeit noch immer weiter zu. Aber es war wie verhext. Alle Versuche mißlangen, durch den Abschuß von Raketen eine Leinenverbindung herzustellen. Schließlich wagte man viermal den Versuch, das schwere Ruderrettungsboot in die mörderische Brandung zu bringen, was aber diesmal fehlschlug. Die See war stärker.

Der ganze Tag ging unter unglaublichen Strapazen hin. Als nun erneut die Dämmerung hereinbrach, setzte Jantzen alles auf eine Karte. In höchster eigener Lebensgefahr mußte der Bootseinsatz ein fünftes Mal versucht werden. Aber gleich nach dem Anrudern wurden Ruderblatt samt Pinne durch Grundberührung mit solcher Wucht nach oben gestoßen, daß Jantzen eine schwere Kopfverletzung davontrug. Für einen Augenblick betäubt, seiner Sinne nicht mehr mächtig,

---

* Seinerzeit hatte Heiligendamm noch keine eigene Rettungsstation. Sie wurde erst 1899 eingerichtet – als Doppelstation mit Raketenapparat sowie Transportwagen und dem Ruderrettungsboot HERZOG FRIEDRICH WILHELM.

gelang es ihm schließlich doch, das Boot durch die Brandung zu pressen, mit äußerster Willenskraft geschickt das Wrack zu erreichen und den einen der beiden Schiffbrüchigen ohne weiteren Unfall ins Boot zu bringen. Der andere stürzte kraftlos ins Wasser, konnte jedoch sofort wieder herausgezogen werden.

Auf der Rückfahrt schlug ein gewaltiger Brecher etwa 30 m vor dem Strand drei von den Rettungsmännern – allesamt Lotsen – aus dem Boot. Einen von ihnen ergriff Jantzen und hielt ihn eisern fest, wobei er sich auch noch eine schwere Verletzung der linken Hand zuzog. Die beiden anderen Bootsinsassen konnten von ihren Kameraden gerettet werden. Kaum waren sie wieder im Boot, als dieses im Wellental so heftig auf Grund geschmettert wurde, daß Jantzen um ein Haar hinausgeschleudert worden wäre.

Das beim Aufprall stark beschädigte Boot war ganz voll Wasser geschlagen und lag auf der Seite. Es besaß gerade noch soviel Schwimmfähigkeit, daß es von einigen Brechern auf Strand geworfen wurde.

Als Vormann Jantzen spätabends wieder in Warnemünde eintraf, war er dermaßen erschöpft, daß er aus dem Wagen gehoben werden mußte.«

Es sollte freilich nicht lange dauern, bis Stephan Jantzen mit seinen Rettungsmännern wieder in den Zeitungen stand. Bei einem plötzlich losgebrochenen Orkan hatte 1874 die Rostocker Bark EMMA auf der Reede von Warnemünde ihren Anker nicht mehr hieven können. Nach Bruch der Ankerkette jagten Sturm und Brandung das Schiff in dunkler Nacht mit furchtbarer Gewalt auf den Strand östlich der Warnow-Mündung zu. Kapitän Andreis brachte es zwar noch fertig, das Focksegel des Windjammers zu setzen und damit das Schiff vor Wind und Brandung zu bringen und nicht quer dazu. Das Schiff stieß nun über die äußeren Sandriffe hinweg und kam auf dem inneren Riff fest, von Brechern überschüttet.

Die Warnemünder Rettungsmänner hatten die Notsignale bemerkt. Mit einer großen Zahl von Helfern war es ihnen gelungen, das Rettungsboot und den Raketenwagen per Fähre vom Alten Strom über die Warnemündung auf die Ostseite zu bringen. Aber die Brandung war zu gefährlich, so daß man nur vom Bauhof aus in See gehen konnte.

Nun näherten sich Vormann Jantzen und seine Besatzung mit der westlichen Strömung, gegen die Brandung anrudernd, dem todgeweihten Schiff.

Immer wieder wurde das Rettungsboot vollgeschlagen. Die Kraft der Ruderer reichte einfach nicht aus, das Boot aus der Brandung zu bringen. Es wurde trotz unvorstellbarer Anstrengungen wieder auf den Strand geworfen.

Vormann Jantzen gab nicht auf. Er ließ eine Rakete abfeuern, die bei den Orkanböen jedoch ihr Ziel verfehlte. Die zweite Rakete aber traf das Schiff, so daß endlich eine Verbindung zu den Schiffbrüchigen hergestellt war. Nun wuchteten die Rettungsmänner unter Mithilfe vieler Warnemünder ihr zerzaustes Boot abermals zu Wasser und zogen es mit Hilfe des Jolltaues zum Wrack hinaus, was tatsächlich gelang.

Allzu nahe durfte man in der schweren See dem Wrack freilich nicht kommen. Aber die neun Mann der EMMA-Besatzung schafften es, sich vom Klüverbaum aus an einer Leine abzuseilen, so daß das hin und her tobende Rettungsboot sie im günstigsten Augenblick »abpflücken« konnte. Um Mitternacht wurden die Schiffbrüchigen glücklich gelandet – vier Stunden nach Eintritt des Seenotfalles.


## Zwischen Meer und Bodden

Gehen wir unsere gesamte Küste ab und befassen wir uns mit den Chroniken der Rettungsstationen, stoßen wir immer wieder auf schlichte Einsatzberichte, hinter denen sich oft Unvorstellbares verbirgt.

Betrachten wir nur ein weiteres Mal die Küste des ausgedehnten Landes Mecklenburg-Vorpommern. Im sogenannten Fischland, dem Bindeglied des Festlandes von Mecklenburg mit Vorpommerns Halbinseln Darß und Zingst, hat Wustrow eine besondere Seefahrer-Tradition. Der Ort hat Generationen hervorragender Seeleute hervorgebracht, auch erfreute sich die Seefahrtsschule Wustrow – nachher als Fachhochschule für Nautik und zentrale Ausbildungsstätte von Nautikern für die Handelsflotte der DDR – eines hervorragenden Rufes.

Das einstige Ruderrettungsboot der DGzRS-Station Wustrow war auf den Namen NAVIGATIONSSCHULDIREKTOR SCHÜTZ getauft worden. In den Annalen auch dieser Station ist manche Rettungstat verzeichnet, manchmal mit allzu knappen Worten wie bei der Schilderung des Einsatzes in der Nacht vom 25. zum 26. Dezember 1896, als der schwedische Dampfer THOR, auf Ballastreise von Gothenburg (Göteborg) nach Libau, vor Wustrow gestrandet war: »Sofort wurde die Rettungsmannschaft zusammengerufen und das neue Rettungsboot zu Wasser gelassen. Gegen vier Uhr morgens traf es bei dem Dampfer ein. Als der schließlich auf die Seite fiel und teilweise voll Wasser lief, nahm das Rettungsboot mit Einschluß von zwei Frauen die aus 12 Mann bestehende Besatzung auf und brachte sie in Sicherheit.«

Mit keinem Wort wird erwähnt, daß dieser wenig weihnachtlich-friedliche Einsatz mit stark vereistem Boot von einer völlig durchnäßten und nachher gefährlich unterkühlten Besatzung mit fast erfrorenen Händen an den Bootsriemen gemeistert werden mußte. Und es war wiederum Dezember mit abermals scheußlicher Wetterlage, als acht Jahre später die Rettung aller zehn Besatzungsmitglieder des schwedischen Dampfers OSBERG gelang.

Vier Jahre später vollbrachten die Wustrower die Rettung der vierköpfigen Besatzung des gescheiterten Schoners

STURMVOGEL. Ebenfalls glückten die Rettung der kompletten Besatzungen eines russischen, eines dänischen, eines weiteren deutschen sowie eines schwedischen Schoners.

Den Männern auf den benachbarten, zusammenhängenden Halbinseln Darß und Zingst liegt die Seefahrt ebenso im Blut. Wer die 1726–1728 erbaute Seefahrerkirche von Prerow oder das »Zingster Heimathaus« besucht und die Grabsteine sowie Kirchenbücher beider Halbinseln studiert, sieht die Entwicklung der dortigen Bauernschiffahrt zur Küstenschiffahrt und sogar weltweiten Seefahrt bestätigt.

1868 wurde Prerow Rettungsstation der DGzRS, deren Chronik – als die einer ebenfalls allein mit Freiwilligen Rettungsmännern besetzten Station – sich sogar ganz besonders sehen lassen kann. Ihr damaliges eisernes Ruderrettungsboot GRAF BEHR-NEGENDANK hat die Besatzungen von 34 Schiffen (!) gerettet – es waren Briggs, Tjalken, Kuffen, Galioten, Barken und Schoner aus Deutschland, Schweden, Holland, Rußland, Dänemark sowie die deutschen Dampfer FRANCISCO, HELENE und OTTO IPPEN IX.

Vormann Johann Niemann, der von 1913 bis 1948 Vormann der Station Prerow war, erhielt 1937 die Prinz-Heinrich-Medaille. Ein Jahr später wurde sein neues Strandmotorrettungsboot LOTSENKOMMANDEUR LEPPERT in Dienst gestellt.

Es wurde bereits berichtet, daß die Stationen Wangerooge, Prerow und Ording die ersten waren, die kurz vor dem Krieg mit Raupenschleppern ausgerüstet wurden, die eine schnelle Verfuhr der dort auf ihren Ablaufwagen alarmbereit stehenden Strandmotorrettungsboote durch das schwierige Dünen- und Sandgelände oder durchs Watt möglich machten.

Klugerweise hatte die Rettungsstation Prerow unter Mithilfe der DGzRS schon 1910 einen Weg über den toten Prerowstrom zum Nordstrand angelegt. So konnte auch das Strandmotorrettungsboot LOTSENKOMMANDEUR LEP-

PERT je nach Notfall auf der offenen See oder auf der Rückseite der Halbinsel Darß, auf dem Prerowstrom und dem vorgelagerten Barther Bodden eingesetzt werden.

Heute sind die beiden festangestellten und die 15 freiwilligen Rettungsmänner dieser Station für die vorgeschobene Station Darßer Ort zuständig, deren Vormann Hellmuth Kleist die Tücken der See an diesem gefährlichen Kap aus erster Hand kennt. Schon von 1948 bis 1991 hat er mit seinen Männern über 200 Menschen aus Seenot gerettet oder aus Gefahr befreit. Dabei war damals die Küste für Wassersportler gesperrt!

Bis zum August 1992 war die Station mit dem 10 Knoten laufenden, 17 Meter langen Motorrettungsboot DARSSER ORT besetzt, das mittlerweile durch den Seenotkreuzer G. KUCHENBECKER ersetzt werden konnte. Dieser Kreuzer wurde auf seiner vorherigen Station Saßnitz entbehrlich, seitdem dort der neue 27-Meter-Seenotkreuzer ARKONA in Dienst genommen werden konnte. Gleichzeitig erhielt Prerow einen vierradgetriebenen Geländewagen als »mobile SAR-Station«, so daß die Rettungsmänner auch von Land aus Einsatzhilfe leisten können – in enger Zusammenarbeit mit dem Seenotkreuzer. Das perfekt ausgerüstete Fahrzeug hat von einer neuartigen Preßluft-Leinenschießanlage oder einer Berge- und Krankentrage mit Vakuummatratze bis zu motorisiertem Schlauchboot, Tauchpumpe, Kettensäge, Unfallkoffer usw. alles Benötigte an Bord. Auf diese Weise sind jederzeit auch auf der Boddenseite flexible Transporte zur Einsatzposition möglich.

Die Prerower Kombination von Seenotkreuzer und Landfahrzeug mit Schlauchboot wirft Licht auf die Problematik solcher Stationen, die als Einsatzrevier sowohl eine See- wie eine Halbinselrückseite, also ein Boddengewässer zu überwachen und zu betreuen haben. Beim Seenotrettungsdienst der DDR hatte man deshalb die Stationen Kühlungsborn, Wustrow, Zingst und Zinnowitz / Usedom mit den bereits erwähnten halbstarren Schlauchbooten RB 5000 (RHI = Rigid Hull Inflatable) ausgerüstet, die von einem geländegängigen LKW mit Anhänger zum Einsatzort gebracht wurden. Der LKW hatte Stromaggregat und Scheinwerfer für Nachteinsätze sowie Leinenwurfgerät an Bord.

Nach der Wiedervereinigung und Öffnung aller Gewässer Mecklenburg-Vorpommerns auch für den Wassersport zeichnete sich bald ab, daß auf solchen kombinierten See-Bodden-Stationen schnelle, neuartige Spezialboote benötigt wurden, die ganz aus Aluminium zu bauen und mit einem geschlossenen Aufbau zu versehen waren.

Intensive Beratungen mit den revierkundigen Rettungsmännern dieser Halbinsel-Stationen waren erforderlich, den bestgeeigneten Typ neuartiger Boote zu entwickeln, die mit Dieselmotor und Wasserstrahl-Düsenantrieb (Jet-Antrieb) auszurüsten waren.

Nach intensiven Konstruktionsarbeiten und Modellversuchen konnte eine Vierer-Serie von mobilen Sieben-Meter-Booten für die Stationen Kühlungsborn/Mecklenburg, Wustrow, Zingst und Zinnowitz gebaut und auf die Namen BUTT, BARSCH, ZANDER und HECHT getauft werden. Als starke Zugmaschine mit Allradantrieb dient jeweils ein »Unimog«, der mit Gerätetransport-Aufbau versehen ist und das Boot seiner Station auf einem ganz neu entwickelten Spezialanhänger über den Strand oder die Bodden-Uferbereiche in Rückwärtsfahrt der Zugmaschine so ins Wasser schiebt, daß es schließlich mit dem Bug seewärts zum Aufschwimmen gebracht werden kann. Die vier Boote sind seit Mai 1993 einsatzklar. Zurück gelangen sie, indem sie wiederum auf festen Untergrund gleiten und dann mit einer starken Seilwinde von der Zugmaschine wieder auf den Anhänger geslippt werden. So haben die einstigen Strandmotorrettungsboote und ihre Raupenschlepper-Traktoren in den »Boddenbooten« samt Slipwagen und Zugmaschine im Jahre 1993 ganz moderne Nachfolger gefunden. Sie beweisen ein weiteres Mal den Einfallsreichtum und die Aufgeschlossenheit der DGzRS für die jeweils bestmöglichen technischen Lösungen.

## Die kleinen Brüder der Seenotkreuzer

Am 15. April 1993 wurde die bis dahin mit dem 7-Meter-Seenotrettungsboot SWANTI ausgerüstete Station Vitte/Hiddensee mit dem 8,5-Meter-Seenotrettungsboot DORNBUSCH »bestückt«. Wenige Tage später wurde auch das zunächst zur Verfügung gestellte 7-Meter-Boot der Station Ueckermünde am Stettiner Haff mit dem 8,5-Meter-Neubau GERHARD TEN DORNKAAT zu erhöhter »Schlagkraft« gebracht. Insgesamt wurden 15 Neubauten vom 8,5-Meter-Typ als hochseefähige Vollgleiter für 17 Knoten Geschwindigkeit den Stationen der Nord- und Ostsee zur Verfügung gestellt. Diese als voll kenterfähige »self-righters« (Selbstaufrichter) konstruierten und damit auch für Einsätze im Brandungsbereich geeigneten Boote sind fast zweimal so schnell wie ihre Vorgänger. Sie sind erstaunlich geräumig, haben ansprechende Formgebung und sehen wie kleine Seenotkreuzer aus. Sie bedeuten mit der bisher größten Neubauserie in der Geschichte der motorisierten DGzRS-Rettungsboote einen kompletten Generationswechsel.

Es war ein langer, experimenteller Weg, bis man den wirklich optimalen Bootstyp herausfand. Man probierte es mit den 12-Meter-Seenotrettungsbooten SIEGFRIED BOYSEN und EDUARD NEBELTHAU für die Stationen Neuharlingersiel/Nordsee und Heiligenhafen/Ostsee. Man arbeitete mit den 9-Meter-Booten des Typs WILHELM HÜBOTTER (5 Einheiten) und den 7-Meter-Booten des Typs TAMINA (12 Einheiten), ehe man mit dem 8,5-Meter-Prototyp ASMUS BREMER für die Station Kiel-Schilksee endgültig »richtig lag«. Inzwischen gab es Hunderte von Einsatzberichten und

Schilderungen von Verhaltenskriterien der drei Vorgänger-Bootsklassen bei der Nautischen Inspektion der Deutschen Gesellschaft zur Rettung Schiffbrüchiger, außerdem viele hundert Einsatzberichte von Seenotkreuzer-Tochterbooten vergleichbarer Größen so, daß die Entscheidungsfindung vollständig auf der Erfahrung basierte. Auch bei der Reihenfolge der Besetzung von Stationen mit solchen Neubauten ging man ganz pragmatisch nach Dringlichkeit und Einsatzhäufigkeit vor. Die Schwerpunkte ergaben sich wiederum aus der jahrzehntelangen Erfahrung. So wurde schon im Juni 1992 die Station Timmendorf auf der Insel Poel in der Wismar-Bucht als erste Station in Mecklenburg-Vorpommern mit dem 8,5-Meter-Boot GÜNTHER SCHÖPS ausgerüstet. Es löste das bis dahin verwendete, nur acht Knoten laufende Seenotrettungsboot POEL aus DDR-Beständen ab.

Die Insel Poel ist nach Rügen und Usedom die drittgrößte Insel an der Küste des neuen Bundeslandes, seit 1927 durch einen Straßendamm mit dem Festland verbunden.

Die Landschaft von Poel ist liebenswert. Eine schmale Bucht hat die Insel zerspalten. An ihr liegt, sozusagen im Zentrum des Eilandes, der kleine Fischereihafen Kirchdorf – unweit der Ruine einer Feste, die im Dreißigjährigen Krieg vor Wallenstein hatte kapitulieren müssen.

An der sanft geschwungenen Westküste von Poel erhebt sich über mehrere Kilometer Länge ein Riff, das bis zum Leuchtturm des kleinen Lotsenortes Timmendorf reicht. Seit alters her ist das idyllische Poel Siedlungsraum von Bauern und Fischern. Vorgelagert ist ihr die Reede der Hansestadt Wismar sowie das Fahrwasser zu deren Seehafen. Seit Menschengedenken dient Timmendorf als Lotsenstation für die See- und Hafenlotsen der Wismar anlaufenden Schiffe sowie als »Heimathafen« des Seenotrettungsbootes.

Die dortige DGzRS-Station ist seit 1869 nachweisbar, ihr Rettungsschuppen ostwärts vom Leuchtturm wurde 1872 zum ersten und 1904 zum zweitenmal durch Sturmfluten zerstört. Die See schlägt bisweilen mit brutaler Gewalt auf die West- und Nordwestküste der Insel!

Segelschiffe, die sich bei heraufziehendem Unwetter nicht schnell genug von der Außenreede in Sicherheit bringen konnten und in Legerwall, in die auflandigen Sturmseen gerieten, hatten zumeist keine Chance mehr. So erging es dem schwedischen Schoner HERMINE, der schwedischen Brigg BORE, der deutschen Tjalk WILHELMINE MARIA, dem deutschen Dreimastschoner MARLIS. Schließlich teilten immer wieder Yachten und Kutter deren Schicksal, außerdem gab es natürlich auch alle anderen Seeunfälle wie Kollisionen, Strandungen, »Mann über Bord«, wie sie typisch sind für das Revier vor einem großen Seehafen. Nicht ohne Grund wurde der Vormann auch dieser Station 1921 mit der Prinz-Heinrich-Medaille ausgezeichnet. 1936 wurde das Motorrettungsboot LÜBECK dort stationiert.

Nun hat GÜNTHER SCHÖPS dort seinen Vorgänger POEL abgelöst – rechtzeitig genug, denn die Wismar-Bucht und der Kirchsee von Poel sind längst bevorzugtes Reiseziel von Segel- und Motoryachten aus Schleswig-Holstein wie überhaupt aus den alten Bundesländern, aber auch aus Berlin, aus Dänemark und sonstwoher geworden.

8,5-Meter-Seenotrettungsboote werden also der Normtyp der von Freiwilligen besetzten Rettungsstationen und damit das Rückgrat des flächendeckenden SAR-Dienstes im unmittelbaren Küstenbereich sein. Unter neuen Vorzeichen setzt sich die Arbeitsteilung zwischen den von Seenotkreuzern besetzten Hauptstationen und den von Freiwilligen besetzten Zwischenstationen fort. Die ausschließlich mit festangestellten Besatzungen bemannten Seenotkreuzer, an den Brennpunkten des Seeverkehrs stationiert, sind der Berufsfeuerwehr und die Seenotrettungsboote den Freiwilligen Feuerwehren vergleichbar. Nach dem Stand des Jahres 1993 umfaßt die Rettungsflotte der DGzRS 20 Seenotkreuzer, 25 Seenotrettungsboote und 4 Bodden-Boote.

Die beiden Flaggschiffe der Seenotkreuzer in der Nord- und Ostsee, die ständig auf Seepositionen im Bereich der Deutschen Bucht und im Seegebiet Fehmarnbelt »vorgehaltenen« 44-Meter-Seenotkreuzer WILHELM KAISEN und JOHN T. ESSBERGER sind mit ihren 7200 PS Maschinenleistung und 26 Knoten Geschwindigkeit als besondere Katastrophenschutz-Vorsorge und schwimmende Leitzentralen zu verstehen.

Unter den 20 Seenotkreuzern befindet sich einer, der im Grunde keiner mehr ist. Er hat sein Tochterboot durch ein motorisiertes Schlauchboot ersetzt. Dieses 17-Meter-Boot ist auch vom Typ her ein Unikat, aber zugleich ein Markstein in der Geschichte des deutschen Schiffbaues von Seenotrettungsbooten: Das nunmehrige 17-Meter-Seenotrettungsboot PAUL DENKER der Station Travemünde wurde 1967 als erstes ganz aus seewasserbeständigem Aluminium gebautes Fahrzeug in Dienst gestellt. Ein neuartiges, seitdem allgemein beim Bau deutscher Seenotkreuzer und Rettungsboote angewandtes Netzspantsystem macht den Aluminiumrumpf auch gegen schwerste Brecher widerstandsfähig, weil die Außenhaut von diesem Geflecht der Spanten gestützt wird. PAUL DENKER wurde übrigens als erster Seenotkreuzer nach dem Selbstaufrichter-Prinzip konstruiert, seine serienmäßig gebauten Nachfolger, die 19-Meter-Seenotkreuzer OTTO SCHÜLKE, HANS LÜKEN, H. J. KRATSCHKE und G. KUCHENBECKER standen 1993 alle noch im Einsatz. Man wird sie nach und nach durch Neubauten ersetzen.

## Deutschlands einsamste Rettungsmänner

»Seenotkreuzer HANS LÜKEN – HANS LÜKEN für MRCC BREMEN!«

»Hier MRCC BREMEN. Guten Morgen!«

»Der Seenotfall Oier Riff ist aufgehoben. Wir haben die

gestrandete Yacht vom dortigen Ellenbogen abbergen können, nachdem unser Tochterboot die Leinenverbindung hergestellt hatte. Wir haben die havarierte Yacht zunächst in
den Schutzhafen der Insel Ruden eingeschleppt. Dort ist sie
erst einmal in Sicherheit, bis sie Werfthilfe kriegen kann. Wir
laufen jetzt stracks durch die Tonnenbank-Rinne nach Kröslin. Ein Verletzter von der Yachtbesatzung muß ins Krankenhaus. Insgesamt wurden vier Personen aus Gefahr befreit!«

»Seenotkreuzer HANS LÜKEN: MRCC hat verstanden, ihr
lauft jetzt nach Kröslin!«

»Jawohl. Bis zur Wiederauslaufmeldung wünschen wir
euch ›Gute Wache‹.«

Mittlerweile hat es auf volle Windstärke 7 aufgebrist.
Ohne die schnelle Hilfe des 19-Meter-Seenotkreuzers HANS
LÜKEN von der Station Greifswalder Oie * wäre es auch die-
ser Yacht schlechtgegangen. Die immer härter gewordene
See hätte ihr zwischen den Steinen des Oie-Riffs unweigerlich
den Garaus gemacht. Durch den rechtzeitigen Einsatz der
HANS LÜKEN kam sie – zwar mit gestauchtem Ruderblatt
und kaputtgeschlagenem Propeller – noch glimpflich davon.

Jetzt schiebt der achterliche Starkwind den Seenotkreuzer
durch die Tonnenbank-Rinne, am Peenemünder Haken vorbei, zur Mündung des Peenestroms (in den Greifswalder
Bodden). Auf dem oberen Fahrstand stehen der 3. Vormann
Hartmut Trademann aus dem schönen Fischerdorf Spando-
werhagen und der Rettungsmann Uwe Jendrejewski aus der
Kreisstadt Wolgast. Der eine kommt aus der Küstenfischerei,
der andere war Steuermann auf einem Seeschlepper – und
beide waren vorher freiwillige Rettungsmänner beim Seenotrettungsdienst der DDR. Und unter Deck betreut der aus
Warnemünde stammende Maschinist Rüdiger Ott fachge-

---

* Der ungewöhnliche Name ist auf das dänische Wort Ø = Insel zurückzuführen. Dänische Zisterzienser-Mönche hatten 1199 das Kloster Hilda (El-
dena) gegründet und später die Stadt Greifswald, in deren Besitz sich die Oie
von 1291 bis 1883 befand.

recht den verletzten Segler. Sorgfältig beendet er das Schienen des rechten Arms, an dem Ott auch schon ohne Röntgenaufnahme zweifelsfrei eine Fraktur feststellen konnte. Rüdiger Ott hat fünfzehn Jahre Seefahrtzeit hinter sich – als Decksmann, Deckschlosser, Maschinen-Assistent und – nach dem Maschinisten-Examen – Kältemeister auf einem Fischereifabrikschiff, bevor auch er zu den bald nach der Wende neu eingestellten Rettungsmännern der DGzRS gehörte. Es galt, die Station Kröslin/Greifswalder Oie erstmals mit einem Seenotkreuzer zu besetzen und damit die einsamste Rettungsstation unterm roten Hansekreuz überhaupt.

Die Rettungsstation auf die Oie hat dreierlei Funktion: Sicherung des Seeverkehrs durch die Pommersche Bucht, zum Greifswalder Bodden und zum Peenestrom.

Gleich nach der Taufe des Seenotkreuzers VORMANN JANTZEN in Warnemünde wurde Vormann Uwe Kröger, der bis dahin dessen Vorgänger-Boot STOLTERA geführt hatte, mit einer ungewöhnlichen neuen Aufgabe betraut: Er verlegte seine in Warnemünde nicht mehr benötigte STOLTERA im Januar 1991 auf die Greifswalder Oie – auf das »Helgoland der Ostsee«. Mit 1400 Meter Länge und 700 Meter größter Breite hat die Greifswalder Oie tatsächlich fast dieselben Abmessungen und Formen wie die viel bekanntere Buntsandsteininsel in der Deutschen Bucht. Freilich ragt ihre Steilküste nur 15 Meter empor. Wie Helgoland trägt aber auch die Greifswalder Oie zur Sicherung eines besonders wichtigen Schiffahrtsweges durch die mittlere Ostsee und zur Odermündung ein starkes, weithin sichtbares Blitzleuchtfeuer auf dem 39 Meter hohen Leuchtturm. 1914 hatte man die ursprünglich vorhanden gewesenen 12 auf einem Drehtisch montierten Parabolscheinwerfer durch einen aus Fresnelschen Linsen bestehenden Blitzfeuer-Apparat ersetzt – den größten bis dahin in Deutschland hergestellten überhaupt. Das Benzolglühlicht in dieser Optik wurde erst 1938 durch elektrisches Glühlicht abgelöst. Aber da war die

Greifswalder Oie bereits gesperrtes und von einem wohl-
behütetes Geheimnis umgebenes Gebiet. Es wurde damals
viel gemunkelt, aber genau wußte man nur, daß unter Aus-
schluß der Öffentlichkeit etwas ganz Neues ausprobiert
wurde: Nach Evakuierung fast aller Zivilisten fanden dort,
ungesehen von irgendwelchem Publikum, im Herbst 1937
die ersten Versuchsstarts von Raketen unter der wissen-
schaftlichen Leitung des Doktor-Ingenieurs (und später
weltberühmt gewordenen Professors) Wernher von Braun
statt, bevor auf dem Peenemünder Haken die damals dort im
Bau befindliche Versuchsanstalt fertiggestellt war, der die
Greifswalder Oie bis Kriegsende angegliedert blieb.

Bis zu ihrer Sperrung war die Oie ein beliebtes sommer-
liches Ausflugsziel. Von den Seebädern Rügens und Use-
doms brachte man mit Sonderfahrten der Küstendampfer
»Sehleute« auf das Eiland, dessen exponierte Lage und Son-
derrolle immer einen Hauch von »Pommern-Exotik« hatte.
Und man wies die Tagesausflügler darauf hin, daß die Insel
nach alten Chroniken erstmals 1584 als Ohe insula Grips-
wadensium und 1608 als Gryphiswaldische Oie bezeichnet
wurde. Ihre früheren Namen »Swante Wostrossna«, »Swante Wusterhusen« oder »Swante Wustrow« stammen von
dem slawischen Wort svatoi = heilig. Diese Bezeichnung als
»Heilige Insel« geht bis ins 13. Jahrhundert zurück. Es wird
vermutet, daß sich auf der Greifswalder Oie in der vorchrist-
lichen Slawenzeit (600–1200 n. Chr.) ein slawisches Heilig-
tum befunden haben könnte.

Als Vormann Kröger mit seiner STOLTERA erstmals in den
Schutzhafen der Greifswalder Oie einlief, waren die einzigen
Bewohner dieses Eilandes in der Pommerschen Bucht ein
von der NVA-Marine dort zurückgelassener Kater und ein
größeres Rudel Wildpferde.

Das Einlaufen der STOLTERA bedeutete die Wiederbesetzung einer 54 Jahre lang verwaist gewesenen Rettungsstation der DGzRS auf diesem wichtigen Vorposten. Die Sta-

Der legendäre Warnemünder Lotsenkommandeur Stephan Jantzen, der von 1867 bis 1903 Vormann der Rettungsstation Warnemünde der Deutschen Gesellschaft zur Rettung Schiffbrüchiger war und noch bis zum Alter von 76 Jahren die riskantesten Einsätze fuhr. Schon als Kapitän eines Rostocker Seglers hatte er vor der nordamerikanischen Küste 14 Portugiesen von ihrer sinkenden Bark gerettet, als DGzRS-Vormann weitere 80 Seeleute.

Liegeplatz des Seenotkreuzers VORMANN JANTZEN am Alten Strom von Alt-Warnemünde, an dem sich seit 1866 die DGzRS-Rettungsstation befindet. Dieser 23-Meter-Seenotkreuzer der EISWETTE-Klasse wurde schon im zweiten Monat nach der Wiedervereinigung als damals jüngster Neubau der DGzRS-Rettungsflotte zur Sicherung des Schiffsverkehrs zu den bedeutenden Rostocker Häfen an der Warnow-Mündung stationiert.

Bis zur Indienststellung des neuen Seenotkreuzers ARKONA im August 1992 versah der Seenotkreuzer G. KUCHENBECKER seinen Dienst auf der Station Saßnitz. Dieses malerische Foto zeigt diesen ARKONA-Vorgänger vor den berühmten Wissower Klinken der Kreidesteilküste von Rügen. Dieser Seenotkreuzer steht jetzt bei der Station Darßer Ort im Einsatz.

Noch girlandenbehängt hat der neue Seenotkreuzer ARKONA (3194 PS) nach seiner Taufe seinen Liegeplatz an der Außenmole des Hafens von Saßnitz bezogen. Dieser 24 Knoten schnelle Neubau der BERLIN-Klasse verkörpert den neuesten technischen Stand der DGzRS-Entwicklung.

Feuerlöschübung des Seeno[...] kreuzers ARKONA vor d[...] Kreidesteilküste von Stubbe[...] kammer. Die beiden wahlwe[...] für Wasser oder Schaum e[...] setzbaren Löschmonitore hab[...] die hohe Kapazität von 2200[...] Löschwasserdurchsatz p[...] Stunde.

Bestmögliche Feuerlösch-Vorsorge ist auf den stark befahrenen Schiffahrtswegen vor unseren Küsten und auf den Zufahrt-Revieren zu den Häfen dringend geboten – wie dieses Bild vom Kollisionsbrand des dänischen Tankers ANNE MILDRED BROEVIG in der Deutschen Bucht beweist (Einsatzfoto DGzRS vom 20. Februar 1966).

Hier wird die Entwicklung vom Strand-MRB mit Raupenketten-Traktor und Bootswagen mit breiten Tonnrädern zum 7-Meter-Boddenboot von heute deutlich. Ein UNIMOG mit Allradantrieb schiebt in Rückwärtsfahrt den Bootswagen in die See.

tion war 1881 gegründet worden, aber sie bot das Kuriosum, die einzige in Deutschland zu sein, wo im Einsatzfalle auch Frauen das dortige Ruderrettungsboot KOMMERZIENRAT LOBECK mit besetzen mußten. Es waren einfach nicht genug Männer da, um das zehnriemige Rettungsboot mit der nötigen Anzahl von Ruderern zu versehen, denn die Inselbevölkerung bestand nur aus den Familien des Leuchtturmwärters, des Pachtlandwirtes und des Wirtes der für die Fahrgäste von Ausflugsdampfern eingerichteten Gaststätte. Das personelle Dilemma zwang 1907 dazu, die Bootsstation mit ihrer Schienen-Slipanlage aufzulösen und auf der Greifswalder Oie nur noch die Raketenstation weiterzubetreiben, bis dann der Weggang der dafür notwendigen Mannschaft erzwungen wurde.

Die strenge Absperrung der Insel blieb auch nach 1945 bestehen, nachdem die Rote Armee alle Raketenanlagen im Peenemünder Gebiet sowie auf der Greifswalder Oie demontiert oder gesprengt hatte. Und weiterhin waren militärische Gründe maßgebend dafür, daß man unerwünschte Beobachter fernhielt: Auf dem Peenemünder Haken der Nachbarinsel Usedom richteten die Sowjets einen großen Fliegerhorst für Düsenjäger ein, der später von der Luftwaffe der Nationalen Volksarmee übernommen wurde.

Als am 13. August 1961 die Berliner Mauer hochgezogen und die vollständige Abriegelung der Grenze mit Metallgitterzaun und Todesstreifen, Wachtürmen und Minenfeldern begann, mußte einer »Republikflucht« über die Ostsee auf besondere Weise ein Riegel vorgeschoben werden. Man verlegte Einheiten der »Grenzbrigade See« auf die beiden Inseln Ruden und Greifswalder Oie. Ihre Radarbeobachtung war intensiv, die dort stationierten Wachboote patrouillierten Tag und Nacht. Wassersportlern war jedes Überqueren der Binnenlinie zwischen dem Südperd von Thiessow auf Rügen und der Insel Ruden strikt untersagt. Die Fischerboote mit Grenzschein wurden streng kontrolliert und ständig überwacht. Die jungen Wehrpflichtigen, die in der Grenzbrigade Dienst tun mußten, empfanden ihre Stationierung auf den beiden Inseln als eine Art Verbannung.

Die Rettungsmänner empfanden das bei der Wiederbesetzung einer so lange verwaist gewesenen DGzRS-Station ganz anders. Diese Pionieraufgabe reizte sie. Mit Feuereifer gingen sie daran, den mittlerweile dem Verfall preisgegebenen Rettungsschuppen neu zu decken und gründlich zu renovieren. Binnen kurzem verwandelten sie ihn in ein schmuckes Gerätehaus samt Werkstatt und in die Landbasis ihrer Rettungsstation Greifswalder Oie – längst wieder geschmückt mit dem Wahrzeichen der Deutschen Gesellschaft zur Rettung Schiffbrüchiger, dem Roten Hansekreuz.

Aber der zu große Tiefgang der STOLTERA für die weitläufigen tückischen Riffzonen vor dem Rügen-Südperd, dem Peenemünder Haken und im Bereich der Greifswalder Oie selbst bereiteten Vormann Krüger und der Seenotleitung in Bremen dasselbe Kopfzerbrechen. Gerade in diesem ausgedehnten tückischen Flachwassergebiet mußte sich das Fehlen eines Tochterbootes mit geringem Tiefgang bald als Hindernis bei der Bergung und Rettung erweisen. Und es war abzusehen, daß ab Sommer ein großer Aufbruch von Yachtseglern und anderen Wassersportlern in die Gewässer des nun endlich zugänglichen Vorpommern einsetzen werde.

Man verfiel auf eine brauchbare Zwischenlösung, indem man den Seenotkreuzer HANS LÜKEN im Mai 1991 von seiner Station Langeoog auf die Greifswalder Oie verlegte. Der Bootswechsel kam gerade noch rechtzeitig, denn gleich darauf setzte die prophezeite »Hochkonjunktur« ein: Schon von Juni bis August 1991 mußten von den Rettungsmännern in Mecklenburg-Vorpommern 142 Einsätze gefahren werden, bei denen 36 Menschen aus höchster Seenot und weitere 85 aus drohender Gefahr befreit wurden.

Immer wieder wurde das rund vier Seemeilen lange Oie-Riff falsch navigierenden Wassersportlern zum Verhängnis.

HANS LÜKEN war gottlob immer rasch zur Stelle, sein Tochterboot ABELIUS kam an jeden Havaristen heran. Einmal brach der ganze Seitenrumpf eines Trimarans ab, der nun zu kentern drohte. Die Retter von der Greifswalder Oie kamen beizeiten.

Dann wieder hatte bei dichtem Nebel ein Küstenmotorschiff im Greifswalder Bodden einen Fischkutter überrannt. Zwei Fischer wurden außenbords geschleudert. Sie konnten sich gerade noch auf den schwimmenden Trümmerhaufen retten. Aber sie standen unter Schock, waren verletzt sowie unterkühlt und benötigten sofortige medizinische Hilfe. HANS LÜKEN nahm wiederum die Erstversorgung vor und brachte die beiden Fischer zwecks stationärer Behandlung aufs Festland. Aber das war nur die eine Seite der Medaille. Von keiner DGzRS-Station aus kann so rasch bei Unfällen auch in der Großschiffahrt und Fischerei draußen in der Pommerschen Bucht Hilfe geleistet werden wie von der Greifswalder Oie aus. Die Schiffahrt nach Swinemünde und Stettin und auch der Fährverkehr Swinemünde-Ystad erfordern Wachsamkeit auch im Bereich vor der deutschen Küste. Das nach Inbetriebnahme der UKW-Relaisstation Putbus/Rügen bis in den Raum Swinemünde funktionierende SAR-Kommunikationsnetz (SARCOM) gab der internationalen Zusammenarbeit ganz neue Impulse. Kaum war es funktionsfähig, kam es zu einer gemeinsamen Übung der deutschen Seenotkreuzer S. KUCHENBECKER und HANS LÜKEN mit den polnischen Motorrettungsbooten STORM 2 und TAIFUN sowie vier weiteren kleinen deutschen und polnischen SAR-Einheiten in der Pommerschen Bucht. Die Rettungsmänner von Deutschland und Polen sind gleichermaßen erfahrene Seeleute und Realisten. Sie wissen allzu gut, wie plötzlich auch im Grenzbereich beider Länder dasselbe passieren kann wie im März 1991 im stark befahrenen Fehmarnbelt, als das dänische Fährschiff DRONNING MARGRETHE II mit dem RoRo-Frachter BORE BRITANNICA kollidierte. Die DGzRS war sofort mit dem neuen 8,5-Meter-Seenotrettungsboot Franz Stapelfeldt der Station Puttgarden/Fehmarn, bald auch mit den Seenotkreuzern Vormann Jantzen/Station Warnemünde und Berlin/Station Laboe sowie Arwed Emminghaus/Station Grömitz zur Stelle, um sich an den Bergungs- und Sicherungsmaßnahmen zu beteiligen, denn das dänische Fährschiff hatte natürlich zahlreiche Passagiere an Bord.

Schwere Seeunfälle und sogar Katastrophen sind auf den Schiffahrtswegen niemals auszuschließen, vor allem beim Einsetzen von Naturgewalten. Darum arbeiten die Rettungsmänner – die »nobelste Gilde unter den Seeleuten« – über alle Grenzen hinweg kollegial zusammen. Und die Notwendigkeit der deutsch-polnischen Rettungsübungen zeigte sich allzu bald bei dem grauenvollen Unglück der polnischen Frachtfähre Jan Heweliusz, bei dem die deutschen Seenotkreuzer Arkona und Hans Lüken mit dem polnischen »Seenotkreuzer« Huragan gemeinsam im Einsatz standen.

## Ideen muß man haben!

Der Alltag der Seenotretter besteht natürlich nicht aus derart spektakulären Ereignissen, sie sind der Ausnahmefall. Aber die Kleinarbeit der unentwegt gefahrenen Einsätze erfordert immer neue Risikobereitschaft und Improvisationskunst.

Und was alles kommt im Laufe der Zeit auf die Rettungsmänner zu ...

Auf Seenotkreuzer Eiswette/Station Amrum (Nordfriesische Inseln) gellt die Alarmglocke. Und sofort heißt es wieder »Leinen los!«

Querab von Amrum-Odde mußte ein Sportflugzeug wegen Motorschadens im Wattenmeer notlanden. Es herrschte gerade Gezeiten-Niedrigwasser, darum konnte der erfahrene Pilot der Cessna 172 C die Maschine sauber auf einer Sandplatte aufsetzen und ausrollen lassen. Mit einem gehörigen Schrecken, aber guter Dinge klettert eine Münchner Urlauberfamilie – Vater, Mutter und zwei Kinder – aus der Passagierkabine. Die Notlandung wurde vom Deich aus beobachtet. Die Freiwillige Feuerwehr und der Amrumer Seenotkreuzer wurden alarmiert. Die vier ausgestiegenen Münchner erreichten tatsächlich noch zu Fuß übers Watt die Insel Amrum, bevor die Flut wieder einsetzte, die ihnen den Rückweg abgeschnitten hätte. Aber Flugzeug und Pilot »hängen« draußen, jetzt setzt ein Wettlauf gegen das »auflaufende Wasser« ein. Die Feuerwehrleute haben zwei kleine Motorboote mitgenommen, die jedoch immer wieder in den Prielen festkommen und dann in tieferes Wasser geschoben werden müssen – ein mühseliger Anmarsch.

Seenotkreuzer EISWETTE, dessen Vormann das Gewirr der Wattenpriele wie seine Westentasche kennt, bringt es indessen fertig, über einen ausreichend Wasser führenden Priel in die Nähe des Flugzeugs zu gelangen. Dort wird das Tochterboot JAPSAND ausgesetzt, das sich dank seines geringen Tiefganges langsam, aber sicher an den notgelandeten Lufthavaristen tastet. Wichtigstes Ziel zunächst: Die Maschine muß so gesichert werden, daß kein Öl oder Flugbenzin ins Wasser gelangen kann. Aber das ist leichter gesagt als getan, denn infolge der einsetzenden Flut steigt das Wasser erbarmungslos immer weiter.

Den Männern auf der EISWETTE kommt blitzartig eine total verrückte Idee. Sie preschen mit dem Seenotkreuzer zu ihrer Station zurück, um sofort darauf wieder mit einem halben Dutzend großvolumiger Ballonfender zur Unfallstelle zurückzukehren. Das sind riesige, luftgefüllte Blasen aus strapazierfähigem Kunststoff, die auch stärkstes Anrempeln von Schiffsbordwänden gegeneinander abzuhalten vermögen. Schon umspült das auflaufende Wasser das Fahrwerk der Cessna-Maschine. In Windeseile befestigen die Seenotretter und Feuerwehrmänner gemeinsam diese Ballonfender an Rumpf und Tragflächen, so daß das Landflugzeug regelrecht aufschwimmen kann.

Ein zwischenzeitlich herbeigerufener Bergungshubschrauber muß kehrtmachen – er sieht keine Chance, das Sportflugzeug etwa mit der Lasthebeschlinge in Sicherheit zu bringen.

Längst werkelt die Bergungsmannschaft bis zur Hüft-, bald schon bis zur Brusthöhe an der Maschine herum, um alle Ballonfender sicher zu vertäuen. Aber nun ist die Entscheidung gefallen, daß das Tochterboot JAPSAND die Cessna nach Utersum schleppen soll – bei Windstärken um sechs Beaufort ein heikles Unterfangen, zumal der Wind immer wieder unter die Tragflächen fährt und das Flugzeug zu kippen droht.

Kurzerhand erklimmen zwei Feuerwehrmänner die Tragflächen und beschweren sie ausreichend mit ihrem Körpergewicht. Der äußerst ungewöhnliche Schleppzug erreicht tatsächlich den Utersumer Strand. Dort wartet schon, über Funk von der JAPSAND angefordert und von einer Unzahl neugieriger Badegäste umringt – eine Zugmaschine der Gemeinde, die das mit soviel Einfallsreichtum schwimmfähig gemachte Flugzeug auf festen Boden zieht. Der Pilot betrachtet die gelungene Aktion fassungslos. Aber auch die beiden Wachkapitäne im MRCC BREMEN schütteln verwundert den Kopf:

Ein Seenotkreuzer-Tochterboot bringt die Bergung eines nicht schwimmfähigen Flugzeugs zustande – es gibt wirklich nichts, was es bei der DGzRS nicht gibt! Not macht eben immer wieder erfinderisch.

Das haben Feuerwehrmänner und Rettungsmänner tatsächlich miteinander gemein: Sie müssen blitzschnell handeln, improvisieren können und dabei möglichst das Richtige tun. Kein Einsatz ist dem anderen gleich. Es kommt immer eine ganz neue Situation auf die zu Hilfe Eilenden zu.

# Der »sterbende Schwan«

Beinahe zur gleichen Zeit, als die JAPSAND ihr Bravourstück zustande brachte, bereitete sich Bremerhaven auf ein Großseglertreffen vor, an dem die schönsten Windjammer der Welt ihre Teilnahme zugesagt haben. Und so hat auch ein recht malerischer Dreimast-Toppsegelschoner namens AQUILA MARINA von Plymouth aus Kurs auf die Stadt an der Wesermündung genommen. Das 40 Meter lange Segelschiff hat sieben Mann Besatzung und ist ungeachtet seines Alters von bereits 70 Jahren in solidem Zustand. Kenner bezeichnen die AQUILA als einen der attraktivsten Oldtimer seiner Gattung.

Der Seenotkreuzer VORMANN STEFFENS von der DGzRS-Station Wilhelmshaven hatte gerade eine Kontrollfahrt im Bereich der Jade hinter sich und abends einen Tochterboot-Einsatz wegen einer angeblich in Schwierigkeiten geratenen Segelyacht vor Tossens an der Westkante des Butjadinger Landes. Vor Ort ist jedoch nichts zu finden – Fehlalarm.

Aber eine halbe Stunde nach Mitternacht gellt der Funksprech-Alarmruf aus den Lautsprechern der ständig auf den UKW-Kanal 16, die internationale Notruf- und Anruffrequenz 156,8 Megahertz, geschalteten Funkanlage: MAYDAY-MAYDAY ... das Funksprech-Schlüsselwort für S-O-S.

Vormann Franz Peper und seine drei »Mitstreiter« springen blitzschnell wieder in ihre Overalls und ans Funkgerät: »MRCC BREMEN, hier VORMANN STEFFENS – was ist geschehen? Frage Position?«

Genau in diesem Augenblick wollte die Seenotleitung in Bremen die STEFFENS alarmieren, was sich nun ja erübrigt. Der Seenotkreuzer saust mit »Voll voraus« seewärts. Den Rettungsmännern ist klar, daß keine Zeit verloren werden darf. Es ist etwas Schlimmes passiert: Der Oldtimer AQUILA MARINA ist offensichtlich infolge eines Navigationsfehlers aus dem Fahrwasser geraten und ins Labyrinth unzähliger, tückischer, sich ständig verändernder Sandbänke geraten, die selbst revierkundigen Nautikern zur Herausforderung werden.

Fünf Meilen östlich der Insel Wangerooge ist der britische Segler mit seinen drei Metern Tiefgang so heftig auf die Mittelplate »aufgebrummt«, daß sofort ein riesiges Loch in den Traditionssegler gerissen wurde. Der Rumpf ist wie Brennholz zersplittert, das Schiff »macht« Wasser!

Schnell erkennen die sieben Besatzungsmitglieder, daß jetzt nur noch das eigene Leben gerettet werden kann. Sie werfen die Rettungsinsel über Bord, die sich automatisch aufbläst, rudern in den beiden Dingis hinüber und aktivieren die Notsignale. Leuchtraketen tauchen die Szenerie in gespenstisches Rotlicht.

Ein von Mariensiel bei Wilhelmshaven seewärts fliegender Lotsenversetz-Hubschrauber sieht die Notraketen und unterbricht seinen Flug, um über dem Schiffbrüchigen zu »hovern«, im Schwebflug zu verharren. Von dem Landescheinwerfer an der Rumpfunterseite des Helikopters werden die Schiffbrüchigen in gleißendes Licht getaucht. Das hilft dem nun eingetroffenen Seenotkreuzer Vormann Steffens sehr, der sofort sein Tochterboot Adele zu Wasser gleiten läßt.

Bald kann der Hubschrauber mit Dank entlassen werden, denn nun erfaßt der fahle Strahl des mächtigen Suchscheinwerfers der Vormann Steffens weiterhin die Szenerie.

Die Rettungsinsel wurde vom Gezeitenstrom erfaßt und gut eine Meile seewärts versetzt. Aber die Adele kann dennoch sofort längsseits gehen und die sieben Schiffbrüchigen an Bord nehmen. Sie sind völlig durchnäßt und zittern vor Kälte, aber doch überglücklich. Wenig später befinden sie sich auf der Vormann Steffens, wo sie heiß duschen, warme Kleidung und heiße Getränke erhalten, bevor sie um vier Uhr morgens in Wilhelmshaven an Land gesetzt werden können.

Für ihr schönes Segelschiff gibt es keinerlei Hoffnung mehr. Gespenstisch schnell verschlingt der feine, unermüdlich wandernde Mahlsand das Schiff, das wenig später hart auf die Seite kippt, rasch die Takelage verliert und bald nur noch aus Wracktrümmern besteht, die in den nächsten Wochen zwischen Bremerhaven und Cuxhaven angetrieben werden.

## Rettungsmann über Bord!

Dieser Schiffstotalverlust bedurfte keines Orkans, der tödliche Mahlsand genügte. Anders war es kurz nach diesem Seeunfall, als Seenotkreuzer VORMANN STEFFENS bei einem Sommerorkan mit voller Windstärke 12 wieder im Einsatz steht. Im Bereich Außenjade/Deutsche Bucht werden Windgeschwindigkeiten von über 64 Knoten = 118,5 km/h gemessen. Die Luft ist mit Schaum angefüllt, die See vollständig weiß. Jede Fernsicht hört auf. Der zur Klasse der Großen Seenotkreuzer (BERLIN-Klasse) oder 27-Meter-Kreuzer gehörende VORMANN STEFFENS boxt mit seinen 3000 PS gegen die geifernde See. In dem Hexenkessel ist eine Segelyacht namens JOLA in Bedrängnis geraten. Die Rettungsmänner wissen, was sie zu tun haben. Sie erreichen gegen 21.45 Uhr die mit Maschinenausfall bei Wellenhöhen zwischen acht und zehn Metern emporschleudernde und dann wieder abwärtssausende Jacht. Und es gelingt der Seenotkreuzer-Besatzung tatsächlich eine Schleppverbindung zur JOLA herzustellen. Wie sie das wirklich geschafft haben, wissen sie selber nicht. Aber nun läuft der Seenotkreuzer mit seinem Anhang Kurs West. Man will vor den Brandungsgürtel kommen, um später in die Jade einlaufen zu können.

Das ist »'ne giftige Ecke bei dem Wetter«, darüber sind sich die vier Mann von der VORMANN STEFFENS im klaren. Aber es ist für die JOLA die einzige Chance, wenn sie nicht in tausend Stücke zerschlagen werden will.

Etwa eine halbe Stunde vor Mitternacht kommt es innerhalb weniger Minuten zu einer dramatischen Wende. Der Zweite Vormann Ole Mammen in seinem Einsatzbericht:

»Kurz vor Einlaufen in die Jade zwischen Tonne 8 und 10 bekommen wir eine Quersee von schätzungsweise 15 m Höhe zu fassen. Die VORMANN STEFFENS wird wie von einer mächtigen Faust gepackt, auf die Seite und fast bis zur Schiffsmitte quer ins Wasser geworfen.«

An Backbordseite werden die Fenster von Kombüse und Waschraum eingedrückt. Die Maschinen schalten aus Sicherheitsgründen automatisch ab – eine Minute nur, aber endlose 60 Sekunden. »Blackout« im ganzen Schiff, das sich schnell wieder aufgerichtet hat und auf ebenem Kiel schwimmt. Und: Diese haushohe See hat einen Rettungsmann regelrecht von Bord gewaschen und ihn in die schäumende, kalte Nordsee gespült. Er kam gerade den Niedergang hinauf, nachdem er im unteren Fahrstand die Navigation überprüft hatte, und wollte sich im oberen Fahrstand mit seinem Karabinerhaken einpicken. Da sieht er die haushohe See auf sich zukommen – einen richtigen »Kaventsmann«!

Im Reflex schnappen sich die drei Kollegen einen »Totmann« und werfen ihn außenbords. Damit ist eine von der DGzRS entwickelte Mann-über-Bord-Boje gemeint, die das gleiche Driftverhalten aufweist wie ein menschlicher Körper. Wenn diese Boje aufschwimmt, wird ein hellstrahlendes Blitzlicht ausgelöst, das die Unfallstelle markiert. In diesem Fall wird der »Totmann« helfen, einen Menschen wiederzufinden: einen Rettungsmann, der einen verzweifelten Kampf gegen die tobenden Naturgewalten führt.

Mit dem Handfunkgerät, das dank Akkubetrieb netzunabhängig arbeitet, wird von der VORMANN STEFFENS Eigenalarm ausgelöst. Das MRCC BREMEN sowie die beiden Seenotkreuzer VORMANN LEISS und OTTO SCHÜLKE fangen den Ruf auf. Kurz darauf laufen auf der VORMANN

STEFFENS auch schon wieder alle Maschinen, obwohl mehrere Tonnen Wasser durch die geborstenen Fenster in den Schiffsrumpf gedrungen sind. Die im Schlepp befindliche Segelyacht hat sich losgerissen und vertreibt in Richtung Weser, wo sie Stunden später von der VORMANN LEISS in Sicherheit gebracht werden soll.

Auf der OTTO SCHÜLKE hat man das Geschehen über Funk mitverfolgt. Der Zufall will es, daß sich dieser Kreuzer wegen eines weiteren Seenotfalls für die Yacht MELISSA in diesem Revier aufhält und sich unweit der Stelle befindet, an der der Rettungsmann außenbords gerissen wurde. Die MELISSA kann jedoch den nahen Schutzhafen von Hooksiel mit eigener Kraft erreichen. Der zuvor von der OTTO SCHÜLKE angeforderte SAR-Hubschrauber der Bundesmarine wird jetzt unverzüglich zur Unfallposition umdirigiert.

Der »Heli«, wie der SAR-Hubschrauber im täglichen Sprachgebrauch bei den Seenotrettern genannt wird, kann zehn Minuten nach Mitternacht einen ersten Erfolg melden: »Blitzleuchte gesichtet, wir suchen das Umfeld ab.«

Auf der OTTO SCHÜLKE muß immer wieder die Fahrt aus dem Schiff genommen werden – wegen der Brandung. In einem solchen Augenblick hört man trotz der berstenden Naturgewalten den Schrei eines Menschen. »Den Scheinwerfer da rüber, da isser...« Tatsächlich: Im fahlen Lichtschein wird der Rettungsmann in der kochenden See ausgemacht und regelrecht »festgehalten«. Mehrere Brecher überrollen den Mann, den die Rettungsweste jetzt schon seit gut 30 Minuten über Wasser hält.

Der »Heli« erhält die Position über Funk, ist im Anflug, und wenig später hängt der gerettete Retter in der Schlinge. Er wird aufgewinscht und umgehend in das Krankenhaus nach Wilhelmshaven geflogen – mit Unterkühlungserscheinungen, bewußtlos, aber ohne schwerwiegende Verletzungen. Am Morgen empfangen ihn Frau und Kinder zu Hause, wo er sich von den Strapazen erholt.

Die beschädigte VORMANN STEFFENS hat zwischenzeitlich die Fahrt nach Wilhelmshaven zurück angetreten. Für die Segelyacht JOLA ist der Törn noch nicht beendet. Eine gute Stunde, nachdem sie sich von dem Seenotkreuzer losgerissen hatte und in Richtung Außenweser vertrieben war, wird sie von der inzwischen in Höhe der Tonne 10/Weser eingetroffenen VORMANN LEISS gesichtet.

Eine Person liegt im Inneren des Schiffes, die zweite – eine Frau – hockt reglos in der offenen Plicht. Der Seenotkreuzer wird langsam und vorsichtig, soweit es Wind und Seegang gestatten, an die Yacht heranmanövriert. Die Retter werfen Schmeißleinen über – auf Vorschiff und Cockpit. Doch keine Reaktion. Der Mann und die Frau lassen apathisch die Aktion über sich ergehen. Sie stehen offensichtlich unter schwerem Schock, sind völlig erschöpft und zeigen keinerlei Regung.

Da die JOLA noch auf tiefem Wasser treibt, ist eine Strandung bzw. ein Auflaufen nicht zu befürchten. »Wir machen ›stand-by‹ und hoffen auf Wetterbesserung, um einen Mann überzusetzen«, heißt es vom Vormann. Die Stunden vergehen nur schleppend. Gegen sechs Uhr in der Frühe ist die JOLA vom Strom weit in die Weser versetzt worden.

Der Sturm hat sich etwas gelegt, so daß in einem neuerlichen Manöver der Seenotkreuzer in die unmittelbare Nähe der JOLA gelangt – ein wagemutiges Unternehmen. Ein Rettungsmann hat sich Überlebensanzug und Rettungsweste angelegt. Ein angeforderter SAR-»Heli« sichert das Manöver aus der Luft und ... der Mann springt auf die Yacht. Landet auf dem Vorschiff. Macht die Schleppleine fest. Arbeitet sich zu den beiden Schiffbrüchigen vor. Ein Mann liegt im Deckshaus, krümmt sich vor Schmerzen und hat sich offensichtlich mehrere Rippen gebrochen. Die Frau wirkt stark verwirrt. Beide starren den Retter wie ein Wesen von einem anderen Stern an. Nüchtern heißt es später im Bordbuch: »Wir stellen eine Schleppverbindung her und laufen nach

Bremerhaven, wo wir um 11.00 Uhr die JOLA am Geesteanleger festmachen. Beide Personen werden an Notarzt/Krankenwagen übergeben. Wir lenzen ca. 1,5 Tonnen Wasser aus der Yacht und machen das Boot klar.«

Auf der Nachbarstation Wilhelmshaven sind zu diesem Zeitpunkt die Aufräumarbeiten auf der VORMANN STEFFENS in vollem Gange. Sie ist werftreif.

Seenotkreuzer werden immer wieder ganz schön von den Sturmseen verprügelt. Wie robust sie sein müssen, das wurde mir schon auf dem Versuchskreuzer BREMEN klar. Notiz: »Die Sicht ist gleich Null. Es hagelt. Dumpf prasseln die Seen gegen den Turm. Im Topp glüht unsere orangefarbene Seenotleuchte. Sonst kein Licht weit und breit. Kein Stern am Himmel, kein Feuer. Im Empfänger läutet wieder das Sendezeichen der Küstenfunkstelle zum Sammelanruf an alle Schiffe. ›Wie eine Totenglocke!‹ sagt Rettungsmann Sörensen und horcht in den heulenden Wind.

Auf einmal ein fürchterlicher Stoß. Unsere Knie knicken durch. Zwei Glühbirnen zerknallen dumpf. Einer von uns fliegt mit dem Kinn aufs Instrumentenbrett. Die BREMEN ist von einer See auf Grund geschlagen worden.

Der Vormann hat die Verstellpropeller auf Rückwärtsstellung gebracht. Quirlend jagen die beiden Schrauben schwarzes Schlickwasser hoch. Mit einer eigenartigen Bewegung kommt die BREMEN wieder frei, während eine Brandungssee das Heck anlüftet. Mit voller Kraft voraus setzt der Kreuzer seine Reise fort. Schaumfetzen flirren, weiße Wellengipfel zucken im Dustern hoch und wälzen sich zuletzt übers Deck.

Da, wieder aufgebrummt. Der ganze Rumpf ächzt und rüttelt. Eine schwere See ohrfeigt unsere Backbordflanke. Das Schiff dröhnt und wirft sich hart auf die Seite. Dann kreiselt es leicht, kommt mit der nächsten Grundsee wieder frei.

Vorn auf der Back hängt einer im Ölzeug unter der Reling und tastet den Kreuzer mit einer Peillatte weiter. Noch arbeiten Echolote im Flachwasser nicht präzise genug. Also wird von Hand gemessen.*

Wir sind durch, der Buschsand liegt hinter uns. Jetzt fegen wir mit allen Umdrehungen los und machen alle drei Scheinwerfer klar.

Die auf dem Kutter haben wohl inzwischen ihr Testament gemacht. Längst ist das letzte Rotfeuer abgebrannt, ist das letzte Sternsignal verschossen. Funk hat der Kutter nicht, dafür vielleicht schon fünf Fuß Wasser in den Räumen. Es wird nur noch wenige Stunden dauern …

Morgens gegen elf Uhr schlagen wir uns vor Freude auf die Schultern. »BREMEN, JUIST, HINDENBURG, GEHEIMRAT SARTORI, ADALBERT KORFF – Suche abbrechen. Der Seenotfall ist aufgehoben. Der Kutter ist gefunden. Motorrettungsboot RICKMER BOCK bringt die Schiffbrüchigen nach Cuxhaven.«

## Seenotkreuzer – ein neuer Weg

Ich habe die BREMEN bei fast jedem Wetter unter den Füßen gehabt, sie hat sich ausgezeichnet bewährt. Und jeder an Bord dieses Versuchsfahrzeugs war sich darüber im klaren, daß es eine Revolution im Rettungsbootbau bedeutete. Mit der Konstruktion von Seenotrettungskreuzern, nach den Ideen des Kapitäns John Schumacher von der DGzRS, gelang den Deutschen ein unerhörter Wurf.

Flache Nordseeküste, ausgedehnte Wattflächen mit Gezeitenstrom, weit vorgelagerte Sände und Riffe, wachsender Flugverkehr über See und schließlich die zunehmende Entfernung der Hauptschiffahrtswege von der Küste machten den Seenotrettungsdienst in der Deutschen Bucht problema-

---

* Die heutigen Seenotrettungskreuzer haben dezimetergenau arbeitende Flachwasser-Echolote.

tischer und schwieriger. Allzu oft wurden lange Anmarsch- und sogar Umwege notwendig, um an einen Havaristen heranzukommen. Viele Gebiete des Wattenmeeres können überhaupt nur mit Rettungsbooten erreicht werden, die extrem geringen Tiefgang haben.

Es ergaben sich widersprüchliche Forderungen, deren Erfüllung der Quadratur des Zirkels gleichkam. Denn in einem so schwierigen Seegebiet wurde entweder eine Vielzahl von Rettungsstationen mit sofort verfügbaren Strandbooten nötig oder aber es mußten wenige Rettungsboote mit hoher Geschwindigkeit verfügbar sein, die flexibel disponiert und eingesetzt werden können.

Schon auf der VI. International Life Boat Conference im Jahre 1951 in Ostende stand das Problem der Geschwindigkeitserhöhung von Rettungsbooten als wichtigster Punkt auf der Tagesordnung. Die Fachleute machten auf die beträchtlichen Schwierigkeiten aufmerksam, die sich einer Geschwindigkeitserhöhung für Rettungsfahrzeuge von vornherein entgegenstellten. Aus Gründen der unbedingt notwendigen optimalen See-Eigenschaften mußten nämlich die Hauptabmessungen und damit die Verhältniszahlen von Länge, Breite und Tiefgang beibehalten werden. Sie ergeben eine sogenannte Völligkeit des Schiffskörpers, die hohe Geschwindigkeiten einfach unmöglich macht.

Der verstorbene Ingenieur Leo Costa vom Schiffbaubüro »Maierform« und Kapitän Schumacher gelten heute in der internationalen Fachwelt als die »Väter der Seenotkreuzer«, Schumacher als Praktiker stellte klare, weitblickende Forderungen, die Costa konstruktiv zu verwirklichen suchte. Beide Männer waren unbeirrbar davon überzeugt, daß es irgendwie doch gelingen müsse, unkenterbare Rettungsboote von ausreichender Festigkeit zu bauen, die dennoch schnell genug sein und sogar die »Traumgrenze« von 20 Knoten überschreiten könnten. »Maierform« und den Weserwerften gelang schließlich die technische Lösung. Der Umbau der

BREMEN zum Versuchsseenotkreuzer war der erste Schritt, dem 1953 mit dem Bau des wesentlich schnelleren, von vornherein als Seenotkreuzer konstruierten HERMANN APELT der zweite folgte. Der Beweis für die Richtigkeit der neuen Konzeption war erbracht. Serienweise kamen bald immer bessere Seenotkreuzer in Fahrt – Fahrzeuge, die in der Heckwanne nach dem Huckepackprinzip ein Tochterboot mitführen. Nachdem sich auch HERMANN APELT nur als Zwischenstufe und Versuchsschiff erwies, waren die 1956–1960 gebauten Seenot-Rettungskreuzer THEODOR HEUSS, RUHRSTAHL, H. H. MEIER und HAMBURG bereits ausgereifte Konstruktionen, die sich bis weit in die achtziger Jahre bewährten. Der Seenotkreuzer THEODOR HEUSS hat auf dem Freigelände des Deutschen Museums seinen Ehrenplatz gefunden und wird dort bleibend an diese Bauserie erinnern. Noch vollkommener waren die 1963–1965 erbauten 26-Meter-Seenotkreuzer der zweiten Bauserie: GEORG BREUSING, ADOLPH BERMPOHL und ARWED EMMINGHAUS. Diese Boote liefen 24 Knoten. Von ihnen blieb nur die GEORG BREUSING in Deutschland – als schwimmendes Museumsschiff in Emden. Es hat vor dem Museums-Feuerschiff DEUTSCHE BUCHT an der Georg-Breusing-Promenade am Ostufer des Delfts, auf der Seite des Emder Rathauses, seine Bleibe gefunden.

1975–1978 wurden die 26 Knoten schnellen 44-Meter-Seenotkreuzer als »3. Generation« zur Katastrophen-Vorsorge in Dienst gestellt: JOHN T. ESSBERGER, HERMANN RITTER und WILHELM KAISEN.

1980 kamen die Doppelschrauben-Seenotkreuzer der EISWETTE-Klasse auf, die eisverstärkte Festpropeller anstelle der bis dahin (bei Mehrschraubenbetrieb) üblichen Verstellpropeller erhielten. 1993 gab es sieben Einheiten dieses Typs der sog. 23-Meter-Seenotkreuzer. Die »Großen Seenotkreuzer« oder 27-Meter-Seenotkreuzer der BERLIN-Klasse kamen ab 1985 hinzu, deren sechster Neubau BREMEN im

Frühjahr 1993 in Dienst kam. Es liegt eine Kontinuität der Entwicklung und Einsatzmethodik vor.

Das Unterwasserschiff, die Rumpfform unterhalb der Wasserlinie, ist bei allen Kreuzern patentiert. Seine besondere Konstruktion ist eine hervorragende Lösung. Die Vereinigung eines sogenannten Verdrängungsbootes und eines »Gleitbootes« mit Düseneffekt zu einem in der Praxis brauchbaren Typ ist neu. Der Übergang zwischen beiden Stufen ist überdies hydrodynamisch außerordentlich günstig gestaltet worden.

Bei allen bisher gebauten deutschen Seenotrettungskreuzern war es eine besonders schwierige Aufgabe, einen Schiffskörper und eine Einrichtung zu konstruieren, bei denen die genau vorbestimmte Wasserverdrängung und Schwerpunktlage erreicht werden. Es mußten nie dagewesene Spezialkonstruktionen und eine weitgehende Stahl-Leichtmetall-Kompositbauweise angewandt werden. Die stählerne Außenhaut mußte von Leichtmetallspanten getragen werden.

Für eine solche Bauweise gab es noch keine Vorbilder und keine Klassifikationsvorschriften. So mußten die bei solchen Booten auftretenden Längs- und Querbeanspruchungen samt und sonders völlig neu berechnet werden. Das eventuelle Manko der Leichtmetallverwendung im Spantbau mußte dadurch ausgeglichen werden, daß man eine Kombination von besonderen Rahmenquerspant- und Längsspant-Konstruktionen erreichte. Man verwendete nur hochwertigen Stahl der Sorte St. 52 und seewasserbeständiges Leichtmetall höchster Güte. Bei allen Verbindungen zwischen Stahl und Leichtmetall wurde besonderer Wert auf eine wirkungsvolle Abschirmung beider Werkstoffe gelegt.

Das gesamte Stahlmaterial wurde vor dem Einbau durch Sandstrahlgebläse »entzundert« und im Kaltzinkverfahren konserviert. Unterhalb der das Boot als Schutzleiste umgebenden Gummiwallschiene wurden die Metallflächen

# Die Einheiten unserer Rettungsflotte

| | | |
|---|---|---|
| | **JOHN T. ESSBERGER**<br>**WILHELM KAISEN** | Länge 44,20 m, Breite 8,05 m, Tiefgang 2,75 m,<br>drei Propeller 1350–4500–1350 = 7200 PS,<br>Funk, Echolot, Radar, Funkpeiler (alle Frequenzen),<br>Decca, Homing, Selbststeuer-, Feuerlösch- und<br>Fremdlenzanlage, Hubschrauberarbeitsdeck,<br>Hospital, Verdrängung 185 t<br>**Geschwindigkeit 26 Knoten**<br>Tochterboot<br>Länge 8,80 m, Breite 2,70 m, Tiefgang 0,90 m,<br>150 PS<br>Geschwindigkeit 13 Knoten |
| | **BERLIN**<br>**HERMANN HELMS**<br>**ALFRIED KRUPP**<br>**VORMANN STEFFENS**<br>**ARKONA**<br>**BREMEN** | Länge 27,5 m, Breite 6,53 m, Tiefgang 1,65 m,<br>drei Propeller 781–1632–781 = 3194 PS,<br>Funk, Echolot, Radar, Decca, Funkpeiler (alle Frequenzen), Homing, Selbststeueranlage, Videoplotter,<br>Fremdlenzanlage, Hospital, Feuerlöschanlage 2200<br>t/h, Verdrängung 100 t<br>**Geschwindigkeit 24 Knoten**<br>Tochterboot<br>Länge 7,50 m, Breite 2,50 m, Tiefgang 0,75 m,<br>165 PS<br>Geschwindigkeit 17 Knoten |
| | **EISWETTE**<br>**FRITZ BEHRENS**<br>**MINDEN / \***<br>**VORMANN LEISS / \***<br>**NIS RANDERS / \* / \***<br>**VORMANN JANT-**<br>**ZEN / \* / \***<br>**HANNES GLOGNER / \* / \*** | Länge 23,30 m, Breite 5,64 m/\* 5,50 m,<br>Tiefgang 1,70 m,<br>zwei Propeller, je 1038/\* 972 PS – 2076/\* 1944 PS,<br>Funk, Echolot, Radar, Decca, Funkpeiler (alle Frequenzen), Homing, Selbststeuer-, Fremdlenzanlage,<br>Hospital, Feuerlöschanlage (\* 380 t/h), Verdrängung<br>60 t/\* 66 t<br>**Geschwindigkeit 20 Knoten**<br>Tochterboot<br>Länge 7,00 m, Tiefgang 0,60 m, 165 PS<br>Geschwindigkeit 17 Knoten/\* 20 Knoten |
| | **OTTO SCHÜLKE**<br>**HANS LÜKEN**<br>**H. J. KRATSCHKE**<br>**G. KUCHENBECKER** | Länge 18,90 m, Breite 4,30 m, Tiefgang 1,40 m,<br>ein Propeller 830 PS,<br>Funk, Echolot, Radar, Funkpeiler (alle Freuqenzen),<br>Decca, Kreiselkompaß, Selbststeuer-, Feuerlösch-<br>und Fremdlenzanlage, Verdrängung 35 t<br>**Geschwindigkeit 16 Knoten**<br>Tochterboot<br>Länge 5,50 m, Tiefgang 0,50 m, 54 PS<br>Geschwindigkeit 8 Knoten |
| | **PAUL DENKER** | Länge 16,80 m, Breite 3,80 m, Tiefgang 1,35 m,<br>ein Propeller 665 PS,<br>Funk, Echolot, Radar, Feuerlösch- und Fremdlenzanlage, Verdrängung 28 t<br>**Geschwindigkeit 15 Knoten**<br>Tochter-(Schlauch-)Boot, 18 Knoten |
| | **SIEGFRIED BOYSEN**<br>**EDUARD NEBELTHAU** | Länge 12,20 m, Breite 3,00 m, Tiefgang 1,00 m,<br>ein Propeller 240 PS,<br>UKW-Sprechfunk, Echolot, Radar, Verdrängung 10 t<br>**Geschwindigkeit 15 Knoten** |

| | | |
|---|---|---|
| | **WILHELM HÜBOTTER**<br>**CARL A. WUPPESAHL**<br>**WALTHER MÜLLER**<br>**HÖRNUM**<br>**ARTHUR MENGE** | Länge 9,00 m, Breite 2,70 m, Tiefgang 0,90 m,<br>ein Propeller, Motorleistung 150 PS,<br>UKW-Seefunk, Radar, Echolot, Fremdlenzpumpe<br>Bergungspforte, Verdrängung 5 t<br>**Geschwindigkeit 13 Knoten** |
| | **ASMUS BREMER**<br>**MARIE LUISE RENDTE**<br>**FRANZ STAPELFELDT**<br>**GÜNTHER SCHÖPS**<br>**GERHARD TEN DOORN-**<br>**KAAT**<br>**KARL VAN WELL** | Länge 8,28 m, Breite 3,10 m, Tiefgang 0,80 m,<br>Motorleistung 180 PS,<br>ein Propeller, UKW-Seefunk, Decca-Navigator,<br>Radar, Echolot, Fremdlenzpumpe, Bergungspfor<br>Verdrängung 4,5 t<br>**Geschwindigkeit 17 Knoten** |
| | **TAMINA** **SWANTJE**<br>**GESINA** **ELTJE**<br>**ILKA** **SWANTI**<br>**KAATJE** **MÖVENORT**<br>**SÜDPERD** **NORDDEICH**<br>**MAX CARSTENSEN** | Länge 7,00 m, Breite 2,34 m, Tiefgang 0,60 m,<br>ein Propeller, Motorleistung 54 PS,<br>UKW-Seefunk, Echolot, Bergungspforte, Verdrä<br>gung 2 t<br>**Geschwindigkeit 10 Knoten** |

Stand Frühjahr 1993 – die Anzahl der 8,5-Meter-Boote wird von sechs auf fühnfzehn erhöht (Typ ASMUS BREME

aller Seenotkreuzer flammspritzverzinkt. Selbstverständlich mußte die Außenhaut besonders stark und widerstandsfähig ausgebildet sein, damit die Kreuzer auch Grundberührungen und schwere Stöße gegen ein Wrack weitgehend aushalten können. Sämtliche Tanks für Brennstoff und Wasser verlegte man an die Außenwände, so daß praktisch eine doppelte Rumpfumwandung entstand. Damit war die Zweischalenbauweise der herkömmlichen Rettungsboote wieder erreicht. Diese »zweite Außenhaut« erstreckte sich auch über den ganzen Maschinenraum. Ein Seenotkreuzer muß nicht nur in Brandung und Grundseen gute See-Eigenschaften besitzen, einwandfrei manövrieren und unter schwersten Bedingungen bei einem Wrack oder Havaristen längsseits gehen können, sondern auch seine Propeller-Schubkraft an die verschiedenen Fahrtstufen anpassen können. Bei den Dreischraubenschiffen vom 44-Meter- und 27-Meter-Typ werden im Normalfall beide Seitenmotoren benutzt, während man bei Rettungsfahrten zum Erzielen maximaler Geschwindigkeit und Schleppleistung den starken Mittelmotor samt Propeller zusätzlich verwendet.

Zur Rettungsausrüstung der Seenotkreuzer zählen Kletternetz, Sprungnetz, Lecksegel, Fremdlenzanlage, transportable E-Pumpen mit Kabel, Schleppgeschirr und Suchscheinwerferanlage dazu. Noch die 26-Meter-Seenotkreuzer hatten außerdem einen tragbaren Raketenapparat an Bord. Dank der flexiblen Kombination Mutterschiff-Tochterboot wurde er kaum noch benötigt – Einsätze wie der folgende waren selten:

## Durchs Wasser an das Kletternetz

»Die Seenotwache Borkum meldete am 2. August um 17.12 Uhr dem Seenotrettungskreuzer GEORG BREUSING (Vormann Wilhelm Eilers), daß das Motorschiff FINKWARDER mit Motorschaden etwa drei Seemeilen nordöstlich vom Feuerschiff BORKUMRIFF treibe und das Flaggensignal »Ich benötige Hilfe« gesetzt habe. Das Motorschiff hatte keine Funkanlage.

Obwohl sehr hoher Seegang bei NNW-Wind Stärke sieben stand, lief der Seenotrettungskreuzer mit voller Fahrt, schwer arbeitend. Beim Riffgat bemerkten die Rettungsmänner, daß sich das Tochterboot in der Heckwanne aus seinen Halterungen losgerissen hatte. Es mußte gestoppt und das Boot mit den zur Verfügung stehenden Mitteln neu gelascht werden. Danach entschlossen sich die Rettungsmänner, durch das verhältnismäßig flache Nebenfahrwasser »Riffgat« zu laufen, um damit den Anmarschweg um gute drei Meilen abzukürzen. Die See war hier jedoch so steil und grob, daß nur mit den Seitenmotoren zeitweise ganz langsam gefahren werden konnte. Ein Durchschlagen in der Grundsee mußte unter allen Umständen vermieden werden.

Als nach Passieren der Ansteuerungstonne die See langsam wieder länger wurde, erhöhte man die Geschwindigkeit. Schwere Regenschauer verringerten zeitweilig die verhältnismäßig gute Sicht bis auf eine halbe Meile. Um 19.25 Uhr er-

reichte GEORG BREUSING das Küstenmotorschiff FINK-
WARDER, bei dem sich das Motorschiff ELKE befand, das die
Seenotmeldung vermittelt hatte. Der mit Holz beladene Havarist trieb dwars in der hohen See. Ein Teil des Steuerhauses
war weggeschlagen, massive Eisenteile hingen verbogen
außenbords. In der Nähe des Steuerhauses zählten die Rettungsmänner neun Personen – mehr als die normale Besatzung eines solchen Schiffes –, darunter einen kleinen Jungen.
Alle hatten Schwimmwesten angelegt. Eine Verständigung
war nur durch Zuruf möglich, und der Kapitän der FINK-
WARDER bestand darauf, einen Teil seiner Besatzung zu übergeben, bevor Bergungsversuche unternommen wurden.

Ein Längsseitsgehen des Rettungsbootes bei dem quer zur
See liegenden Havaristen war unmöglich: Die Schiffbrüchigen wären beim Versuch, sie auf diese Weise zu übernehmen,
mit großer Wahrscheinlichkeit zu Tode gequetscht worden.
Auch die Möglichkeit, die FINKWARDER vor die See zu
drehen und dann längsseits zu gehen, wurde fallengelassen,
weil beim Anschleppen Kentergefahr bestanden hätte und
beide Schiffe gefährdet worden wären.

Der Vormann entschloß sich daher, die Leute mit der Hosenboje von Schiff zu Schiff durchs Wasser zu holen, das eine
Temperatur von etwa 18 Grad hatte. Nach Übergabe der
Hosenboje und Ausbringung des Kletternetzes wurden fünf
Leute nacheinander herübergeholt. Bei der starken Bewegung beider Schiffe war es schwierig, durch ständiges Manövrieren beide in etwa gleichbleibendem Abstand zu halten.

Dramatisch war die Übernahme der Schiffbrüchigen aus
dem Wasser. Einige der Geretteten klammerten sich in den
Kletternetzen und an dem Geländer mit allerletzter Kraft so
fest, daß sie von den Rettungsmännern mit Gewalt an Bord
gezogen werden mußten. Hierbei rissen zwei Geländerstüt-
zen ab, so daß beinahe drei Rettungsmänner über Bord gegangen wären.

Nachdem fünf Mann übernommen waren, wurden deren

Schwimmwesten als zusätzliche Sicherung auf die FINK-WARDER gegeben, auf der Kapitän, Steuermann, ein Matrose sowie der kleine Junge, ein Verwandter des Kapitäns, zurückgeblieben waren. Die Rettungsmänner hätten gern auch den kleinen Jungen übernommen, doch war die Hosenboje zu groß für ihn und das Anbordholen dadurch zu gefährlich. Das war auch die Meinung des Kapitäns des Havaristen, der von seinem Schiff aus die Rettungsaktion in vorbildlicher Weise unterstützt hatte.«

So weit der Bericht von Vormann Eilers. Glücklicherweise gelang es später dem Bergungsschlepper WOTAN, das havarierte Schiff – unter Sicherung durch den Seenotkreuzer – nach Emden einzuschleppen, so daß schließlich alle Besatzungsmitglieder außer Gefahr kamen.

Der Bericht zeigt jedoch deutlich, daß die Hosenboje bei einer Rettung von Bord zu Bord durchaus Nachteile haben kann. Ihre Schwimmlage ist unglücklich, Kinder können außerdem damit kaum übernommen werden. Darum verwenden die deutschen Rettungsmänner als Schwimmrettungsgerät lieber die weiche, als Halskragen umlegbare Schaumstoff-Rettungsboje SECUMAR 17, die auf allen deutschen Seenotkreuzern auch die Rettungsringe ersetzt.

## Die PELLA strandet im Rütergat

Auf der VIII. International Life Boat Conference, die im Juni 1959 unter Teilnahme von Delegierten aus 17 Nationen in Bremen stattfand, standen die holländischen und britischen Fachleute den allzu revolutionär erscheinenden Seenotkreuzern der Deutschen noch skeptisch gegenüber. Sie wollten nicht glauben, daß diese eleganten, schnellen Fahrzeuge ebenso derbe Grundbrecherknuffs und Aufprallschläge gegen ein Wrack vertragen könnten wie die früheren Typen der MRBs. Inzwischen haben die Erfolge der Seenotkreuzer aber bewiesen, daß der eingeschlagene neue Weg richtig war.

Vor allem im Wattenmeer der Deutschen Bucht haben sich die SKs als ideale Allzweckfahrzeuge erwiesen, die auch mit Bergungs- und Feuerlöschpumpen, Schläuchen und Strahlrohren für die Brandbekämpfung, Rettungssprungnetz, Perlonkletternetz für die Bordwände, Bordhospital sowie mit Apotheken- und Arztausrüstung versehen sind. Die Schleppleistung der Seenotkreuzer ist ebenfalls hervorragend. In vielen hundert Fällen gelang das Abbergen oder Einbringen von Yachten, Fischereifahrzeugen, Kümos, die aufgelaufen oder gestrandet waren. Gewerbliche Bergungsfahrzeuge stehen längst nicht überall zur Verfügung, so muß meistens rasch gehandelt werden, wenn überhaupt noch Aussicht auf einen »vorbeugenden Rettungsdienst« bestehen soll.

Obwohl eigentlich nur als Versuchskreuzer gedacht, erfüllte auch »meine« gute alte BREMEN im aktiven Rettungseinsatz der Stationen Bremerhaven, Hörnum/Sylt und Amrum voll ihren Zweck. Ihr wohl bekanntester Erfolg dürfte die Rettung der 25köpfigen Besatzung des libanesischen Erzfrachters PELLA gewesen sein. Bis heute kann sich an der Waterkant niemand so recht erklären, wie der Frachter, der eigentlich in die Elbmündung hineinsteuern wollte, derart weit vom Wege abkommen und westlich Norderoog auf Grund geraten konnte. Der Navigationsfehler war derart grob, daß ein Zitat von Joseph Conrad an diese Stelle paßt: »Da ruft jemand ›Brandung voraus!‹ – und ein lange genährter Irrtum, ein komplizierter Aufbau aus Selbstbetrug, übermäßigem Zuvertrauen und falschen Folgerungen bricht zusammen, entweder durch den tödlichen Schrecken oder das herzzerreißende Geräusch, mit dem der Kiel des Schiffes über das ... Riff hinwegzukommen versucht!«

Am 2. August 1964 wehte es mit Westnordwest, starken Regenschauern und schweren Böen von Windstärke acht, als die Seenotleitung Bremen um 19.15 Uhr den Seenotkreu-

zer BREMEN von der Rettungsstation Amrum alarmierte, es
solle ein großes Frachtschiff vorm Rütergat festgekommen
sein. Der Bergungsschlepper ATLAS befände sich in seiner
Nähe. Vormannstellvertreter Tadsen setzt sich sofort mit
ihm in Verbindung. Er erfährt die Position des Havaristen genauer – und dabei wird ihm mit der Instinktsicherheit eines
nordfriesischen »Seefuchses« klar, daß dieser Seeunfall an
dieser Stelle und bei der Windrichtung unweigerlich zur Katastrophe führen muß. Er ergänzt die Besatzung der BRE-
MEN vorsorglich durch die rasch herbeigerufenen freiwilligen Rettungsmänner Johannsen und Ricklefs. Dann läuft
die BREMEN aus. Sie schlingert im Rütergat zum Gotterbarmen, weil sie die Seen fast von der Seite bekommt.

Gegen 21.30 Uhr erreicht der Kreuzer den Havaristen, der
mit voller Erzladung von 10 000 Tonnen im Bauch quer
zum Sturm in der Brandung liegt. Ab und zu springen ganze
Wolken von Spritzwasser an der luvseitigen Bordwand empor. Der Seenotkreuzer tastet den Erzfrachter mit seinen
Turmscheinwerfern ab, und Harry Tadsen liest nun den
Schiffsnamen PELLA. Der Kreuzer geht in Rufnähe an den
Havaristen heran und bietet seine Hilfe an. Und es geschieht wieder einmal, was sich so häufig ereignet: Der griechische Kapitän hat den bitteren Ernst seiner Lage noch
nicht erkannt! Die Rettungsmänner aber wissen sehr wohl,
daß auch der starke Bergungsschlepper den gestrandeten
Frachter, der bei auflandigem Sturm in der Brandung des
Neu-Schmaltiefs liegt, nicht retten kann. Ebenfalls ist der
Einsatz des laut Funkmeldung zu Hilfe eilenden HERMES,
eines zweiten starken Bergungsschleppers, vergebens. Kostbare Zeit geht auch dadurch verloren, daß der griechische
Kapitän sich strikt weigert, überhaupt eine Schleppleine anzunehmen. Die BREMEN hätte sonst eine Leinenverbindung
zwischen der ATLAS und der PELLA hergestellt. Einige
Stunden später dürfte auch diese Chance endgültig vertan
sein, denn gegen 24.00 Uhr herrscht Niedrigwasser. Bei auf-

laufender Flut spätestens dürfte die Lage der vom Mahl-sand unterspülten PELLA kritisch werden.

Klaas Toxopeus, der schriftstellernde holländische Vor-mann, hat eine ähnliche Lage treffend charakterisiert: »Da lagen wir nun, drei Schiffe, und eins davon in Seenot ... Die anderen waren ungerufen zu Hilfe gekommen und warteten, obwohl das gestrandete Schiff jede Hilfe zurückwies. So geht es uns oft: Man muß klüger sein als die Menschen, die in Ge-fahr sind ... Man muß ungerufen kommen und dableiben, auch wenn die Hilfe nicht angenommen wird –, die Stunde kommt dennoch, ob auch noch so viele Kapitäne es erst nicht glauben wollen, wenn ihnen das Wasser an den Hals steigt.«

Die Griechen stehen an Deck herum und starren ziemlich verwundert die ranke, schlingernde BREMEN an. Aber im-mer hohler und unangenehmer werden die kabbeligen Seen, denn längst stehen Sturm und ablaufendes Wasser des Ebb-stroms gegeneinander. Die Brandung klatscht mit hörbarer Wucht gegen die Bordwand der PELLA, die sich mit ihrer »Bettschwere« von 10 000 Tonnen Eisenerz keinen Millime-ter bewegt.

Es wird eine böse, pechschwarze Nacht mit immer neuen Schauerböen und grausiger Begleitmusik des heulenden Sturmes, der die Takelage aller vier Schiffe zum Orgeln bringt. Immerhin bietet die PELLA in ihrer Dwars- oder Querlage zum Wind wenigstens ein bißchen Lee. Die Ret-tungsmänner können ihre BREMEN auf dieser vom Wind abgekehrten Seite, etwa 30 Meter von der PELLA entfernt, vor Anker legen und dort den weiteren Verlauf der Dinge ab-warten. Allerdings muß der Kreuzer mit beiden Propellern langsam gegen die Seen andrehen, denn der Anker allein würde die BREMEN nicht halten können. Der Kreuzer düm-pelt arg. Es läßt sich ohne Übertreibung behaupten, daß es schönere Ankergründe gibt als gerade das Neu-Schmaltief bei Sturmböen von Windstärke acht.

Harry Tadsen läßt kein Auge von dem Havaristen, seitdem das Wasser wieder aufläuft, die Flut also eingesetzt hat. Und er hat sich nicht getäuscht: Die 24 Griechen und der Holländer an Bord der PELLA werden morgens gegen 03.20 Uhr auffällig lebendig. Sie beginnen, wie aufgescheucht hin und her zu laufen. Auf der Kommandobrücke wird heftig gestikuliert. Jetzt glauben auch die Rettungsmänner trotz Sturmgeorgels zu hören, daß es im Rumpf des gestrandeten Frachters rummelt und knirscht. Die PELLA beginnt, langsam durchzubrechen. Mit deutlicher Aufregung in der Stimme bittet die Schiffsleitung über Funk, das Rettungsboot möge auf jeden Fall in der Nähe bleiben. Doch schon wenig später, um 04.00 Uhr, ruft sie offen um Hilfe. Die BREMEN beginnt unverzüglich mit der Rettungsaktion, die sich wegen aufsteilender Kreuzseen an den Stevenenden der PELLA und wegen unberechenbarer Strömungen schwierig gestaltet. Harry Tadsen tut dasselbe wie seinerzeit Wilhelm Eilers an der TEESWOOD: Er muß 20 einzelne Anläufe fahren, bis alle 25 Mann Besatzung von dem Erzfrachter übernommen sind. Dabei tänzelt die BREMEN zeitweise herum wie ein Stück Kork auf einer kochenden Flüssigkeit. Einmal holt sie so stark über, daß sie mit ihrem Mast hart gegen die PELLA schlägt und sich dabei eine Funkantenne abrasiert. Die zu ihrer Unterstützung aus Sylt kommende HINDENBURG III ist erst zur Stelle, als die Rettungsaktion schon beendet wurde. Doch kann nun MRB HINDENBURG wenigstens mit seiner Funkanlage einspringen und den Rettungserfolg an die Seenotleitung durchgeben. Ohne das sofortige unverdrossene Zupacken der unerschrockenen BREMEN-Rettungsmänner wäre es der PELLA-Besatzung böse ergangen. Kaum war nämlich der letzte Gerettete an Bord des Seenotkreuzers in Sicherheit, brach das Liberty-Schiff mit Donnergetöse vollständig durch.

# Notraketen am Kap Kullen

Die schwedische Dichterin Selma Lagerlöf hat in ihrer berühmten Kindererzählung über die wundersame Reise des kleinen Nils Holgersson mit den Wildgänsen den Kullaberg, das ebenso imposante wie düstere Kap Kullen, anschaulich beschrieben. Dieses Kap ist einer der faszinierendsten Punkte Europas. Hier bei diesem weit in die See hinausgreifenden Gebirgszug verliert sich der äußerste Ausläufer des Öresundes in der Weite des Kattegats. Auch bei strahlender Sonne verheißen die schwindelerregend steil ins Meer abfallenden Granitfelsen und ihre wildzerklüfteten Säume nichts Gutes. Kap Kullen ist der gefährlichste »Schiffsmörder« der schwedischen Küste. Ihm sind Hunderte von Segelschiffen – auch so manches Dampf- und Motorschiff – zum Opfer gefallen. Die Wrackkarte des Hydrographischen Instituts in Stockholm zeigt rings um den Kullaberg eine Vielzahl von schwarzen Kreuzen.

Es war meine erste Reise als Steuermann und Wachführer auf der großen Segelyacht SIMON VON UTRECHT, einem ehemaligen Segelschulschiff, das damals Flaggschiff meiner Seglerkameradschaft »Hansa« war. Diese sogenannte 16-KR-Yacht war der größte deutsche Segler ohne Hilfsmotor. Der gute alte SIMON wurde 1923 von einer Danziger Werft aus edelsten Hölzern außerordentlich knuffig und haltbar gebaut, zugleich aber war er ein höchst temperamentvoller »Seevogel« mit dem Unterwasserschiff einer Ozeanrennyacht. In rund 40 Jahren Fahrenszeit über die stürmischen Gewässer Nordeuropas bis hinauf nach Spitzbergen hatte dieses ungewöhnliche Schiff trotz intensiver Pflege ein etwas ramponiertes Aussehen bekommen. Bisweilen rümpfte ein Snob unter den Eignern großer Millionärsyachten die Nase, wenn dieser Seeveteran in einer Schleuse des Nord-Ostsee-Kanals oder in irgendeinem überfüllten skandinavischen Hafen an seinen Traumkreuzer längsseits kommen mußte. Und doch haben wir gerade dieses alte Schiff ungewöhnlich liebgewonnen! Auf vier Langfahrten in die nordischen Länder erkannte ich, daß der wegen seiner Schnelligkeit berühmte SIMON VON UTRECHT jeder anderen Großyacht davonlief. Und man fuhr auf diesem Schiff wie auf einem Oldtimer zur See: mit Petroleumlaternen, schweren Stockankern, vorsintflutlichen Winden. Das Großsegel von 150 Metern Grobtuch mußte in unendlicher Plackerei von Hand gerefft werden. Bei jedem Wenden wurden die Backstage oder Preventer mühselig losgeworfen oder mit dem Block durchgeholt – je nachdem, nach welcher Seite der tonnenschwere Großbaum ausgebracht werden mußte. Ohne die Preventer aber, die den Mast schräg nach hinten versteiften, bestand Gefahr, daß einem das gesamte Rigg, die Takelage, irgendwann auf den Kopf fiel. Die Masthöhe betrug 23 Meter, was immerhin der halben Großmasthöhe der Bark GORCH FOCK entspricht.

Wenn überhaupt, dann wurden wir auf diesem »Knochenschiff« Seeleute.

Auf meiner ersten Steuermannsreise auf diesem weitbekannten »Plünnenkreuzer« segelten wir schließlich von Bornholm in Hartlage und Braßfahrt von 13 Knoten durch den Öresund. An Kopenhagen vorbei sollte der schwedische Hafen Mölle unser Ziel sein, der zum Öresund hin an der Innenkante des Kullaberges liegt. Ich weiß es noch wie heute: Nachts um halb zwei brechen die wenigen Lichter von Mölle aus dem Dunst heraus. Die Stimmung dieser Nacht ist so, daß sie nur Joseph Conrad hätte schildern können: »Ein dünner, silbriger Nebel verschleiert den stillen majestätischen Glanz des sanften, schattenlosen Lichtes und scheint dem Himmel die Ferne und der See die Unendlichkeit zu nehmen. Es ist einer der Tage, an denen sich die machtvolle See wirklich liebenswert zeigt – wie ein starker Mann im Augenblick stiller Innerlichkeit.«

Mölle mit einem Segler dieser Größe anzusteuern, birgt ein

gewisses Risiko in sich. Bei Nordweststurm kann man dort gehörig »einwehen«, der Hafen bietet dann keinen wirklichen Schutz. Wir vertrauen aber unserem guten Stern, denn SIMON VON UTRECHT war immer ein glückhaftes Schiff, und versuchen einzulaufen. Die drohenden Steilfelsen des nahen Kaps Kullen liegen gnädig hinter den weißen Nebelschleiern verborgen.

Gegen drei Uhr morgens schläft der Wind fast vollständig ein. Die See ist glatt wie flüssiges Metall geworden. Wir gleiten nur noch dezimeterweise vorwärts. Bald ergeben meine Peilungen, daß unsere Fahrt geringer ist als der aus dem Sund hinaussetzende Gezeitenstrom. Wir entschließen uns daher, bis Sonnenaufgang und Aufkommen der üblichen Morgenbrise kurzfristig zu ankern. Unweit der Küste, bei Möllehäsle, finde ich einen halbwegs passenden Ankergrund. Mit Rücksicht auf den bald kenternden oder umkippenden Gezeitenstrom vermooren wir das Schiff vor beiden Ankern.

Das Barometer zeigt friedliche Werte an. Der Sonnenuntergang am Vorabend war so, wie man ihn sich nur wünschen konnte. Weder beim Hafenamt von Kopenhagen noch im Seewetterbericht von Radio Göteborg wurde irgendeine Sturmwarnung gegeben.

Nach »Fallen Anker« freut sich unsere neunköpfige Besatzung auf zwei Stunden Schlaf in der warmen Koje. Die erste Ankerwache übernimmt der Skipper. Und ich kann mir nicht erklären, warum mich schon eine Viertelstunde später ohne ersichtlichen Anlaß eine panikartige Unruhe, eine Art Grauen packt. Immer häufiger befühle ich die beiden Ankerketten. Sie verhalten sich völlig ruhig, beide Anker halten also gut. Auch kann ich das Barometer anleuchten, soviel ich will – es zeigt günstige Hochdruckwerte und bleibt unverändert!

Ich weiß nicht, warum sich das Steuerruder plötzlich wie wild gebärdet. Ich muß es mit einem Tampen fesseln. Es kommt mir vor, als wolle das Schiff unter allen Umständen von diesem durchaus guten Ankerplatz wieder weg. Ich werde so hochgradig nervös, daß ich Jähzornausbrüche kriege. Ich scheine Fieber zu bekommen, irgend etwas stimmt mit mir nicht.

Plötzlich ist es, als ob eine erhobene Axt aus dem Halbdunkel dieser seltsamen Nacht herunterschwingt. Mit beinahe explosiver Gewalt springt eine Bö den ankernden Segler an, der auf dem künstlich kleingehaltenen Drehkreis seiner »vermoorten« Anker schlagartig auf die Landseite herumschwingt und derart schnell im Leegerwall, im genau auflandigen Sturm, liegt, daß Käptn Trolly beide Wachen an Deck alarmieren muß.

Denn der Wind, der schließlich fast eingeschlafen war, ist unversehens von Nordost in einen Westsüdwest mit Stärken bis zu zehn umgesprungen. Wir sind genau in die ganz schmale Zugbahn eines besonders gefährlichen Sommerorkans hineingeraten, der wie ein Rasenmäher, ohne vorherige Barometerankündigung, über Westschweden hinwegtobt und beinahe schon Hurrikan-Charakter hat. So etwas hat keiner von uns jemals vorher erlebt.

Schon nach Minuten springt hinter uns eine tosende Brandung empor, in die uns der Sturm jetzt mit einer Schubkraft von mehreren Dutzend Tonnen – durch den extremen Winddruck auf die hohe Takelage – unweigerlich hineinschiebt, trotz zweier ausgebrachter Anker. Und wir haben keinen Motor!

Die Besatzung arbeitet wie vom Teufel besessen, um das riesige Großsegel von Hand zu reffen, also durch Einbinden flächenmäßig zu verkleinern. Wir können der sicheren Strandung nur durch ein Hasardmanöver entgehen: Wir müssen versuchen, schleunigst Segel zu setzen und aus dieser tödlichen Falle herauszukreuzen.

Unser Skipper hat gute Nerven. Er spricht geradezu sanft auf die Crew ein und erreicht mit seiner Ruhe, daß in nie dagewesener Rekordzeit das Einbinden der drei Reffs in das schwere, turmhohe Großsegel gelingt. Es kann gleich gesetzt, in die Höhe gewuchtet werden.

Aber erst müssen wir irgendwie die beiden Anker aus dem Wasser kriegen. Auf dem Vorschiff arbeiten alle Mann mit einer Kraft, wie sie nur Wut und Verzweiflung hervorbringen, an den Ankerketten. Es ist aber bei diesem extremen Winddruck auf das hohe Rigg vollständig unmöglich, die Ketten auch nur »kurz Stag« zu hieven – also so kurz einzuholen, daß die Seel gesetzt und die Anker aus dem Grund herausgebrochen werden können. Der Skipper und ich fassen den schwersten aller seemännischen Entschlüsse: Wir müssen beide Ankerketten slippen, wegwerfen – und das kurz vor der Brandung, in schwerem Leegerwall. Das ist etwa dasselbe, als wenn man vor dem Befahren einer steilabschüssigen Gebirgsstraße Bremsen und Kupplung aus dem Auto entfernen wollte.

Das Slippen der Ankerketten ist Aufgabe des Steuermannes. Und bevor ich hastig in die Kettenlast »hinuntertauche«, um diesen folgenschweren Entschluß in die Tat umzusetzen, springt mich das riesengroß aus dem Dämmerlicht heraustretende, von Nebelschleiern plötzlich freigeblasene Kap Kullen geradezu an. Die weißen Brandungsgeysire am Fuße der Granitfelsen erscheinen so unheimlich wie ein Szenenbild des »Fliegenden Holländers«.

Mit diesem Bild vor Augen schlängle ich mich in der engen Kettenlast ganz nach vorn und löse – die Taschenlampe im Mund, Marlspieker und Hammer in den Fäusten – die schweren Endschäkel der Ankerketten. Dabei bricht mir der kalte Angstschweiß aus. Ich weiß sehrwohl, daß diese beiden Schäkelsplinte möglicherweise die allerletzten Barrieren sind, die uns noch von der Brandung und Vernichtung trennen.

Jetzt gebe ich ein Klopfzeichen nach oben, das der Skipper bestätigt. Die Besatzung soll das Großsegel setzen, was auch sofort geschieht. Es »killt« beim Aufheißen mit Donnergetöse, es schlägt fürchterlich um sich. Aber noch halten ja die beiden Anker unseren Vorsteven brav gegen den Wind. Freilich ist das Wort »halten« etwas übertrieben. Längst haben nämlich die beiden Anker das »Rennen« gekriegt. Sie gehen durch, obwohl wir 80 Meter Kette gesteckt haben, bei 16 Meter Wassertiefe! Mit widerwärtigem Geräusch schlittern sie über Grund.

Und dann ist es so weit, daß beide Anker geopfert werden sollen. Die Verantwortung dafür ist so schwer, daß ich noch einmal Klopfzeichen gebe und durch die Klüse nach oben brülle: »Also *tatsächlich* slippen?« Die Frage ist im Grunde blödsinnig, sie hat nur noch verzögernden Wert. Käptn Trolly klopft zurück und grölt zu mir herunter: »Jau, smiet weg den Schiet!«

Sekunden später flutschen die beiden Kettenenden mit einem letzten Schwanzschlag eilig und auf Nimmerwiedersehen durch die Klüse. Ich rutsche sofort an Deck zurück und besetze die Großschot. Die Crew hat inzwischen auf dem Vorschiff auch das Großsegel gesetzt und sogar die Fock. Jetzt wird die Fock so stark »backgehalten«, gewaltsam gegen den Wind gepreßt, daß unser Bug leewärts herumschwingt und die Yacht dadurch Fahrt schöpfen kann. Der Sturm preßt mit solcher Macht in die Segel, daß SIMON VON UTRECHT bis zum Kajütdach ins Wasser gedrückt wird. Wir »knüppeln« in äußerster Hartlage. Daß der Mast dieser Beanspruchung standhält, mutet wie ein Wunder an.

Aber das Schiff schießt tatsächlich, von Furien gehetzt, von dannen. Wir segeln uns von der Brandungszone frei. Brecher fetzen dabei über Deck, daß die Wanten wackeln. Drei Mann müssen gleichzeitig das Steuerruder bedienen, denn der Druck aufs Ruderblatt ist gewaltig geworden.

Der Skipper und ich sehen uns wortlos an. Wir wissen beide, daß uns dieser Hakenschlag nur eine Galgenfrist vergönnen wird. Bei diesem Sturm werden die Segel nur ein paar Seemeilen weit standhalten, dann aber wird uns die See erbarmungslos wieder zurückwerfen. Sie wird uns wohl direkt an den Felswänden des Kap Kullen zerschellen lassen. Wir werden also einen zweiten, sehr schweren Entschluß fassen und unbedingt SOS-Signale geben müssen.

Trotz schlimmer Seekrankheit haben die sicherheitshalber unter Deck verbannten vier Frauen unter unserer Besatzung Zigaretten in Brand gesetzt, damit Käptn Trolly beim Abfeuern der Fallschirm-Notraketen eine zuverlässige Zündquelle hat, denn an Deck ist alles hoffnungslos naß. Nach einigen Mühen gelingt das Abfeuern tatsächlich. Augenblicklich sind die Granitfelsen von Kullen in ein blutiges Rot getaucht, das wie der offene Höllenschlund aussieht. Und kaum sind die beiden Raketen verglüht, reißt Trolly nacheinander sämtliche noch nicht allzu naß gewordenen Handrotfeuer ab. Mit diesen bengalischen Notfackeln in der Faust erscheint der kleine, sehnige Skipper, vor Nässe triefend, wie der leibhaftige Klabautermann. Inzwischen lade ich die Sternsignalpistole durch und verschieße anschließend sämtliche Rotpratronen.

Von keiner Seite kommt eine Antwort. Niemand bestätigt unsere Notsignale mit weißen Signalsternen. Die brüllende See ringsum ist leergefegt. An der Küste liegen die Leute anscheinend im Schlaf. Nicht mal der Leuchtturmwärter von Kullen scheint uns bemerkt zu haben.

Immer noch segeln wir wie die Teufel davon und schinden jede nur mögliche Meile heraus. Da zerknallt mit der Lautstärke eines Böllerschusses die Fock, das dreieckige Vorsegel, in tausend Fetzen. Es ist unmöglich, die Reste dieses Tuches zu bergen. Da vorn besteht jetzt Lebensgefahr. Mit Getöse krachen die Brecher an Deck, der Gischt fliegt bis zur halben Masthöhe empor.

Zehn Minuten später reißt das überbeanspruchte Großsegel in gefährlicher Länge am Vorliek ein. Es hilft alles nichts, wir müssen »in den Wind schießen«, den Bug windwärts richten, und das tobende Segel schleunigst bergen.

Kaum ist der große Lappen gebändigt und festgemacht, fallen wir wieder ab. Wir nehmen allein unter Sturmfock wieder Fahrt auf. Einige Augenblicke später bereiten wir das Trysegel zum Setzen vor, vorsorglich auch die zweite Sturmfock.

Diese Maßnahme wurde rechtzeitig getroffen, denn bald »explodiert« auch die Sturmfock. Wir treiben momentelang vor »Topp und Takel«, während die Sturmfock II angeschlagen und gesetzt wird. Und während die Yacht erneut Fahrt aufnimmt, wird fieberhaft das Setzen des Try- oder Sturmsegels vorbereitet. Aber noch bevor es gesetzt werden kann, ist auch diese Sturmfock wieder zerknallt.

Eine halbe Stunde Danteschen Infernos maritimer Version: In qualvoller »Unterwasserarbeit« werden die zerfetzten Segel geborgen. Absichtlich haben wir das Trysegel bis jetzt aufbewahrt. Es wird nun sachgerecht aufgeheißt. Wieder kommt die Yacht in Fahrt, aber immer langsamer, mit immer weniger Segelfläche. Zu guter Letzt hält auch das Trysegel nicht mehr stand. Als es mit Getöse aus den Schoten reißt, sind wir restlos »ausverkauft«. Der ganze Kampf war also vergebens. Ohne Segel, ohne Anker und ohne Motor sind wir ein hilfloses Wrack: Die Granitfelsen vom Kap Kullen ziehen uns wie Magnete an.

Als letztes, wirklich allerletztes Mittel zur Verlängerung unserer Galgenfrist bringe ich in Luv den großen Treibanker oder Schleppsack aus. Damit verlangsamt sich unsere Todesdrift, ohne daß sie wirklich unterbrochen werden kann.

Mittlerweile ist es hell geworden. Das Kattegat ist von den Sturmseen schneeweiß geworden. Es dampft von Flugwasser. Wir schätzen die Wellenhöhe auf sechs bis acht Meter. Meine Ventimetermessung ergibt volle Windstärke zwölf.

Unter der Rah haben wir das bislang übliche internationale Notsignal N-C gesetzt. Bald bricht aber die Flaggleine, das Signal weht im Bogen davon. Wir setzen am Want die Flagge »in Schau«, die Nationalflagge mit einem Knoten in der Mitte, auch sie wird weggerissen. Zu guter Letzt setzen wir wahllos Hemden, Handtücher, Geschirrtücher als Notsignale – immer neue Textilien, was uns gerade unter die Finger kommt.

Zwar orgelt der Sturm mit solcher Phonzahl, daß man sich nur noch brüllend verständigen kann. Und doch ist es vor Treibanker in diesem Tohuwabohu unheimlich ruhig geworden. Das Schiff schießt nur noch in Vertikalbewegungen auf und ab. Und jedesmal, wenn uns ein Wellenberg auf seinen Gipfel emporstemmt, leuchten uns die Brandungsfontänen rings um das Kap wie gefletschte Kannibalenzähne entgegen.

Nein, uns hat wohl doch keine Menschenseele gesehen. Auf dem Kullaberg regt sich immer noch nichts. Es ist eine verdammte Situation, und man begreift sie kaum als Wirklichkeit: Vor gar nicht langer Zeit fuhr man als Rettungsmann auf dem Seenotkreuzer – und nun ist man plötzlich selbst in schwere Seenot geraten.

Nach einiger Zeit rollt, wälzt sich und schiebt sich ein großer polnischer Frachtdampfer, von Brechern überschüttet, in unsere Nähe. Ihm geht es wie vorhin uns beim Freisegeln: Er fährt mehr unter als über Wasser. Er versucht beizudrehen, was sich aber als vollständig unmöglich erweist. Dann versucht die Schiffsleitung, den Frachter mit rückwärts laufender Maschine auf der Luvseite vor uns zu setzen und uns damit ein bißchen Lee zu geben. Aber selbst zeitweiliges Auspumpen von Wellenberuhigungsöl hilft uns nicht sonderlich.

Die Polen versuchen wirklich alles. Sie werkeln, bis zum Bauch im Wasser, auf dem Wetterdeck herum. Aber das Schiff geht derart »zukehr«, daß weder das Zuwasserbringen eines Rettungsbootes noch das Ausbringen einer Schleppleine möglich sind. Auch wird der Frachter nicht allzu lange damit Erfolg haben, rückwärts gegen die Seen anzudampfen. Das Risiko ist viel zu groß. Der Kapitän wird sich bald davonmachen müssen, wenn sein langsames Einschraubenschiff nicht ebenfalls ein Opfer des Todeskaps werden will.

Der Frachter setzt sich wieder neben uns. Manchmal sehen wir die Kommandobrücke mit den polnischen Offizieren über einen Wellenkamm emporschießen – dann ist sie wieder weg. Einmal legt sich der Frachter so fürchterlich auf die Seite, daß das halbe Unterwasserschiff sichtbar wird. Schließlich aber schlägt ein schwerer Brecher die hintere Deckslast zusammen. Schon vorher waren offensichtlich einige Brückenfenster zu Bruch gegangen.

Nein, die haben da drüben nichts mehr zu gewinnen. Mit einer resignierenden Handbewegung signalisiert der hilfsbereite, aber machtlose Kapitän uns irgend etwas zu. Wir grüßen freundlich zurück. Und während er langsam in Richtung Öresund davonrollt, bleibt uns der Hoffnungsschimmer, daß der Dampfer uns über Funk gemeldet haben dürfte. Es wird nun bestimmt das Motorrettungsboot der nahegelegenen schwedischen Station Torekov kommen.

Natürlich wissen wir nicht, daß dieses Boot längst in See ist, um der ebenfalls in Seenot geratenen Galeasse CROSBY beizustehen. Dieser dänische Küstensegler war ebenfalls in höchster Bedrängnis. Das Motorrettungsboot BERNHARD INGELSSON aus Torekov kann sich schließlich nicht zerteilen.

Unsere Notraketen und Signalsterne sind jedoch gesehen worden!

Mit seemännischem Instinkt hatten sofort beim Losbrechen des Sturmes zwei Männer Ausguckposten bezogen: der von uns unterschätzte Leuchtturmwärter von Kullen und der Seelotse Arthur Axelsson aus Höganäs – einem Ort zwischen Helsingborg und Mölle. Diese Beobachter meldeten unsere Notsignale an den schwedischen Seenotdienst. Weil jedoch das Motorrettungsboot der nahegelegenen Station Torekov bereits anderweitig im Einsatz war, wurde die Lotsenstation Höganäs beauftragt, über Funk ihren eigenen

Kombi-Kutter, einen gleichermaßen als Lotsen- wie als Rettungsboot eingerichteten Stationskutter, zu alarmieren, der sich zu diesem Zeitpunkt bei dem (damals noch ausliegenden) Sund-Feuerschiff SVINBADEN befand.

Nach Erhalt dieser Meldung steuerte der Lotsenkutter spornstreichs seinen Heimathafen an, um dort einen Gegenstand an Bord zu nehmen, um den es im Gemeinderat von Höganäs tagelange Debatten gegeben hatte: Das Lotsenboot holte die größte Schlepptrosse, die den Lotsen und Fischern des Ortes jemals zu Gesicht gekommen war. Diese Riesenschlange wog mehrere Tonnen, sie hatte einen Durchmesser von 15 Zentimetern. Man hatte sie erst 14 Tage vor unserem Seenotfall beschafft! Und das ist die kuriose Vorgeschichte dazu:

Der längst pensionierte Lotsen-Eldermann, der »Schifferalte« von Höganäs, galt im Ort als ein bißchen wunderlich. Man sagte ihm nach, er sei »Spökenkieker«, er habe also das »zweite Gesicht« eines Wahrsagers. Er sei ein Mensch, der bisweilen von Ahnungen oder Alpträumen befallen würde, die seltsamerweise in Erfüllung zu gehen pflegten. Eines Nachts nun sah der Alte im Traum ein weißes, ausländisches Segelschiff vor dem Kullaberg in Seenot. Es trieb rettungslos auf die Granitfelsen zu, niemand konnte ihm helfen. Der Sturm war so schlimm, daß alle vorhandenen Schlepptrossen der Lotsen und Rettungsmänner brachen.

Der Alte konnte machen, was er wollte: Dieser Traum wiederholte sich von Zeit zu Zeit mit furchtbarer Deutlichkeit. Die Sache mit dem weißen Segler vorm Kap Kullen wurde allmählich zur fixen Idee. Der Alte beschwor den Schiffer- und den Gemeinderat, um Gottes willen eine ungewöhnlich dicke Schlepptrosse für Seenotfälle anzuschaffen. Sie würde freilich einige tausend Kronen kosten.

Man winkte ab. Aber der Alte blieb hartnäckig. Er machte den Seeleuten von Höganäs solange die Hölle heiß, bis er sie buchstäblich auf die Palme brachte. Nur um des lieben Friedens willen gab man endlich nach. Der Alte sollte seinen Willen kriegen, damit er endlich den Mund hielt.

So lieferte ein Schiffshändler aus Helsingborg das sperrige Ungetüm schließlich an. Die Umstehenden spotteten, ob etwa ein Hochseeschlepper in Höganäs stationiert werden sollte. Man müsse wohl die Turnhalle der Schule ausräumen, weil man sonst gar keinen Platz fände, diesen Lindwurm aufzubewahren. In diese Situation platzte nun unser Seenotfall. Es ist kein Wunder, daß die Männer auf dem kombinierten Lotsen- und Rettungskutter von Höganäs kein Wort darüber verloren: Die wußten alle, daß sie den Lindwurm ihres »Spökenkiekers« nun doch benötigen würden. Ganz deutlich wurde nämlich über Funk durchgesagt, daß da vorm Kap Kullen ein weißes Segelschiff in höchster Bedrängnis sei!

Wir haben von diesen Dingen natürlich keine Ahnung. Seit dem unvermeidlichen Abdrehen des polnischen Frachtdampfers sind wir wieder ganz allein. In unserer Rigg orgelt es mit Fortissimo. Immer »jumpen«, springen wir hinauf und hinunter. Immer größer und »einladender« blecken uns bei jedem Hochgestemmtwerden die geifernden Dreiecke der weißen Brandung an den Granitfelsen entgegen.

Der Skipper und die Männer haben sich am Kajütniedergang versammelt. Niemand sagt etwas. Nur ab und zu erneuert jemand mit seltsamem Gleichmut eine als Behelfsnotflagge dienende Textilie.

Einmal zieht mich der Skipper beiseite und flüstert: »Wie lange noch etwa?«

Nach Peilungen habe ich unsere Treibankerdrift geloggt. Flüsternd gebe ich Trolly zurück, daß in einer Dreiviertelstunde wohl alles vorbei sein werde.

Eine seltsame, halb andächtige und halb lethargische Stimmung breitet sich in Menschen aus, die plötzlich Gewißheit haben, daß sie mit ihrem Latein am Ende sind. Es gibt tatsächlich keine Hoffnung mehr. So ehrlich sind wir alle vor uns selbst.

Die Ventimetermessung ergibt in den Böen 40 Meter pro Sekunde Windgeschwindigkeit!

Selbst wenn jetzt noch jemand käme, könnte er uns wohl doch nicht mehr helfen. Der Winddruck auf unsere Takelage ist viel zu groß. Seltsam unwirklich nimmt man in solcher Stunde alle Dinge wahr. Zwar überlege ich, ob mit der Kapp-axt nicht doch das Rigg gefällt werden sollte, damit die Trei-bankerdrift verlangsamt werden kann. Dann aber verwerfe ich diesen Gedanken wieder. Was soll diese entsetzliche Schufterei, mit der man allenfalls eine lächerliche Viertel-stunde mehr herausgeizen könnte ... Es hat ja doch alles kei-nen Zweck. Die heranstürmenden Wassermauern spotten je-der Beschreibung.

»Du Hannes, eine *Tonne*!« schreit mich plötzlich einer von uns an. Er muß den Verstand verloren haben, denn als Navi-gator weiß ich, daß es hier weit und breit keine schwimmen-den Seezeichen gibt.

Augenblicke später brüllen vier Mann zugleich, daß direkt neben uns tatsächlich eine Tonnenspiere aus den Wellen auf-getaucht sei. Ich kann immer noch nichts erkennen. Als aber die nächste See SIMON VON UTRECHT anhebt, stemmt eine andere See die vermeintliche »Tonne« ebenfalls empor. Die gesichtete Spiere ist in Wirklichkeit der Mast eines Fahr-zeugs. Erbärmlich rollend ist der Rettungsboot-Lotsenkutter von Höganäs herangekommen!

Die da drüben machen unverständliche Gebärden, denn es ist bei diesem Sturm unmöglich, irgend etwas durchs Mega-fon schreien zu wollen. Die Männer auf dem Lotsenkutter klammern sich mit beiden Fäusten fest, ihre Zeichensprache ist daher spärlich.

Dann wirft eine See den Lotsenkutter ganz stark auf die Seite. Er kehrt uns, während wir selbst nach oben geschleu-dert werden, das Deck zu. Und dabei sehen wir die dort auf-geschossene Riesenschlange. Die wollen also mit dieser Su-pertrosse eine Leinenverbindung herstellen.

Da wir vor Treibanker liegen, kann der Lotsenkutter zunächst nur von achtern an uns heranmanövrieren. Wir machen eine Wurfleine klar und schmeißen sie nach Lee. Die Schweden fangen sie auf und stecken nacheinander immer dickere Leinen an. Sie geben laufend »Lose«, während der torkelnde und tobende Kutter im Kreisbogen um uns herumschert und sich auf unsere Luvseite verholt. Argwöhnisch passen die Schweden dabei auf, daß die hergestellte Leinenverbindung auf keinen Fall mit der einzigen Schraube des Bootes in Berührung kommt. Wenn jetzt der Propeller des Kutters ausfällt, ist das Schicksal unserer Retter ebenso besiegelt wie das unsere.

Wir sind nur fünf Männer auf unserem Schiff und sollen nun ohne Spill diesen Trossenlindwurm herüberholen! Obwohl er leewärts vom Lotsenkutter weggezerrt werden muß, glauben wir nicht, daß das jemals zu schaffen ist. Natürlich versuchen wir es mit aller Verzweiflung. Dabei arbeiten wir zumeist »unter Wasser«. Luft bekommen wir eigentlich nur, wenn uns der Kamm einer brandenden See ganz angehoben hat. Andererseits kriegen wir nur ein bißchen »Lose« in die Trosse, wenn wir wieder abwärts sausen. Schließlich schaffen wir die Herkulesarbeit seltsamerweise doch. Todesnot scheint übersinnliche Kräfte zu verleihen. Wir bekommen den Lindwurm tatsächlich an Deck und belegen ihn um den Untermast. Wir knoten ihn fest.

Die ganze Zeit über schuften die Schweden in höchster Gefahr. Sie müssen ja ihren Kutter auf der Stelle halten. Dazu benötigen sie ihre Maschine. Zweimal schleudern überkippende Sturmseen von vielleicht zehn Metern Höhe, offensichtlich Interferenzseen, den Bug des schwedischen Bootes so steil himmelwärts, daß der Kutter rückwärts mit drehendem Propeller genau auf seine Trosse fällt! Mit gewaltigem Wust von Luftblasen und silbrigen Strudeln verschwinden Kutterheck und »Lindwurm« unter Wasser. Aber es geht gut. Die Propellerblätter haben die Trosse nicht zerhackt.

Jetzt erst kann ich den Treibanker kappen, der sich mit dem Beiholer – der zweiten, dünnen Leine – keinesfalls mehr umstülpen und einholen läßt.

Und dann ist ein Wunder geschehen: Wir sind in Schleppfahrt. Allerdings ist der Seegang so schlimm, daß eine Einfahrt in den Sund vollständig ausscheidet. Der schwedische Vormann signalisiert herüber, daß er das Kap Kullen ganz zu umrunden gedenkt. Er will uns zu einem Nothafen bringen, der in Lee dieser Gebirgsnase liegt.

Zweieinhalb Stunden lang bekommen wie die Seen von der Seite, dann schräg von achtern. Wir können uns nur durch Einpicken unserer Sicherheitsleinen in die Relingstützen im Cockpit halten. Noch nie habe ich derartige Schlingerbewegungen bei irgendeinem Schiff erlebt. Aber die riskante Schleppfahrt gelingt! Wir erreichen endlich den kleinen Nothafen von Arild, der schwarz von Menschen ist. Unser Seenotfall hat sich überall herumgesprochen. Reporter von Presse und Rundfunk stehen auf der Mole. Wir bemerken in Hafennähe entwurzelte Bäume und erfahren, wie der unerwartete Sommerorkan hier gewütet hat. Er verursachte in Westschweden für viele Millionen Kronen Sachschaden: Er deckte Häuser ab, warf Boote auf den Strand und vernichtete als »Apfelpflücker« die gesamte Obsternte.

Die Rettung des »Tyske lyxkutteren SIMON VON UTRECHT« lieferte Schlagzeilen für die schwedische Tagespresse, weil wir unter allen in Seenot geratenen Schiffen direkt vorm Kap Kullen am schlimmsten drangewesen waren.

Erst beim Loswerfen der riesigen Schlepptrosse bemerken wir, daß trotz untergelegten Fendern, also sorgsamer Polsterung, dieser Lindwurm bei dem heftigen Seegang um die Hälfte seines Durchmessers durchgeschabt ist. Eine Trosse von geringerer Stärke hätte diese Höllenfahrt niemals ausgehalten. Unsere Versicherung wird die schwer beschädigte Trosse ersetzen müssen. Daß wir davongekommen sind, verdanken wir – wie wir erst jetzt gesagt bekommen – allein den Alpträumen eines schwedischen »Spökenkiekers«.

Unser »Lustkutter« sieht aus wie ein gerupfter, zerschlissener Vogel. Wir haben an und unter Deck für viele tausend Mark Sachschaden. Insbesondere im Schiffsinneren hat das Kattegat ganze Arbeit geleistet. Herausgebrochene Schränke und Backskisten, abgerissene Tische, aufgeplatzte Geschirrspinde, ein zertrümmerter Herd, zerschellte Flaschen, ausgelaufene Soßen bilden zusammen mit aufgeweichten Seekarten, nassem Kojenzeug, Signalflaggen, Petroleum, Zucker, Salz, Mehl, ausgelaufenem Wellenberuhigungsöl, herumschwappendem Wasser und hastig unter Deck geworfenen Segelresten ein unsagbares Durcheinander. Und es wird uns später kein Mensch glauben, daß die einzigen unbeschädigt gebliebenen Gegenstände in diesem Schiffsbauch 60 rohe Eier und eine Gitarre sind! Die aber waren, mit Kissen gepolstert, so sorgfältig in einer nicht zerbrochenen Backskiste weggestaut, daß sie die Schreckensszenen vorm Kap Kullen heil überstanden.

Bald zeigt sich, daß wir in Arild vom Regen in die Traufe gekommen sind. Der Sturm drückt soviel Wasser aus dem Hafen, daß unsere Yacht mit ihrem allzu großen Tiefgang auf Grund stößt. Wir können hier auf keinen Fall länger bleiben. Der Hafenmeister teilt unsere Befürchtung und alarmiert das Motorrettungsboot BERNHARD INGELSSON aus Torekov, das inzwischen vom Seenotfall der Galeasse CROSBY zurückgekehrt ist.

Bis zum Eintreffen des Motorrettungsbootes »flaut« der Sturm auf Windstärke zehn ab. Nun aber wird es höchste Zeit, daß wir den zu kleinen Hafen wieder verlassen. BERNHARD INGELSSON ist bald zur Stelle und bringt eine herrliche Bilderbuchgestalt mit: Das Boot setzt als Überführungslotsen den 92 Jahre alten Seniorvormann und Chef der Rettungsstation Torekov ab. Er heißt Georg Romare und ist örtlicher Lotsenältester. In seinen Augen liegt etwas von einer großen, anderen Welt. Die Augen dieses alten Windjammermannes aus der internationalen Gilde der »Cap Horniers« scheinen immer wissend in die Weite zu spähen. Aber dieser alte Mann bewegt sich mit der Rüstigkeit eines Jünglings auf unserer Yacht. Und während der Schleppreise kann ich mich einfach von Georg Romares Gesicht nicht losreißen. Im Geiste stelle ich sie daneben: Vormann Blogg von Cromer, Klaas Toxopeus von Oostmahorn, Fidi Rass von Norderney, Peter Carstens aus Hörnum – irgendwie sahen oder sehen sich die alten Rettungsboot-Vormänner alle ähnlich. Ihre Köpfe würden jeden Porträtfotografen und jeden Bildhauer faszinieren.

## Ein makaberes Museum

In weit ausholendem Bogen überqueren wir im Schlepp des Motorrettungsbootes die Skölderviken. Der Vormann von BERNHARD INGELSSON steuert geschickt, so daß wir trotz erneuter, mörderischer Schlingerei ohne Trossenbruch in dem kleinen Hafen Torekov endgültig Sicherheit finden. Hier haben wir den schwedischen Havariekommissar abzuwarten, der im Auftrag der deutschen Versicherungsgesellschaft unsere Sachschäden feststellen soll. Auch müssen wir uns für die Segel-Heimreise nach Deutschland vollständig neu ausrüsten.

Der Hafen von Torekov wird von einem Flaggenmast und dem an Land gehievten Hinterschiff eines hölzernen Schoners überragt. Dieser Rest eines gestrandeten Seglers ist, zusammen mit einer zusätzlich errichteten Halle, zum »Sjöfartsmuséet« geworden. Beide Museumsteile sind voll angeschwemmter Erinnerungsstücke, Galionsfiguren und Namensschilder von Schiffen aller Herren Länder, die im Bereich der Rettungsstation Torekov ihr Ende gefunden haben. Wir betrachten sie mit seltsamen Gefühlen, denn fast all diese Schiffe sind am Kap Kullen zerschellt.

Torekov bietet aber noch eine zweite Sammlung von Erinnerungsstücken, die freundlicherer Natur sind. Der Vormann des MRB BERNHARD INGELSSON, der »Räddningsskeppare« Ake Kullenberg, hat das stilvolle Hobby, sich von jedem geretteten Schiffbrüchigen oder von jeder geretteten Besatzung einen Rettungsring als Souvenir und Trophäe schenken zu lassen. Diese Ringe enthalten die Namen und Heimathäfen der in Seenot gewesenen Fahrzeuge. Die meisten Geretteten wurden, wie wir, vor dem Kap Kullen bewahrt.

Das Motorrettungsboot BERNHARD INGELSSON wurde übrigens von zwei vermögenden Schwedinnen gestiftet und der privaten Rettungsgesellschaft, der »Svenska Sällskapet för Räddning af Skeppsbrutne (SSRS)«, zur Verfügung gestellt. Das Boot wird ausschließlich von Freiwilligen bemannt – wie die meisten Rettungsboote der Gesellschaft. Nur auf den extrem frequentierten Stationen Holmsund, Örskär, Huvudskär, Grytt, Herrvik, Gö, Hanö, Rörö und Karingön sind hauptamtliche Rettungsmänner unbedingt nötig. Sie werden aber, wie auch in Deutschland, erforderlichenfalls durch Freiwillige verstärkt.

Die BERNHARD INGELSSON hatte sich bereits kurz nach ihrer Indienststellung »bezahlt gemacht«, als sie die gesamte vierundzwanzigköpfige Besatzung des deutschen Frachters NEPTUN rettete, der auf den Klippen von Hallands Väderöy gescheitert war. Die meisten Rettungsaktionen aber gelten Küstenschiffern, Fischern und Wassersportlern, wie überall.

Immer wieder fasziniert die Wortkargheit der Einsatzberichte solcher »Räddingsskepparen«. Es sind nur wenige Zeilen, die man jeweils über das Geleistete verliert. So heißt es in einem der Berichte von Vormann Kullenberg über einen der vielen Einsätze seiner BERNHARD INGELSSON lakonisch: »Wurden am 20. Dezember morgens um 04.50 Uhr von Göteborg Radio alarmiert, daß das Küstenmotorschiff TOEK aus Skive etwa zehn Seemeilen westlich von Tylön leckgesprungen sei. Um 05.00 Uhr kam durch, daß die Maschine des Kümo bereits wegen Überflutung des Maschinenraums ausgefallen sei. Um 06.40 Uhr trafen wir bei dem Havaristen ein. Die Seen brachen schwer über das bereits weit abgesackte Achterschiff hinweg. Die an Bord befindlichen Leute machten sich eilig zum Verlassen des sinkenden Fahrzeugs klar. Trotz starken Seegangs hatten wir das Glück, binnen zehn Minuten alle Schiffbrüchigen – sechs Männer, zwei Frauen und ein vierjähriges Kind – wohlbehalten auf die BERNHARD INGELSSON übernehmen zu können. Sie wurden sofort versorgt. Dann kam ein von uns herbeigerufener Schlepper heran. Wir brachten eine Schlepptrosse und Lenzpumpen zum Havaristen hinüber. Aber das vollgelaufene Schiff ließ sich nur ganz langsam schleppen. Gegen 10.45 Uhr brach die Schlepptrosse. Wir stellten eine neue Leinenverbindung her, die jedoch bald am Schlepper gekappt werden mußte. Das Motorschiff TOEK sackte endgültig weg. Wir aber liefen stracks nach Torekov zurück, wo wir die geretteten Schiffbrüchigen an Land brachten und einquartierten.«

In ganz Schweden wird der »Special Sea Rescue Service« von der privaten Rettungsgesellschaft und der Königlich Schwedischen Behörde für Schiffahrt und Navigation gemeinsam ausgeübt. Die private und die staatliche Instanz planen zusammen die richtigen Standorte und den notwendigen Aufbau neuer Stationen und Boote. Beide Organisationen sind überall vertreten. Auf der staatlichen Seite sind Schwedens Lotsenkutter fast alle als Motorrettungsboote eingerichtet und in den Seenotrettungsdienst integriert. Dies geschah ab 1872, als die Leitung der schwedischen Rettungsstationen von der Marineverwaltung ans »Kungl. Lotsstyrelsen«, an die Königliche Lotsen-, Leuchtfeuer- und Seezeichenverwaltung, übertragen wurde. 1907 entstand schließlich die private Gesellschaft zur Rettung Schiffbrüchiger. Aber nie empfinden sich die Männer auf der BERNHARD INGELSSON und auf dem Lotsenkutter von Höganäs als »Konkurrenten«. Ihre Einsätze werden von vornherein zwischen Schiffahrtsbehörde und Rettungsgesellschaft aufeinander abgestimmt, auch die Verantwortungsbereiche sind durch ein Abkommen geregelt: Die Schiffahrtsbehörde befaßt sich in erster Linie mit Rettungen direkt vor der Küste, die Rettungsgesellschaft mehr mit Rettungsaktionen auf offener See. Selbstverständlich helfen sich beide Organisationen gegenseitig.

Schweden darf sich rühmen, die wohl ältesten Menschenrechtsgesetze zum Schutz von Schiffbrüchigen geschaffen zu haben. Graf Birger, einer der Regenten Schwedens im 13. Jahrhundert, erließ eine Proklamation, derzufolge die Mißhandlung und Plünderung Schiffbrüchiger streng verboten wurde. Aber die Nachfolger dieses Regenten konnten nicht immer und überall verhindern, daß Schiffbrüchige an der Küste doch noch als Rechtlose behandelt wurden. Denn auch in Schweden war nur dort ein Richter, wo ein Kläger war. Und Schwedens Küsten sind extrem lang.

Im Jahre 1692 wurde die »Södra Dykerikompaniet« zum Retten von Schiffen und Gütern bei Schiffbrüchen gegründet. König Karl XI. erließ nochmals rigorose, erweiterte Instruktionen über die unbedingt vorzunehmende Rettung und Behandlung von Schiffbrüchigen. Und so unvollkommen die »Tauchereigesellschaft Süd« gewesen sein mag, sie war eindeutig die erste Organisation überhaupt, die sich in Schweden, vielleicht in Europa, von Amts wegen mit der Schiffbrüchigenrettung befaßte. 1831 hörte dann die »Södra Dykerikompaniet« auf zu existieren. Jahrelang gab es keine Rettungsaktionen mehr. Aber die Provinzgouverneure und andere Regierungsbeamte schafften bald örtliche Abhilfe. Die Bevölkerung wurde aufgerufen, Schiffbrüchigen unbedingt jede nur erdenkliche Hilfe zu leisten. Hier und dort wurden Rettungsboote englischen Typs beschafft und mit Freiwilligen bemannt. 1853 machte die schwedische Marinegesellschaft auf Betreiben von Commodore Melander den Vorschlag, systematisch, nach dänischem Muster, entlang der gesamten Küste Rettungsstationen zu errichten. Commodore Kleman reiste 1854 nach Dänemark, um dort den staatlichen Rettungsdienst zu studieren. Anschließend wurde dieser Marineoffizier beauftragt, die Südostküste der schwedischen Provinz Schonen zwischen Ystad und Simrishamn zu untersuchen. Er solle entscheiden, wo dort Stationen eingerichtet werden könnten. Es kam tatsächlich zum Aufbau einer staatlichen Rettungsorganisation, die unter Aufsicht der Marineverwaltung stand. Sie rüstete zunächst die Station Mälarhusen/Sandhammeren mit Rettungsboot und Raketenapparat und das Fischerdorf Sandvik allein mit einer Raketenausrüstung aus. Bis 1865 wurden elf weitere Stationen aufgebaut, und zwar an der West- und Südwestküste Schwedens sowie auf den Inseln Öland und Gotland. Commodore Kleman erhielt die Verantwortung als erster Inspektor dieses Rettungsdienstes über die neue Organisation übertragen. Ab 1881 wurde die Inspektion über die Rettungsstationen den jeweiligen Lotsenkommandeuren innerhalb ihres Lotsenbereiches übertragen. 1936 ab es 18 staatliche Rettungsstationen, deren Boote im Pferde- oder Motorzug zur Lanzierstelle verbracht wurden. Dieser Rettungsdienst war durchaus verdienstvoll. Bis 1933 hatte er rund 2300 Menschenleben gerettet.

Seit 1907 wurde dieser Seenotdienst durch die besonders erfolgreiche private SSRS ergänzt. Anstoß zu ihrer Gründung hatten besonders schwere Menschenverluste bei Schiffbrüchen des Jahres 1903 gegeben. Die tückische Westküste hatte diese Opfer gefordert. Und dabei stellte sich heraus, daß der staatliche Rettungsdienst allein nicht ausreichend war. Es kam nun darauf an, mit Hilfe der Wrackstatistik die noch »schwachen« Stellen herauszufinden: Die größte Anzahl von Schiffsstrandungen ereignete sich damals südlich von Gävle, vor Gotland und an der Westküste, insbesondere beim Kap Kullen.

Diese Küstenstrecken sind stellenweise mit Schären übersät, in deren Windschutz sich Rettungsstationen recht günstig anlegen lassen. Dazwischen aber liegen ausgedehnte Sandstrände ohne jeden Brandungsschutz. Noch schwieriger machen steinige Flachstrände, insbesondere bei Sturm, das Lanzieren von Rettungsbooten. An einigen Stellen der Küste, vor allem auf der langgestreckten Insel Öland, war außerdem die Siedlungsdichte so gering, daß einfach nicht genug Mannschaften zum Besetzen der Ruderrettungsboote zusammenkamen. An der schwedischen Westküste machen sich zwei verschiedene Meeresströmungen bemerkbar. Eine führt nordwärts, die andere kommt aus Nordosten. Letztere drückt ziemlich stark gegen die Küste der Provinz Bohus. Darum passierte es immer wieder, daß ortsunkundige oder leichtfertig navigierte Schiffe, die bei schlechter Sicht nicht häufig genug gelotet hatten, sich plötzlich mitten zwischen den gefährlichen Schären der Küste von Bohuslän wiederfanden.

Diese latente Gefahr hat die schwedische Rettungsgesellschaft bewogen, einen vorbeugenden Rettungsdienst einzurichten. Damit taten die Schweden das, was auch die Amerikaner, Japaner, Norweger, die Finnen und Isländer für richtig befanden. Sie entschlossen sich, außerhalb der bedrohlichen Schärengebiete besondere Patrouillen-Rettungsboote zu stationieren. Besonders bei schlechtem Wetter sollten diese Fahrzeuge draußen auf See kreuzen, um andere Schiffe rechtzeitig zu warnen oder sie sicher von den Schären wegzuführen. Auch zwischen den Leuchtfeuern von Örskär und Grundkallen wurde ein solcher Patrouillendienst eingerichtet. Denn dort sieht die Seekarte aus, als habe sie die »Masern«. Über und unter Wasser machen eine Unzahl von Schären und Riffen das sichere Navigieren schwer.

Die ersten Patrouillenboote waren infolge zu geringen Freibords noch nicht wetterfest genug. 1917 waren darum die Pläne für größere unbegrenzt seetüchtige Patrouillen-

kreuzer fertig, deren Generalplan dem von großen Fischereifahrzeugen der Westküste ähnelte. Die Boote erhielten neben
ihrer Besegelung einen 90-PS-Motor und liefen mit Maschinenkraft neun Knoten. Erstaunlicherweise wurde Patrouillenkreuzer JUSTUS A. WALLER schon 1920 mit Funktelefo-
nie (!) ausgerüstet.

Auf der II. International Life Boat Conference in Paris, im
Jahre 1928, hob man den damals neuesten Patrouillen-Kreu-
zer Schwedens lobend hervor. Erst recht wurde kurz danach
ein Neubau in der Fachwelt ein Begriff: Der 1930 in Dienst
gestellte, speziell für das tückische Schärengebiet zwischen
Örskär und Grundkallen gestiftete Patrouillenkreuzer DAN
BROSTRÖM. Er war so konstruiert, daß er in den langen
Winternächten bis zur im Dezember einsetzenden Vereisung
auf seinem Posten bleiben konnte, denn so lange besteht dort
reger internationaler Schiffsverkehr mit entsprechenden
Strandungsgefahren.

Flaggschiff der vier einsatzbereiten Patrouillen-Rettungs-
kreuzer wurde schließlich die 1944 erbaute Eichenholz-
Ketsch HELGE AX:SON JOHNSON, ein jachtähnlicher
50-Tonnen-Zweimaster mit einer 200 Pferdestärken leisten-
den Maschine. Dieses Patrouillen-Rettungsboot wurde speziell für die südliche Schärenzufahrt eingesetzt. HELGE
AX:SON JOHNSON war Mitte 1977 noch immer in Fahrt – als
»Räddningskryssaren« der Station Grankullavjke auf Öl-
and. Es dürfte das zuletzt erbaute hölzerne Motorrettungsboot Schwedens sein, denn auch die SSRS ging 1943 zur
Ganzstahlbauweise über.

Erst wollten die »konservativen« Rettungsmänner nicht so
recht an stählerne Rettungsboote heran. Sie befürchteten,
daß nach schweren Seeschlägen und Grundberührungen
Nieten wegspringen und sich so die Leckgefahr erhöhen
könnte. Dazu meinte man, daß Holzboote leichter zu repa-
rieren und billiger zu unterhalten seien. Aber seitdem im
Stahlschiffbau nicht mehr genietet, sondern geschweißt

wird, ist das stählerne Rettungsboot fraglos besser. Die schwedischen Rettungsmänner bemerkten dies eines Tages deutlich, als eines der ersten Stahlboote im Sturm sehr heftig gegen die Mole einer Hafeneinfahrt geschmettert wurde. Das Boot schlug sich ein beträchtliches Loch ins Vorschiff. Eine Werftliegezeit war jedoch unmöglich, da das Rettungsboot an dieser Stelle unentbehrlich war. Und siehe da: Der Maschinist, von Beruf Dorfschmied, behob den Schaden binnen kurzem provisorisch mit Schneidbrenner und Schweißgerät. Nach dieser Selbsthilfe fuhr das Motorrettungsboot noch anderthalb Jahre lang Einsätze, ehe es in der Werft endgültig repariert werden konnte.

Schwedens erstes Motorrettungsboot aus Stahl, die 1943 in Dienst gestellte BROR ULRICH von der Station Hoburg an der felsigen, immer wieder Schiffe gefährdenden Südspitze Gotlands wurde schon im ersten Einsatzjahr legendär. Das Boot rettete 105 Menschen aus Seenot, machte elf »aufgebrummte« Schiffe mit zusammen 59 »Seelen« an Bord wieder flott und barg 1340 Flüchtlinge aus der Ostsee, die mit zumeist völlig unzureichenden Kleinbooten aus den baltischen Ländern geflohen waren. Die Rettungsstation Hoburg hat sich überhaupt nie über »Arbeitslosigkeit« beklagen müssen!

Im übrigen ist einleuchtend, daß die in ihrer Struktur so unterschiedliche Küste von Schweden dazu zwingt, an den verschiedenen Küstenabschnitten je nach deren Eigenart Rettungsboote verschiedenen Typs einzusetzen. Nach gründlichem Erfahrungsaustausch mit den auf diesem Gebiet besonders erfahrenen Holländern und Dänen ging man 1935 daran, die Ruderrettungsboote nach und nach durch moderne, von Traktoren gezogene Strand-MRBs zu ersetzen. Typschiff der neuen Strandbootflotte, deren Bedeutung heute verringert ist, wurde die ADOLF BRATT von der westschwedischen Station Falkenberg.

Anstelle von in die Brandung lanzierbaren Booten werden

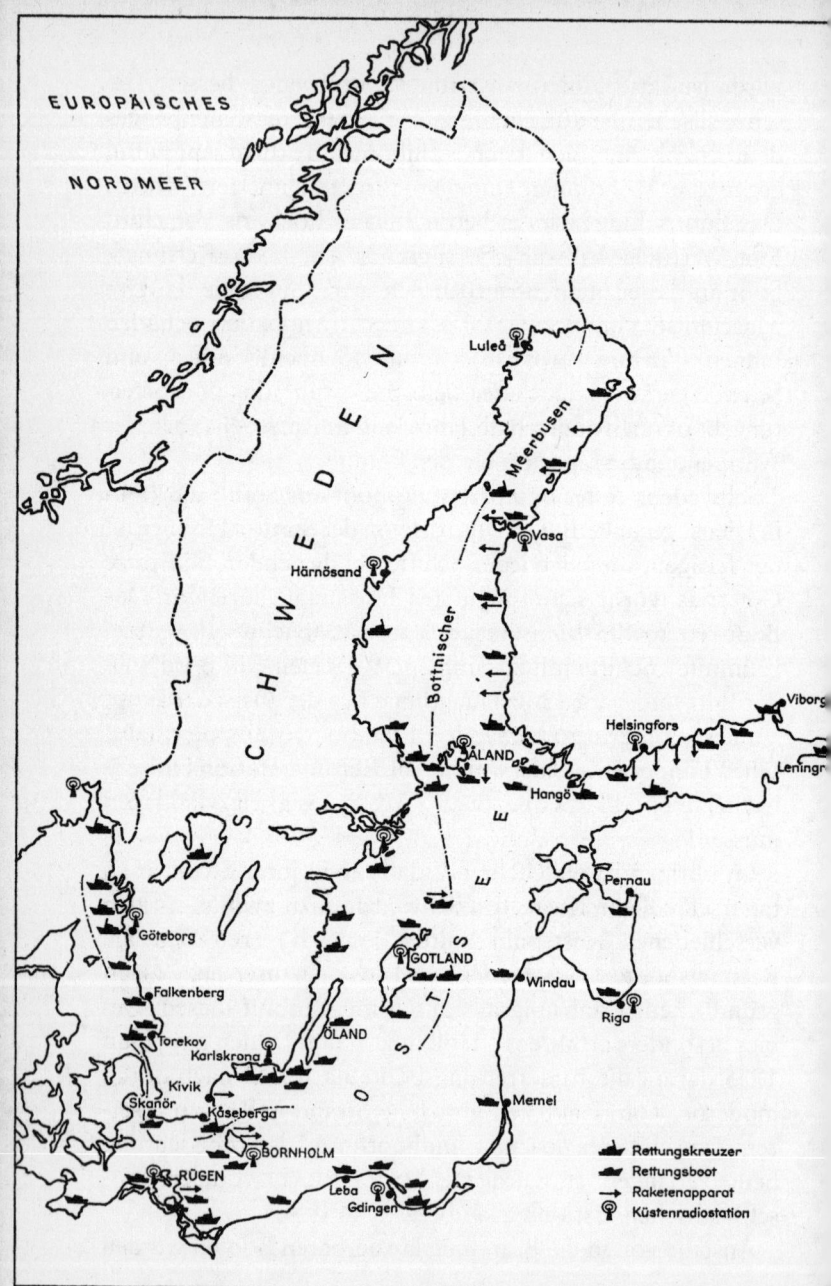

EUROPÄISCHES

NORDMEER

SCHWEDEN

Luleå

Meerbusen

Vasa

Härnösand

Botnischer

Helsingfors

Viborg

ÅLAND

Leningr

Hangö

O S T S E E

Pernau

Göteborg

GOTLAND

Falkenberg

Windau

Torekov

Karlskrona

ÖLAND

Riga

Kivik

Skanör

Käseberga

Memel

BORNHOLM

RÜGEN

Leba

Gdingen

Rettungskreuzer
Rettungsboot
Raketenapparat
Küstenradiostation

228

gedeckte Rettungskreuzer benötigt, die von geschützten Häfen aus operieren können. Dazu hat man inzwischen auf bestimmten Stationen zusätzlich schnelle 34-Fuß-Boote in Dienst gestellt, die sich zur Flugsicherung und zum Bergen von über Bord gefallenen Personen – besonders auf den stark frequentierten Fährschiff-Routen des Öresundes – besser eignen als die langsameren, großen Rettungskreuzer. Solche z. B. in Tylö und Barsebäck stationierten Schnellboote laufen bis zu 30 Knoten. Die hölzernen Segelketschen verschwanden im Laufe der Jahrzehnte aus dem Patrouillendienst, ihre Aufgabe wird heute von Schwedens größten »Räddningskryssaren« wahrgenommen.

Besonderer Wert mußte bei schwedischen Rettungskreuzer-Neubauten auf Eisverstärkung, teilweise sogar ausgesprochene Eisbrechereigenschaften gelegt werden. Man entwickelte darum schwere eisgängige Rettungseinheiten wie die ULLA RINMAN der Station Rörö nördlich Göteborg. Solche äußerst robusten Fahrzeuge führen kein Tochterboot mit, aber ihre Arbeit wird ergänzt durch leichte Gleitboote wie die 21 Knoten schnelle ELSA GOLJE derselben Station.

Die »Svenska Sällskapet för Räddning af Skeppsbrutne« (SSRS) mit der Gesamtleitung in Göteborg unterhält zwischen Homsund am Bottnischen Meerbusen und Fjällbäcka nördlich Göteborg 31 Rettungsstationen, von denen fünf an großen, beinahe meerartigen Binnengewässern liegen – dem Wener-, dem Wetter- und dem Mälarsee (Vänern, Vätteren, Mälaren). 41 Fahrzeuge stehen in Alarmbereitschaft – schwere Rettungskreuzer, schnelle Gleitboote und in Sonderfällen Schlauchboote mit Festkiel.

Die Wintereinsätze schwedischer Rettungskreuzer in der jedes Jahr vereisenden nördlicheren Ostsee sind unvorstellbar hart. Hier ein Bericht:

# Antennenbruch durch Eis

Der Rettungskreuzer A. E. APPELBERG unter Vormann Sören Söderstrand, einem jungen, dynamischen Bootsführer, wird am Abend des 13. Januar gegen 20.45 Uhr von Stockholm Radio alarmiert, daß das finnische Motorschiff KUUTSALO 14 Seemeilen nordwestlich von Gotska Sandö, also weit nördlich von Gotland, in Seenot geraten sei. Der Rettungskreuzer läuft sofort aus. Gegen 00.50 Uhr meldet die Küstenfunkstelle, daß der Havarist 45 Grad Schlagseite habe und darum die Besatzung bis auf Kapitän und Erster Offizier vorsorglich von dem zu Hilfe geeilten deutschen Motorschiff EROS übernommen worden sei.

Zehn Minuten nach dieser Meldung sackte das durch allzu starke Vereisung topplastig gewordene finnische Schiff wie ein Stein plötzlich weg. Zu diesem Zeitpunkt steht der Rettungskreuzer nur noch eine Meile ab. Die Sicht ist freilich miserabel, es bläst mit 20 Metersekunden Windgeschwindigkeit, es herrschen dichtes Schneetreiben und 15 Grad Kälte!

A. E. APPELBERG hält sofort auf die Untergangsstelle zu und sucht sie gemeinsam mit dem Motorschiff EROS ab. In der schweren See wabern zwar Lukendeckel, Ölfässer und Rettungsringe herum, aber der vermißte Kapitän und der Erste Offizier sind nicht zu finden. Sie müssen von ihrem Schiff mit in die Tiefe gerissen worden sein.

Immer wieder fahren die Scheinwerfer suchend durch den Schneesturm, wird Wellenkamm auf Wellenkamm abgeleuchtet. Nichts.

Um 03.20 Uhr meldet Stockholm Radio, daß das holländische Motorschiff BATAVIER zehn Seemeilen südwestlich von Svenska Björn Notsignale ausgesendet hat. Der Rettungskreuzer bricht die Vermißtensuche ab und nimmt Kurs auf den Almagrund. Bis dahin benötigt A. E. APPELBERG mindestens anderthalb Stunden Fahrzeit. Der Kreuzer hat dabei

Sturm und See genau von vorn, und das ist bei 15 Kältegraden das Schlimmste, was passieren kann. Durch das pausenlos übers Boot gischtende Flugwasser wird der Eispanzer so schwer, daß plötzlich alle Funkantennen herunterbrechen, das Abgasrohr weggerissen und das Steuerhaus an beiden Seiten sowie in der Mitte leckgedrückt werden.

Vormann Söderstrand bleibt nur sofortiges Beidrehen übrig, damit der Rettungskreuzer die Seen zeitweilig von achtern bekommt. Während dieser Verschnaufpause werden eine Segeltuchpersenning über die Löcher geschalkt und eine Notantenne für den weiteren Funkverkehr mit Stockholm Radio aufgetakelt.

Gegen 09.00 Uhr kommt zum ersten Male wieder ein Kontakt mit dieser Küstenfunkstelle zustande. Die Rettungsmänner erfahren, daß der Havarist vom Sturm quer über den Almagrund hinweggetrieben wurde und nun südwärts driftet. Vormann Söderstrand entschließt sich, dem Fahrzeug den Weg abzuschneiden, denn dem Vernehmen nach ist die Lage des Holländers sehr ernst. Auch dieses Schiff ist topplastig und hat bedrohliche Schlagseite. Mit dem »Schwarzen Frost« an Deck ist wirklich nicht zu spaßen, schon vielen Schiffen ist er gefährlich geworden und sie mußten aufgegeben werden.

Vormann Söderstrand steuert jetzt einen Punkt an, der 15 Meilen südlich vom Almagrund liegt. Und da der Sturm seine Richtung um etwa 20 Grad geändert hat, bekommt A. E. APPELBERG wieder alles »direkt ins Gesicht«. Binnen kurzem ist auch die neu installierte Notantenne zum dicken Klumpen vereist. Alle elektronischen Navigationshilfsmittel wie Radar, Funkpeiler, Radiokompaß werden durch Vereisung unbrauchbar. Und gerade auf ganz genaue Positionsbestimmungen ist Vormann Söderstrand jetzt angewiesen. Ihm bleibt nichts anderes übrig als sofortiges Enteisen der Hilfsantenne. Dann beantragt er bei der Küstenfunkstelle eine Fremdpeilung. Die Landstationen sollen also feststellen, wo sich der Rettungskreuzer tatsächlich befindet. Die Bitte um passive Funkortung war eine weise Maßnahme, denn es stellt sich heraus, daß der errechnete Standort nicht richtig war.

So etwas Dummes! Da bolzt man anderthalb Stunden gegen die Sturmseen, schlägt sich das Ruderhaus kaputt und reißt sich die Antennen herunter – nur um jetzt zu erfahren, daß man auf falschem Kurs ist und daß außerdem der schwedische Zerstörer HÄLSINGLAND durchs Danziger Gat zu Hilfe geeilt ist und nun den Havaristen eher erreicht als A. E. APPELBERG!

Dieser Fall ist also, wie Stockholm Radio soeben meldet, nicht mehr aktuell. Also dreht Söderstrand nochmals bei. Die Rettungsmänner haben jetzt endlich Zeit, sich selbst zu helfen. Die Enteisungsaktion wird ein Allemannmanöver.

Dann setzt der Vormann nach Koppelung den Kurs in Richtung Landsort ab. Und nach bitterkalten Stunden – es herrscht immerhin auch im Innern des lädierten Ruderhauses eine Kälte von 15 Grad! – bricht gegen 17.30 Uhr für Augenblicke das Landsorter Leuchtfeuer durch. Die Sicht ist wegen des Schneetreibens immer noch miserabel.

Mit lautem Gepolter ist nun auch die Rah durch starke Eiszapfenbildung abgebrochen, wieder ist also der Funkkontakt »perdu«. Im übrigen ist die Eislast an Deck so extrem, daß der Rettungskreuzer nur noch mit zwei bis drei Knoten Fahrt dahinschleicht.

Um 19 Uhr wird die Ansteuerungstonne erreicht. Das Lotsenboot tastet sich mit Radar und Scheinwerfer heran. Es möchte wissen, ob der total vereiste Kreuzer Hilfe benötigt. Diese wird dankend abgelehnt. Das Lotsenboot wolle aber bitte so freundlich sein, Stockholm Radio anzurufen. An Bord der A. E. APPELBERG sei alles klar – bis auf die Antennen, den »Dachschaden« und die tonnenschwere Topplastigkeit.

# Ein deprimierender Einsatz

Der Rettungskreuzer GRÄNGESBERG aus Holmsund befindet sich an einem eiskalten Dezemberabend auf einer Kontrollfahrt beim Berguddens-Leuchtfeuer in Västra Kvarken, als er von der Küstenfunkstelle Harnösand alarmiert wird. Über die Lotsen der Station Bredskär ist die Meldung durchgekommen, daß bei der Vega-Tonne der griechische Frachter SINERGASIA Maschinenhavarie erlitten habe und dringend Hilfe brauche.

GRÄNGESBERG nimmt sofort Kurs dorthin und kommt gegen 18.30 Uhr völlig vereist dort an. Es ist Schneesturm aus Südwest, mit 22 Metern pro Sekunde, das Thermometer zeigt zehn Grad unter Null.

Vormann Gösta Zakrisson tritt in Funkverbindung mit Härnösand Radio und läßt den Griechen übermitteln, es sähe ganz böse für ihn aus. Die Besatzung müsse unbedingt sofort von Bord, weil das Schiff unweigerlich auf die Klippen geriete.

Zakrisson leuchtet den Griechen ab, dessen Bordwand längst von den hochstreichenden Seen dick vom Eis überzogen ist. Ein direktes Herangehen ist so riskant, daß die Griechen lieber ein Boot zu Wasser bringen, jeweils mit ein bis zwei Mann besetzen und leewärts vom Schiff wegfieren sollen. Von diesem Boot aus könnte GRÄNGESBERG die Leute aufpicken. Aber die Griechen lehnen diesen Vorschlag ab.

Der Vormann ruft den Inspektor der Rettungsgesellschaft über Funk an und unterrichtet ihn von der Sachlage. Auf Wunsch des Inspektors tritt er nochmals über die Küstenfunkstelle mit der Schiffsleitung der SINERGASIA in Verhandlung. Man solle bloß keine Zeit mehr verlieren, zumal die Vereisung immer schlimmer werde. An die Bordwand heranzustoßen, ist nicht ratsam. Man möge bitte den Vorschlag mit dem weggefierten Rettungsboot überdenken.

Es ist aber nichts zu machen, die Griechen bleiben stur. Sie

233

wollen einzig und allein, daß sich die GRÄNGESBERG direkt an die Bordwand begibt.

Vormann Zakrisson fährt zweimal einen »Kringel« um das griechische Schiff und sucht mit dem Scheinwerfer eine geeignete Anlegestelle. Er unternimmt auch tatsächlich zwei Anlegeversuche. Er kommt dabei ganz nahe an die Bordwand heran. Aber er kann den Kreuzer bei dieser See und Sturmrichtung nicht halten. Er hat alle Mühe, mit »Backsen« von Ruder und Schraube eine schwere Kollision mit der SINERGASIA zu vermeiden. Trotz seines gewagten Vorstoßes neben die Bordwand wagt keiner von den Griechen abzuspringen, obwohl sie eindringlich dazu aufgefordert werden.

Die Besatzung des Frachters schaut statt dessen völlig desinteressiert zu. Die Männer sind anscheinend lethargisch und ohne Hoffnung. Noch wäre aber Zeit!

GRÄNGESBERG läuft für kurze Zeit ab, bittet nochmals dringlich um Absprünge und wagt sich erneut an den Frachter heran. Die Griechen reagieren wieder nicht. Also bleibt dem Rettungskreuzer nichts anders übrig, als stundenlang neben der SINERGASIA herumzudümpeln und »stand by« zu machen. Eine schönere Beschäftigung läßt sich bei diesem Wetter wirklich nicht denken. Dieses verdammte Eis auch auf der GRÄNGESBERG!

Um 23 Uhr kommt der Lotsenkutter von Bredskär dazu. Auch er versucht, bei dem Griechen längsseits zu gehen, was sich aber als unmöglich erweist. Dann bringt der Lotsenkutter aufgeblasene Rettungsinseln und Schlauchboote herbei und fiert sie direkt neben die Bordwand. Die Griechen sollen nun nicht länger fackeln und wenigstens in diese Gummiflöße abspringen!

Wieder macht die SINERGASIA-Besatzung keinerlei Anstalten. Ihr Wille ist vollständig gelähmt. Inzwischen registriert der Windmesser schon 26 Meter pro Sekunde Sturmgeschwindigkeit, außerdem schneit es schlimm.

Geschlagene dreieinhalb Stunden hält der Rettungskreuzer GRÄNGESBERG unweit des Havaristen aus. Dann ist sein Eispanzer an Deck und Aufbauten so schwer geworden, daß es einfach nicht mehr zu verantworten ist. Wenn der Kreuzer nicht selbst kentern will, muß er zum Abschlagen des Eises vorübergehend nach Bredskär einlaufen. Die dortige Lotsenstation behält den Havaristen, die SINERGASIA, solange auf dem Radarschirm unter Kontrolle.

Dann aber geschieht es erschreckend plötzlich: Noch ehe der Rettungskreuzer wieder zur Stelle sein kann, treibt der Griechenfrachter mit furchtbarer Gewalt vierkant auf die Klippen des Lövögrundes. Er schlägt sich dort mit entsetzlichem Getöse den Boden auf. Die Besatzung verliert in panischer Furcht die Nerven. Hals über Kopf verläßt sie in einem zu Wasser gebrachten Rettungsboot und durch Überbordspringen das todgeweihte Schiff. Das ist an dieser Stelle, bei dieser Brandung und Kälte, glatter Selbstmord.

Mit Höchstfahrt läuft die GRÄNGESBERG zur Strandungsstelle. Die Sicht ist so gering, daß das Wrack erst aus allernächster Nähe sichtbar wird. Dann schlängelt sich der Rettungskreuzer sogar über die Untiefen des Storbadans hinweg, um sich noch näher vorzuwagen. Die Scheinwerfer dringen kaum durch die weißen Flockenwirbel hindurch – und doch sehen die Rettungsmänner genug. Sie merken, daß das Wrack hastig verlassen wurde. Und sie wissen sehr wohl, was das zur Folge hat.

Alles Rufen durch das elektrische Megafon, alle Schallsignale der GRÄNGESBERG nützen nichts. Man bleibt ohne Antwort. Die Griechen sind spurlos verschwunden. Vormann Zakrisson verständigt Härnösand Radio. Dort läßt man eine große Suchaktion anlaufen. Und trotz des schweren Schneesturmes wird während der ganzen hellen Tageszeit unermüdlich gesucht. Die durchfrorenen Männer auf der GRÄNGESBERG, auf dem Lotsenkutter, auf einem herbeigekommenen Zollkreuzer sowie einem Küstenwachtboot geben ihr Bestes.

Nachts fährt die ganze Sucharmada zu ihren Liegeplätzen zurück und gibt sich dem »Lieblingssport« der Enteisung hin. Aber gleich beim erneuten Hellwerden sind die Fahrzeuge wieder draußen, jetzt auch von Fischern und Marinehubschraubern unterstützt. Die mühselige Suche hat nur einen Teilerfolg, der recht deprimierend ist: Nacheinander werden zehn Tote im Wasser gefunden und geborgen.

## Besonderheiten in Finnland

Die Ostsee ist von den Auswirkungen des Golfstromes abgeschnitten. Darum bestehen nicht nur an der Küste des nördlichen Schweden in jedem Winter arktisch anmutende Zustände. Auch Finnlands Südküste ist drei Monate lang vom Eis blockiert, die bottnische Westküste sogar bis zu sechs Monate; erst Ende Mai, Anfang Juni werden in der Bottensee die letzten Häfen eisfrei.

Seit dem Verlust von Petsamo/Petschenga ist Finnland von seinem einzigen eisfreien Hafen und damit vom »warmen Meer«, von den Golfstromausläufern abgeschnitten. Dieses außenhandelsintensive Land muß jedoch, wenn es überleben will, 85 Prozent seines Außenhandels auf dem Seeweg abwickeln. Mit Hilfe der größten und leistungsfähigsten Eisbrecherflotte Europas halten die Finnen die internationale Schiffahrt in ihren wichtigsten Häfen ganzjährig in Gang.

Das von beinahe 60 000 Seen durchzogene Finnland hat etwa die Abmessungen der Hauptinsel von Großbritannien und damit eine 4600 Kilometer lange Küstenlinie. Diese erstreckt sich weit in den Norden: zwischen dem 60. und 70. Breitengrad. Sie greift also nirgends so weit nach Süden wie die Küste des Nachbarlandes Schweden. Der Großteil der finnischen Küste ist von vielen 10 000 Schären und Inseln umlagert, die sich im Südwesten bis zu 80/90 Meilen weit seewärts erstrecken. Dieses landschaftlich so reizvolle Labyrinth birgt eine Vielzahl von nautischen Gefahren. Die Kurse müssen auf den gut mit Seezeichen und Leuchtfeuern markierten Fahrrinnen mit größter Präzision eingehalten werden. Jede Grundberührung in den felsigen Regionen führt zu schweren Bodenschäden oder gar Totalverlust. Freilich haben die Schären auch den Vorteil, daß sie bei stürmischem Wetter einigen Schutz bieten. Den Motorrettungsbooten des 1897 gegründeten und 1930 reorganisierten »Suomen meripelastusseuran julkaisu«, der finnischen Gesellschaft für die Sicherheit auf See, erleichtern die Schären Ausfahrt und Einsatz bei jeder Wetterlage.

Grundstock der aus 62 Fahrzeugen bestehenden Rettungsflotte sind neun Seenotkreuzer von 17 bis 26 Meter Länge – darunter seit 1983 ein Lizenznachbau der deutschen EIS-WETTE-Klasse, getauft auf den Namen OSSI BARK, und seit 1989 der von der DGzRS angekaufte Seenotkreuzer ADOLPH BERMPOHL, der unter dem neuen Namen RUSSARÖ in Hanko (Hangö) stationiert ist. Sechs finnische Seenotkreuzer sind für den lokalen Eisbrecherdienst verfügbar. 21 Boote der Rettungsflotte werden auf Binnenseen eingesetzt. Die Aufbauten der großen »Pelastusristeilijä« sind durch ein System von Abgas-Heizschlangen gegen extreme Vereisung geschützt. Dazu sind die neuen Kreuzer zugleich als vollwertige Feuerlöschboote eingerichtet, haben einen »Monitor« an Deck, der wahlweise pro Minute 4000 Liter Wasser oder Schaum werfen kann.

Die Schaummittel für diese Feuerlöschkanone werden in eingebauten Kupfertanks mitgeführt. Die großen Rettungskreuzer stehen im Patrouillendienst vor den Häfen Kotka, Helsinki, Hangö und Turku und bemühen sich dort um einen vorbeugenden Rettungsdienst.

Die von Regierungszuschüssen und freiwilligen Spenden gemeinsam finanzierte Rettungsgesellschaft arbeitet eng mit der staatlichen Küstenwache von Finnland zusammen.

In den Sommermonaten sind, wie auch in Schweden und

Dänemark, Tausende von Wassersportenthusiasten – mit keineswegs immer seetüchtigen Booten und oft mit mangelhaften nautischen Kenntnissen – in finnischen Küstengewässern unterwegs. Wenn dann plötzlich das Wetter umschlägt, bekommen die Rettungsstationen immer wieder in großer Zahl Meldungen von überfälligen Sportbooten. In dem Gewirr der Schären aber ein vermißtes Boot aufzufinden ist recht problematisch, zumal die besorgt anrufenden Informanten meistens keine Ahnung von der etwaigen Position eines überfälligen Fahrzeugs haben. Darum appellierte die finnische Rettungsgesellschaft an die privaten Bootseigner, bei der Überfälligensuche freiwillig mitzuwirken. 1958 gründete der Ortsausschuß von Kotka eine eigene »Suchflottille«, die aus 20 Privatbooten besteht. Ihre Eigner sind erfahrene und revierkundige Amateurseeleute.

Ursprünglich galt die Suchflottille von Kotka als Provisorium, bis der neue Rettungskreuzer NIILO SAARINEN seinen Dienst aufnehmen konnte. Der Suchdienst hat sich aber so bewährt, daß die Freiwilligenflottille von Kotka weiterbesteht und seit 1962 mit dem Rettungskreuzer zusammenarbeitet. Auch in Rauma und Helsinki sowie an zwei anderen Plätzen entstanden inzwischen solche Flottillen. Das System wird auf ganz Finnland ausgedehnt. Sobald die Rettungsgesellschaft eine Alarmmeldung bekommt, ruft der Leiter der örtlichen Rettungsstation die Mitglieder der Freiwilligenflottille an, bis die Zahl der gerade zum Suchen benötigten Boote komplett ist. Jedes beteiligte Boot erhält, wenn es kein eigenes Gerät hat, von der Rettungsgesellschaft ein kleines Funktelefon von einem halben oder einem Watt Leistung gestellt. Auch bekommt es die abzulaufende Route genau zugewiesen. Als Leitschiff fährt der Rettungskreuzer, bei dem sich die Suchboote regelmäßig melden. Der Kreuzer wiederum meldet zuletzt das Ergebnis des Suchaktion an die Rettungsstation, die bis zur Rückkehr des letzten beteiligten Fahrzeugs in Bereitschaft bleibt.

Dieses Suchsystem funktioniert ausgezeichnet, es wird teilweise von Flugzeugen unterstützt. Die Notwendigkeit freiwilliger Suchflottillen sehen auch die finnischen Arbeitgeber ein, die für solche Einsätze ihre Arbeiter und Angestellten recht großzügig beurlauben.

Wenn gesagt wurde, daß die Wintereinsätze der schwedischen Rettungskreuzer von unvorstellbarer Härte sind, dann gilt das in gleichem Maße für Finnlands »Pelastusristeilijä«, für die Rettungskreuzer dieses so weit nördlich liegenden, von der Eisplage besonders heimgesuchten Landes.

## Zwischen Skagen und Bornholm

Ein Abschnitt der jütländischen Nordwestküste Dänemarks stimmt genauso melancholisch wie ihr bezeichnender Name: die Jammerbucht, ein Schiffsfriedhof erster Ordnung. Eine weitere ausgesprochen verwunschene Ecke ist die Grenzscheide zwischen Skagerrak und Kattegat, das Kap Skagen. Diese niedrige, wetterumtoste Landzunge trägt ein weithin sichtbares Leuchtfeuer, das die Schiffahrt vor dem gefährlichen Skagener Riff warnen soll. Das Skagenriff ist besonders bei Schneesturm und Nebel gefürchtet. Kap Skagen beherbergt übrigens die nördlichste Rettungsstation Dänemarks. Sie hat seit je weidlich zu tun, denn Seenotfälle sind an dieser Stelle keine Seltenheit. Und von beinahe gleich großer Bedeutung ist die nahegelegene Rettungsstation von Gammelskagen. Von Kap Skagen bis hierher ist der Strand von Wrackstücken übersät. Manche sind tief eingesandet, andere sind jüngeren Datums. Auch die vorgelagerten Sandbänke sitzen voller Schiffstrümmer.

An der Außenwand der Kirche von Skagen befindet sich eine bronzene Erinnerungstafel, die gleichzeitig ein bewegender Grabstein ist. In London lebende Dänen und Schweden haben diese Tafel gestiftet, deren eine Seite einen Rettungsmann zeigt, der einen Ertrunkenen wegträgt. Auf der anderen Seite nimmt ein Rettungsmann von Frau und Kind Abschied. Darüber steht der Bibelvers Johannes 15,13: »Niemand hat größere Liebe denn die, daß er sein Leben lässet für seine Freunde.«

Außerdem enthält die Erinnerungstafel die Namen von acht tödlich verunglückten dänischen Rettungsmännern. Sie fanden den Tod, als Ende Dezember 1872 das Skagener Rettungsboot auf einer Einsatzfahrt kenterte. Sie unterlagen im Kampf gegen die See, der hier seit Menschengedenken selbstverständlich ist.

Auch noch weiter ab von der Küste findet man allenthalben vergoldete Schiffsnamensbretter über den Haustüren. Reste von Deckshäusern irgendwelcher Schiffe als Geräteschuppen und Ställe, Wrackteile als Einfriedungen, Schiffsplanken als Überbrückungen von Wassergräben. So manches Mobiliarstück verrät noch seinen Ursprung von irgendeinem Schiff. In einer Scheune dient der Großbaum eines Schoners als Dachbalken, unweit davon fungieren verwitterte Ankerketten als Gartenzäune. In den Häusern nahe dem Strand aber findet man Fotografien von Schiffbrüchigen aus fremden Ländern, die dänischen Gastgebern als Dank für ihre freundliche Pflege und Aufnahme von Geretteten geschickt worden sind. Gastfreundschaft und Menschlichkeit werden besonders an der Küste von Jütland groß geschrieben.

Im vorigen Jahrhundert ereignete sich an Jütlands offener, der Hauptsturmrichtung zugekehrter Westküste eine Schiffskatastrophe, von der noch heute jeder Däne weiß. Sie hatte für das Land eine schicksalhafte Auswirkung, weil sie zur Gründung des staatlichen »Danske Redningsvaesens« führte.

Am 24. Dezember 1811 strandeten bei Sonder Nissum die britischen Kriegsschiffe St. George und Defence. Innerhalb von 24 Stunden hatte die tobende Brandung diese beiden großen Schiffe vollkommen zerschlagen. Von den insgesamt 1337 Mann Besatzung konnten lediglich elf gerettet werden!

Unter den Menschen am Strand, die diese Tragödie bis zum bitteren Ende mitansehen mußten, ohne irgendwelche Hilfe leisten zu können, befand sich ein zwölfjähriger Junge, dem sich dieses Grauen bis zu seinem Lebensende unauslöschlich einprägte. Dieser Junge hieß C. B. Claudi, er wurde später Justizrat. Aber auch als »gestandener Mann« und fertig ausgebildeter Regierungsbeamter kam er nicht von seinen schrecklichen Kindheitserinnerungen an das Drama von Sonder Nissum los. Das Fehlen jeglicher Mittel und Gerätschaften für die Rettung Schiffbrüchiger ließ Claudi nicht ruhen.

Auf eigene Kosten reiste der Justizrat schließlich im Jahre 1845 nach England, um sich die Einrichtungen der damals längst bestehenden britischen Rettungsgesellschaft anzusehen. Er informierte sich über deren Ausrüstung und Organisation. Dann schickte Claudi einen Bericht über seine Ermittlungen an die dänische Regierung.

Zwei Jahre später, im April 1847, strandete die britische Bark VOLUMNUS an der Westküste von Jütland. Claudi eilte selbst zur Strandungsstelle und organisierte auf eigene Faust eine Rettungsaktion mit Fischerbooten. Vier von den 13 Mann Besatzung konnten an Land gebracht werden.

In Kopenhagen war man nun hellhörig geworden. Noch im gleichen Jahr beauftragte die Regierung den Justizrat Claudi, ein weiteres Mal nach England zu reisen und ein Leinenschußgerät anzuschaffen. Inzwischen war 1846 schon durch Privatinitiative ein Rettungsboot in Agger stationiert worden. Kurz darauf stiftete die Freimaurerloge von Kopenhagen ein Rettungsboot für Flyvholm und einen Leinenapparat für Klitmoeller.

Im Jahre 1849 betraute die Regierung eine Kommission mit der Aufstellung eines Planes für die Organisation des staatlich-dänischen Rettungswesens. Der ein Jahr später fertige Plan erachtete zwölf Stationen mit Rettungsbooten und acht mit Leinenschießgeräten für notwendig. Wenig später wurde C. B. Claudi mit der Aufsicht über die neuen Rettungsstationen von Nordjütland betraut. Am 26. 3. 1852 trat ein Staatsgesetz zur Regelung des »Redningsvaesens« in Kraft.

Die geografische Lage Dänemarks zwischen den schon in Wikinger- und Hansezeit, erst recht in der Neuzeit vielbefahrenen Gewässern von Nord- und Ostsee brachte es mit sich, daß dort der Seenotrettungsdienst von ganz besonderer Bedeutung ist. Es ist das unbestrittene Verdienst des unermüdlich tätig gewesenen Idealisten Claudi, daß Regierung und Privatpersonen intensiv für die Rettungsprobleme interessiert werden konnten.

Die jütischen Küsten sind, ähnlich wie die deutsche Ostseeküste – mit wenigen Ausnahmen –, von drei mit der Küste parallel laufenden Riffen umgürtet, von denen das erste und zweite so dicht am Strand liegen, daß sie für Leinenraketen erreichbar sind. Das äußere Riff jedoch liegt ziemlich weit draußen. Es hat solche Wassertiefen, daß die auf dieses Riff geratenen Schiffe in den meisten Fällen vom Seegang darüber hinweggeschoben werden und dann entweder im tieferen Wasser zwischen den Riffzonen sinken oder aber auf dem zweiten Riff scheitern. Diese Küstenstruktur bringt es mit sich, daß in einer sehr großen Zahl von Fällen die Schiffbrüchigen von einem Wrack mittels Raketenapparat und Hosenboje viel schneller, leichter und sicherer abgeborgen werden konnten als durch ein Rettungsboot. Ausnahmen sind allerdings das schon erwähnte Skagener Riff, das etwa eine dreiviertel Seemeile vom Kap Skagen in die See hinausführt, ferner die Untiefen der Kattegat-Insel Laesö und Horns Riff an der Westküste von Jütland, dessen westliche Kante etwa sechs Meilen von der Küste entfernt ist. Völlig anderen Charakter haben die Küsten des südlichen Öresundes, von Möen und Bornholm, die teilweise felsige Steilküste aufweisen. Auch das weitläufige, steinige Gedser-Riff auf dem oft Fahrzeuge stranden, verdient Erwähnung. Das Motorrettungsboot von Gedser hat immer »gut zu tun«.

Nach dem Stand von 1993 sind 22 dänische Stationen mit Motorrettungsbooten, vier weitere mit mobilen Raketenapparaten ausgerüstet. Als Standardtyp auf den meisten Stationen kommt das Motorrettungsboot vom Typ MRB 35 zum Einsatz. Den Rettungsdienst finanziert der Staat.

Es gab 1977 in Dänemark sogar noch zwei Ruderrettungsboote, eins auf der schon erwähnten Station Gammelskagen (Altskagen oder Höjen), dessen Vormann Hans Chr. Andersen 1966 mit dem Ritterkreuz des Danebrog-Ordens ausgezeichnet wurde. Immer dann hat sich dieses Boot mit seinem geringen Tiefgang besonders nützlich machen können, wenn am Skagen Riff das Motorrettungsboot von Skagen Havn nicht mehr nah genug an die Verunglückten heran konnte. Andererseits hat Dänemark als erstes Land Europas einen mustergültigen und sogar schon legendären Seenotrettungsdienst aus der Luft mit amphibischen Großhubschraubern aufgebaut. Es ist interessant, daß sich im dänischen »Redningsvaesenet« die Epoche des Ruderrettungsbootes mit der des – mit zwei Turbinen-Triebwerken ausgestatteten – voll schwimmfähigen Helikopters begegnen. Das älteste und das neuzeitlichste Seenotrettungsmittel arbeiteten noch zusammen.

Von den Fliegenden Rettungsbooten wird noch die Rede sein. Sie ergänzen die MRBs auf sinnvolle, ja geradezu ideale Weise.

Ja, Dänemark besitzt ein gesundes Beharrungsvermögen, ohne deswegen »altmodisch« zu sein. Erst jetzt ersetzte UKW-Funktelefonie die gute alte Seenottelefonleitung, die über 600 Kilometer Wegstrecke mit 6500 eigenen Telegrafenstangen vom Skallingen-Leuchtfeuer bei Esbjerg bis zum Kap Skagen hinaufführt. Auch auf den Inseln Röm, Fanö, Laesö und Anholt werden eigene Seenotdienstleitungen unterhalten. Diese Leitungen verbinden gemeinsam mit anderen »Strippen« der dänischen Staatspost fast 250 Seenotbeobachtungsstellen und Rettungsstationen miteinander. Freilich schließt dieses Drahtnetz nicht aus, daß Dänemarks Motorrettungsboote sämtlich seit langem mit UKW-Funkgeräten ausgerüstet sind. Und die Küstenfunkstellen Dänemarks nehmen jeden Tag nicht nur mit ihnen, sondern auch mit den Küstenfunkstellen und Rettungskreuzern der Nachbarländer Norwegen und Schweden Funkproben vor. Gerade in den Gewässern Skagerrak, Kattegat und Sund müssen Seenotfälle oft genug in internationaler Zusammenarbeit gemeistert werden. Auch arbeiten die Motorrettungsboote von Fanö und Esbjerg häufig mit dem Seenotrettungsboot der deutschen Station auf Sylt zusammen.

Seit den Tagen des Justizrats Claudi bis zum Frühjahr 1977 konnte die dänische Rettungsorganisation rund 15 800 Menschen retten. Dabei sind die Hubschrauberrettungen noch nicht mitgezählt! Sehr hoch ist die Anzahl der erfolgreichen Raketenrettungen. Fast 50 Prozent aller Rettungsaktionen – rund 6600 Fälle – gehen auf das Konto der Raketenapparate. Dies hängt mit der schon erwähnten besonderen Küstenform des Landes zusammen. Was bei anderen europäischen Staaten längst der Vergangenheit angehörte, blieb bei den Dänen weiterhin Gegenwart. Dennoch wird es dank der Seenot-Hubschrauber kaum noch Einsätze wie diesen geben:

Am 16. September empfängt der Aufsichtsmann der Rettungsstation Vester-Agger die telefonische Mitteilung der Rettungsstation Thyborön, daß nördlich der Einfahrt in den Thyborönkanal – er führt in den Lymfjord – ein Schiff gestrandet sei. Es herrscht Westsüdwest mit Windstärke sechs, dazu schwerer Seegang, und der Strom setzt nach Norden.

Mit Hilfe eines Lastwagens wird das Raketenmaterial von Vester-Agger sofort bis dicht vor die Strandungsstelle verbracht. Dort werden die schweren Gerätschaften abgeladen und hinunter zum Strand getragen.

Morgens kurz nach zwei Uhr ist alles geschafft. Raketenapparat und Strandleuchten sind aufgebaut. Die erste Rakete kann abgefeuert werden.

Das gestrandete Fahrzeug ist der Fischkutter BUSSARD aus Hamburg, den es böse erwischt hat, für ihn gibt es kein Entkommen aus der Brandung mehr. Der Schiffsführer war – um Hilfe herbeizuholen – gleich nach der Strandung an Land gekommen, indem er mit Schwimmweste und angelegter Sicherheitsleine über Bord gesprungen und durch die Brandung geschwommen war. Das war aber sehr gewagt, und es wäre auch um ein Haar schiefgegangen, wenn nicht zum Glück ein Mann von der Rettungsmannschaft Thyborön sofort bei Bekanntwerden der Strandung mit dem Auto zum Havaristen vorausgefahren wäre. So konnte der Rettungsmann in die Brandung hineinwaten und den völlig entkräfteten Kutterkapitän an Land holen.

Mit dem zweiten Raketenschuß gelingt es, die Leinenverbindung zwischen Wrack und Land herzustellen. Der Steertblock mit dem Jolltau wird nach drüben gezogen und festgemacht. Dann holt das Jolltau die schwere Rettungstrosse zum Wrack hinüber. Und nun wird einer von den drei noch an Bord befindlichen Fischern mit dem (in Dänemark an Stelle der Hosenboje üblichen) Rettungsstuhl in Sicherheit gebracht.

Binnen einer Stunde haben die ständigen Brandungswellen den Kutter so weit an den Strand herangeschoben, daß einer von den beiden schon an Land befindlichen Fischersleuten allen Warnungen zum Trotz über die immer wieder steifgeholte Rettungstrosse an Bord zurückklettert, um noch Wertsachen zu holen. Den Rettungsmännern wird bei diesem unnötigen Risiko heiß und kalt, aber sie kriegen den Mann Gott sei Dank mit dem Rettungsstuhl wieder heil an Land. Um halb vier Uhr ist auch der dritte Fischer glücklich gerettet. Jetzt aber wird es für den letzten Mann höchste Zeit! Der Kutter ist vollständig leckgeschlagen, das Mannschaftslogis und der Maschinenraum stehen unter Wasser. Weil aber erst ein von allen Besatzungsmitgliedern verlassenes Wrack juristisch als herrenlos gilt, bleibt der letzte Mann noch auf der BUSSARD; er harrt aus, bis es absolut nicht mehr geht. Morgens um halb neun muß auch er an Land gezogen werden. Dann wird die Rettungstrosse gekappt. Das Leinen- und Raketenmaterial kann zur Rettungsstation zurückgefahren werden.

An Dänemarks Küsten sind heute 22 Motorrettungsboote stationiert. Früher überwogen die Strand-Motorrettungsboote wie das bekannte dänische »Standardboot«. Solche Boote hatten reichlich fünf Tonnen Gewicht, waren über zehn Meter lang, als Antrieb diente ein Watson-Motor. International galten die Dänen als Strandboot-Experten, weil diese Rettungsboote an den langen, ungeschützten Stränden – insbesondere der jütländischen Westküste – unabdingbar notwendig zu sein schienen.

Strand MRBs lösten nach und nach die im vorigen Jahrhundert nach den Wünschen und Erfahrungen der Küstenbewohner entwickelten »Bonnesenschen Boote« ab, klinkergeplankte »Dänische Normalrettungsboote« von acht bis zehn Ruderern vorwärtsbewegt.

Die Rettungsstationen Nexö/Bornholm, Skagen Havn, Hirtshals, Klitmoeller, Nörre-Vorupör, Thyborön, Hvide Sande, Thorsminde und Esbjerg waren mit größeren, gedeckten Motorrettungsbooten ausgerüstet, die allesamt in Bootsschuppen alarmbereit gehalten wurden. Man brachte sie über eine Slipbahn zu Wasser. Die Boote der Stationen Esbjerg und Hvide Sande hatten – als zeitweilig größte MRBs – sechseinhalb Tonnen Wasserverdrängung und waren mit zwei Scania-Vabis-Dieseln ausgerüstet. Die Maschinenleistung betrug zweihundertundvierzig bzw. dreihundert Pferdestärken. Die neuen Boote sind stärker.

Die Flotte der dänischen Motorrettungsboote wird dadurch ergänzt, daß auch die Lotsenfahrzeuge von Hundested am Isefjord und von Frederikshavn zusätzlich als Rettungsboote ausgerüstet sind. Außerdem existieren rund um die Uhr erreichbare Fischerei-Rettungsschiffe, die ständig vor der Nordseeküste Jütlands patrouillieren. Bei stürmischem oder unsichtigem Wetter ist die Annäherung an diese Küste nämlich nicht einfach. So besitzt der Thyborönkanal eine schmale Nehrungsdurchfahrt mit vorgelagerter Barre und zumeist beträchtlichen Grundseen, auch die Einfahrten in den Nissumfjord und Ringköbingfjord sind gefährlich. Ebenso ist die Ansteuerung von Esbjerg schwierig, die weitläufigen Sände zwischen Blavands Huk und Sylt sollten von Schiffen tunlichst gemieden werden. Der Patrouillendienst der Rettungsschiffe hat also seine Berechtigung. Bei Seenotfällen arbeiten die beiden Rettungsschiffe mit den örtlichen Motorrettungsbooten zusammen.

An einem Februarabend ist bei Westnordwest von Windstärke zehn, Schnee- und Hagelschauern gegen 19.30 Uhr das Motorrettungsboot MRB 29 aus Esbjerg ausgelaufen, nachdem ein SOS-Ruf des griechischen Zehntausendtonners Anastassios vorliegt. Mit Zement auf der Reise von Aalborg nach Saudi-Arabien ist der Dampfer nach Havarie von Schraube, Ruder und Ankereinrichtung auf einer vorgelagerten Barre nördlich vom Graa-Tief gestrandet. Die Lage ist kritisch. Der Frachter meldet schwere Wassereinbrüche in die Schiffsräume.

Auch die Besatzung der Anastassios hat noch Illusionen und glaubt nicht, daß sie schon von Bord gehen muß. Deshalb ruft die Schiffsleitung nach einem Schlepper. Aber auf dieser Barre und bei diesem Sturm ist ein Schleppereinsatz Utopie. Die dänischen Retter wissen das gleich; den Griechen wird es erst im weiteren Verlauf der Nacht klar.

Nach mehreren Rücksprachen mit der Küstenfunkstelle Blavand Radio wird der Beschluß gefaßt, daß das Rettungs-

schiff F. V. MORTENSEN und das MRB 29 gemeinsam nach
Skallingen fahren sollen, weil dieser Platz nahe der Strandungsstelle geschützt liegt. Dort sollen sich die beiden Fahrzeuge bereithalten, bis die Griechen von Bord geholt werden
müssen. Gegen 21 Uhr stehen Rettungsschiff und Rettungsboot zusammen vor dem kleinen Hafen Skallingen. Eine
Stunde später gelingt es der MORTENSEN trotz des schweren
Sturmes, im Windschutz der Landzunge zu ankern. Das Motorrettungsboot wird längsseits vertäut. Das ist genau die
richtige Stelle, auf der man sich sprungbereit halten kann.
Man hat nur eine halbe Stunde Anfahrt bis zum Havaristen.
Draußen aber, an der Strandungsstelle, ist der Seegang mörderisch. Man hört die Brandung noch aus weiter Entfernung
tosen – es kann einen schaudern!

Mit Blavand Radio bleibt man die ganze Nacht hindurch
in Funkverbindung. Und es dauert noch bis zehn Uhr morgens, ehe das übliche, unvermeidliche Finale kommt: Die
Küstenfunkstelle meldet, daß die ANASTASSIOS jetzt ganz,
ganz dringend Rettungshilfe benötigt.

MRB 29 läuft sofort zu der Strandungsstelle aus. Auch das
Rettungsschiff geht ankerauf und folgt ihm, so weit ihm das
sein größerer Tiefgang erlaubt. Direkt auf die Barre wagen
kann es sich nicht. Das kann nur das Motorrettungsboot. In
gewagtem Anlauf durchstößt es die Grundseen und beginnt
auf der Leeseite seine Rettungsaktion. Dort ist freilich auch
kein ruhiges Wasser, sondern fürchterlicher Schwell. Das
Boot torkelt wie betrunken in dieser Dünung herum. Doch
das gefährliche Unternehmen glückt: Binnen 20 Minuten
sind »die gesamte Besatzung des Frachters« sowie ein an
Bord befindlicher Lotse aus Esbjerg vom Rettungsboot übernommen, insgesamt 24 Mann.

Natürlich gibt es auch bei dieser Abbergung unsanfte
Bumsereien gegen die Bordwand des Frachters, aber das versteht sich bei diesem rauhen Handwerk von selbst. Haupt-

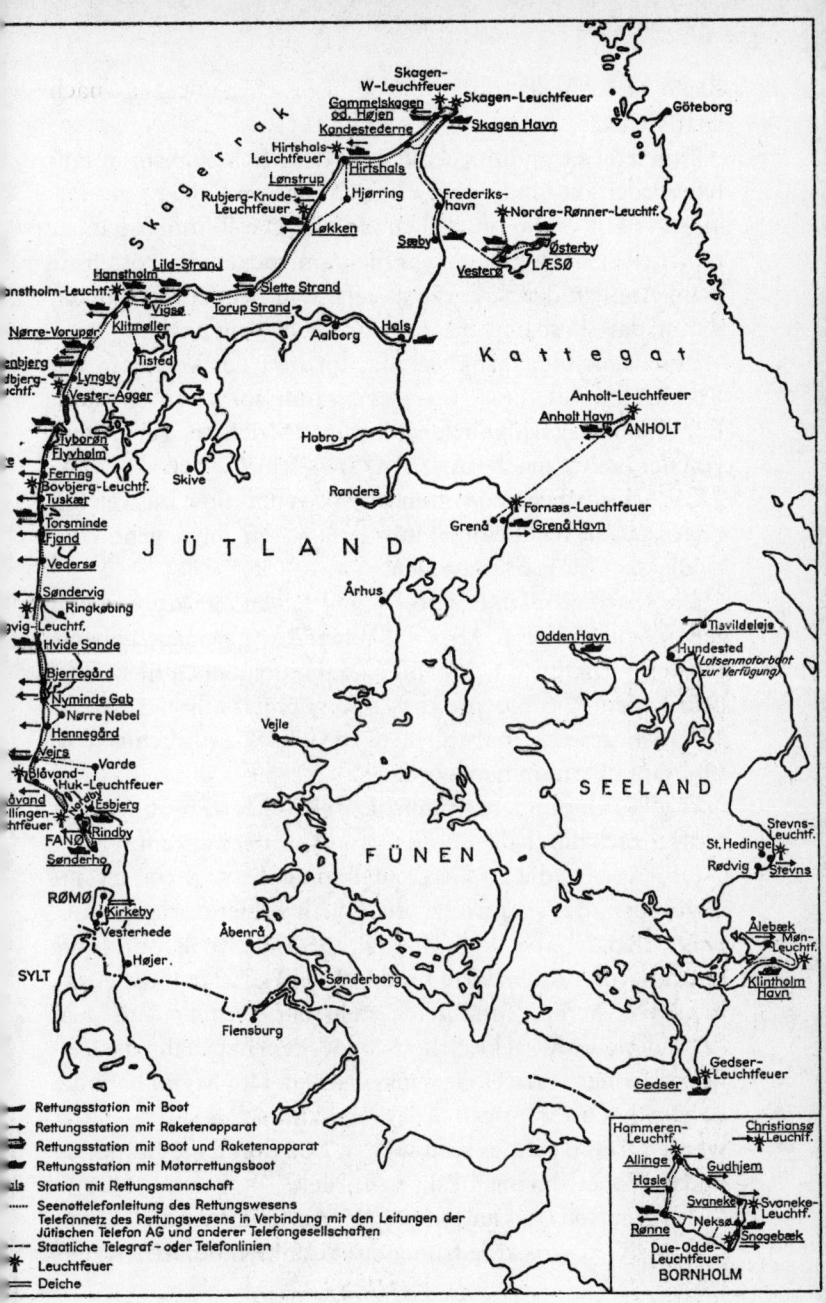

Göteborg

Skagen-
W-Leuchtfeuer
Gammelskagen
od. Højen
Kondestederne
Hirtshals
Leuchtfeuer
Hirtshals
Lønstrup
Rubjerg-Knude-
Leuchtfeuer
Løkken
Hjørring
Frederiks-
havn
Hanstholm
Hanstholm-Leuchtf.
Lild-Strand
Slette Strand
Vigsø
Klitmøller
Torup Strand
Nørre-Vorupør
Aalborg
Klitmøller
Tisted
Lyngby
Vester-Agger
Thyborøn
Flyvholm
Ferring
Bovbjerg-Leuchtf.
Tuskær
Torsminde
Fjand
Vedersø
Søndervig
Ringkøbing
Ringkøbing-Leuchtf.
Hvide Sande
Bjerregård
Nyminde Gab
Nørre Nebel
Hennegård
Vejrs
Varde
Blåvand
Blåvand-Huk-Leuchtfeuer
Gråvand-
Gråvand-
Billingen-
leuchtfeuer
Esbjerg
FANØ
Rindby
Sønderho
RØMØ
Kirkeby
Vesterhede
Højer
SYLT

Skagen-Leuchtfeuer
Skagen Havn
Nordre-Rønner-Leuchtf.
Søby
Østerby
Vesterø
LÆSØ
Hals

Hobro
Skive
Randers
Grenå

Anholt-Leuchtfeuer
Anholt Havn
ANHOLT

Fornæs-Leuchtfeuer
Grenå Havn

Kattegat

JÜTLAND

Århus

Odden Havn

Tisvildeleje
Hundested
Lotsenmotorboot
zur Verfügung

Vejle

FÜNEN

SEELAND

Åbenrå

Sønderborg

Flensburg

Stevns-
Leuchtf.
St. Hedinge
Rødvig
Stevns

Ålebæk
Møn-
Leuchtf.
Klintholm
Havn

Gedser-
Leuchtfeuer
Gedser

⎯ Rettungsstation mit Boot
→ Rettungsstation mit Raketenapparat
⎯→ Rettungsstation mit Boot und Raketenapparat
⎯ Rettungsstation mit Motorrettungsboot
Station mit Rettungsmannschaft
..... Seenottelefonleitung des Rettungswesens
Telefonnetz des Rettungswesens in Verbindung mit den Leitungen der
Jütischen Telefon AG und anderer Telefongesellschaften
--- Staatliche Telegraf- oder Telefonlinien
Leuchtfeuer
Deiche

Hammeren-
Leuchtf.
Allinge
Hasle
Rønne
Gudhjem
Svaneke
Svaneke-
Leuchtf.
Neksø
Snogebæk
Due-Odde-
Leuchtfeuer
BORNHOLM
Christiansø
Christiansø-Leuchtf.

249

sache ist schließlich, daß die Schiffbrüchigen dabei unverletzt bleiben.

Durch die Grundbrecher kommt das MRB 29 beim Ablaufen wieder gut hindurch. In Begleitung von F. V. MORTENSEN verläßt es die ungastliche Stätte. Die Rettungsmänner möchten sich am liebsten gar nicht umgucken. Es fröstelt sie beim Anblick der Strandungsstelle und bei dem Gedanken daran, daß sie sich überhaupt dorthin gewagt haben.

Erneut Skallingen passierend, ford ert der Vormann des Rettungsbootes die MORTENSEN auf, sofort zu stoppen. Erst jetzt hat sich nämlich herausgestellt, daß noch ein Mann von der Besatzung der ANASTASSIOS fehlt!

Die Schiffbrüchigen waren so restlos mit ihren Nerven am Ende, daß sie nicht einmal imstande waren, ihre eigene Vollzähligkeit richtig festzustellen.

Die Rettungsmänner von Esbjerg haben auf See wirklich schon einiges erlebt. Aber daß jemand seine eigene Lebensrettung verpaßte, das war ihnen dann doch noch nicht vorgekommen. Wo mochte dieser Kerl bloß während der 20 Minuten gesteckt haben, in denen die Schiffbrüchigen so mühsam übernommen wurden?

Es gibt keine andere Möglichkeit: Das Motorrettungsboot muß zurück durch die Brandung und wieder hin zum Wrack.

Eilig werden die 24 Geretteten an die F. V. MORTENSEN abgegeben, die sie unverzüglich nach Esbjerg bringen soll. Das MRB 29 aber kämpft sich allein abermals durch die Grundseen vor der Barre hindurch und schert an die ANASTASSIOS heran. Tatsächlich steht der Vermißte auf dem Bootsdeck des Wracks. Schon von weitem haben ihn die Rettungsmänner verzweifelt winken sehen. Der Mann befindet sich in höchster Angst. Auch er kann schließlich gerettet werden. Dann geht es zum vierten Mal durch die Brandung und anschließend nach Esbjerg zurück.

Auf den Rettungsstationen Esbjerg, Hvide Sande, Thyborön und Gedser wurde früher ein Verfahren praktiziert, das gewiß seinesgleichen suchte. Bei Rettungsaktionen im extrem flachen Wasser der Barren und Riffe, bei denen das Rettungsboot selbst nicht an den Havaristen herangelangen konnte, wurde ein im Schlepp mitgenommener Rettungsprahm eingesetzt. Diese floßartigen Brandungsfahrzeuge hatten ganz geringen Tiefgang, waren mit Riemen zum Rudern und zuletzt sogar mit Außenbordmotoren ausgerüstet. Sie wurden bei Bedarf vom Motorrettungsboot in Luv von der Strandungsstelle geschleppt und an ganz langer Trosse mit Wind und See zum Havaristen weggefiert. Die Schiffbrüchigen konnten dann auf den »redningspram« überspringen, der meistens auch von hilfsbereiten Rettungsmännern besetzt war. Man benutzte die Prähme also aus dem gleichen Grunde, die Deutschlands Rettungsgesellschaft zum Bau von Huckepack-Tochterbooten moderner Seenotkreuzer bewog. Werfen wir einen Blick auf die Einsatzpraxis eines solchen Prahms: »Das Motorrettungsboot ankert etwa 150 Meter in Luv des gescheiterten Fischkutters NEPTUN. Zwei Rettungsmänner steigen auf den Prahm über, der dann an der Trosse zum Wrack gefiert wird. Nach Übernahme der beiden Schiffbrüchigen zieht das Motorrettungsboot mit Maschinenkraft den Prahm samt Rettern und Geretteten wieder aus der Brandung heraus. Weiter draußen auf See wird die Trosse eingehievt und der Prahm zur Übernahme seiner Insassen beim Rettungsboot längsseits genommen.«

In einem anderen Einsatzbericht – und zwar der Rettungsstation Thyborön – wird gesagt: »Die Besatzung des gestrandeten Kutters EDITH MARIE springt sofort auf den Rettungsprahm über. Es erweist sich aber wegen des Nordoststurmes und der allzu schweren See als unmöglich, den Prahm mit dem Rettungsboot wieder luvwärts wegzuziehen. Auch ist es den Schiffbrüchigen und den an Bord befindlichen Rettungsmännern nicht möglich, rudernd gegen die Seen anzukommen. Wir beschließen deshalb, den Prahm loszuwerfen und mitten über die Untiefe auf Saelhundeholmslobet (Seehundsinselriff) treiben zu lassen. Das ist zwar gewagt, aber es ist im Augenblick die einzige Möglichkeit. Die Sache geht tatsächlich gut. Der Prahm kommt heil über den tückischen Grund hinweg. Allerdings müssen es die Leute auf dem Prahm in Kauf nehmen, trotz der Januarkälte auszusteigen und wegen der geringen Wassertiefe den Prahm watend zwischen sich weiterzuschleppen.«

Die Rettungsprähme haben sich mehrfach auch bei der Rettung von Menschen bewährt, die beim Wattwandern von der Flut überrascht und abgeschnitten wurden. Solche Rettungen von »Meeresfußgängern«, die in Unkenntnis der Gezeitenverhältnisse im Watt herumlaufen oder sich dort verirren, sind überall im Wattenmeer von Dänemark, Deutschland, Holland, Irland, England, Frankreich und Nordamerika eine immer wieder notwendige Spezialität der Rettungsmänner.

Rettungsflöße für das Abbergen von Schiffbrüchigen vom Wrack zum Land, besonders aber vom Wrack zum Rettungsboot, wurden wohl bei sämtlichen Rettungsgesellschaften entwickelt. So bauten die Amerikaner sogenannte Monitorflöße, die von Stahlrohrkörpern getragen wurden. Die Deutschen konstruierten Korkflöße mit Netzboden, die früher von den großen MRBs mitgeführt wurden. Die modernste Version des Rettungsfloßes benutzen heute die Schweden auf einigen ihrer Stationen. Die dortigen Rettungskreuzer führen Sprungnetzflöße mit, die sich nach dem Inswasserwerfen automatisch aufblasen. Sie bestehen aus einem großen, ringförmigen Schlauchbootwulst, der ein Perlonsprungnetz trägt, das einen Durchmesser von vier Metern hat. Es ist so leicht nicht zu verfehlen, wenn ein Schiffbrüchiger vom Wrack aus hineinjumpt. Springt er aber doch mal vorbei, kann er sich nachträglich auf ziemlich einfache Weise über den niedrigen Gummiwulst auf das Netz hinaufziehen.

# Die Schreckensnacht von Hvide Sande

Die ganze Härte von Rettungsbootseinsätzen an der ungeschützten, der Hauptsturmrichtung West zugekehrten jütländischen Nordseeküste wird deutlich, wenn man die Chronik der Rettungsstation Hvide Sande an der Einfahrt zum Ringköbingfjord studiert. Die Station hat 1989 ein neues Motorrettungsboot erhalten, das als neuester MRB-Typ Dänemarks (MRB 35) zum Standardtyp wurde. Sein Vorgänger vom Typ MRB 33 erlitt gleich nach Indienststellung die ersten gefährlichen »Blessuren«. Bei Weststurm mit Windstärke neun bis zehn und Nordströmung war das Rettungsboot 14 Stunden lang draußen bei dem Fischkutter TYROLA, der von einer schweren Grundsee getroffen worden war. Dabei geriet ihm Sand in den Motor, der daraufhin prompt »verreckte«. Der Kutter trieb unaufhaltsam auf Land zu. Er hatte zwar noch die Anker auswerfen können, doch wurde er ständig von der gewaltigen Brandung überspült; die dreiköpfige Besatzung war in allergrößter Lebensgefahr, denn diese Männer waren infolge der Kälte, der Erschöpfung und anderer Umstände nicht mehr fähig, ihr Fahrzeug zu verlassen. Sie waren vollständig lethargisch.

Mit Hilfe eines »Raketengewehrs« glückte es dem MRB 33 endlich doch, eine Leinen- und schließlich sogar eine Schleppverbindung herzustellen und den Kutter mit voller Maschinenkraft des Rettungsbootes aus der Brandung herauszuziehen. Man wollte ihn nach Hvide Sande einschleppen. Bei der Einfahrt in den Hafen wurden aber beide Fahrzeuge von einem so fürchterlichen Grundbrecher getroffen, daß die Schleppertrosse brach. Und noch bevor mit verzweifelter Anstrengung eine neue Leinenverbindung hergestellt werden konnte, wurde das Motorrettungsboot abermals von einer ganz schweren Grundsee eingedeckt. Diese warf das Rettungsboot ganz auf die Seite und riß einen Mann von der Besatzung über Bord. Zugleich brach die Steuerleitung, das Ruder klemmte.

Das MRB 33 richtete sich zwar ganz schnell wieder auf. Mit Hilfe der Doppelschrauben glückte es, an den über Bord gefallenen Mann heranzumanövrieren. Der Vormann steuerte dabei nur mit den beiden Propellern, er nutzte wechselseitig ihren ungleichen Hebelarm zum Steuern aus. Sobald der im Wasser treibende Rettungsmann geborgen und in den Hafen gebracht worden war, wurde er mit einem Ambulanzwagen ins Hospital überführt. Vor seinem »Hineinhumpeln« in den Hafen hatte das Rettungsboot den Fischkutter LIVADAVIA, der vorsorglich in der Hafeneinfahrt »stand by« gemacht hatte, gebeten, sich um die abgerissene TYROLA zu kümmern. Glücklicherweise brachte es die LIVADAVIA trotz der schwierigen Umstände fertig, eine Trosse auf dem Havaristen festzubekommen und ihn zum zweitenmal aus Seenot zu retten. Sie brachte die TYROLA in den Hafen.

Wer am Ufer stand und die kritische Lage des damals neuen MRB 33 sah, das nur mit knapper Not seinem Verhängnis entkam, hielt vor Spannung den Atem an. Allzu frisch war in Hvide Sande noch die Erinnerung an das, was Jahre vorher dessen Vorgänger-Rettungsboot auf dieser Station passierte:

Am 9. Dezember 1951 war das damalige Einschrauben-Motorrettungsboot bei Nordweststurm in Stärke acht und schwerer Brandung auf der vorgelagerten Barre alarmiert worden. Man habe daußen vor Nymindegab ein Schiff gesichtet, und das sei bei diesem Wetter eine verdächtige Sache. Der Strandvogt wurde zur Erkundung ausgeschickt. Er meldete, daß das Schiff in Richtung Aargab weglaufe. Und bald konnte auch der auf einer Düne bei Hvide Sande postierte Ausguckmann der Rettungsstation die Lichter des Schiffes erkennen. Um 18.10 Uhr meldete er, daß das Schiff rote Notsignale geschossen habe.

Die roten Signalsterne konnten nur bedeuten, daß das Schiff in höchster Bedrängnis war. Es würde wohl bald in dem flachen Wasser stranden. Darum verließ das Motorrettungsboot seine Station. Von Brechern eingedeckt lief es zu dem Schiff hinaus, das sich als der holländische Saugbagger KINHEM entpuppte. Nachdem er Maschinenschaden erlitten hatte, wurden beide Anker zu Wasser gebracht, aber das Fahrzeug konnte sich an dieser Stelle unmöglich lange halten. Das Rettungsboot forderte darum per Funk über Blavands Radio einen Bergungsschlepper an. Bis zu dessen Eintreffen wollte sich das MRB wieder in die Hafeneinfahrt begeben. Denn noch wollte die Baggerbesatzung nicht von Bord, und es war für das Rettungsboot völlig sinnlos, womöglich stundenlang in den Grundseen herumzukreuzen, bis entweder eine Schlepperbergung gelang oder die Rettung der Holländer nötig wurde.

Das Boot lief also nach Hvide Sande zurück. Und da klares Wetter war, konnte man von Land aus seine Positionslichter deutlich sehen. Aber gegen 20.20 Uhr, als sich das Rettungsboot direkt auf der heimtückischen Barre befand, waren die Lichter plötzlich verschwunden. Das konnte nur bedeuten, daß ein Unglück geschehen war. Das Motorrettungsboot war tatsächlich in einer Grundsee gekentert. Etwas später trieb es kieloben einen Kilometer südlich von der Mole mit dem Vormann Kristensen und den beiden Rettungsmännern Thomsen und Christensen an Land; sie hatten sich an dem Boot festklammern können. Von der übrigen Bootsbesatzung wurden die Rettungsmänner Thygesen, Frandsen, Jensen, Iversen und Enevoldsen bewußtlos angespült. Natürlich war alles, was in Hvide Sande Beine hatte, sofort zum Strand gelaufen. Von der Rettungsstation und den Ortsbewohnern wurde alles Menschenmögliche getan, um die Halbtoten durch Wiederbelebungsversuche ins Leben zurückzuholen. In den sofort angeforderten Ambulanzwagen setzte man die Rettungsmaßnahmen pausenlos fort. Aber auch die Ärzte konnten die fünf Rettungsmänner nicht mehr ins Leben zurückrufen. Sie hatten sich eingereiht in die erschreckend lange Reihe derer, die bei einem Seenotrettungseinsatz ihr Leben lassen mußten. Sie hatten für die »Brotherhood of the sea«, für eine bewegende Nächstenliebe der Tat das höchste Opfer gebracht.

Später wurde das über den ganzen Strand verstreute Bootsinventar geborgen, schließlich auch das Rettungsboot selbst. Nun konnte man die Unfallursache klar erkennen: Eine Grundsee hatte das Boot überrollt und dabei seinen Rumpf eingeschlagen. Das Boot lief bei diesem plötzlichen einseitigen Wassereinbruch aus dem Ruder und schlug quer.

Das Wrack wurde zur Marinewerft geschleppt, die es gründlich untersuchte und wieder instandsetzte. Ein Vierteljahr später war das Rettungsboot von Hvide Sande wieder einsatzklar – bemannt mit neuen Rettungsmännern, die für ihre fünf ertrunkenen Kameraden in die Bresche gesprungen waren!

Einige Zeit vorher war dem Strand-MRB der Rettungsstation Slette Strand an der berüchtigten Jammerbucht ebenfalls ein schweres Unglück zugestoßen. Das Boot war mit acht Mann Besatzung ausgelaufen, um den vermißten Fischkutter ELLEN GRETHE zu suchen. Der Vormann steuerte das Boot, um wenigstens ein bißchen Schutz zu haben, zunächst in dem Wasserstreifen zwischen dem ersten und zweiten Riff entlang. Erst als die Rettungsmänner bei dieser Suchfahrt parallel zur Küste nichts gefunden hatten, gingen sie das Wagnis ein, ihr Strand-MRB in dem kabbeligen Wasser zu wenden. Sie wollten weiter draußen, außerhalb der Riffe weitersuchen. Aber an der Außenkante des ersten Riffes schlug das Boot, von einer unberechenbaren Kreuzsee getroffen, plötzlich um. Zwei der Rettungsmänner konnten, dank ihrer Schwimmwesten, an Land schwimmen. Zwei weitere Männer konnten sich auf den Kiel des gekenterten

Rettungsbootes hinaufziehen. Nun wurde das Boot landwärts davongespült. Und noch bevor es an den Strand gelangte, kam einer von den vier vermißten Rettungsmännern, der Bootsmann Jens Korsgaard, plötzlich unter dem Boot zum Vorschein, das über ihn gekippt war. Der Bootsmann war besinnungslos. Die Kameraden zogen ihn auf den Kiel und brachten ihn schließlich an Land.

Das Boot war bald vollends an Land getrieben. Hier versuchten die Überlebenden mit Hilfe herbeigeeilter Dorfbewohner und Badegäste, das gekenterte Fahrzeug anzuheben. So konnte man den ebenfalls unterm Boot gefangenen Rettungsmann Hans Martinus Jepsen befreien. Auch er war längst besinnungslos; sofort wurden Wiederbelebungsversuche unternommen; er wurde sogar mit einem Pulmotor künstlich beatmet. Auch im Ambulanzwagen kämpfte man weiter um das Leben von Jepsen, bis das sehr weit entfernte Krankenhaus von Fjerritslev endlich erreicht war.

Dort mußten die Ärzte aber feststellen, daß alle stundenlangen Wiederbelebungsversuche vergebens waren. Jepsen war tot. Der Bootsmann Jens Korsgaard war noch einmal davongekommen. Bei ihm hatte die Wiederbelebung Erfolg. Inzwischen war auch ein Arzt erschienen, der eine herzstärkende Injektion verabreichen konnte. Später wurde dem Bootsmann vorsichtig etwas Branntwein aus dem Verbandskasten der Rettungsstation eingeflößt. Schließlich wurde Jens Korsgaard in ein Auto gepackt und nach Hause gefahren.

Die beiden anderen Vermißten hat die See behalten. Bei der Gedenkfeier für die drei Ertrunkenen des Rettungsbootes von Slette Strand erinnerte der Pastor an den Bibelvers auf jenem Gedenkstein an der Außenwand der Kirche von Skagen – an Johannes 15, Vers 13.

Das gekenterte Strand-MRB wurde mit Hilfe von zwei Spills umgedreht und ganz auf den Strand gezogen. Es konnte anderntags ins Bootshaus zurückgebracht werden.

Sofort fanden sich auch in Slette Strand drei neue freiwillige Rettungsmänner bereit, das Werk der ertrunkenen Kameraden fortzusetzen.

## Der »Senkrechtstart« der COLIN ARCHER

Vom Iddefjord im Süden bis hinauf zum Varangerfjord am Nördlichen Eismeer ist Norwegens Küste rund 21 000 Kilometer lang, wenn man sämtliche Buchten und Schärenküsten mitzählt – und überall sind Schiffbrüche möglich.

Mit ihren unzähligen vorgelagerten Schären und Felsenriffen gilt Norwegens Küste – die sich über Nordsee, Atlantik und Eismeer erstreckt – als eine der gefährlichsten der Welt. Sie hat noch im vorigen Jahrhundert Zehntausende von Todesopfern gefordert. Man zählte durchschnittlich 700 bis 800 Schiffbruch-Todesopfer pro Jahr.

Niemand hat je die genaue Zahl der beim Kampf ums tägliche Brot umgekommenen norwegischen Fischer registriert. Fest steht aber, daß über Generationen hinweg fast alle Ernährer von Fischerfamilien irgendwann von einer Fangfahrt nicht zurückgekehrt sind. Norwegens Fischer zahlten den schlimmsten Tribut an Opfern, weil sie sich ausgerechnet zur stürmischen Winterzeit mit ihren kleinen Booten zum Schellfischangeln und zum Heringsfang weit hinaus auf die ungeschützten Hauptfangplätze wagen mußten. Dort versammelten sich die Fischerboote zu Tausenden. Wenn das Wetter plötzlich umschlug, waren die Folgen fast immer furchtbar. Einen Seenotrettungsdienst aber gab es bis 1891 nicht. Man hielt ihn angesichts der langen Küste des Landes für unwirksam.

Zwar hatte schon 1827 der Amtsrichter Schjötz in Stavanger ein ähnliches Rettungsboot konstruiert wie der Engländer Greathead. Das Marinedepartment würdigte ihn nicht einmal einer Antwort, als er seine Konstruktionszeichnungen und Vorschläge eingereicht hatte. Für umwälzende Ideen von Außenseitern war die Zeit noch nicht reif.

An der schlimmsten unter allen ungeschützten Küstenstrecken – zwischen Jaeren und Lista – richtete die Regierung zwar ab 1852 fünf Stationen mit Ruderrettungsbooten und Raketenapparaten ein. Aber diese staatlichen Stationen blieben Einzelfälle, bis schließlich auch in Norwegen ein Schiffsunglück jenen heilsamen Schock auslöste, der Energien für die notwendigen Hilfsaktionen freisetzte.

Am Morgen nach einer Sturmnacht des Herbstes 1882 war der norwegische Landarzt Dr. Oscar Tybring von seinem Gehöft zur Möreküste hinausgefahren, um zu sehen, wie es nach dem Unwetter dort aussah. Dort machte der Doktor einen unheimlichen Fund: ein gestrandetes, großes Schiff, dessen gesamte Besatzung ertrunken war! Niemand in der ganzen Umgegend hatte die Strandung bei Sturm und Finsternis überhaupt bemerkt!

Diese grausige Entdeckung an der Möreküste hatte den warmherzigen und beliebten Landarzt nachhaltig erschüttert. Jetzt fühlte sich Dr. Tybring aufgerufen, mit allen Mitteln für die Gründung einer privaten norwegischen Rettungsgesellschaft nach englischem, holländischem, deutschem Muster zu plädieren. Von seiner Idee besessen, reiste er von Stadt zu Stadt, hielt Vorträge, schrieb Artikel und versuchte, einflußreiche Leute für seine doch so notwendige Sache zu gewinnen. Aber er kam nur quälend langsam voran. Fast überall stieß er auf Bedenken und Einwände, nachsichtiges Lächeln, Kopfschütteln und Achselzucken. Was war doch dieser Doktor für ein hoffnungsloser »Phantast«, wenn er allen Ernstes glaubte, man könne die Verhältnisse anderer Länder einfach auf Norwegen übertragen! Die Länge und Form der Küste, die Vielzahl von Schären verboten nun einmal ein umfassendes Rettungswerk. Auch scheiterten vor Norwegen die meisten Schiffe viel zu schnell und an zu weit entfernten Punkten, als daß man ihnen rechtzeitig wirksame Hilfe bringen könnte. Und außerdem ergab sich die Frage, wer das alles bezahlen solle, wenn man wirklich vom Nordmeer bis hinunter zur Nordsee einen Rettungsdienst aufziehen wollte.

Dieser »komische« Landarzt war im übrigen kein Seemann. Er solle sich gefälligst lieber um seine Patienten kümmern, als seine Nase in Dinge hineinzustecken, von denen er ja doch nichts verstand – so redeten die Leute, aber Dr. Tybring ließ sich nicht beirren. Er setzte seine Bemühungen nur um so intensiver fort. Im Jahre 1887 kam er endlich mit Männern in Kontakt, die – genau wie er selbst – Feuer und Flamme für die Rettungsidee waren. Der Arzt gewann den bekannten Bootsbauer Colin Archer aus Larvik und den Admiral Koren als Verbündete. Und nun kam die Sache endlich in Fluß! Immer mehr Norweger stimmten Tybrings Thesen zu. Auf eigene Kosten reiste der Doktor ins Ausland, um sich dort die Rettungsgesellschaften anzusehen. Nach seiner Rückkehr hatten erneut schwere Schiffsunglücke die norwegische Öffentlichkeit erschüttert. Nun stellte sich die Kaufmännische Vereinigung von Kristiania (Oslo) unter ihrem tatkräftigen Vorsitzenden, dem Großkaufmann Heinrich Scheller, spontan hinter Dr. Tybring. Scheller organisierte Sammelaktionen und ließ Beiträge zeichnen. Und dieser Mäzen schuf die Grundlage für die Verwirklichung von Tybrings Idee.

Endlich war die finanzielle Starthilfe für die »Norsk Selskab til Skibbrudnes Redning« (NSSR) gesichert, die 1891 mit einem Anfangskapital von 144 000 Goldkronen gegründet werden konnte. Die Frage war nur, welche Rettungsmittel an Norwegens Küste tatsächlich die wirksamsten sein könnten. Nach eifrigen Debatten kam man auf den glücklichen Einfall, den erfahrenen Colin Archer mit der Konstruktion eines Segelrettungsbootes zu beauftragen. Der aus Schottland stammende Archer ging ans Werk. Er griff weitgehend auf den Linienriß der von ihm gebauten, sturmerprobten Lotsen-Ketschen zurück. Damit würde das Segel-rettungsboot seiner Hauptaufgabe, die es vor Norwegens Küsten haben würde, am besten gerecht: die großen »Herden« der Fischerboote auf ihre gefährlichen Fangplätze zu begleiten und ihnen an Ort und Stelle Hilfe zu leisten.

Die erste Rettungsketsch wurde von der NSSR zu Ehren ihres Erbauers COLIN ARCHER genannt. Sie war ein ganz großer Wurf und ein glückhaftes Schiff, das 40 volle Jahre im Rettungseinsatz stand. 1933 wurde das solide Schiff nach Amerika verkauft. Die COLIN ARCHER gibt es noch heute! Nach dem Zweiten Weltkrieg kaufte Norwegen die Ketsch zurück, die heute als Museumsschiff unter Segeln fährt. Norwegen hat allen Grund, auf dieses legendäre Rettungsboot stolz zu sein, dessen Taten jedes Schullesebuch des Landes schildert.

Nach ihrer Indienststellung (1893) wurde die COLIN ARCHER in aller Stille unter härtesten Bedingungen erprobt. Zunächst begleitete sie die Fangflotten von Lofotenfischern. Sie half ihnen, wo sie konnte. Das brachte erste Anerkennungen ein. Dann aber verlegte man die Ketsch in die besonders rauhen Eismeer-Gewässer der Finnmark. Die NSSR war an Testfahrten unter allen überhaupt vorstellbaren Wetterverhältnissen interessiert.

Am 20. Mai 1894 befindet sich COLIN ARCHER in Vardö, als ein orkanartiger Nordost mit Schneegestöber über die Ost-Finnmark hereinbricht. Glücklicherweise können sich alle Fischerboote von Vardö rechtzeitig in den Hafen retten. Dann sitzen die Fischer in ihren Häusern und horchen, wie der Sturm immer schlimmer tost. Er droht die Dächer abzureißen. Draußen auf See ist die Hölle los, und es dürfte sicher sein, daß sich kein Schiff mehr hinauswagen kann.

Da bekommt der Amtmann von Vardö ein Telegramm aus dem benachbarten Havningberg. Dort herrscht große Not: Der Orkan weht genau in die Hafeneinfahrt hinein. Im Hafen steht solcher Seegang, daß Fischerboote – noch bevor sie auf Land gezogen werden konnten – von ihren Vertäuungen abrissen und zu zerschellen drohen. Ein vollbesetztes Fahrzeug befindet sich mitten im Hafen in schwerer Seenot. Ob nicht ein Dampfer aus Vardö zu Hilfe kommen und die bedrängten Fischer retten könne.

Sofort begibt sich der Hafenvogt, zusammen mit dem Polizeimeister, auf die in Vardö liegenden Fahrzeuge. Aber die Kapitäne blicken die beiden Männer verständnislos an. Bei dieser Wetterlage erübrigt sich jede Diskussion!

Nur ein einziger Schiffsführer, der Kapitän des kleinen Dampfers HEIMDAL, will das Wagnis eingehen und das Auslaufen doch versuchen.

Am Ende ihrer Tour durch den Hafen gehen der Hafenvogt und der Polizeimeister auch auf die erst am Vortage eingelaufene COLIN ARCHER. Sie tun es eigentlich nur der Ordnung und Höflichkeit halber, denn dieser motorlose Segler ist bei solchem Unwetter doch vollständig machtlos. Als aber Vormann Anthonisen das Telegramm aus Havningberg vorgelegt bekommt, erklären er und seine beiden Besatzungsmitglieder – Bestmann Nils Olsen aus Nevlungshavn und Rettungsmann Hartvig Pedersen aus Brönö – sich sofort bereit auszulaufen!

Gleich nach dem Hochfahren oder Aufheizen seiner Kessel sticht der kleine Dampfer HEIMDAL mit dem Hafenvogt und dem Polizeimeister in See. Diese seebefahrenen Männer geben dem Segelboot COLIN ARCHER keinerlei Chance. Sie halten den Vormann Anthonisen glattwegs für wahnsinnig. Nur ein maschinengetriebenes Schiff hat nach ihrer Meinung, wenn überhaupt, bei den schweren Kreuzseen in Havningberg eine schmale Chance.

Aber die HEIMDAL kommt nicht weit. Der kleine Dampfer steht in der kochenden See beinahe kopf. Keiner der Männer an Bord hat ein solches Unwetter jemals erlebt. Kapitän Isaksen hält mit dem Hafenvogt und dem Polizeimeister Schiffsrat ab. Und so bitter schwer es den Männern fällt, sie müssen sich zum Umkehren entschließen. Diese Rettungsaktion ist aussichtslos, jede Weiterfahrt wäre Selbstmord.

Gegen Abend läuft die HEIMDAL völlig zerzaust, unter erheblichen Schwierigkeiten, wieder nach Vardö ein. Sofort telegrafiert der Hafenvogt die Kunde von dem mißglückten Hilfeleistungsversuch des Dampfers nach Havningberg. Zwar sei auch die COLIN ARCHER dorthin ausgelaufen, aber von der habe man schon wenig später nichts mehr gesehen.

Da tickert beim Amtmann von Vardö der Telegraf und berichtet aus Havlingberg: »Rettungsketsch hat hier 22 Mann vom Havaristen übernommen, darunter Kapitän Monsaas und Frau. Segelt jetzt nach Vardö zurück.«

Den Männern in Vardö verschlägt es die Sprache. Noch wissen sie nicht, welche mörderische Segelei die Ketsch hinter sich bringen mußte, um überhaupt nach Havningberg zu kommen. Schneesturm machte dabei die Orientierung fast unmöglich. Die Sicht betrug zeitweilig weniger als eine Schiffslänge. Aber die Rettungsmänner gaben nicht auf. Um 20.30 Uhr wurde die Sicht zeitweilig etwas besser, so daß man die Einfahrt nach Havningberg erkennen konnte. Dann aber wagte Vormann Anthonisen Manöver, die jenseits von Gut und Böse lagen. In den steilen Kreuzseen des Hafens bestand keine Chance, die Ketsch ungefährdet zum Stehen zu bringen. Es gab nur die eine Möglichkeit, mit »Braßfahrt« an den Havaristen heranzusegeln, blitzschnell jeweils einen Schiffbrüchigen dort »abzupflücken«, sofort wieder »abzufallen« und mit noch mehr Fahrt an eine andere, besonders enge, aber geschütztere Stelle zu segeln und dort tollkühne Wendemanöver vorzunehmen. Entweder man hatte das nötige Augenmaß und die entsprechenden Nerven – oder man hatte sie nicht. Kapitän Anthonisen war nun mal ein »Segler vor dem Herrn!« Zweiundzwanzigmal kreuzte er im Höllentempo durch den Hafen, in dem man wegen des schweren Seegangs nirgendwo anlegen konnte.

Sobald Anthonisen die Ketsch wieder gewendet und auf die Luvseite des Havaristen zurückgebracht hatte, goß der Bestmann Wellenberuhigungsöl aus, das sich sofort nach Lee hin ausbreitete und die Brecher dämpfte. COLIN ARCHER konnte den nächsten Anlauf wagen. Binnen einer Dreiviertelstunde hatte sie alle Schiffbrüchigen an Bord! Dabei waren die Seen im Hafen bis zu vier Meter hoch. Es gelang der Rettungsketsch sogar, ein paar andere, abgerissene Fischerboote zu einem halbwegs geschützten Ankergrund zu schleppen.

Die Geretteten wurden sofort unter Deck beordert. Anthonisen konnte sich nicht verkneifen, zuletzt auch noch mitten in die Brandung hineinzusegeln. Auch dort lagen havarierte Fahrzeuge, und er wollte sehen, ob von ihnen etwa jemand zu retten war. Man konnte aber keine Notsignale bemerken, die Boote waren offensichtlich unbesetzt. Also manövrierte Anthonisen seine Ketsch wieder aus der Gefahrenzone heraus und setzte Kurs auf Vardö ab. Die Heimreise stellte alles bisher Erlebte in den Schatten. Vor der Einfahrt zum Persfjord wälzte sich ein Grundbrecher über das mit 22 Schiffbrüchigen beladene Fahrzeug, so daß das gesamte Achterschiff darunter begraben wurde und das Beiboot in Trümmer ging. Und hätte man die COLIN ARCHER nicht derart solide und seetüchtig gebaut, wäre sie aus dem nassen Grab nicht wieder herausgekommen.

Das alles wissen die Männer im Telegrafenzimmer des Amtmannes von Vardö in diesem Augenblick noch nicht. Für sie ist es einfach unfaßbar, daß ein Segelfahrzeug eine Rettungsaktion meistern konnte, die selbst einem Dampfer unmöglich war.

Die Kunde von der Tat der neuen Ketsch verbreitet sich mit Windeseile. Gegen Mitternacht kommen vor der Hafeneinfahrt Positionslaternen in Sicht, entsetzlich schaukelnd und immer wieder von Gischt überschüttet. Kein Zweifel mehr:

Die COLIN ARCHER ist wieder da. Eine große Menschenmenge läuft ihr jubelnd entgegen. Und kaum hat man die Schiffbrüchigen an Land einquartiert, möchte man die drei Rettungsmänner auf den Schultern durch ganz Vardö tragen. Aber Vormann Anthonisen winkt ab. Er hat Kenntnis davon, daß der Amtmann erneut ein Telegramm bekommen hat. In Havningberg sind jetzt weitere Fischer in schwere Seenot geraten. Die Rettungsmänner wissen ganz genau, was ihnen bevorsteht. Aber sie laufen unverzüglich wieder nach Havningberg aus!

Zum Glück flaut der Sturm unterwegs um Nuancen ab, aber der Seegang ist noch schlimmer als vorher. Es hat sich allzu lange mit gleicher Windrichtung »eingeweht«.

Kurz nach drei Uhr morgens steuert der Vormann die Ketsch wieder nach Havningberg hinein, jagt sie mit Höllenfahrt durch den Hafen, fährt seine genau abgezirkelten Wendemanöver und holt abermals 14 Männer von einem Langleinenfänger herunter, der wenig später von der Brandung zerschlagen wird.

Der Jubel in Vardö ist grenzenlos, als die Ketsch morgens um zehn zum zweitenmal einläuft. Ein Triumphzug unterbleibt aber auch diesmal, denn die drei Männer von der COLIN ARCHER sind viel zu erschöpft, um noch irgendwelche Ovationen über sich ergehen zu lassen. Sie fallen todmüde in ihre Kojen.

## Transatlantische Einsätze

Mit 28 Rettungsbooten zog die norwegische Rettungsgesellschaft im Zweiten Weltkrieg einen wirksamen See- und Luftrettungsdienst auf, ohne deutsches Wachpersonal an Bord und mit Funkerlaubnis der deutschen Besatzungsbehörden. Die Hauptstation Stavanger mußte jederzeit über die Positionen der Boote unterrichtet sein, die von Kriegsbe-

ginn bis zum August 1944 über 4400 Booten und Schiffen
Hilfe leisteten, 266 Menschen aus unmittelbarer Lebensgefahr und 1476 weitere aus bedrängter Lage zu retten vermochten. Noch in den vierziger Jahren, mitten im Krieg,
konnte man norwegische Rettungsboote mit gesetzten Segeln sehen, die aus Gründen der Treibstoffersparnis und
zum »Abreiten« von Seegang mit langsamer Fahrt lieber
»knüppelten«, hart am Winde segelten, als unnötig ihre
Propeller zu bewegen.

Nach 1945 erhielt die Rettungsgesellschaft zur Moderni-
sierung ihres Fahrzeugparks erstmalig Staatszuschüsse. Man
baute jetzt »Lebensrettungskreuzer«, zweimotorige Doppel-
schrauben-MRBs nach schwedischem und holländischem
Vorbild. Außerdem entwickelte man 1947 Pläne für ein relativ großes Patrouillenboot für die nordnorwegische Küste,
für die Bäreninsel und Spitzbergen.

Die Fernfischerei machte immer größere Patrouillen- und
Rettungskreuzer notwendig. 1949 wurde für die Sicherung
der Grönlandfischer die 23 Meter lange J. M. JOHANSEN in
Dienst gestellt, die gleich auf ihrer ersten Reise im schweren
Sturm vor Islands Nordküste 17 Männer von einem sinken-
den Trawler retten konnte.

Die J. M. JOHANSEN sowie drei weitere Rettungskreuzer
fürs Eismeer und zwei kleinere Patrouillenboote waren die
letzten Holzboot-Neubauten der norwegischen Rettungsgesellschaft. 1958 wurden die beiden ersten Stahlboote in
Dienst gestellt, die speziell die norwegischen Hauptfangplätze sichern sollten.

Bei der VIII. International Life Boat Conference in Bremen
stellten die Norweger 1959 ihren damals nagelneuen Seenotkreuzer HAAKON VII vor. Dieses knapp 27 Meter (87 Fuß)
lange Fahrzeug hatte 16 Tage Dauerfahrt mit 11 Knoten Geschwindigkeit hinter sich. Es bewährte sich so gut, daß
AMBASSADOR BAY und SKOMVAER II nach gleichen Plänen
gebaut werden konnten.

Mit den Rettungskreuzern Bergen Kreds und Hjalmar Bjorge wurde 1963 ein weiterer MRB-Typ von 113,5 Tonnen Wasserverdrängung in Dienst gestellt, der für den Einsatz in mittleren Entfernungen vor der Küste gedacht ist. Einige Fanggründe liegen 200 Seemeilen von der norwegischen Küste entfernt.

Die großen Kreuzer (87-Fuß-Typ) operieren im Ferneinsatz bis vor Neufundland, Grönland, Spitzbergen. Sie versehen bei den norwegischen Trawlern in diesen Gewässern denselben Dienst wie die staatlichen deutschen Fischereischutzboote Frithjof, Poseidon, Meerkatze und, sozusagen nebenamtlich, die Fischereiforschungsschiffe Walter Herwig und Anton Dohrn.

Fischereischutz ist ein Rettungs- und Betreuungsdienst besonderer Art.

Heute bilden 20 Hochsee-Rettungsboote, elf Rettungsboote für den küstennahen Bereich und ein Festkiel-Schlauchboot mit geschlossenem Ruderhaus die NSSR-Rettungsflotte. Die modernen Rettungskreuzer vom Typ Olav V sind rund 27 Meter lang und laufen 24 Knoten. Wie bei der DGzRS besteht die jeweils diensttuende Besatzung aus vier Mann.

Die tägliche Arbeit der privaten NSSR wird vom Hauptbüro Oslo gesteuert. Die Gesellschaft unterhält in ganz Norwegen 15 Distrikte, die jeweils einem selbständigen Manager unterstehen. Dieser Bevollmächtigte ist für sämtliche Rettungseinsätze innerhalb seines Distriktes verantwortlich, zugleich sorgt er für die örtlichen Kollekten und Spendenaktionen.

Zu ihrer 100-Jahr-Feier im Jahre 1991 konnte die NSSR als Erfolgsbilanz die Errettung von Menschen vom sicheren Tode und die Hilfsleistung für weitere Menschen melden! Bei der 75-Jahr-Feier war das geschehen:

Nach dem Festakt in der Aula der Universität Oslo – im Beisein des norwegischen Königs als Schirmherr der NSSR und unter Mitwirkung des Marinemusikkorps sowie des Norwegischen Seemannschors – versammelten sich Ehrengäste und Publikum am Hafen, um einen Korso der Rettungskreuzer zu erleben. Er wurde angeführt von der noch immer motorlosen, soeben aus Amerika zurückgekauften COLIN ARCHER und einer neueren Motorketsch. Diesen beiden »Oldtimern« folgten die sechs modernsten Rettungskreuzer Norwegens, darunter das bis dahin letzte, 72. Rettungsfahrzeug in der Geschichte der NSSR – der Rettungskreuzer JORGEN AMUNDSEN. Selbstverständlich führten alle Teilnehmer des schwimmenden Festzuges großen Flaggenschmuck. Und, ebenfalls über die Toppen geflaggt, gaben ihnen der schwedische Rettungskreuzer WILHELM LUNDGREN, der deutsche Seenotkreuzer ADOLPH BERMPOHL und das britische 70-Fuß-Motorrettungsboot GRACE PATTERSON RITCHIE das Ehrengeleit.

Im Jubiläumsjahr hatte die Rettungsgesellschaft den kurz vor den Feierlichkeiten vom Stapel gelaufenen Rettungskreuzer SPEIDEREN – als Schwesterschiff von BYGGEN und HALTEREN – in Dienst gestellt. SPEIDEREN heißt auf deutsch Pfadfinder.

Der Anblick dieses Fahrzeugs läßt die Herzen von 55 000 norwegischen Jungen und Mädchen höher schlagen, denn sie haben die Finanzierung dieses Fahrzeugs möglich gemacht. Norwegens Pfadfinder waren darauf gekommen, daß die beste aller guten Taten – die ihnen ja immerfort abverlangt werden – der Bau eines Rettungskreuzers sei. Sie steigerten sich in eine regelrechte Sammelwut hinein und brachten mit dem Geklapper der Büchsen beinahe 600 000 Kronen zusammen.

Als die SPEIDEREN am 1. Februar 1966 vom Stapel lief, durfte ein Mädchen vom »Norsk Speiderpike-Forbund«, vom Verband norwegischer Pfadfinderinnen, als Taufpatin die Sektflasche werfen.

# Havarist kippt aufs Rettungsboot

Die Deutsche Gesellschaft zur Rettung Schiffbrüchiger hat 1967 dem Vormann Tore Gustad die silberne, seinen Rettungsmännern Jetvord Kalvöy, Ole Gustad, Arnold Riiber, Kjell Olav Johansen und Leif Enoksen die bronzene Medaille verliehen. Sie zeichnete damit die Besatzung des großen Rettungskreuzers SKOMVAER II aus, die auch die norwegische Emile-Robin-Medaille für »Arets beste redning«, für die beste Rettung des Jubliäumsjahres 1966 erhielt. Die Geschichte dieser Rettung liest sich wie ein spannender Roman:

Am 5. Februar 1966 pfeift ein Nordoststurm über die Fanggründe von Grip-Hustadvika und treibt alle Fischerboote schleunigst in den Hafen. Die See ist allzu wild geworden. Der Rettungskreuzer – er ist vom großen 87-Fuß-Typ und wird auch auf transatlantischen Fanggründen eingesetzt – patrouilliert sicherheitshalber noch den ganzen Tag draußen umher und läuft erst abends nach Kjönnöy ein.

Kurz vor halb fünf Uhr morgens strahlt Kristiansund Radio »Mayday, Mayday« aus. Bei Hillboen auf der Insel Griphola ist das deutsche 2000-Tonnen-Motorschiff REEF BAY in Seenot. Das ganz neue Schiff funkt pausenlos Notsignale.

Rettungskreuzer SKOMVAER II läuft sofort aus und trifft um 06.15 Uhr bei der REEF BAY ein, die außerordentlich unglücklich auf eine Klippe gelaufen ist. Das Schiff wollte im Ballast, ohne Ladung, von Mo nach Rana »versegeln« und hat darum nur geringen Tiefgang und wenig Stabilität. Mit zunehmender Schlagseite ist es von der Klippe wieder freigekommen und treibt leewärts davon.

Über Ultrakurzwelle ist der Rettungskreuzer mit dem Lotsen auf dem deutschen Frachter übereingekommen, daß die Rettungsmänner in nächster Nähe bleiben. Inzwischen leistet der schwere Seegang gründliche Arbeit: Er prügelt so fürchterlich auf die zwischendurch wieder festgekommene REEF BAY ein, daß das Schiff zu zerbrechen droht.

Um acht Uhr wird die Lage noch bedrohlicher. Das wiederum ins Treiben geratene Schiff bekommt plötzlich fast doppelt so starke Schlagseite; es scheint kentern zu wollen. Die Rettungsmänner werden gewahr, daß der Frachter erhebliche Wassereinbrüche erlitten hat. Jetzt gerät die Mannschaft der REEF BAY in helle Aufregung. Durch Gesten und Zurufe machen sie deutlich, daß sie sofort von Bord geholt werden möchten. Problematisch ist es, was in dieser Situation geschehen soll: Das Schiff kippt nämlich immer schneller zur Leeseite hin weg. Die SKOMVAER II kann nur von Lee an die REEF BAY heranstoßen und die Schiffbrüchigen abbergen. Auf der Leeseite aber lauern Felsen unter Wasser. Viel Platz zum Manövrieren gibt es dort also nicht. Es muß jedoch sofort etwas unternommen werden, bevor das Schiff kentert oder strandet.

Der Zustand der jetzt völlig durchgedrehten Frachterbesatzung zeigt, daß tatsächlich keine Zeit mehr zu verlieren ist. Die Männer sind drauf und dran, nach Lee über Bord zu springen. Aber wenn die REEF BAY wirklich umschlägt, kommen sie unweigerlich unter das Schiff! Tore Gustad stößt kurzentschlossen auf Leeseite an das schiefliegende Deck des Motorschiffs REEF BAY heran, obwohl er sehr wohl sieht, daß der Frachter mit unheimlichem Tempo ins Treiben kommt und direkt auf den Rettungskreuzer zujagt. Zugleich kippt er immer weiter um und droht nun, genau auf die SKOMVAER II zu fallen! Jetzt entbrennt ein Wettlauf mit der Zeit, es geht beinahe schon um Sekunden. Der Vormann manövriert, als säße ihm der Teufel im Nacken.

Aber schließlich sitzt die SKOMVAER II doch in der Falle. Bevor nämlich die ganze Mannschaft des deutschen Frachters von dem Havaristen heruntergeholt wurde, haben die ausgeschwungenen Davits oder Bootskräne, sich unaufhörlich tiefer neigend, den Rettungskreuzer erfaßt. Er bleibt darunter hängen und wird von dem kenternden Schiff mehrere Fuß tief unter Wasser gedrückt.

Tore Gustad ist ein eiskalter Bursche, aber jetzt beißt er sich doch die Lippen blutig. Es ist schon eine furchtbare Sache – da ist man nun mit einem kenternden Schiff verklammert, das die Retter samt ihrem Boot mit sich in die Tiefe zu reißen droht. Die Schlagseite des Frachters hat längst 40 Grad überschritten. Deutlich spürt man den Sog, mit dem das lecke Schiff gurgelnd das Wasser ansaugt. Sein Vorschiff sackt tiefer und tiefer. Alle sechs Mann an Deck der Skomvaer II haben die furchtbare Gefahr erkannt, aber sie retten mit fliegenden Händen weiter. Sie schubsen die Geretteten wortlos beiseite, stoßen sie sofort hinter die Aufbauten in Deckung. Die Davits knirschen und quietschen ohrenzerreißend auf der Skomvaer herum.

Mit rasender Fahrt peitschen die Propeller des Rettungskreuzers »backsend«, also wechselseitig vorwärts und rückwärts, das Wasser. Wie es geschehen konnte, weiß der Vormann Gustad selber nicht – lag es nun an seinen Gewaltmanövern, lag es am Seegang, der beide Fahrzeuge »arbeiten« ließ: Mit einem Ruck kommt der Kreuzer plötzlich doch noch frei. Er rutscht von den Davits ab und schießt wie befreit in seine ursprüngliche Schwimmlage empor. Nur weg jetzt!

Aber da brüllen sie unten an Deck, daß der Lotse fehlt! Weiß der Himmel, was diesen Mann bewog, mitten in dem Getümmel noch einmal auf die Reef Bay zurückzuspringen. Er wollte wohl irgendwelche Dokumente für die spätere Seeamtsverhandlung retten.

Tore Gustad packt die Wut. Da springt man nun gerade noch eben von der Schippe – und soll nun noch einmal an dieses Wrack heran. Der Vormann manövriert das Fahrzeug diesmal im stumpferen Winkel an die Reef Bay, läßt den Lotsen auf die Skomvaer II überspringen und zieht den

Kreuzer im Bogen rückwärts davon. Die Rettungsmänner aber trauen ihren Augen nicht: Der Frachter hat plötzlich im Kentern innegehalten, er schwimmt noch immer! Jetzt blitzen die Augen von Bestmann Kalvöy den Vormann an. Tore Gustad hat sofort verstanden: Aller guten Dinge sind drei! Und wer schon zweimal an der REEF BAY heran mußte, schafft das wohl auch ein drittesmal.

Mit einer geradezu artistischen Behendigkeit haben die sechs Rettungsmänner auf dem Deck der SKOMVAER II eine Schlepptrosse klargemacht. Sie kriegen, während Tore Gustad sich erneut an die REEF BAY heranmogelt, tatsächlich mit der Geschicklichkeit mexikanischer Lassowerfer eine Schleppverbindung da drüben fest, obwohl das Vorschiff des Frachters beinahe ganz unter Wasser liegt und die Schlagseite noch schlimmer geworden ist.

Was man jetzt macht, ist höllisch riskant. Wenn es gut geht, wird man freilich eine Bergungsprämie kassieren! Wenn es aber schiefgeht, dann ist die Kappaxt von Bestmann Kalvöy die einzige Rettung für die SKOMVAER II. Kalvöy läßt kein Auge von dem Wrack. Das Abschleppen geht aber furchtbar schwer, denn das Ruder der REEF BAY ist verklemmt, der Frachter fährt keinen Meter geradeaus. Außerdem hemmt das so tief in der See liegende Vorschiff die Fahrt. Man tritt beinahe auf der Stelle. Der Vormann versucht mit aller Gewalt, in den Bremsnesfjord hineinzukommen, weil dort der Gezeitenstrom den Schleppzug schieben wird.

Doch alle Plackerei ist letztlich vergebens: Um 11.00 Uhr beginnt die REEF BAY endgültig unterzugehen. Sie krängt plötzlich ganz schnell weiter und geht binnen Minuten mit dem Bug voran steil auf Tiefe. Im letzten Augenblick hatte Bestmann Kalvöy die Schlepptrosse gekappt, die mit Pfeifen und Knallen davonstob. Jetzt ist nur noch ein Brodeln von Luftblasen auf dem Wasser zu sehen, in dem sich eine selbstaufgeblasene Rettungsinsel und ein aufgeschwommenes

Rettungsboot dümpelnd im Kreise drehen. Das ist alles, was von einem Neubau der deutschen Handelsschiffahrt übriggeblieben ist.

## Das Ende im Hurrikan

Der Seemann weiß, daß der südwestliche Atlantik einschließlich des Golfs von Mexiko und des Karibischen Meeres die Brutstätte der berüchtigten Hurrikane ist. Für die Begegnung mit diesen tobsüchtigen Grobianen gibt es zahlreiche Faustregeln, die aber nicht in allen Fällen ausreichen. Hin und wieder verhält sich ein Hurrikan so, daß er jeder Regel spottet. Zu dieser Sorte gehörte auch der Hurrikan »Carrie«, der im September 1957 mit verschiedenen, abrupten Wendungen über den Atlantik hinwegtobte und nicht einmal vom Hurrikan-Warndienst der Vereinigten Staaten vorhergesehen wurde. Die Kette von regelmäßig ausgestrahlten Warnungen setzte erst ein, nachdem ein Handelsschiff – die AFRICAN STAR – völlig unvermutet in einen schweren Ostnordost-Orkan hineingeraten war. Damit war das warnungslose Frühstadium zu Ende, und die Funkstation Washington/NSS strahlte fortan viermal täglich Warnungen vor dem Hurrikan »Carrie« aus. Zahlreiche Schiffe leiteten Ausweichmanöver ein, die zum Teil energische Kursänderungen notwendig machten, ja vereinzelt zu einer 180-Grad-Wendung führten. Ein Schiff aber segelte genau in die Zugbahn von »Carrie« und damit in sein Verderben hinein, obwohl es von einem Kapitän geführt wurde, dem man besondere Vorkenntnisse von tropischen Wirbelstürmen nachsagte und der Schubarts »Orkankunde« geradezu auswendig gekannt haben soll: Dieses Schiff war die deutsche Viermastbark PAMIR, eines der beiden letzten frachttragenden Segelschulschiffe der Welt.

Noch 1000 Seemeilen von der »Carrie«-Zugbahn entfernt, hatte der deutsche Tanker Esso Bolivar am 18. September gegen 15.30 Uhr die Pamir auf der Position 28 Grad 21 Bogenminuten Nord und 41 Grad 10 Bogenminuten West angetroffen. Der Tanker wünschte dem Segler durch Flaggensignal »Gute Reise«. Mit Kurs 350 Grad, offensichtlich von der Hilfsmaschine unterstützt, zog die Viermastbark davon. Es war nur wenig Wind. Und keiner von den Seeleuten an Bord der Esso Bolivar ahnte, daß sie die letzten Menschen waren, die der Pamir begegneten. Ihr Kapitän Diebitsch und ihre sämtlichen Offiziere sind nicht mehr am Leben. Niemand kann deshalb mit letzter Gewißheit sagen, warum es zu dieser Katastrophe gekommen ist und wieso die Pamir dem Hurrikan »Carrie« nicht beizeiten ausgewichen ist. Fest steht lediglich, daß der Segler am 18. und 19. September bei nur schwachen bis flauen Winden immer noch mit Maschinenkraft fuhr und erst am 20. September bei gutem Wind mit voller Besegelung weiterschäumte. Abends wurden die Reuel- und Oberbramsegel wieder weggenommen. Am nächsten Tag, am 21. September, braute sich dann das Verhängnis zusammen. Für die Seeleute auf der Pamir kam alles unfaßbar plötzlich.

Um 13.36 Uhr strahlt Pamir ein Dringlichkeitszeichen X-X-X aus und ein Telegramm in englischer Sprache: »Viermastbark Pamir treibt in schwerem Hurrikan ohne Segel auf Position 35 Grad 57 Minuten Nord und 40 Grad 20 Minuten West. Benachbarte Schiffe werden um Positionsangabe gebeten. Bitte antworten auf 480 Kilohertz.«

Die Penn Trader fängt diesen Spruch auf und antwortet neun Minuten später, daß sie am nächsten Morgen etwa um ein Uhr bei der Pamir sein könne.

Schon um 14.00 Uhr gibt die Bark das Seenotzeichen SOS. In diesem Notruf hieß es unmißverständlich: »Alle Segel verloren, 35 Grad Schlagseite, noch zunehmend, Schiffe in der Nähe werden gebeten, Verbindung aufzunehmen. Kapitän.«

Dann dauert es keine Stunde, bis die PAMIR, Radiorufzeichen DKEF, erneut dreimal hintereinander S-O-S in den Äther hinaushämmert, mit dem Zusatz: »Macht bitte ganz, ganz schnell! Die deutsche Viermastbark PAMIR hat Schiffbruch erlitten. Es besteht Gefahr, daß sie sinkt. Kapitän.«

Drei Minuten später funkt PAMIR: »Bitte Beeilung, Schiff macht Wasser. Wir drohen zu sinken.«

Nochmals sechs Minuten später, um 15.03 Uhr, empfängt der amerikanische Dampfer PRESIDENT TAYLOR einen weiteren, leider verstümmelten Notruf. Dann schweigt die PAMIR für immer. 35 Mann Stammbesatzung und 51 Kadetten werden vermißt.

Heute weiß man, daß der Hurrikan »Carrie« die Viermastbark zum Kentern brachte, nachdem er sie heftig auf die Seite gepreßt hatte. Bei dieser Hartlage war die Gerstenladung der PAMIR übergegangen, also verrutscht. Schon tauchten die Rah-Nocken der Masten ins Wasser. Die Schlagseite betrug 45 Grad. Schließlich aber fiel die Takelage klatschend ganz aufs Wasser, das unheimliche Knattern und Knallen der Segelfetzen hörte auf. Die Besatzung bewahrte geradezu vorbildliche Ruhe, als ob das Kentern eines Großseglers eine Selbstverständlichkeit sei. Die Männer mußten über die Reling auf den Rumpf klettern, einige kauerten auf dem rotgestrichenen Unterwasserschiff. Zuletzt legte sich die PAMIR ganz auf die Seite.* Mit einem Schwung rutschten die meisten Seeleute ins Wasser, andere blieben noch in den Wanten hängen, wieder andere stürzten in die See – wobei manche auf bereits schwimmende Kameraden fielen.

Gegen 16.00 Uhr ist die Viermastbark mit ihren 3780 Ton-

* Nach über 30 Jahren hat kürzlich der Bremer Anwalt für Seerecht, Dr. Horst Willner, mit seinem stark beachteten Buch »PAMIR – ihr Untergang und die Irrtümer des Seeamtes« (Koehlers Verlagsgesellschaft Herford) dieses bewegende Ereignis mit neuen wertvollen Informationen nochmals aufgerollt.

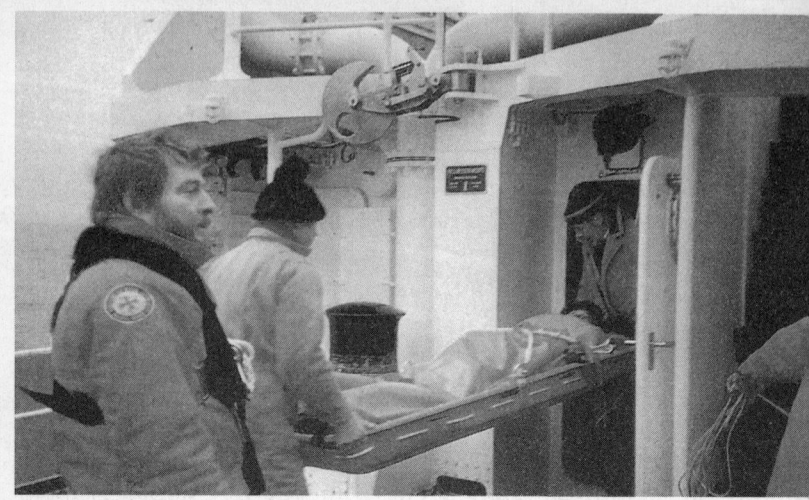

Rettungsmänner müssen heute perfekt mit Technik und Elektronik umgehen können. In Unfallkliniken hat man sie auch zu Rettungssanitätern ausgebildet, bei der Berufsfeuerwehr zu Brandbekämpfern mit Hitzeschutzanzug und Preßluftatmer.

Und wieder hat es fürchterlich gekracht! Seenoteinsätze bei schweren Schiffskollisionen gehören sozusagen zum Standard-Repertoire der DGzRS-Rettungs-
fahrzeuge.

Hauptverwaltung mit MRCC und eigene Reparaturwerft mit Slipanlage am
Weserufer in der Werderstraße der Hansestadt Bremen. An Land blieb als Museumsschiff das letzte herkömmliche Motorrettungsboot RICKMER BOCK erhalten. Im Wasser vorn rechts Seenotkreuzer ARWED EMMINGHAUS, links daneben ein moderner Nachfolger der EISWETTE-Klasse.

Tag und Nacht ist die SEENOTLEITUNG BREMEN mit zwei Wachkapitänen besetzt. Dieses maritime RCC (Rescue Coordination Centre) steht über das SARCOM-Netz (SAR-Communications) mit sämtlichen Seenotkreuzern und Seenotrettungsbooten zwischen Borkum und dem Stettiner Haff in UKW-Verbindung, über Kabel und Funk außerdem mit allen Küstenfunkstellen und mit der Schiffahrt befaßten Behörden.

Aus Vereinfachungsgründen werden die modernen Rettungsfahrzeuge kieloben gebaut, weil das Deck eine feste Auflage ergibt. Das Wenden mittels Hebezeugen ist nachher unproblematisch. Auf dem Bild ist die Netzspantbauweise gut zu erkennen, deren intensive Stützwirkung die Leichtmetallverwendung auch bei stark strapazierten Seenotkreuzern und Seenotrettungsbooten ermöglicht.

nen Gerste im Bauch gekentert. Sie lag nur für eine halbe Minute auf der Backbordseite, trieb noch etwa 20 Minuten lang kieloben weiter und sackte dann über den Bug weg. Mit pfeifendem Geräusch, das sogar Hurrikan und geifernde See übertönte, entwich aus den Öffnungen des Schiffskörpers die Luft. Männer, die sich im Tauwerk verwickelt hatten, zog die PAMIR mit in die Tiefe. Die anderen schwammen hastig davon, um nicht vom Sog erfaßt zu werden. Wellen von etwa sieben Metern Höhe und salziger Gischt erschwerten das Atmen. Es war unmöglich, vor dem Umkippen des Windjammers noch Rettungsboote auszusetzen. Aber drei demolierte Boote, die von der See über Bord gerissen und zum Aufschwimmen gebracht wurden, treiben in der Nähe der Untergangsstelle herum, herumgestoßen, hochgehoben, hinuntergeworfen von den hohen Wellenbergen der Sturmseen. In eins der Boote können sich zehn, in ein anderes zwanzig oder noch mehr Mann retten. Allerdings sind die Boote praktisch nichts anderes als schwimmende Trümmerhaufen. Dem Boot Nr. 5 fehlt das Heck, Steuerbord vorn ist das Schanzkleid zertrümmert, die Lufttanks sind eingedrückt. In der ersten Nacht kentert das Boot vier- oder fünfmal. Jedesmal gelingt es den Insassen, wieder hineinzuklettern. Bald kommt im Dunkeln ein suchendes Handelsschiff so nahe, daß die Schiffbrüchigen in dem defekten Boot im Wasser sitzend beinahe den Namen lesen können. Aber alles Schreien und Winken ist nutzlos. Das vollgelaufene Boot ragt kaum aus dem Wasser, es wird übersehen. Signalmittel sind nicht mehr vorhanden, ebenso fehlen Trinkwasser und Proviant. Es ist eine gespenstische Nacht zwischen den Gebirgen der Sturmseen. Einmal bemerken die Männer zwar irgendwo ein rotes Flackerlicht auf dem Wasser, aber es scheint von einem der anderen Rettungsboote zu stammen.

Noch ein Tag und abermals eine Nacht vergehen, während das Wasser die ganze Zeit über bis unters Dollbord steht. Zwei Mann sind schließlich mitten im Boot ertrunken, zwei andere haben leichtfertigerweise ihren brennenden Durst mit Seewasser gestillt. Sie bekommen Halluzinationen und gehen dabei über Bord. Ein Jungmann verfällt dem Wahnsinn. Zwei Stunden vor Entdeckung und Rettung springt er über Bord und ertrinkt, als er »nach England schwimmen« will. England ist 2 000 Seemeilen entfernt.

Am Morgen des 23. September findet der New Yorker Dampfer SAXON das lädierte Rettungsboot Nr. 5, in dem nur noch fünf Mann leben – der Kochsmaat, zwei Leichtmatrosen und zwei Schiffsjungen. Sie sind zutiefst betroffen, als sie hören, daß noch keiner von ihren Kameraden gerettet worden ist.

Die ganze übrige PAMIR-Besatzung scheint umgekommen zu sein. Und doch gibt der Atlantik nach einer Rettungsboot-Odyssee von 72 Stunden Dauer noch einen weiteren Überlebenden her – den Leichtmatrosen Hasselbach.

Er gehörte zu einer 20-Mann-Gruppe, die nach dem Untergang der PAMIR ein kieloben treibendes Rettungsboot mit großer Anstrengung umgedreht hatte. Auch dieses Boot kentert noch mehrmals, kann aber immer wieder aufgerichtet werden. Bald sichten die Insassen ein Schiff, dessen Ausgucksposten aber in der dunklen, aufgewählten See auch dieses Boot nicht erkennen können. Alle im Rettungsboot noch vorhandenen Notsignal-Feuerwerkskörper sind feucht. Schon im Laufe der Nacht sterben drei Mann, die wohl zuviel Atlantikwasser geschluckt haben.

Auch dieses Rettungsboot ist leck. Am Morgen versuchen die Überlebenden, mit dem Bootssegel die vier großen Löcher im Rumpf abzudichten, aber es gelingt nicht, sie sind schon viel zu erschöpft. Zu dieser Zeit bemerken sie erstmals ein Flugzeug, das leider zu weit entfernt ist und die Schiffbrüchigen nicht bemerken kann.

Etwa eine Stunde später sehen die Männer einen vielleicht fünf Seemeilen entfernten Tanker. Sie öffnen die einzige an Bord vorhandene Orange-Rauchboje. Sie versagt ebenso wie die feucht gewordenen Feuerwerkskörper – der Tanker fährt vorbei.

Jetzt richten sie im Rettungsboot einen Bootshaken und einen Riemen mit einem roten Stück Segeltuch auf. Aber gesehen werden sie dennoch nicht.

Rund um das Boot treiben Menschenhaie ihr Unwesen. Wieder wird es Nacht. Nach und nach sterben die Jungen im Boot dahin, still und ruhig, ohne Jammern und Schreien.

Am Dienstag sind es nur noch acht Mann – acht von zwanzig. Sie sind endgültig ohne Hoffnung, denn wieder fahren nachts mehrfach suchende Schiffe vorbei. Das Boot wird nicht gesehen.

Dieses Rettungsboot hat zwar noch einen festgezurrten Sack mit Notproviant dabei, aber seine Wasserfässer sind ebenfalls aufgesprungen und leer. Um mit dem brennenden Durst fertig zu werden, kauen die jungen Seeleute die Spitzen des im Wasser treibenden Golfkrautes, aber Linderung verspüren sie nicht.

Man kann nur noch auf dem Dollbord sitzen, weil das Boot ja randvoll mit Wasser gefüllt ist. Und im Laufe des dritten Tages geht einer nach dem anderen still über die Seite. Die Jungs fallen einfach rücklings vor Erschöpfung über Bord. Zuletzt ist der Leichtmatrose Hasselbach mit einem toten Schiffsjungen allein.

Seine Rettung verdankt Hasselbach einerseits seiner ausgeprägten Willenskraft, zum anderen aber der Aufmerksamkeit von Elmer B. Watson, einem Offizier des amerikanischen Küstenwachtkreuzers ABSECON, der noch immer das Seegebiet in der Nähe der Untergangsstelle absucht. Watson hat während seiner Wache mit dem Fernglas direkt unter der Sonne einen Punkt entdeckt, der kaum wahrzunehmen ist und ebensogut eine Sinnestäuschung sein könnte. Aber die ABSECON nimmt sofort Kurs auf die angegebene Stelle und findet so den sechsten und letzten Überlebenden der PAMIR.

Hasselbach hat sich nur dank der hohen Wassertemperatur von 28 Grad Celsius so lange am Leben halten können. Er wird auf dem Kreuzer sofort versorgt und behandelt, aber man gibt ihn am Tage darauf vorsorglich an das französische Fahrgastschiff ANTILLES ab, weil eine gefährlich aussehende Fleischwunde des jungen Mannes in dem größeren, von zwei Chirurgen betreuten Bordhospital des Big Liners besser behandelt werden kann. Mit diesem Schiff reist Hasselbach nach Puerto Rico weiter, und von dort fliegt er schließlich nach Hause.

Auf der ABSECON hat er erfahren, daß dieser Küstenwachtkreuzer zum Zeitpunkt der PAMIR-Katastrophe die Station des Wetterschiffes ECHO innehatte. Da alle Atlantik-Wetterschiffe zugleich als Rettungsschiffe und schwimmende Such- und Rettungszentralen eingerichtet sind, fungierte die ABSECON als »Commander-on-Scene« oder Leitschiff für die gesamte Suchaktion im Seenotfall PAMIR!

Und noch etwas erfuhr Hasselbach nach seiner Rettung von den Männern der ABSECON: Die PAMIR-Katastrophe hatte die weitaus größte und kostspieligste Seenot-Suchaktion der Schiffahrtsgeschichte ausgelöst. Sie suchte bis dahin ihresgleichen, denn nicht weniger als 67, zuletzt sogar 78 Schiffe aus 15 Nationen sowie 11 Suchflugzeuge suchten bis zu 7 Tage lang die See ab. Allein die Suchflugzeuge absolvierten bei dieser Aktion 550 Flugstunden!

Gegenüber diesem ungeheuren Aufwand blieb das Rettungsergebnis erschreckend gering. Es hatte sich erneut gezeigt, wie unendlich schwierig das Entdecken von Schiffbrüchigen ist, von winzigen Punkten in der ungeheuren Weite eines stürmischen Ozeans. Das gilt selbst dann, wenn die Untergangsstelle einigermaßen genau bekannt ist.

In aller Welt löste das PAMIR-Unglück Erschütterung und Mitgefühl aus. Bei der amerikanischen Küstenwache aber führte es zu einer Revolutionierung des Fachgebietes SAR (»Search and Rescue«, Such- und Rettungsdienst).

Die US Coast Guard (USCG) stellte fest, daß der ebenso kostspielige wie riesige Sucheinsatz nicht erfolgreich war, weil das Aufstellen einer gutorganisierten Suchkette zu spät möglich wurde. Damit wurde die Chance vertan, Überlebende innerhalb der ersten 12 bis 14 Stunden nach dem Totalverlust des deutschen Segelschulschiffes aufzufinden. Wäre man von vornherein besser über die Anzahl und Positionen aller in der Nähe befindlichen Schiffe informiert gewesen, dann hätten mit großer Wahrscheinlichkeit gleich während der ersten Suchstunden mehr Schiffe am Katastrophenschauplatz erscheinen können. Das abzusuchende Seegebiet wäre lückenloser »überdeckt« worden. Zu diesem Zeitpunkt lebten ja die meisten Schiffbrüchigen der PAMIR noch.

Erst nachträglich stellte sich tragischerweise heraus, daß beim Untergang der PAMIR ein paar Handelsschiffe sogar in allernächster Nähe waren – aber man wußte von ihnen nichts. Ihre Funkoffiziere hatten die Notrufe der PAMIR einfach nicht gehört. Und als die Schiffe endlich doch von der Katastrophe erfuhren, waren sie schon wieder ziemlich weit entfernt. Jedenfalls meldeten sich innerhalb der ersten 48 Stunden nach dem Unglück nach und nach rund 30 Handelsschiffe beim »Commander-on-Scene«, beim Küstenwachkreuzer ABSECON. Hätten diese vielen Schiffe gleich am Anfang zusammengebracht oder wenigstens noch zwölf Stunden nach den SOS-Rufen des PAMIR-Funkers zur Untergangsstelle in Marsch gesetzt werden können, dann wären erheblich weniger Todesopfer zu beklagen gewesen.

Diese Tatsache registrierte die USCG mit amerikanischer Nüchternheit. Und sie ging daran, für künftige Fälle Abhilfe zu schaffen. Ihre Anstrengungen konzentrierten sich fortan darauf, alle gegenwärtig in einem bestimmten Seegebiet anwesenden Schiffe, die für plötzlich notwendige Such- und Rettungsmaßnahmen geeignet waren, sofort mobilisieren zu können. Das aber setzt voraus, daß man deren Positionen von vornherein kennt. Man mußte also ein Meldesystem für Handelsschiff-Positionen einführen, das inzwischen als »Merchant Ship Position Reporting Program« wesentlich zur Verbesserung der Koordination im Such- und Rettungsdienst beigetragen hat. Als oberste Behörde für die Koordination solcher SAR-Einsätze zeichnet die USCG sowohl bei ozeanischen Suchaktionen als auch im Gesamtbereich des nationalen SAR-Plans der Vereinigten Staaten verantwortlich.

Schon im Jahre 1944 hatte die USCG unter ihrem Kommando eine überörtliche Air-Sea Rescue Agency gegründet. Diese Luft-See-Rettungsstelle wurde eigentlich zur Erforschung neuer Rettungstechniken gegründet, aber sie entwickelte sich weiter. Aus ihr entstand das jetzige SAR-System Amerikas mit seinen RCCs, Rescue Coordination Centers für jeden Coast-Guard-Distrikt.

Früher hatte jede dieser örtlichen Rettungs-Koordinations-Zentralen oder Seenotleitstellen ein eigenes Informationssystem über die Handelsschiffspositionen in jenen Meeresteilen, für die sie zuständig war. Mit Hilfe aller möglichen Meldungen – Luftaufnahmen, Schiffahrts-Segellisten (Fahrpläne), Zeitungsberichte, Funkmeldungen – verschaffte man sich Kenntnis von der jeweiligen Verkehrsdichte. Auch wurden regelmäßig die Positionen der »Obs«-Schiffe festgehalten. Unter solchen »Observation ships« versteht man Handelsschiffe, die in das Meldesystem des Wetterdienstes eingegliedert sind und regelmäßig ihre Beobachtungen und Meßergebnisse ausstrahlen.

Das alles war durchaus nützlich, aber es reichte für eine wirklich lückenlose Kenntnis des Schiffsverkehrs noch längst nicht aus. Erst dann kommt man weiter, wenn man möglichst alle Kriegs- und Handelsschiffspositionen kennt, um bei einem SAR-Fall sofort eine wirksame Sucharmada aufstellen zu können.

Nach dem PAMIR-Unglück richtete die USCG ein zentrales

Schiffsmeldesystem für die sogenannte North Atlantic Maritime Region ein, in die auch der Golf von Mexiko und die Karibische See eingeschlossen sind.

Im Juli 1958 wurde das neue System eingeführt, das sich inzwischen zur Vollkommenheit entwickelt hat. Alle westwärts fahrenden Handelsschiffe der Welt sind aufgefordert, sich beim Überqueren des 67. Längengrades – der die Nordatlantische Region in zwei Hälften teilt – sowie beim Verlassen der amerikanischen SAR-Bereiche unter dem Codewort AMVER (»Automated Mutual Assistance Vessel Rescue System«) über Funk bei der USCG zu melden. Außerdem sind sie gebeten, etwaige Abweichungen von ihrer vorgesehenen Reiseroute oder Meldeposition zusätzlich bekanntzugeben. 1964 wurde der AMVER-Überwachungsbereich bis zum Null-Meridian (Meridian von Greenwich) ausgedehnt. Ebenfalls 1964 kam der östliche Pazifik, 1965 der Raum Pazifik-Fernost hinzu. Das AMVER-System der US Coast Guard ist das einzige Seenotrettungssystem, das weltweit Schiffe aus 124 Ländern schützt. Mehr als 2500 Schiffe beteiligten sich 1992 täglich an dieser lebensrettenden Einrichtung, an die 130 Küstenfunkstellen angeschlossen sind. Ende Juli 1993 wurden beim 35jährigen AMVER-Jubiläum von der Generalkonsulin der Vereinigten Staaten von Amerika in Hamburg, Mrs. Elizabeth B. Bollmann, die Vertreter von 33 deutschen Reedereien empfangen und vom Chef der USCG für ihren Einsatz ausgezeichnet.

Die ausgezeichneten deutschen Reedereien haben ihren Sitz in Hamburg, Bremen, Flensburg, Lübeck, Rostock, Strande, Nordenham, Bredenbek, Brake und Elsfleth.

Die Hamburg-Südamerikanische Dampfschiffahrts-Gesellschaft (»Hamburg-Süd«) erhielt einen Ehrenpreis, weil sie unter den deutschen Reedereien die dienstältesten Retter stellt.

Alle beteiligten Unternehmen haben ihre Schiffe an mindestens 128 Tagen des Jahres für AMVER, das »Automatische

System für gegenseitige Assistenz bei der Rettung von Schiffen«, im Einsatz.

Abfahrtszeiten, Zielhäfen, Kursänderungs-Positionen und -zeiten, Funkrufzeichen und medizinische Ausstattung werden im voraus an den Computer der nunmehrigen Zentrale in Martinsburg/West Virginia – nordwestlich von Washington gelegen – gemeldet. Nachher werden von See aus täglich die Positionen gefunkt. Damit hat das Headquarter der US Coast Guard jederzeitigen Überblick über alle nächststehenden Schiffe und denkbaren Retter, wenn irgendwo jemand in Seenot gerät.

Statistiken hinken immer ein wenig hinter den Ereignissen hinterher. Aber es ist doch recht interessant zu wissen, daß 1990 genau 12 277 Seeschiffe in AMVER-Bereitschaft gestanden haben und daß der Zentralrechner in Martinsburg nicht weniger als 197 559 Seereisen der AMVER-Schiffe ständig überwacht, mitgekoppelt oder »geplottet« hat. In 1700 medizinischen, technischen und wetterbedingten Notfällen wurden »Lagebilder« an die Seenotleitung (RCCs) der einzelnen zuständigen Nationen übermittelt.

Die AMVER-Schiffe verpflichten sich freiwillig und ausdrücklich, der moralischen Verpflichtung zur sofortigen Kursänderung nachzukommen, wenn das erforderlich ist. Der Superintendent der Hamburger Reederei B. Rickmers, Kapitän Ernesto in't Veld, dessen Unternehmen selbst drei Schiffe im AMVER-System mitwirken läßt und diese Zahl noch zu erhöhen gedenkt, prägte einen Satz, der aufhorchen läßt: »Menschenleben sind wichtiger als Fracht, Flagge oder Nationalität.«

Man fragt sich unwillkürlich, warum solche Selbstverständlichkeiten draußen auf See besser durchschlagen als auf den Kontinenten. Vielleicht wissen die Seeleute am ehesten, daß sie letztlich alle in *einem* Boot sitzen.

Man hat also systematisch den Such- und Rettungsdienst rationalisiert und zu optimaler Leistungsfähigkeit gebracht.

Vor allem der tragische Tod der PAMIR-Seeleute hat bewirkt, daß seitdem vielen anderen Seeleuten schnell geholfen werden konnte.

Die PAMIR-Tragödie wirkte auch auf anderen Gebieten als »heilsamer Schock«. Er hat die Einführung automatisch aufblasbarer, gut ausgerüsteter Rettungsinseln mit Schutzdach und mit verläßlichen Signalmitteln an Bord international ebenso forciert wie die Entwicklung besserer, ohnmachtsicherer Schwimmwesten mit Nackenstütze.

Die Fachleute für Seenotfragen sind sich darin einig, daß dieses vorbildliche AMVER-Netz in absehbarer Zeit durch neue Meldesysteme mit Hilfe von Weltraumsatelliten abgelöst wird, von denen auf Seite 427f. die Rede ist. Bis dahin macht es AMVER möglich, die am günstigsten »stehenden« Schiffe zu erfassen, sofort zum Havaristen zu entsenden und außerdem eigenen Rettungsfahrzeugen von vornherein recht präzise Positionsangaben des Havaristen zu geben. Nicht für die Hilfeleistung benötigte Schiffe können hingegen unbehelligt bleiben, oder sie werden wenigstens so früh wie möglich wieder entlassen. Die Unterbrechung einer Reise auf Grund eines Hilfeleistungssuchens ist eine kostspielige Angelegenheit, zumal bei Schiffen im Liniendienst, die Fahrpläne einhalten müssen.

Das gilt ganz besonders für Containerschiffe, die einen besonders präzisen und zeitlich engen Fahrplan haben. Aber Menschenleben gehen nun mal vor.

## Acht Fuß »grüne See« überm Heck

Die amerikanische Küstenwache hat längst ihre Aktivität im Such- und Rettungsdienst auch auf Puerto Rico, Alaska, Hawaii und die Philippinen ausgedehnt. Sie unterhält Außenstationen in Argentinien, auf den Bermudas, in San Juan und im Mittelmeer. Es kommt durchaus vor, daß von einem einzelnen »Rescue Coordination Center« (RCC) zwei Dutzend Seenotfälle gleichzeitig bearbeitet werden müssen. Das setzt modernste Fernmeldemittel voraus, die den Direktverkehr mit allen eingesetzten Flugzeugen, Rettungsbooten, Küstenwachkreuzern und sonstigen Schiffen möglich machen. Nach der Entsendung eigener Rettungsfahrzeuge zu einer Seenotposition empfängt das RCC baldmöglich von ihnen »situation reports« (SITREPS), Lageberichte über den Fortgang der Dinge.

Bemerkenswert ist, daß die Anzahl von Seenotfällen ständig wächst. Sie ist Spiegelbild der immer zunehmenden Verkehrsfrequenz auf See, vor allem aber von der explosionsartigen Zunahme der Kleinschiffahrt und erst recht des Wassersports. Allein in den USA waren 1970 bereits acht Millionen Sportboote registriert.

Bereits 1964 hat die Küstenwache zweimal so viele Hilferufe beantworten müssen wie fünf Jahre zuvor. Tausende von Menschenleben wurden gerettet. 1965 wurden in den USA 38 586 Seenoteinsätze registriert, für das Jahr 1992 ergaben sich bereits 71 103 Einsätze. Diese Entwicklung gilt keineswegs nur für die Neue Welt. Die Jahresberichte der Deutschen Gesellschaft zur Rettung Schiffbrüchiger beweisen dieselbe relative Zunahme. Steigende Verkehrsunfallziffern sind nicht nur auf dem Lande ein Symptom unserer Zeit – ein Tribut, der für die technische Zivilisation und auch für steigenden Wohlstand zu zahlen ist.

In Amerika ereignen sich 90 von 100 Seenotfällen innerhalb eines Bereichs von vierzig Seemeilen vor der Küste. Die »shore stations« der Küstenwache haben darum den Löwenanteil an den Einsätzen und Rettungserfolgen. Sie arbeiten jeweils mit einem oder zwei draußen patrouillierenden 82-Fuß-Kuttern zusammen.

46 große Küstenwachtkreuzer von Fregattengröße, sogenannte »High Endurance Cutters«, versehen den Patrouillendienst auf Atlantik und Pazifik, den Eisbergwarn-

dienst und besetzen die den Amerikanern zugeteilten Wetterschiff-Positionen. Der Einsatz der zu dieser Kategorie gehörenden ABSECON beim PAMIR-Unglück zeigt, daß diese Fahrzeuge zugleich Hochsee-Rettungsstationen sind. Die zwölf modernsten Einheiten der HAMILTON-Klasse sind 378 Fuß oder 115 Meter lang. Sie haben eine Seeausdauer von 40 Tagen und können sogar zwei Hubschrauber mitnehmen.

Zweihundertundachtzig weitere Patrouilleneinheiten der USCG umfaßt eine Typenskala, die von den 82-Fuß-Booten für das Küstenvorfeld bis zu den Rettungsschiffen des 210-Fuß-Typs (Medium Endurance Cutters) reicht. Diese 64 Meter langen Fahrzeuge arbeiten in mittleren Entfernungen von der Küste, auch sie haben einen Rettungshubschrauber als Bordflugzeug.

Das Gros der Küstenwachtfahrzeuge sind die 2397 Motorrettungsboote aller Größen, die auf den 174 »Shore stations« der USCG stationiert sind. Ihre Arbeit wird von 23 Flugstationen der Küstenwache ergänzt, auf denen 92 Rettungs-Hubschrauber und 77 Starrflügel- oder Tragflächen-Flugzeuge, vornehmlich für den Suchdienst, stationiert sind.

Im Jahre 1935 begann für die amerikanischen Motorrettungsboote das Dieselzeitalter. Für die pazifische Station Columbia River und die atlantische Station Sandy Hook, südlich des Eingangs zum New Yorker Hafen, wurden damals die beiden dieselgetriebenen 52-Fuß-Boote INVINCIBLE und TRIUMPH gebaut, die mit ihrem großen Aktionsradius, ihren guten See- und Schleppeigenschaften von sich reden und mit einer Fülle von Einsätzen Geschichte machten. Immerhin waren auch diese Boote noch aus Holz, das man zu diesem Zeitpunkt auch noch in Amerika dem Stahl für überlegen hielt. Erst 1940 wurde das erste stählerne 40-Fuß-Boot gebaut. Es hatte einen Motor von 120 Pferdestärken und lief zehneinhalb Knoten. Wie schon vorher bei allen hölzernen Motorrettungsbooten behielt man auch bei diesem Stahlboot das Prinzip des »self-righters« bei. Und bis auf den heutigen Tag werden sämtliche amerikanischen MRBs nach dem selbstaufrichtenden Prinzip gebaut.

Die amerikanische Rettungsbootwerft Curtis Bay Yard hat ihre Kenterversuche aus grundsätzlichen Erwägungen stets mit laufenden Dieseln vorgenommen. Sie arbeiteten tatsächlich in allen Lagen reibungslos weiter. Es folgten Tests mit vollgelaufenen Bootsabteilungen, zuletzt sogar mit geflutetem Maschinenraum. Der Motor lief in allen Fällen immer noch. Er war in sich wasserdicht.

In den letzten 70 Jahren war die Rettungsarbeit der »Shore stations« hauptsächlich auf 36-Fuß-Boote gestützt, von denen im Jahre 1960 noch 150 im Dienst waren. Inzwischen ist die Umrüstung auf das neue »Rückgrat« der Rettungsbootflotte, das 44-Fuß-Boot, von dem nunmehr 100 Einheiten vorhanden sind sowie auf das noch größere 52-Fuß-Boot, vollzogen.

Die früheren »Sechsunddreißiger« waren wegen zu geringer Fahrt bald nicht mehr zu gebrauchen. Ihnen mußten größere, 21 Knoten schnelle Assistenzboote von 40 Fuß Länge zur Seite gestellt werden. Diese teure und problematische Kombination von Gebrauchsboot und Schwerwetter-Rettungsboot führte manchen Stationsleiter in Versuchung, das Vierziger-Boot auch noch bei Wetterlagen zu verwenden, für die es überhaupt nicht gebaut war. Es mußte deshalb ein neuer Typ geschaffen werden, der bei gutem Wetter mit hoher Geschwindigkeit verwendet werden kann und bei schwerem Wetter dennoch zuverlässig ist. Man konnte nun auf den Erfahrungsaustausch mit der DGzRS zurückgreifen und sich bei der Formgebung des Unterwasserschiffes an deutsche Vorbilder anlehnen.

Das neue 24-Fuß-Boot besitzt zwei Diesel von zusammen 360 Pferdestärken. Es hat bei fünfzehneinhalb Knoten Fahrt einen Aktionsradius von hundertundfünfzig Seemeilen. Sieben wasserdichte Abteilungen, Doppelboden in der vorderen Hälfte und Leichtmetallaufbauten – kombiniert mit tiefem Gewichtsschwerpunkt – sowie besonders widerstandsfähige »Verbände« machen das neue Standard-Rettungsboot auch für extrem schlechte Wetterbedingungen in Küstengewässern geeignet. Es verträgt handfeste Grundberührungen, schwere Brandung, Schlepparbeit und Eisgang.

Obwohl das Boot sehr stabil ist und dementsprechend nur im äußersten Fall zu kentern vermag, wurde es als ein »selfrighter« konstruiert, der sich in der Rekordzeit von zwei bis drei Sekunden wieder aufrichtet und binnen 55 Sekunden selber lenzt, also vollständig von eingedrungenem Wasser befreit.

Den Prototyp der Bootsserie CG-44 300 entwickelte die Coast Guard Yard Baltimore/Maryland. Das erste Boot wurde 1962 fertig und zunächst in dem ziemlich rauhen Seegebiet von Hatteras Inlet bis zur Küste von Maine erprobt. Danach entschied man sich für den härtesten aller Tests, der wohl je an Rettungsbooten vorgenommen wurde.

Das erste Exemplar des mit Echolot, Radar, Funkpeiler voll ausgerüsteten, von drei Mann Besatzung zu fahrenden Bootstyps hat man im November 1962 in der Brandung vor der pazifischen Yaquina-Mündung so lange gewaltsam von der See mißhandeln lassen, bis die letzten Zweifel an seiner Zuverlässigkeit und Allwetterfähigkeit geschwunden waren. Die Yaquina-Mündung hat es ganz besonders in sich. Dort knallt eine lange Pazifik-Brandung, deren Wellen eine beinahe 5 000 Seemeilen lange Auslaufstrecke haben, mit unvorstellbarer Vehemenz auf die vorgelagerte Barre. Der heftige Ebbstrom baut zweimal am Tage steilste Grundbrecher bis zu zwölf Metern Höhe auf. An dieser Stelle steht ewig ganz schwere See, aber zugleich herrscht Sonnenwetter für Farbaufnahmen! Und das Motorrettungsboot wurde bei den Versuchen in allen Stadien gefilmt und fotografiert. Man mußte, ehe man eine ganze Serie solcher Boote in Auftrag

gab, genau wissen, ob diese für die furchtbaren »Kavents-
männer«, die aufsteigenden Grundseen dieser Stelle, wirklich robust genug waren. Alle Erwartungen wurden weit
übertroffen!

Immer wieder wurde das 16 Tonnen schwere Fahrzeug
vollständig aus der See gehoben. Der Schlag beim stauchen-
den »Wiedereinsetzen« war so vehement, daß Ausrüstungs-
gegenstände abbrachen und wegschwammen. Wenn brandende Seen das Boot lifteten, kletterte es jedesmal bis zu
einer Höhe von etwa zwei Metern unterm Gipfel empor.
Dabei schwallte eine Riesenmenge Wasser an Deck, einmal
zerschmetterte sie sogar die Windschutzscheibe. Eine andere
See brach die zwei Zentimeter starken Bolzen durch, von denen die Radarantenne gehalten wurde.

Der Spitzentest kam schließlich, als das Boot absichtlich einen ganz schlimmen Brecher anschnitt. Als die brandende
Schaumkrone das Boot mit voller Wucht als Sturzsee traf,
wurde es in ganzer Länge um 90 Grad umgeschlagen. Es sauste seitwärts vor der Welle davon und wurde total von ihr
verschlungen. Dann rollte es unter Wasser bis zu 100 Grad
Schlagseite weiter und richtete sich nach Wiederauftauchen
selbst auf.

Nun wurde das Boot sofort so gedreht, daß es die nächste
See gleich wieder mit dem Vorsteven auf die Hörner nehmen
konnte. Gerade auf das Verhalten beim Fahren gegen die
Brandungswellen kam es ja besonders an. Man fand dabei
heraus, daß bei viel Ruderlegen und wechselnden Fahrstufen
das Boot weitgehend vor dem Querschlagen bewahrt werden kann.

Nächste Tortur: Das Heck wurde im Winkel von 45 Grad
in heranrollende Brecher hineingedreht. Und sobald ein
»Kaventsmann« auftraf, wurde sofort voll Ruder gelegt und
die Maschinenanlage auf volle Fahrt gebracht, so daß das
Heck wieder genau rechtwinklig zur See kam. Damit fanden
die Coast-Guard-Leute bestätigt, was auch die europäischen

Rettungsmänner seit langem wissen: Mit Ruder und Maschine kann ein guter Vormann selbst in schwerster achterlicher Brandung alle Tendenzen zum Querschlagen des Rettungsbootes ausschalten.

Aber die ungewöhnliche Vorstellung vor der Yaquina-Mündung war noch längst nicht beendet, sie steigerte sich immer weiter: Man steuerte das Heck genau zur Hälfte in eine überkippende Schaumwelle hinein. Als sie donnernd zusammenschlug, kamen acht Fuß »grüne See« über das Achterschiff, aber das Boot behielt verrückterweise seine Lage bei, ohne auf dieser See ins Rennen zu kommen. Das Heck kam zuletzt auf der Rückseite des Brechers wieder heraus, wobei momentelang Ruder und Schraube buchstäblich in der Luft hingen. Dann wurde das Heck wieder ins Wellental hineingetaucht und konnte dort ein Rückwärtsmanöver einleiten.

Wollte man ganz schwere Brecher mit dem Bug nehmen, lief man am besten mit mäßiger Maschinenleistung an. So konnte der Vormann das Boot besonders gut auf dem vorbeibrandenden Wellenkamm halten. Das vermied Querschlagen oder Stampfschläge von knochenbrechender Wirkung. Sobald aber der Steven durch die Schaumwelle hindurch war, wurde schnell die Fahrt reduziert. Das Boot schwang weicher nach unten, wenn es vorübergehend die Fahrt verlor.

Die Testgruppe der USCG wurde immer kühner. Sie wußte nun zwar, daß es äußerst schwierig war, diesen Bootstyp zum Kentern zu bringen. Aber das befriedigte noch nicht. Es sollte nun auch das Wiederaufrichten nach dem vollständigen Kentern am besetzten Boot erprobt werden. Das hatte vorher noch nie jemand gewagt. Schon bei den bisherigen Tests war man bis an die Grenze des Vertretbaren herangegangen.

Die erste Testreihe vor der Yaquina-Barre endete mit einem unfreiwilligen Versuch, der einem Echolotausfall zu verdanken war. Die Besatzung erprobte in der schweren Brandung das »Aufpicken« von Menschen. Sie verwendete dazu Puppen von natürlicher Größe, deren Gewicht und Schwimmlage genau denen von Schiffbrüchigen glichen. Dabei war das Boot plötzlich, obwohl das Echolot immer noch zehn Fuß Wassertiefe anzeigte, bei nur zwei Fuß Wasser mit aller Wucht auf Grund gekracht – und zwar quer zur Brandung! Mit »Voll voraus« des einen und »Voll zurück« des anderen Propellers brachte der kaltblütige »Skipper« das Fahrzeug wieder mit dem Bug seewärts und gab dann sofort »Volle Kraft voraus«. Infolge des Flachwassereffektes rutschte das Boot nur etwa 15 Meter weiter. Aber dann hob eine große Welle es an, das Boot konnte leicht in tieferes Wasser zurückfahren.

Sofort eingeleitete Untersuchungen ergaben, daß CG-44 300 bei diesem heftigen Schlag gegen den Meeresboden völlig unbeschädigt geblieben war.

Das alles genügte der Erprobungsgruppe immer noch nicht. Sie wollte auch das volle Kentern erleben.

Es mußte doch möglich sein, das Boot in der Hand eines so erfahrenen »Skippers« zwischen den Kämmen zweier Brandungsseen um volle 180 Grad – also kieloben – umkippen zu lassen. Denn gerade in der Brandung muß man wissen, was man von einem Boot wirklich erwarten kann, wenn dort Menschen gerettet werden sollen. Oft genug manövrieren amerikanische Rettungsboote sogar in engste Lücken zwischen den Klippen an der Küste von Oregon hinein.

Was vor der Yaquina-Mündung trotz aller Mühe mißlang, widerfuhr später dem Boot CG-44 303 von der Umpqua River Station an der amerikanischen Nordwestküste. Dieses Boot hat sich zweimal um volle 360 Grad gedreht, es ist also wirklich »durchgekentert«. Einmal passierte es, als eine Interferenzsee das Boot überrollte, während es genau quer zu ihr lag. Das erste Vorkommnis dieser Art soll der Vormann selbst beschreiben:

»Die Barre vorm Umpqua River erzeugt Grundseen von

acht bis zehn Meter Höhe. Der Mittelgrund und die Nord-
seite bilden bei starkem Westwind eine fortlaufende Reihe
von Brechern. Die südliche Durchfahrt, das Hauptfahrwas-
ser, liegt sehr dicht vor der Südmole. Kreuzseen und heftige
›Aufsteher‹ machen das Fahrwasser tückisch, aber es
herrscht dennoch ein ziemlich reger Verkehr von aus- und
einlaufenden kleineren Fahrzeugen durch dieses Fahrwasser.
Unser Rettungskutter war schon mehrmals zum Einsatz im
Bereich des Mittelgrundes, wenn dort Boote beim Herein-
kreuzen zur Südkante der Barre in Bedrängnis geraten waren. Die Vierundzwanzig-Fuß-Rettungskutter haben ja die
angenehme Tendenz, wie ein Wellenreitbrett auf den Brandungswellen zu reiten. Und wenn nun Kleinfahrzeuge, die
wir beim Einlaufen sicherten, herankamen, war es ratsam,
ihnen weitmöglich Platz zu machen und den Kurs zur Südmole freizugeben. Und darum lief CG 44-303 mit nur acht
Knoten Fahrt langsam vorwärts, als eine Serie von Seen her-
anstürmte. Die Dinger erwiesen sich plötzlich als riesengroß.
Wir waren selbst überrascht. Es sah aus, als seien da gleich
mehrere Interferenzseen hintereinander im Anmarsch. Ich
habe ganz schnell die Fahrt erhöht, als die Wasserwand blitzschnell immer steiler wurde. Wir waren schon mittendrin in
der brüllenden See. Aber das Boot schoß nicht wie sonst mit
einem Schwallen unterm Heck hindurch, sondern sein Vorsteven wurde plötzlich unter der nächsten umstürzenden
Wasserwand begraben. Ich peilte noch schnell übers Heck
nach hinten. Wir kriegten schon Schraubenwasser, die Propeller hingen also nicht mehr in der Luft. Es war aber doch
zu spät! Wir bekamen keine Fahrt mehr drauf … Das Boot
schlug quer und um.

Mein ganzes Körpergewicht drückte mich in meinem Steu-
ersitz nach vorn, aber die Anschnallgurte hielten mich fest.
Ich sagte nur noch ›Hang on!‹, und schon waren wir kieloben gegangen. Ein Schwall Wasser brach über meine rechte
Schulter und meinen Rücken herein. Der Wasserdruck war

schrecklich, und ich verlor allmählich die Kraft, noch weiter ins Ruderrad zu greifen. Schließlich kehrte sich die Gewalt des Wassers merklich um, oder sie zerteilte sich. Dann konnte ich trotz geöffneter Augen überhaupt nichts mehr sehen – bis auf den Umriß des Ruderrades vor mir. Ich dachte, ich würde jetzt ganz bestimmt in meinem Sitz erwürgt. Es ist wirklich nicht ganz einfach, schlagartig mit dem Kopf nach unten zu hängen. Und ich dachte noch: Wenn wir uns jetzt nicht bald aufrichten, dann müßte ich mich losschnallen. Ich kriegte einfach keine Luft mehr. Ich griff schon nach dem Gurtschloß, als ich gewahr wurde, daß wir wieder hochgingen. Das ging erst langsam, aber das durchs Wasser hindurchschimmernde Tageslicht wurde immer heller. Und dann schossen wir mit der rechten Schiffsseite wieder an die Wasseroberfläche empor.

Einer von unserer Besatzung war im Augenblick des Kenterns nicht angeschnallt. Er wurde aus dem Boot herausgewaschen und mußte erst wieder gerettet werden. Dann fischten wir unter einigen Schwierigkeiten unsere vom Deck weggerissenen Rettungsbojen und Schwimmleinen auf und brachten das nur geringfügig beschädigte Boot in ruhigeres Wasser, wo ich sofort alle Abteilungen und die Ausrüstung des Bootes untersuchte.

Die Funkantennen sind bei dem Unfall gebrochen, die Radardrehantenne ist demoliert, aber die gesamte übrige Elektronikausrüstung des Ruderstandes einschließlich Radarskop war intakt.

Als uns die Sache bald darauf bei einem Einsatz zum zweitenmal passierte, rissen wiederum alle Funkantennen ab. Der Radardrehstrahler wurde total zerstört. Der Funkpeiler-Skalenteil ging verloren und die gesamte übrige Ruderstandinstrumentierung einschließlich der »garantiert wasserdichten« Apparate hatten Wassereinbrüche erlitten. Der Umfang des Schadens ist auf den extremen Wasserdruck zurückzuführen, der beim Umkippen des Bootes entsteht. Zweite Ursache war auch die Länge der Zeit, die diesmal verstrich, ehe sich das Boot wieder aufrichten konnte.

Das Wiederaufrichten ging beim zweitenmal nicht so schnell vor sich wie sonst, weil eine weitere See das Boot traf, als es gerade wieder in die richtige Schwimmlage zurückrollen wollte.

Auch Nichtseeleute werden sich vorstellen können, daß der Aufenthalt der Besatzung in dem Boot während des »Unterwasser-Rückenfluges« noch gefährlicher, aber auch erregender war als beim erstenmal.«

Ich war mit Seenotkreuzern bei schwerem Wetter auf dem Buschsand, auf den Nordergründen und in den Kreuzseen vor Helgoland – ich habe im Tochterboot der ARWED EMMINGHAUS bei Windstärke neun einen Rettungseinsatz in der Brandung des Großen Vogelsandes mitgefahren.

Ich glaube tatsächlich, daß in unserer perfektionistischen und vermeintlich ereignislosen Alltagswelt Rettungsmänner zumindesten dieselbe Aufmerksamkeit des Publikums verdienen wie die Astronauten.

Aber schon bei meinen Einsätzen im Feuerwehrdienst einer Millionenstadt und ihren bewegenden Erlebnissen ist mir klar geworden, daß die Gewichte der Berichterstattung unserer Massenmedien ein bißchen ungleich verteilt sind.

Weiterhin halte ich an der These fest, daß das Leben selbst die besten Geschichten schreibt. Und darum glaube ich auch, daß die bewundernswert grandiosen Leistungen der Rettungsmänner in aller Welt auf ihre Weise mit manchem »Krimi« durchaus konkurrieren können.


## Hasard vor Elbe und Ems

Mein inzwischen pensionierter Vormann auf Seenotkreuzer ARWED EMMINGHAUS, der Cuxhavener Rolf Hoffmann, ist Inhaber des Nautikerpatents zum Seesteuermann auf Großer Fahrt. Bevor er zur Deutschen Gesellschaft zur Rettung Schiffbrüchiger überwechselte, befuhr er bei der Hamburg-Amerika-Linie (HAPAG) die Weltmeere. Im Krieg war er Kommandant eines Vorpostenbootes im Nordmeer.

Als Rettungsmann mußte er, wie alle anderen auch, ganz von vorn anfangen, denn dieses Spezialhandwerk kann nur von der Pike auf erlernt werden. Aber dann machte Rolf Hoffmann schnell Karriere: Er übernahm als erster den Versuchs-Seenotkreuzer BREMEN, schließlich den ersten Kreuzer-Neubau HERMANN APELT, den ersten Serien-Neubau RUHR-STAHL und schließlich den neuesten Kreuzer der bislang vorletzten Bauserie: die ARWED EMMINGHAUS sowie anschließend die Bauaufsicht und Erprobung der neuen 44-Meter-Boote.

Mit Männern wie Wilhelm Eilers (Borkum) oder Rolf Hoffmann hat eine »junge Generation« von Vormännern die Ruderstände der Seenotrettungskreuzer betreten. Sie löst die alten, bärtigen Lotsen- und Fischergestalten ebenso ab wie die Windjammer-Seeleute vom Schlage eines Georg Tomare von der schwedischen Station Torekov – obwohl es solche Bilderbuch-Originale aus der alten Schule durchaus noch lange Zeit gab.

Die Vormänner des neuen Typs sind Seemann und Techniker zugleich, haben vielleicht ein Maschinistenpatent erworben, sind mit Funkpeiler, Echolot, Radar, Decca-Navigator ebenso »groß geworden« wie mit der Grenzwellen- und schließlich der Ultrakurzwellen-Telefonie. Ein moderner Seenotrettungskreuzer ist ein hochgezüchtetes technisches Instrument, dessen komplizierter Organismus als Ganzes verstanden und dirigiert werden will. Das Vormann-Dasein auf einem 24- oder gar 26-Knoten-Schiff mit einem Sachwert von einigen Millionen Mark setzt ein permanentes »Studium generale navale« voraus.

In Deutschland ging die Epoche der herkömmlichen Motorrettungsboote in den sechziger Jahren allmählich zu

298

Ende, denn das Zeitalter der völlig anders konstruierten See-notrettungskreuzer kündigte sich an. Aber es blieb dem Motorrettungsboot BORKUM vorbehalten, in der Emsmündung noch eine besonders spektakuläre Rettungstat zu vollbringen, so daß die Boote alter Art nicht sang- und klanglos abzutreten brauchten.

Die BORKUM gehört zu den im Krieg gebauten »Turmbooten« der 14-Meter-Klasse. Das Boot wurde 1944 erbaut. Seine beiden 150-PS-Diesel verliehen dem Doppelschrauben-Fahrzeug eine Geschwindigkeit von nur 8,5 Knoten.

Vormann Wilhelm Eilers sowie die Rettungsmänner Folkert Meeuw und Christoffer Müller konnten unter fast aussichtslosen Umständen 13 Seeleute des britischen Dampfers TEESWOOD retten, der am 28. November 1951 auf dem Sandriff des Möwensteerts vor der Emsmündung gestrandet war. In dem Bericht des TEESWOOD-Kapitäns Samuel John Crawford an seine Reederei und das britische Seeamt hieß es:

»Die 13 Überlebenden verdanken ihr Leben dem ganz außerordentlichen Mut des Rettungsbootsvormannes, der sein Leben und das seiner Besatzung aufs Spiel setzte, sooft sie an die TEESWOOD heranfuhren. Ich wüßte gern, wie ich am besten sicherstellen kann, daß diese tapferen Männer eine Anerkennung erhalten.«

Diese Sorge des britischen Kapitäns erwies sich als überflüssig. Bald überreichte der britische Konsul in Emden im Auftrag seiner Regierung den drei Rettungsmännern kostbare Dankpräsente. Die DGzRS zeichnete Vormann Eilers mit der goldenen, die Rettungsmänner Meeuw und Müller mit der silbernen Medaille aus.

Bei Nordweststurm in voller Stärke elf war die TEESWOOD auf der Reise von Grimsby nach Emden in Hagelschauern und schweren, achterlichen Grundseen aus dem Ruder gelaufen und mit furchtbarer Gewalt auf den Möwensteert aufgeschlagen. Binnen kurzem wurde die Lage hoffnungslos. Nach weniger als einer Stunde brach der Frachter mit hellem Knall auseinander. Kapitän Crawford konnte seine auf der Kommandobrücke zusammengedrängte Besatzung gerade noch auf die Back beordern, bevor die Bruchstelle der TEESWOOD unüberbrückbar wurde.

Der Frachter lag genau mit dem Heck im Wind, so daß das Wrack an keiner Stelle Lee bot. Vormann Eilers versuchte, sich gegen Wind und See an die Backbordseite des Bugs heranzufühlen. Aber eine mörderische Grundsee, die zwischen Rettungsboot und Wrack aufsteilte, machte den Anlauf zunichte. Die BORKUM war nur noch ein Spielball der Brandung. Erst beim viertenmal gelangte das Rettungsboot direkt unter den Dampferbug, wobei es allerdings krachend gegen das Wrack geschleudert wurde. Jedoch glückte Kapitän Crawford der Absprung, den keiner der Seeleute zuerst wagen wollte.

Insgesamt zwanzigmal wagte Eilers die höchst riskanten Anläufe an das Wrack. Dabei konnte die BORKUM 13 Schiffbrüchige einzeln übernehmen. Jedesmal kollidierte dabei das Rettungsboot mit dem Wrack. Einmal schleuderte ein Grundbrecher die BORKUM gegen den Bug der TEESWOOD. Dabei hakte das Rettungsboot so fest, daß es manövrierunfähig wurde. Das Steuerbordruderblatt der BORKUM hatte sich hinter der ausgebrachten Ankerkette des Frachters verheddert, so daß das Schicksal der Rettungsmänner besiegelt schien. Glücklicherweise wurden Wrack und Rettungsboot in diesem Augenblick von einem so extremen Grundbrecher überrannt, daß das Ruderblatt der BORKUM brach. Das Boot kam wieder frei, war aber nur noch beschränkt manövrierfähig, zumal auch der Propeller beschädigt war.

Die Rettungsmänner beendeten trotzdem ihre Aktion nicht. Sie wagten sich immer wieder an die TEESWOOD heran und wurden krachend gegen deren Vorschiff geschleudert. So konnten 13 Mann gerettet werden. Nur ein Afrikaner und ein Japaner hatten nicht mehr die Kraft und den Mut zum rettenden Sprung. Sie wurden von einem zischend über Deck schießenden Brecher weggerissen und ertranken.

Die Rettung der TEESWOOD-Seeleute war so dramatisch, daß die Borkumer Inselbevölkerung sie nie vergessen wird. Die ganze Einwohnerschaft stand am Strand und sah alles mit an. Die Scheinwerfer des wegen seines Tiefgangs weiter ab »stehenden« Bergungsschleppers SEEFALKE leuchteten das Wrack der TEESWOOD taghell aus. Salzschaum stob über die Versammelten, Regen und Sand peitschten und stachen wie mit Nadeln in die Gesichter. Hier und dort flatterten die Kopftücher von Frauen. Ab und zu schrie eine der Frauen jäh und kurz auf. Ihr Mann war da draußen mit dabei! Was sich dort im Scheinwerferlicht abspielte, war, für jeden erkennbar, ein Wettlauf mit dem Tod, bei dem eigentlich nur ein Wunder das Rettungsboot wieder hergeben konnte. Aber dieses Wunder geschah. Die BORKUM kam wieder, wenn auch demoliert und verbeult. Alle drei Rettungsmänner waren verletzt.

Der stellvertretende Vormann und Steuermann der ARWED EMMINGHAUS, Richard Hartmann war vormaliger Fischdampferkapitän mit dem Großen Fischereipatent B 5. Dieser Seebär sah eher den alten Rettungsbootvormännern ähnlich. Sein wettergegerbtes Gesicht, sein Gang und seine Haltung verrieten schon von weitem einen Mann, der mit Leinen, Scherbrettern und Netzen aufgewachsen ist und zwischen Svinøy und der Bäreninsel ebenso gut jeden Fangplatz, jede Schäre kennt wie vor Island, Grönland und Neufundland. Richard stammt aus Blexen, jenem seeverbundenen Ort, der unweit Bremerhaven links vor der Wesermündung liegt. Und da auf einem Seenotkreuzer die gesamte Besatzung miteinander auf du steht, nenne ich auch »Old Richard« nur beim Vornamen. Wohl noch nie bin ich einem Menschen dieser Altersklasse begegnet, der so feine seelische Antennen hat. Richard kam bald in die Sechzig, aber einen pfundigeren Kameraden gab es nicht. Sein Einfühlungsver-

Die Härte solcher Sturmfahrten zur Notrufposition und die Schwerarbeit des Einsatzes bei der Menschenrettung aus Orkanseen entzieht sich dem Vorstellungsvermögen von Nichtseeleuten.

Unterer Fahrstand des Seenotkreuzers HERMANN HELMS mit modernsten Navigations- und Kommunikationsgeräten. Die neue Seenotkreuzer-Generation verfügt sogar über eine Video-Plotteranlage, die komplette Kurse speichern kann und gewissermaßen als elektronische Seekarte dient.

In der neuen Spezialtrage mit Vakuum-Matratze bringt man die Schwerverletzten ins Bordhospital, dessen Ausrüstung kompakt und funktionell ist: Modernes Notfallkoffersystem (unten, links), Warmluftbeatmungsanlage, EKG-Telemetriegerät (unten, rechts).

mögen und sein hilfsbereites Menschentum sind in diesem Oldenburger so tief verwurzelt, daß für ihn, den Trawler-Kapitän, gar kein anderer Endberuf als der eines Seenotretters denkbar war.

Eine Bilderbuchtype ist Richard durchaus, zumal er leidenschaftlich gern kocht und trotz seines hohen Nautikerpatents bei jedem Seegang und in einer unnachahmlichenKörperhaltung willig als »Smutje« der ARWED EMMINGHAUS fungierte. Richard hat einen »drögen«, also trockenen Humor und ein immer treffsicheres Urteil, ohne viel zu reden. Aber wie ein junger Mensch hat er sich die Fähigkeit bewahrt, bisweilen in heiligen Zorn zu geraten. Das passiert vor allem dann, wenn irgendwo auf der Welt Unrecht geschieht. Alte Fahrensmänner wie Richard sind von einer beinahe schon naiv anständigen Gesinnung. Schon das Lesen einer Tageszeitung kann ihnen Leibgrimmen verursachen. Sie können einfach nicht fassen, daß auf diesem Globus Menschen leben und handeln, die nicht ebenso gradlinig und innerlich sauber sind wie sie selbst. Unvorstellbar ist für Leute wie Richard, daß ein Mensch jemals etwas anderes sagt als das, was er wirklich denkt.

Richard war um einiges älter als sein Vormann Hoffmann. Die beiden Männer verstanden sich aber, aus gegenseitiger Hochachtung heraus, in einmaliger Weise. Das Wissen und Können des jüngeren und die noch größere Spezialerfahrung des älteren Mannes ergänzten sich ideal. Das ist nicht immer und überall so: Denn auch die Rettungsboote werden schließlich nicht von Supermännern und Idealgestalten, sondern von Menschen mit all ihren Unzulänglichkeiten und Fehlern bemannt. Die Harmonie unserer Schiffsführung war ein Glücksfall. Sie wirkte sich auf das ganze Bordklima aus.

Ein Cuxhavener Vormann, ein Blexner Steuermann, ein Schiffsingenieur und zwei Kutterfischer aus Büsum bildeten also die Besatzung dieses Seenotkreuzers. Und ich glaube nicht, daß es eine Einsatzart gibt, die diese Männer noch nicht erlebt hatten. Ihr Alltag im Rettungsdienst war ganz anders und weitaus vielfältiger, als der Laie ihn sich vorzustellen vermag. Die großen spektakulären Schiffbrüche sind heute seltener geworden, jedenfalls die Strandungen auf den Untiefen der Küste. Und dennoch kommt es immer wieder vor, daß plötzlich auch einmal ein »dicker Pott« auf den Sänden der Elbmündung festsitzt. Keine Perfektion der Technik schaltet technische Versager, menschliche Irrtümer und unglückliche Zufälle völlig aus. Wie schnell sich mitten in der Elbmündung das Schicksal großer Frachter erfüllen kann, beweisen die Wracks des Briten ONDO und des Italieners FIDES auf dem Großen Vogelsand. Die beiden Schiffe scheiterten dort innerhalb einer Zeitspanne von anderthalb Monaten, so daß man von einer Duplizität der Fälle sprechen kann. Die beiden Rettungseinsätze fuhr übrigens Rolf Hartmann noch mit dem Vorgänger-Seenotkreuzer RUHR-STAHL, der später auf Amrum stationiert wurde, als Vorgänger der EISWETTE. Noch immer liegt die ständig weiter verrostende ONDO, ganz auf die Seite gekippt, zugleich aber als willkommene Radar-Peilmarke für die Lotsen, auf dem »Vogel«, während von der FIDES nur ein Mast aus den Wellen ragt. Die Strandungen dieser Schiffe lieferten Schlagzeilen. Und es lohnt sich, die dazugehörigen Rettungseinsätze – Anfang der sechziger Jahre – nachzuerzählen.

In der Nacht auf den 6. Dezember 1961 wühlt ein schwerer Südweststurm mit Regen und Hagelschauern, Wintergewitter und orkanartigen Böen in der Elbmündung so hohe Seen auf, daß kurz vor halb fünf Uhr morgens ein Versetzboot des aus Wettergründen etwas weiter elbaufwärts – in der Nähe von Feuerschiff ELBE 2 – operierenden Lotsenmotorschiffes KAPITÄN HILGENDORF kentert. Der darin befindliche Seelotse und die beiden Seeleute der Bootsbesatzung werden vermißt. Sofort läuft SRK RUHR-STAHL aus Cuxhaven aus, aber seine intensive Suche nach den Bootsinsassen bleibt ebenso ergebnislos wie die des aus Friedrichskoog/Dithmarschen ebenfalls zur Hilfeleistung ausgelaufenen Motorrettungsbootes RICKMER BOCK. Die drei Mann haben den Tod in der aufgewühlten See gefunden.

Sofort nach dem Kentern des Lotsenversetzbootes hat der britische Kapitän der ONDO den Maschinentelegrafen auf »Stop« gerissen. Die im Wasser treibenden Leute sollten auf keinen Fall durch die rotierende Schiffsschraube gefährdet werden. Auch werden sofort Rettungsringe und Leinen geworfen. Aber die faire, umsichtige Maßnahme muß der Brite furchtbar bezahlen. Schon das kurze Stoppen der Maschine genügte, um die gefährlich nah an der Nordkante des Fahrwassers stehende ONDO bei diesem schweren Nordwest mit Windeseile auf dem unmittelbar benachbarten Großen Vogelsand stranden zu lassen. Dort liegt der Frachter jetzt, hell erleuchtet, in der Brandung.

Während die beiden Rettungsboote der DGzRS noch immer nach den drei Vermißten suchen, sind der Bergungsschlepper DANZIG und der Schlepper OTTO WULF II aus Cuxhaven ausgelaufen: Sie wollen dem Havaristen helfen. Von schweren Seen übergischtet, bisweilen bis zur Masthöhe von ihnen eingedeckt, reiten sie knapp außerhalb der Brandung die Sturmseen ab. Es zeigt sich, daß ihnen jedes Herankommen an das Wrack verwehrt ist.

Nachdem er die Überlebendensuche als sinnlos abgebrochen hat, läßt Rolf Hoffmann, im Landschutz von Scharhörn, das Perlon-Sprungnetz überm Vorschiff aufspannen und Leinenpistole sowie Schießleinen klarlegen. Dann steuert er die RUHR-STAHL zur Strandungsstelle. Die Orkanböen haben etwas nachgelassen, aber auf dem »Vogel« steht eine grauenerregende Grundsee. Der aufgebrummte Havarist liegt etwa 800 Meter weit, quer zur Brandung und parallel zum Fahrwasser, auf dem Sand. Donnernd geifern die Brecher an seiner Bordwand hoch.

Und wie es zunächst üblich ist: Das Schiff zeigt keine Notsignale. Auch über Funk ist kein Notruf ausgestrahlt worden. Kaltblütig behält der britische Kapitän Farquhar die Nerven – und seine Illusionen. SRK RUHR-STAHL dümpelt nun abwartend, zusammen mit den beiden Schleppern, vor dem Brandungsgürtel herum. Die ONDO manövriert die ganze Zeit verzweifelt mit ihrer Maschinenanlage, um freizukommen.

In den Morgenstunden beruhigt sich das Wetter ein bißchen. Das Gewitter ist abgezogen, der Wind weht »nur noch« aus Südwest bis West mit Windstärke acht bis neun. Auch die hinderlichen Regen- und Hagelschauer sind nicht mehr so anhaltend und häufig. Aber die hohe Grundsee auf dem Großen Vogelsand ist unverändert.

Mittlerweile sind auch die starken Seeschlepper FAIRPLAY I und ATLAS vor der Strandungsstelle eingetroffen. Um den englischen Seeleuten zu zeigen, daß sie in ihrer gefährlichen Lage nicht verlassen sind, wagt RUHR-STAHL ein Wellenreitmanöver in achterlicher Brandung und stößt bis auf Rufweite an die ONDO heran. Das Zuwinken der Rettungsmänner wird aber nicht beantwortet. Die Schiffsleitung bleibt noch immer kühl und reserviert. Sie kennt die ganze Heimtücke des Mahlsandes vor der Elbmündung nicht, sie gibt sich immer noch eine Bergungschance. Der ONDO-Propeller dreht »Volle Kraft zurück«.

Rolf Hoffmann hält seinen Kreuzer noch eine Weile in nächster Nähe des gestrandeten Frachters, dann läuft er wieder ins Fahrwasser zurück. So gut sich die RUHR-STAHL, auch mitten in der Brandung des »Vogel« halten und manövrieren ließ – die Tommies reagieren nicht.

Inzwischen hat Ebbe eingesetzt. Das Wasser läuft ab, und solange gehen die vier Schlepper auf der Reede vor Neuwerk zu Anker. Nur die RUHR-STAHL hält sich weiter in der Nähe

der ONDO auf und steht mit Seenotwache, UKW-Küsten-
funkstelle Elbe-Weser-Radio, mit den Schleppern und nunmehr auch mit der britischen Schiffsleitung in ständiger
Funkverbindung.

Auf der Neuwerker Reede wird inzwischen hart gearbeitet. Die Schlepper ließen sich aus Cuxhaven weiteres Tros-
senmaterial herausbringen und legen nun die schweren Stah-
lungetüme an Deck klar, die den Frachter ONDO aus dem
Mahlsand herausreißen sollen. Viel Chance besteht freilich
nicht, die Bergungsleute wissen das wohl.

Rolf Hoffmann ist ganz und gar Pessimist. Er frißt einen
Besen, wenn dieser große Frachter jemals wieder aus dem
Mahlsand herauszukriegen ist. Jetzt hat sich die ONDO allmählich schon eine Dreiviertelmeile auf den »Vogel« hinauf-
geschoben! Auch hat sie sich gedreht. Sie liegt mit dem Heck
genau gegen die See.

Über Funk bittet der Bergungsinspektor, der Seenotkreuzer möchte die Wassertiefen rund um den Havaristen auslo-
ten. Dieser Bitte kommen die Rettungsmänner sofort nach.
Sie stoßen wieder auf den Großen Vogelsand vor, auf dem
jetzt nur noch eine lange Dünung steht. Der Wind ist bis auf
Südwest fünf abgeflaut. Nur in den Regenböen bläst es immer noch mit Windstärke sechs.

Nach der genauen Auslotung der Strandungsstelle übernimmt RUHR-STAHL vom Bergungsschlepper DANZIG eine
sogenannte Jagerleine und läuft damit zwecks Herstellung
einer Leinenverbindung zum Havaristen. Nachdem diese Jagerleine 600 Meter weit ausgefahren ist, spannt man OTTO
WULF III vor den eigentlichen Schleppdraht, um dadurch
den Druck auf die Jagerleine zu verringern. Langsam arbeitet
sich der Seenotkreuzer weiter voran, bis die Jagerleine dem
Havaristen an seinem Heck übergeben werden kann. Noch
sind auf ONDO die Maschinen und Hilfsmaschinen klar, so
daß die schwere Leine mit einer Deckswinde eingeholt werden kann.

»So'n Schiet!« fluchen die Rettungsmänner, als die Leine zuletzt doch noch bricht. Sie war schon 400 bis 500 Meter weit von der ONDO eingeholt worden. Also alles noch mal? Zum Glück steigt das Wasser mit der Flut immer weiter, so daß diesmal der Schlepper selbst bis an die ONDO herankommt und seinen Draht direkt übergeben kann. Danach stellt der Schlepper noch zwei weitere Trossenverbindungen her. Eine davon hat eine Länge von beinahe 1700 Metern und ein Gewicht von acht Tonnen!

Fünf Schlepper haben schließlich die ONDO auf dem Haken und »tauen« mit immer größerer Kraft »an«. Der Seenotkreuzer bleibt als Sicherungsboot dabei.

Kaum aber wurde angeschleppt, fällt die Antriebsanlage der ONDO aus. Sie hat seit der Strandung ununterbrochen gearbeitet, aber der durch die Seeventile eingedrungene Triebsand hat sie nun lahmgelegt. Damit fehlt ihre Schubkraft im entscheidenden Augenblick. Die Schlepper müssen es allein versuchen, den Frachter aus dem Sand zu ziehen. Aber alle Liebesmüh ist vergebens. Zwei Stunden nach Hochwasser muß der Bergungsversuch eingestellt werden. Das Wasser ist schon zu weit gefallen. Zwar schleppen die drei großen Schlepper stundenlang mit verringerter Kraft weiter, um das Einsanden der langen Trossen zu verhindern. Aber die kleineren Schlepper gehen bis zur nächsten Flut abermals unter Neuwerk vor Anker. RUHR-STAHL bleibt auch diesmal bei der Strandungsstelle und in den Funkverkehr zwischen ONDO und den Bergungsschleppern eingeschaltet.

Nur einmal – in der Nacht vom 7. zum 8. Dezember – läuft der Kreuzer kurz nach Cuxhaven ein, um den Bergungsinspektor Krefft und zwei Engländer von der Inspektion der Elder Dempster Line zu übernehmen, die kurz vor Mitternacht auf der ONDO abgesetzt werden. Das Wetter hat sich so weit gebessert, daß RUHR-STAHL regelrecht längsseits gehen kann.

Bei der nächsten Flut neue Bergungsversuche, nachdem man die ONDO ein ganzes Stück »abgeleichtert« hat. Man warf Hunderte von Säcken der Kakaoladung über Bord. Auch der neue Bergungsversuch bleibt ohne Erfolg.

Kurz nach Mittag lotet RUHR-STAHL abermals die Wasserverhältnisse rings um den Havaristen aus und stellt fest, daß sich größere Untiefen gebildet haben. Das Schiff ist, wie Rolf Hoffmann erwartet hatte, fest vom Mahlsand eingeschwemmt worden und damit für immer gefangen. Auf Höhe der ONDO-Kommandobrücke laufen bereits die roten Echolot-Blitze des Seenotkreuzers ineinander, so daß an dieser Stelle höchstens noch zwei Meter Wasser sind! Rolf Hoffmann teilt über Funk diese Beobachtung dem Bergungsinspektor und der britischen Schiffsleitung mit. Aber es hofft der Mensch, so lange er in der Falle sitzt. Man denkt drüben nicht daran, die Bergung schon aufzugeben. Der Schlepper OTTO WULF III bringt sogar neun Schauerleute oder Stauereiarbeiter herbei, die den britischen Seeleuten beim Überbordwerfen weiterer Ladungspartien helfen sollen. Man löscht aus dem hinteren Laderaum, weil Ruder und Schraube der ONDO den tiefsten Punkt bilden.

Zwischendurch muß RUHR-STAHL einen Kranken von dem Frachter abbergen und schließlich vier Engländer zu einer Havariebesprechung nach Cuxhaven bringen. Dabei schärft Rolf Hoffmann den Briten nochmals ein, wie kritisch es jetzt mit dem Mahlsand rings um das Schiff steht. Man solle vor einer Wetterverschlechterung um Himmels willen die Besatzung reduzieren.

Nach Rückkehr zur ONDO erfährt der Vormann, daß nun in beiden hinteren Laderäumen drei bis vier Meter Wasser stehen und der gesamte Wellentunnel, also die Propellerwellenführung zwischen Maschine und Schraube, vollgelaufen ist, das Schott mußte geschlossen werden.

In der Nacht bringt OTTO WULF III noch weitere Schauerleute und zwei größere Bergungspumpen heran. Die Bergungsversuche eskalieren zu einem Wettlauf mit der Zeit. In fieberhafter Eile werden pro Stunde 100 Tonnen Kakao in Säcken über Bord geworfen, um das Schiff noch leichter zu machen. Und nicht weniger als acht Schlepper arbeiten an den ausgebrachten, schweren Trossen.

Als RUHR-STAHL am 9. Dezember rund um die ONDO erneut die Wassertiefen ablotet, hat sich wieder alles verändert. Sandwellen quer zu dem aufgelaufenen Frachter sind nicht mehr festzustellen. Bei Hochwasser kann an beiden Schiffseiten vier bis fünfeinhalb Meter Wasser gelotet werden. Aber in den hinteren Laderäumen des Frachters steigt und fällt das Wasser mit der Tide. Der hintere Tank ist vollgelaufen. Die Schiffspumpen können nicht mehr gegen die Wassereinbrüche anpumpen. Die Küstenfunkstelle sagt außerdem Wetterverschlechterung an. Und die Schlepper, die getreulich bei jeder neuen Hochwassertide ihre Abschleppversuche unternommen hatten, lösen gegen 14.00 Uhr wegen der kritisch gewordenen Lage die Trossenverbindungen. Um 16.00 Uhr übernimmt der Seenotkreuzer die ersten 24 weißen und farbigen Engländer samt Gepäck, die sofort nach Cuxhaven gebracht und wohlbehalten an Land gesetzt werden. Ein Mann hat sogar sein Vogelbauer samt Kanarienvogel mitgebracht. Dann läuft RUHR-STAHL sofort wieder zur ONDO hinaus und übernimmt um 20.10 Uhr weitere 18 Männer.

Inzwischen ist der Abend des 9. Dezember angebrochen. Das heißt, daß die Besatzung der RUHR-STAHL schon vier Tage und drei Nächte fast ohne Schlaf geblieben ist. Nur selten konnte sich einer von den Männern mal ein Weilchen aufs Ohr packen, wenn der Seenotkreuzer wartend auf der Stelle trat.

Nach der Landung des zweiten Schubs von 11 Schiffbrüchigen samt Gepäck verschlechtert sich das Wetter zusehends. Nebelfelder kommen auf. Rolf Hoffmann weiß, daß jetzt alle Kräfte aufgespart werden müssen für den letzten

Akt auf dem Großen Vogelsand. Er steuert die RUHR-STAHL zu ihrem Liegeplatz im Kugelbakehafen und macht dort am 10. Dezember nachts um eins zeitweilig fest, damit die übermüdete Besatzung wenigstens noch etwas Schlaf »mitnehmen« kann. Die Funkgeräte bleiben jedoch pausenlos eingeschaltet – auch übermüdete Rettungsmänner hören im Halbschlaf noch alles mit, was auf den geschalteten Seenotfrequenzen vor sich geht.

Die ONDO nimmt sich Zeit! So kann RUHR-STAHL erst einmal einen neuen Seenotfall »wahrnehmen«, der typisch für den Alltag des Rettungsdienstes ist: Morgens um fünf meldet die Seenotwache Cuxhaven, daß bei Fahrwassertonne 12 der Elbmündung der Kieler Fischdampfer SCHWENTINE im Nebel von einem französischen Dampfer gerammt wurde. Die RUHR-STAHL läuft sofort aus und tastet sich mit Radarhilfe bei nur etwa 50 Metern Sicht zum Havaristen hinaus, den sie eine halbe Stunde später erreicht. Er ist vor Anker gegangen, denn es hat ihn ziemlich böse erwischt. In seinem Vorschiff vor dem Kollisionsschott klafft ein großes, bis zur Wasserlinie hinunterreichendes Loch. Der Mannschaftsraum an Steuerbordseite ist völlig demoliert. Auch das Kollisionsschott selbst ist eingedrückt, so daß Bruchgefahr besteht. Die Besatzung der SCHWENTINE war gerade dabei, in die Rettungsboote zu gehen. Als aber die RUHR-STAHL plötzlich aus den Nebelschwaden herausbricht, unterläßt man die Ausschiffung. Der Rettungskreuzer legt sich längsseits, um jederzeit einspringen zu können, falls etwa das Kollisionsschott nachgibt und das Schiff unterzugehen droht. Um 10.50 Uhr geht der Havarist ankerauf und steuert mit ganz langsamer Fahrt nach Cuxhaven. RUHR-STAHL bleibt weiter längsseits und gibt dem Lotsen auf der SCHWENTINE laufend zusätzliche Radarberatung, weil auch das Radar des Fischdampfers durch den Rammstoß zerstört worden ist.

Nach dem Ende dieses Sicherungseinsatzes übernimmt der

Seenotkreuzer neues Bunkeröl und läuft zur ONDO zurück. Immer noch herrscht dicker Nebel, aber mit Radar tastet sich RUHR-STAHL an den Frachter heran, um dort die lange Zeit festzumachen. Das Wetter verschlechtert sich in der nächsten Nacht. Der Nebel löst sich auf, und gegen Morgen weht es mit Windstärke sechs aus Südwest.

Am Mittag des 11. Dezember macht RUHR-STAHL mit langer Vorleine an der ONDO fest. Da das Wetter immer schlechter wird, ist ein Längsseitsliegen nur auf diese Weise möglich. Bald müssen sogar die einzelnen, heranschäumenden Seen mit den Seitenmaschinen ausmanövriert werden, damit die Vorleine nicht bricht. Dabei wird das Gepäck der restlichen ONDO-Besatzung übernommen. Um 13.00 Uhr beginnt die Übernahme der Besatzung und der noch an Bord befindlichen Schauerleute. Der Seenotkreuzer arbeitet stark in dem zum Wrack längs laufenden Seegang. Die Leute müssen mit Sicherheitsleinen einzeln von der Jakobs- oder Strickleiter übernommen werden. Solche Manöver sind besonders riskant, weil eine See den Kreuzer gegen die Bordwand schleudern und den dort auf der Leiter stehenden nächsten Schiffbrüchigen zerquetschen kann. Man braucht deshalb bei solchen Manövern größte Geduld. Es muß immer eine besonders günstige Bewegung der RUHR-STAHL im Seegang abgewartet werden. Der Wind hat längst auf Stärke sieben, in den Böen sogar acht, zugenommen.

Aber immerhin sind auf den drei Einsatzfahrten insgesamt 65 Mann von der ONDO abgeborgen – als letzter Kapitän Farquhar – und wohlbehalten nach Cuxhaven zurückgebracht worden.

Die ONDO, für immer vom Schraubstock des Mahlsandes festgehalten, liegt nicht weit von jener Stelle, wo vor Jahren der deutsche Frachter LUISE LEONHARDT mit Mann und Maus ein Opfer des Großen Vogelsandes wurde.

Nach dem Bruch seiner Ruderkette hatte der Sturm das Schiff mitten in die Grundbrecher gedrückt und immer wieder so schwer aufschlagen lassen, daß Masten und Aufbauten über Bord gingen oder zum Trümmerfeld wurden. Die Rettungsboote wurden zu Kleinholz geschlagen, und durch die eingeschlagenen Maschinenraum-Oberlichter schwallte die See ins Schiffsinnere.

Auch ein starker Bergungsschlepper und das herbeigeeilte damalige Motorrettungsboot von Cuxhaven, FERDINAND LAEISZ, waren bei der tobenden See zunächst machtlos. Und als sich das Rettungsboot endlich doch an das Wrack heranwagen konnte, ohne atomisiert zu werden, war keine Menschenseele mehr zu sehen. Nur die Leichen des Kapitäns, eines Heizers und des Messejungen wurden später in der Süderpiep und vor Büsum von Fischern gefunden. Die anderen 27 Männer hat der Große Vogelsand ebenso behalten wie das Wrack der LUISE LEONHARDT.

Am 20. Januar 1962, kurz nach acht Uhr morgens, hören die Rettungsmänner der RUHR-STAHL über Funk, daß erneut ein Frachter auf dem Großen Vogelsand gestrandet ist. Bei Südwest bis West in Stärke sechs bis sieben, bei Regenschauern und mäßiger Sicht läuft der Seenotkreuzer aus und findet ganz in der Nähe vom ONDO-Wrack das italienische 7000-Tonnen-Schiff FIDES vor. Auch dieser Frachter sitzt mit dem Heck genau in der Brandung. Die Schlepper DANZIG und GOLIATH halten sich schon in der Nähe auf, OTTO WULF III und FAIRPLAY II sind im Anmarsch.

Die FIDES war mit einer Ladung Bauxit zum Nord-Ostsee-Kanal unterwegs. Kurz vor der Lotsenübernahme drückten der einsetzende Ebbstrom und starke Böen den Frachter aus der Fahrrinne. Der Lotse war bereits im Versetzboot, das nun hinterhereilte. Der Lotse sah sehr wohl, daß der Frachter falschen Kurs hatte. Aber jeder Versuch, ihn auf das drohende Unheil aufmerksam zu machen, war vergeblich, der Frachter rammte mit voller Wucht in die Sände. Kapitän Seranza gab zwar sofort »Volle Kraft zurück« und versuchte, die FIDES wieder vom Großen Vogelsand herunterzuziehen.

Die wenig einladende Nachbarschaft der gescheiterten ONDO machte ihm die Tücke seiner Strandungsstelle klar.

Sofort nach der Strandung stieg der Lotse über, um als Ortskundiger Kapitän Seranzas Befreiungsversuche mit Maschine und Schraube zu unterstützen. Tatsächlich kommt der Frachter kurz nach zehn Uhr vorübergehend frei. Aber schon nach wenigen Minuten wird er erneut auf den Großen Vogelsand gedrückt. Dort liegt er schließlich, quer zum Fahrwasser, fest. Kapitän Seranza gibt zwar noch immer nicht auf, aber alle Versuche, mit eigener Maschinenkraft ein zweites Mal aus der Falle zu schlüpfen, scheitern.

Schon vorher ist der Bergungsinspektor an Bord geklettert, um die Hilfe der Schlepper anzubieten. Aber Bergungen sind ein teures Vergnügen; der Kapitän der FIDES lehnt es ab. Unterdessen kurvt RUHR-STAHL in der Brandung herum und lotet einmal mehr die Wassertiefen aus, damit sie dem Lotsen übermittelt werden können. Der Südwest hat sich inzwischen auf volle Windstärke sieben versteift.

Um 13.15 Uhr beißt der italienische Kapitän doch in den sauren Apfel. Er nimmt schweren Herzens die Hilfe der Schlepper an. Zwei Leinenverbindungen werden hergestellt, und vier Schlepper beginnen mit dem Abbergungsversuch. Sie quälen sich dabei genauso vergeblich ab wie mit der ONDO.

Den Rettungsmännern schwant, daß der »Vogel« auch die FIDES nicht wieder hergeben wird. Ihr Pessimismus behielt ja auch im Falle ONDO recht. Nur in einem einzigen Punkt nicht: Die ONDO ist wider Erwarten nicht durchgebrochen. Die Elder Dempster Line besaß ein verblüffend robustes Schiff. Das Schiff liegt noch heute unzerbrochen im Mahlsand!

Als Rolf Hoffmann die Sinnlosigkeit des Bergungsversuchs erkennt, bringt er die RUHR-STAHL um 14.15 Uhr längsseits der FIDES. Und die vier Rettungsmänner brauchen nicht darüber zu sprechen. Sie sehen es alle: Der Neerstrom mit seinen Wasserwirbeln wühlt gefräßig unter dem Vor- und Achterschiff des Italieners, seit der Ebbstrom voll eingesetzt hat. Die Lage des Havaristen wird bedenklich. Von vielen Stellen im Schiffsrumpf hören die Rettungsmänner Geräusche, die jedem Seemann durch und durch gehen. Sie rühren vom Aufreißen einzelner Stahlplatten her!

Rolf Hoffmann und seine Männer steigen nacheinander auf die FIDES über und besehen sich die immer größer werdenden Schäden. Ihre Diagnose ist mitleidlos. Und sie sagen das den Italienern ohne Beschönigung.

Das Knistern und Krachen wird immer stärker und häufiger, die Risse nehmen sichtbar zu. Die RUHR-STAHL bleibt zur Sicherheit gleich längsseits liegen.

Das ist wirklich ein Gefühl »wie Weihnachten«, wenn man bei einem jeden Augenblick durchbrechenden Schiff in der Brandung längsseits liegen und völlig unnötig warten muß. Der Kapitän der FIDES hofft bis zuletzt, eigentlich belügt er sich inzwischen selber. Auch er hört schließlich dieses entsetzliche Rumoren im Schiffsrumpf, denn er kann ja nicht taub sein.

Die Rettungsmänner werden bis an ihr Lebensende diesen Lärm in den Ohren haben: Fast Punkt 16.00 Uhr bricht die FIDES nach heftigem Krachen, Knirschen, Kreischen und Knistern auseinander. Auf der RUHR-STAHL ziehen sie die Köpfe ein, denn Roststücke, Holzsplitter und sogar kleinere Eisenteile regnen prasselnd auf den Seenotkreuzer herunter. Dumpf grollt es in dem Schiffsrumpf nach. Jetzt ertönen Entsetzensschreie. Mamma mia, die FIDES ist durchgebrochen! Und die RUHR-STAHL muß blitzschnell die Leinen loswerfen und an eine andere Stelle verholen, damit sie nicht unter Wasser gezogen wird, wenn eine der Schiffshälften wegsackt. Sobald das Manöver beendet ist, trauen die Rettungsmänner ihren Augen nicht: Sie können jetzt vom Deck des Seenotrettungskreuzers aus in den Frachter-Laderaum hineingucken! Das Schiff ist ein Totalverlust.

Von 16.05 bis 16.45 Uhr übernimmt die Ruhr-Stahl die dreißigköpfige italienische Besatzung, den Lotsen und den deutschen Bergungsinspektor.

Um 18.15 Uhr werden die Schiffbrüchigen in Cuxhaven an Land gegeben. Zwei von ihnen sind verletzt übernommen worden. Darum hat Rolf Hoffmann vor dem Einlaufen über Funk einen Krankenwagen der Feuerwehr an den Kai bestellt, der die beiden Seeleute direkt von der Ruhr-Stahl übernimmt.

Die Fides ist eines der 120 amtlich registrierten Wracks vor der Elbmündung geworden, deren Räumung man Anfang der siebziger Jahre weitmöglich begonnen hat.

Diese Wracks stammen alle aus neuerer Zeit. Zählte man auch die irgendwo noch im Schlick liegenden Trümmer aus der Zeit der Segelschiffahrt hinzu, käme man auf mehr als tausend Wracks, die einen der großen Schiffsfriedhöfe der Nordsee »bevölkern«. Und der »Friedhof der Namenlosen« auf der Insel Neuwerk erinnert an so manche ungesehene Tragödie. Denn alle Toten dieses Friedhofs sind unbekannte Schiffbrüchige, die irgendwann am Strand von Neuwerk angetrieben sind. Solche »Friedhöfe der Namenlosen« gibt es auf allen Nordseeinseln.

Verbesserte Betonnung und Befeuerung, Radarsicherung und elektronische Navigationsmittel, nicht zuletzt auch die neuzeitliche Schiffsmaschinentechnik haben in der Großschiffahrt Strandungen seltener gemacht. Nur noch 40 von 100 Schiffsunfällen ereignen sich unmittelbar vor der Küste, obwohl deren Ansteuerung und die Revierfahrt in den Flußmündungen nautisch der schwierigste Teil der Reise sind – vergleichbar mit Start und Landung eines Flugzeugs als dem problematischsten Teil eines Fluges.

# Der Alptraum aller: Kollisionen

»Zwei Decks tiefer wurde Robert Miller, der friedlich im Gesellschaftsraum saß, durch das gewaltige Krachen, mit dem die beiden Schiffe sich trafen, aus seiner Lektüre gerissen und spürte, wie der Sessel, in dem er saß, hochgehoben wurde. Dabei durchzuckte ihn der Gedanke, daß sie auf ein Riff gelaufen sein müßten – aber das Geräusch hielt an; es war ein schreckliches, metallisch kreischendes Geräusch, unbeschreiblich und alle Sinne betäubend. Auf dem Deck unter ihm wurde Richard Webb, der Dritte Offizier, ebenfalls durch den Krach geweckt, der nahe, ganz nahe war. Und dann spürte er, wie die ganze Kabine durch den Aufprall erschüttert wurde. Er hörte nichts anderes als das Knirschen von Metall gegen Metall, das seinen Kopf wie das Kreischen von 1000 Schleifmaschinen erfüllte. Als es endlich leiser wurde, hörte er das Schrillen der Alarmglocke. Dann ging das Licht aus, und seine Koje sackte nach Backbord weg. Über ihm, im Gesellschaftsraum, rutschte Robert Miller mit seinem Sessel wie allen übrigen Sesseln und Tischen bergab und prallte krachend gegen die Bordwand des Schiffes. Dann schien plötzlich alles ruhig und finster ...« schreibt der Brite Peter Padfield in »An Agony of Collisions«. Er beschreibt damit den Zusammenstoß des Tankers PURFINA CONGO mit dem P & O-Liner SHILLONG im Golf von Suez. Den Männern auf der Kommandobrücke der SHILLONG bot sich, als der kompakt und breit gebaute Tanker nur wenige Meter hinter ihrem eigenen Standpunkt in den Rumpf ihres Schiffes eingedrungen war, ein kaum glaubhafter Anblick: »Die Rumpfplatten hatten plötzlich aufgeleuchtet, und ein Funkenregen hatte gespenstisch die Lüfter, den schwarzen Schornstein und die hellbraun gestrichenen Aufbauten erhellt, während zugleich ein Crescendo hämmernder Töne zu hören war. Fast zu einem Drittel war der Tanker in den Schiffsrumpf eingedrungen, war dann herumgeschwenkt worden, da der Bug durch die Fahrt der SHILLONG mitgerissen wurde, und war schließlich langsam zurückgeblieben; dabei stob aus dem verklemmten Metall ein neuer Funkenregen … In gewaltigem Strom ergoß sich das Wasser in den Maschinenraum der SHILLONG. Sämtliche Schotten wurden geschlossen, während das Wasser bereits stieg. Vor dem Maschinenraum lief der Backbord-Treibstoffbunker schnell voll und zog das Schiff nach unten.«

Die SHILLONG ging unter. Besatzung und Fahrgäste retteten sich in die Rettungs- und Schlauchboote. Obwohl sie darin von Haien belästigt wurden, konnten sie von einem anderen Schiff aufgenommen werden. Trotz Totalverlust war Glück im Unglück dabei: Der Tanker war nach dem Rammstoß nicht aufgebrannt, es hatte keine Toten gegeben.

Seit Aufkommen der Schiffsmaschinen haben Schiffskollisionen in ständig steigendem Maße zu Totalverlusten oder schweren Havarien geführt. Für die deutsche Seeschiffahrt begann dieser neuzeitliche Unglücksreigen im Jahre 1883 mit einer besonders schweren Katastrophe. Als der britische Dampfer SULTAN im Nebel vor Borkum die CIMBRIA der Hamburg-Amerikanischen Paketfahrt-A.G. über den Haufen fuhr und versenkte, fanden 437 Menschen den Tod in den Wellen!

Eine weitere sehr schwere Katastrophe hat im Jahre 1893 die deutsche Schiffahrt betroffen. In der Nordsee rammte ein winziges Schiff, der britische 480-Tonnen-Dampfer CRATHIE – er war nur 50 Meter lang und hatte zwei schwache Verbundmaschinen von insgesamt nur 73 Pferdestärken an Bord! – den Fahrgastdampfer ELBE des Norddeutschen Lloyd. Die weitaus größere ELBE ging unter. Das Unglück forderte 340 Menschenleben.

Die bekannteste Kollisionskatastrophe des Atomzeitalters war der Zusammenstoß des schwedischen Fahrgastschiffes STOCKHOLM mit dem italienischen Fahrgastschiff ANDREA DORIA unweit des NANTUCKET-Feuerschiffes vor der amerikanischen Küste im Jahre 1956. Menschliches Versagen durch Fehleinschätzung der Absichten des Kollisionsgegners führten zu jenem Zusammenstoß zweier Big Liner, der mit dem Untergang der damals erst zweieinhalb Jahre alten ANDREA DORIA und dem Tod von 44 Menschen endete. Mit Recht wird diese Kollision als eine der seltsamsten in der Schiffahrtsgeschichte bezeichnet, denn die ANDREA DORIA befand sich in dichtem Nebel, die STOCKHOLM aber fuhr ihr im hellen Mondschein entgegen. Beide Schiffe hatten ihre Radargeräte in Betrieb. Deutlich wurde auf beiden Bildschirmen das Radarecho des anderen Schiffes erkannt – und doch kam es zur Katastrophe. Der italienische Kapitän Calamai konnte nicht wissen, daß sein schwedischer Kollege nicht ganz genau Gegenkurs lief, sondern in den vorangegangenen Abendstunden den Kurs der von New York nach Europa laufenden STOCKHOLM von genau Ost um drei Grad nach Norden geändert hatte, um näher an NANTUCKET-Feuerschiff heranzukommen. Auf der Kommandobrücke der ANDREA DORIA wollte man den Passierabstand der beiden Schiffe dadurch vergrößern, daß man nach Backbord abdrehte. Das andere Schiff, der geortete Gegenkommer, befand sich laut Radarpeilung leicht Steuerbord voraus. Es sollte hinter dem Heck des Italieners vorbeilaufen. Der Rest des tragischen Vorfalles ist rasch erzählt: Kapitän Carsten an Bord der STOCKHOLM, deren Steuerbordseite immer noch vom Mond beschienen wurde, machte sich Sorgen, weil die Lichter des in nächster Nähe vom Radar erfaßten Schiffes noch immer nicht zu sehen waren. Die nahe Nebelbank war gar nicht zu erkennen. Die STOCKHOLM fuhr bei klarer Nacht, also müßten die Lichter des anderen Fahrzeugs doch zu erkennen sein?

Die Schiffe näherten sich einander weiter. Beide Schiffsleitungen waren in dem guten Glauben, voneinander klar zu kommen. Aber auf dem Schweden konnten sie sich die Augen aus dem Kopfe gucken: Sie sahen die Lichter des anderen Schiffes nicht. Mit der summierten Annäherungsge-schwindigkeit von etwa 40 Knoten, von fast 75 Kilometern pro Stunde, brausten zwei unbremsbare Ozeanriesen mo-derner Bauart aufeinander zu. Erst als das »Echo« des ande-ren Schiffes auf dem Radarschirm der STOCKHOLM schon im Zweimeilenbereich war, rief der Ausguck in der Brücken-nock: »Lichter an Backbord!«

Hören wir noch einmal Peter Padfield, der den Weitergang der Dinge anschaulich beschrieb:

»Kapitän Carsten ging mit seinem Doppelglas in die Nock und sah an Backbord Topplichter auftauchen. Daß da drüben Nebel herrschte, konnte er noch immer nicht bemer-ken. Er rief dem Rudergänger ›Steuerbord!‹ zu und beobach-tete, wie der Bug seines Schiffes um rund 20 Grad auswan-derte, bevor er ›Mittschiffs!‹ und ›Recht so!‹ rief. Kapitän Carsten handelte im guten Glauben. Er wollte seinerseits den Passierabstand der beiden Schiffe, der Norm entsprechend, durch Abdrehen nach Steuerbord vergrößern. Es war nicht zu erkennen, daß das andere Schiff genau das Gegenteil plante und nicht ebenfalls nach Steuerbord, sondern nach Backbord abgedreht hatte.

Während die Topplichter der ANDREA DORIA für die STOCKHOLM oberhalb des Nebels sichtbar wurden, war die Kommandobrücke des Italieners noch immer vom Nebel ver-hüllt, so daß die Seitenlaternen nicht zu sehen waren. Dann sah der Dritte Offizier plötzlich einen undeutlich verschwom-menen Lichtschein und rief: ›Da ist er!‹

Das war etwa die Stelle, wo man das Schiff vermutet hatte. In diesem Augenblick schrillte auch das Telefon. Der Aus-guckposten im Krähennest, im Beobachtungsstand des Vormastes, hatte das andere Schiff ebenfalls gesehen und ge-meldet.

Als nun der aus dem Nebel herauskommende Italiener die Seitenlaterne ›ausmachen‹ konnte, war es zum Entsetzen der Schiffsleitung nicht die grüne, sondern die rote – das rote Seitenlicht an der eigenen Steuerbordseite. Das aber bedeutete, daß das andere Schiff den Kurs der ANDREA DORIA kreuzte!

›Tutto sinistra!‹ rief Kapitän Calamai noch – Hart Backbord!

Auf der STOCKHOLM erkannte man plötzlich die Flanke eines hell erleuchteten Passagierschiffes vor dem eigenen Bug, ›ein strahlendes schwimmendes Hotel‹ und darüber eine grüne statt eine rote Seitenlaterne!

›Hart Steuerbord!‹ brüllte nun Kapitän Carsten, rannte zu den Maschinentelegrafen und stellte sie zuerst auf ›Stop!‹ und dann auf ›Volle Kraft zurück!‹ Die Entscheidung war gefallen. Die Steuerruder in entgegengesetzte Richtungen gelegt, drehten die beiden Passagierdampfer in einen rechten Kollisionswinkel zueinander.«

Der schlimmste Alptraum aller Nautiker wurde für die beiden Schiffsleitungen plötzlich wahr. Man hatte ein fremdes Riesenschiff vor der Nase und konnte nicht mehr ausweichen. Der scharfe, weit nach vorn ragende Klippersteven der STOCKHOLM durchschnitt die Rumpfplatten der ANDREA DORIA genau unterhalb der Brücke auf Höhe des Oberdecks und bohrte sich mit malmender Wucht in den Rumpf, die Bewohner der dortigen Kabinen zerquetschend. Metall und Holz zerfetzten. Der Bug des Schweden schob sich wie eine Ziehharmonika zusammen und erreichte den praktisch leeren Brennstoffbunker vor dem Generatorraum.

Als sich der italienische Dampfer, der immer noch mit voller Fahrt weiterlief, losriß, ergoß sich das Wasser in die zerfetzten Steuerbordtanks. Das Schiff legte sich sofort stark auf die Seite. Auch die STOCKHOLM machte in ihrem zertrümmerten Vorschiff Wasser. Da aber ihre lebendige Wucht, die kinetische Energie verbraucht war, schrammte sie nun knirschend und rasselnd an der Bordwand der ANDREA Doria entlang nach achtern, mitten in einem Funkenregen, als Stahl gegen Stahl schlug …

Es hat unter den verwirrten Fahrgästen des Italieners unbeschreibliche Szenen der Angst gegeben. Das schiefliegende Schiff blieb aber noch viele Stunden schwimmend, so daß die Rettung aller nicht durch die Kollision selbst umgekommenen Fahrgäste durch 30 pendelnde Rettungsboote des zur Hilfeleistung herbeigeeilten französischen Ozeandampfers ILE DE FRANCE gelang.

Der Fall ANDREA DORIA hat dazu geführt, daß fortan auf der Nordatlantikroute die einzelnen Tracks oder Reiserouten großer Fahrgastschiffe streng auseinandergehalten werden. Man hat eine Verkehrsregelung eingeführt, die wiederum an die der Verkehrsluftfahrt erinnert. Die Kollisionsgefahr für die übrige Schiffahrt besteht aber weiter. Eines Tages rammte das israelische Fahrgastschiff SHALOM unweit New York im Nebel den norwegischen Tanker STOLT DAGALI, der in zwei Hälften geschnitten wurde. Mit dem Achterschiff des halbierten Norwegers gingen 19 Mann unter. Die amerikanische Küstenwache fuhr einen bemerkenswerten Rettungs- und Bergungseinsatz.

Sogar Dreierkollisionen sind schon vorgekommen, die bekannteste davon im Bosporus. Die Tanker WORLD HARMONY und PETER ZORANIC stießen miteinander zusammen, brannten nach einer Explosion auf und trieben ineinander verkeilt auf den türkischen Dampfer TARSUS zu, der ebenfalls in Brand geriet.

Radar und andere Hilfsmittel konnten nicht verhindern, daß 1961 rund 1600, im Jahre 1962 schon 1800 Schiffe der Welthandelsflotte in Kollisionen verwickelt waren.

Vielfach waren die Nautiker glatt überfordert.

Das Jahr 1962 galt als das schwärzeste Jahr der Weltschiffahrt seit 1929. Es hatte zum Totalverlust von 124 Schiffen mit zusammen fast einer halben Million Bruttoregistertonnen Schiffsraum geführt. Die Reedereien erschraken ebenso wie die Versicherungsgesellschaften. Man hatte die Unfallquote der Vor-Radarzeit wieder erreicht. Es war jedoch ein

Trugschluß, daß das Jahr 1962 nur einen zufälligen, traurigen Rekord gebracht habe. Im Jahr 1963 waren es schon 224 Schiffe mit noch höherer Gesamttonnage, die nicht von der Reise zurückkehrten. Die Tendenz blieb weiterhin steigend, insbesondere hinsichtlich der Anzahl von Schiffskollisionen. Im Jahre 1967 wurden auf der Welt monatlich etwa 150 schwere Zusammenstöße registriert. Die meisten von ihnen ereigneten sich in Meerengen und vor Flußmündungen. Dort bündelt sich heute der Schiffsverkehr bis zur Unerträglichkeit. So drängten sich zu jeder Tages- und Nachtzeit durchschnittlich 350 bis 400 Schiffe gleichzeitig auf dem Borkum-Terschelling-Weg vor der deutschen und holländischen Nordseeküste. Die Elbmündung wurde jährlich von rund 95 000, die Enge Dover-Calais von fast 370 000 Schiffen befahren. Den Kanal passierten also pro Tag etwa tausend Schiffe, wobei die zahllosen quer zum Fahrwasser verkehrenden Fährschiffe nicht mitgerechnet waren.

Die Folgen solcher Verkehrsbündelungen in Zahlen: Allein in den sechs Jahren 1959–1964 stießen in der Deutschen Bucht und im Kanal nicht weniger als 1552 Schiffe zusammen, also über dreihundert Schiffe pro Jahr!

In den Jahren 1962–1965 waren allein 401 deutsche Schiffe in den Seegebieten der ganzen Welt mit anderen Schiffen zusammengestoßen. Nicht weniger als 215 von diesen Unfällen ereigneten sich in der Nordsee und im Skagerrak. Solche Zahlen erscheinen zunächst unfaßbar, wenn man ihnen nicht gerechterweise auch die Wachstumsquote des Seeverkehrs gegenüberhält:

Im Jahre 1939 hatte die Welthandelsflotte einen Schiffsraum von 70 Millionen, 1955 von 100 Millionen, 1965 von 171 Millionen und 1991 bereits von 436 Millionen Bruttoregistertonnen.

Der seewärtige Güterverkehr wächst ständig um etwa 7,5 Prozent pro Jahr. Die Jahrestransportquote der Welthandelsflotte stieg von 490 Millionen Tonnen Gütern (1939) auf

4025 Millionen im Jahre 1991 an. Es war also folgerichtig, daß sich damit auch die Kollisionsunfälle häufen mußten. Hinzu kommt, daß allzu großes Vertrauen auf die Möglichkeiten des Radars manchen Nautiker dazu verführt, bei Nebel mit zu hohen Fahrtstufen weiterzulaufen. Wie leicht man sich in Kurs und Fahrt eines anderen Schiffes irren oder dessen Ausweichabsichten falsch einschätzen kann, bewies schon 1951 ein besonders schwerer Kollisionsunfall vor der Weser-Mündung. Bei Nebel rammte der amerikanische Truppentransporter GENERAL L. M. HERSHEY das argentinische Passagier- und Frachtmotorschiff MAIPU (11 515 BRT) so unglücklich, daß das erst fünf Monate vorher in Dienst gestellte Wertobjekt von 26 Millionen Gulden unterging. Alle 234 Menschen an Bord des Kombischiffes konnten noch rechtzeitig in Rettungsbooten die sinkende MAIPU verlassen. Dann trieben sie hilflos in dem dichten Nebel herum. Eine große Sucharmada von Bergungsschleppern, Lotsendampfern und Rettungsbooten suchte gewissenhaft das ganze Seegebiet ab und fand schließlich alle treibenden Boote auf. Vor allem hat das damals auf Wangerooge stationierte MRB LÜBECK bei diesem Blinde-Kuh-Spiel Glück und Rettungserfolg gehabt.

In letzter Zeit kam es zu einer Stagnation der Kollisionsziffern, ihr steiles Anwachsen konnte aufgehalten werden. Die Neuordnung der Fahrwege in Kanal und Nordsee hat sich bewährt. Man folgte dabei den guten Vorschlägen des deutschen Ministerialrats und Kapitäns Sohnke vom Bundesverkehrsministerium und führte eine Trennung der Fahrrouten ein. Ein »Küstennaher Weg« für die Kleinschiffahrt, ein »Normaler Weg« und ein besonderer »Tiefwasserweg« für Supertanker und große Massengutfrachter sorgen für eine Verkehrsortierung nach Schiffsgrößen und -geschwindigkeiten. Außerdem wurde der Kollisionsschutz dadurch beträchtlich erhöht, daß man jeweils zu Wegepaaren mit voneinander getrenntem Einbahnverkehr überging.

Solche Kollisionsschutz-Wegepaare wurden inzwischen auch im Sund, in der Straße von Dover und in der Straße von Gibraltar eingeführt. Darüber hinaus hat man auch durch Seekarten-Eindruck von empfohlenen Kollisionsschutzkursen an verkehrsreichen Kaps wesentlich zur Entwirrung der Verhältnisse beigetragen. Das gilt für das Kap der Guten Hoffnung ebenso wie beispielsweise für 13 neuralgische Punkte zwischen Gibraltar und dem Kanal. Am Kap St. Vincent und Kap Roca wurden die Zu- und Ablaufrouten der internationalen Schiffahrt durch diese Empfehlungen ebenso saniert wie am Kap Finisterre, vor Ouessant und bei Bishop Rock. Freilich kann kein Gesetzgeber Schiffsleitungen zwingen, die empfohlenen Routen auch wirklich einzuhalten. Das Gros der Nautiker handelt aber im Interesse der Vernunft und der eigenen Sicherheit richtig.

Die Früchte der betonnten Kollisionsschutzwege in Kanal und Nordsee sowie der Routenvorschläge für bestimmte Bündelungspunkte des Schiffsverkehrs zeigen sich deutlich. Dennoch wird die Kollisionsgefahr an bestimmten Kreuzungspunkten und im Bereich der Flußmündungen nie ganz zu bannen sein. Einsätze solcher Art bedeuten neue Herausforderung für Rettungsmänner:

## »Du, Jürgen, es knallt!«

Das mit 23 000 BRT vermessene Containerschiff EVER LEVEL der taiwanischen, auf jeder Reise rund um die Welt fahrenden Evergreen Line läuft am 25. November 1983 an einem diesigen, noch von Nebelfeldern durchzogenen Vormittag – elbaufwärts an Cuxhaven vorbei. Über den Lukendeckeln stehen die zumeist grünen jeweils 20 oder auch 40 Fuß langen Container in vier Lagen übereinander. Sie lassen das 177 Meter lange und 23 Meter breite Schiff noch gewaltiger erscheinen. An Bord befinden sich knapp 1300

Container, die vorwiegend mit fernöstlichen Elektronik-Artikeln sowie mit Geschenkwaren, ja sogar mit Streichhölzern, Tischfeuerzeugen und Silvesterraketen vollgestaut sind.

Zwischen diesen kompakten Containerblöcken erhebt sich sechs Decks oder Stockwerke hoch der Aufbau mit der Kommandobrücke. 18 400 PS oder 13 534 kW Maschinenleistung verleihen dem Containerschiff 20,5 Knoten Reisegeschwindigkeit.

Auf der Brücke stehen neben dem wachhabenden Kapitän und dem jetzt das Schiff von Hand steuernden Quartermaster der von der Elbmündung an Bord gekommene deutsche Lotse. Der schlechten Sicht wegen hat sich außerdem ein taiwanischer Matrose als Ausguck auf der Back des Schiffes postiert.

Vor Cuxhaven hat der russische Frachter IVAN DERBENYEV zwecks Lotsenaustausch die Fahrt verlangsamt, so daß sich das stark fahrplanabhängige Containerschiff zum Überholmanöver entschließt. Doch früher als vermutet nimmt der Russe wieder Fahrt auf, wodurch sich das Überholmanöver verlangsamt. Und damit ist eine Katastrophe programmiert.

Um 11.52 Uhr hat der Radarberater aus der Cuxhavener Lotsenzentrale das 12 000 BRT große brasilianische Frachtmotorschiff ITAPAGÉ elbabwärts fahrend »an Tonne 40 vorbei« gemeldet, während die EVER LEVEL soeben in eine neue Radarlinie eingeschwenkt ist. Noch immer ist ihr Überholmanöver nicht abgeschlossen. Dann überschlagen sich die Ereignisse. Vier Minuten später befindet sich die EVER LEVEL noch immer viel zu weit nördlich von der Radarleitlinie, während die entgegenkommende ITAPAGÉ nochmals den Kurs um rund 10 Grad nach Norden ändert. Der Abstand zwischen den beiden aufeinander zu laufenden Schiffen beträgt nur noch etwa 2300 Meter.

Der Russenfrachter bestätigt nochmals, daß er Fahrt aus dem Schiff genommen hat, um den Überholvorgang des

Containerschiffes abzukürzen. Aber das kommt alles zu spät. Um 11.58 Uhr befindet sich die EVER LEVEL immer noch 50 Meter nördlich der Radarleitlinie, als plötzlich aus dem Grau des wieder dicht gewordenen Nebels heraus für den Lotsen auf der Brücke des Containerschiffes der »Gegenkommer« ITAPAGÉ sichtbar wird.

Wie bei der Flugsicherung schneidet man auch in der Radarzentrale Cuxhaven alle Funkgespräche auf Tonband mit. Und jetzt gibt es in Sekundenschnelle den Ablauf eines Verhängnisses wieder.

Nach 27 Sekunden hat der Lotse auf der EVER LEVEL das Ruderkommando »Hart Backbord!« gegeben, weil er die ITAPAGÉ auf seiner Steuerbordseite glaubte. 17 Sekunden später kann der Landradarberater auf seinem Bildschirm erkennen, daß das Manöver von dem Containerschiff auch ausgeführt wird. Der erfahrene Seelotse am Bildschirm ist perplex, weil seines Erachtens das sogenannte »Manöver des letzten Augenblicks« immer nur ein Steuerbord-Manöver sein kann.

Zwei Sekunden später wird auf dem Radarfunkkanal ein Alarmton ausgestrahlt, der 11.59 Uhr in einen Daueralarmton übergeht. Und der Lotse in der Cuxhavener Zentrale hört nur noch, wie sein Kollege auf der Kommandobrücke der EVER LEVEL ihm über Funk zubrüllt: »Du, Jürgen, es knallt!«

Und das war es denn auch. Eine lähmende Funkstille folgt. Keiner der Ohrenzeugen dieser seltsamen Funkmeldung kann richtig fassen, was er soeben gehört hat. Aber einer der Rettungsmänner auf dem derzeit gerade noch in Cuxhaven stationierten Seenotkreuzer ARWED EMMINGHAUS hat es auch mitgehört und sofort die richtige Konsequenz daraus gezogen. Er ruft gleich den Vormann herbei. Sofort jagt der Seenotkreuzer in Richtung der angegebenen Position davon und schaltet sich kurz mit dem Wachleiter im MRCC BREMEN.

Die Bremer Seenotleitung läßt sofort »die Puppen tanzen«. Über Richtfunk, Telefon und Direktleitung informiert sie vorsorglich sämtliche dafür zuständigen Behörden und Dienststellen an der Küste von dem Unfall und kündigt einen Lagebericht an.

Inzwischen trifft die ARWED EMMINGHAUS an der Unfallposition ein und findet zuerst die ITAPAGÉ im Fahrwasser treibend vor, aber ihre erlittenen Schäden liegen sämtlich oberhalb der Wasserlinie.

Aber der Lotse und die Brückenbesatzung des Brasilianers zeigen aufgeregt auf eine graue Wand, die ein paar hundert Meter weiter in Richtung Altenbruch über dem Wasserspiegel liegt. Der Seenotkreuzer hält sofort darauf zu, während die EVER LEVEL noch immer keine Funkanrufe beantwortet. Aber in Vorausrichtung zeichnet sich ein großes Radarecho ab. Schlagartig wird den Rettungsmännern klar: Das graue Etwas vor dem Bug der ARWED EMMINGHAUS ist keineswegs eine Nebelbank, sondern das in dicke, graue Rauchschwaden eingehüllte Containerschiff! Die gerammte EVER LEVEL ist in Brand geraten.

Während gleichzeitig aus der anderen Richtung ein Schlepper auftaucht, der sofort über seinen Feuerlöschmonitor mit der Brandbekämpfung beginnt, tastet sich der Seenotkreuzer an das brennende Schiff heran. Er fordert in englischer Sprache über Lautsprecher die an Backbordseite in den Rauchschwaden versammelten, schon mit der Rettungsweste bekleideten Besatzungsmitglieder auf, sofort die Jakobsleiter, die Strickleiter-Lotsentreppe, herunterzuwerfen und auf die ARWED EMMINGHAUS überzusteigen. Bald haben zwölf Taiwanesen glücklich deren Deck erreicht. Darunter befindet sich der Erste Offizier, der sofort kundtut, daß der Brückenbesatzung der Rückweg durch die Flammen abgeschnitten wurde. Sie mußte aufs Peildeck flüchten. Sofort fordert der Vormann einen Hubschrauber zu deren Abbergung an, während die Verletzten, darunter der Kapitän der

EVER LEVEL, in der Messe des Seenotkreuzers versorgt werden. Dann transportiert sie das ausgesetzte Tochterboot nach Altenbruch hinein, wo inzwischen schon ein Notarztwagen bereitsteht.

Der jetzt ebenfalls auf der Unfallposition eingetroffene Tonnenleger KONRAD MEISEL des Wasser- und Schiffahrtsamtes Cuxhaven schießt von seinem Peildeck aus eine Leine über das Deckshaus des mit etwa 10 Grad Schlagseite auf dem Rand des Fahrwassers festgekommenen Containerschiffes. Bevor noch der angeforderte Hubschrauber eintreffen kann, wird diese Leine zur Rettung der drei Mann Brückenbesatzung, die mit deren Hilfe aufs Bootsdeck hinunterhangeln und von dort auf den rettenden Seenotkreuzer gelangen.

Jetzt wird klar, daß noch drei Personen fehlen – der Funkoffizier, ein Matrose und ein sozusagen als Passagier mitgefahrener britischer Überseelotse, der sich bei Eintritt des Unglücks im Deckshaus aufgehalten haben dürfte.

Mittlerweile haben die Flammen schon das gesamte Deckshaus erfaßt und einen Teil der Containerladung. Man kann sich ausmalen, was geschieht, wenn die Feuerwerkskörper in den Containern hochgehen!

Inzwischen jagen schon mehrere Schlepper ihre Wasserstrahlen in die Flammen. Ein zweiter Tonnenleger hat Löschmannschaften der Freiwilligen Feuerwehr Cuxhaven herbeigebracht, und das MRCC BREMEN hat den großen 44-Meter-Seenotkreuzer WILHELM KAISEN von seiner Seeposition bei Helgoland zur Brandstelle in Marsch gesetzt. Zur Zeit ist dieser Kreuzer mit der leistungsfähigsten Feuerlöschanlage der deutschen Küste ausgerüstet. Er wird gleich 26 000 Liter Wasser pro Minute über seine beiden Monitore in die Flammen schleudern. Mit allen 7000 PS auf den drei Propellern jagt die WILHELM KAISEN herbei, aber die 26 Knoten Fahrt sind bei dem immer noch herrschenden Nebel eine riskante Sache. Beide Radargeräte sind besetzt. Bewußt schwenkt der Zweite Vormann Claus Pichlo die WILHELM KAISEN nicht schon bei der Position des vormaligen Feuerschiffs ELBE I in die Außenelbe ein. Er wählt einen Kurs, der ihn nördlich vom Fahrwasser hält und erst spät darauf treffen läßt. Dann wird die Radarzentrale in die Navigation mit eingeschaltet. Sie warnt über Funk alle auf der Außenelbe verkehrenden Schiffe vor dem mit hoher Geschwindigkeit heranjagenden Seenotkreuzer. Schließlch entdecken die sechs Rettungsmänner das flackernde Blaulicht eines Wasserschutzpolizei-Bootes. Sie bemerken auch bald, daß Tonnenleger WALTER KÖRTE und Seenotkreuzer ARWED EMMINGHAUS am Heck des Havaristen festgemacht haben. Von ihnen aus wurden eine Menge von Schlauchleitungen zum Aufbau des brennenden Containerschiffes verlegt. Der Innenangriff, die Brandbekämpfung im Innern des sechsstöckigen Aufbaues, wird zügig weiter vorangetrieben. Dabei wird auf der Kollisionsseite auch der schwerverletzte britische Lotse gefunden und mit einer Spezialtrage der ARWED EMMINGHAUS auf den Tonnenleger gebracht, von wo aus er vom Rettungshubschrauber aufgewinscht und sofort in eine Hamburger Spezialklinik geflogen wird.

Seenotkreuzer WILHELM KAISEN nimmt in diesem Augenblick die Brandbekämpfung auf der Steuerbordseite, unmittelbar im Kollisionsbereich, vor. Hier lodert der Großbrand am stärksten. Pichlo, der Zweite Vormann, manövriert seinen großen Seenotkreuzer auf nur ein bis zwei Meter Abstand an die zerfetzte Bordwand des großen Containerschiffes heran. Die beiden Rettungsmänner, die auf dem Vorschiff den vorderen Löschmonitor bedienen, werden völlig vom beißenden Qualm eingehüllt. Über allem steht das laute Prasseln des emporgeschleuderten Elbwassers, das mit der Wucht von beinahe 20 bar (atü) in die einzelnen Brandherde gejagt wird. Mit der gesamten Kraft seiner Seitenmaschinen und des Bugstrahlruders gelingt es Claus Pichlo gerade noch, auf seiner Löschposition zu verharren.

Auf der ARWED EMMINGHAUS sind inzwischen auch die letzten taiwanischen Seeleute mit frischer Bekleidung versorgt worden. Verletzungen wurden behandelt. Und weiterhin pendelt das Tochterboot ALTE LIEBE als Nachschubtransporter für Feuerlöschmaterial zwischen Altenbruch und der Brandstelle. Kein anderes Fahrzeug könnte beim jetzigen Niedrigwasser diesen Hafen anlaufen! Das MRCC BREMEN hat nun auch den Seenotkreuzer FRITZ BEHRENS von der Station Büsum in Marsch gesetzt, so daß schließlich drei Seenotkreuzer an der Katastrophenstelle im Einsatz sind. Auch drei Feuerlöschboote der Berufsfeuerwehr Hamburg sowie der Feuerlöschkreuzer WESER von der Berufsfeuerwehr Bremerhaven greifen mit ein – doch der Tanz geht erst los: Am Spätnachmittag werden auch die Container mit den Feuerwerkskörpern von dem Großbrand erfaßt, der in den anderen Containerladungen von Textilien, Ballettschuhen und Kunststoffprodukten, die zu Zehntausenden aus aufgeplatzten Containern quellen, reichlich und immer neu seine Nahrung findet.

Es sind mittlerweile 60 000 Liter Wasser pro Minute, die von verschiedenen Seiten in den Aufbau und die Deckslading der EVER LEVEL gespritzt werden. Aber der Wind hat aufgefrischt und hat das Feuer vehement an vielen Stellen neu angefacht. Auf den Seenotkreuzern, Schleppern und Löschbooten arbeiten die Hilfskräfte bis an die Grenzen der Erschöpfung. Erst am späten Abend kann endlich das Feuer in allen sechs »Stockwerken« des Ozeanriesen als gelöscht betrachtet werden. Aber es hatte zuvor auch auf mehrere Container mit Baumwollladung übergegriffen. Also schuften alle Beteiligten auch die ganze Nacht hindurch weiter, ohne daß endlich überall die ersehnte Funkmeldung »Feuer aus!« gegeben werden kann. Und es ist sicherlich gut, daß die vereint kämpfenden Löschkräfte nicht wissen, was noch auf sie zukommt: Es dauert fast sieben Tage, bis alle noch brennenden Container geöffnet werden und, sozusagen Faser für Faser, die Baumwolle abgelöscht werden kann!

Inzwischen hatte sich leider bestätigt, daß der vermißte Matrose schon während des Zusammenpralls zwischen den Deckscontainern getötet wurde und daß der Funkoffizier in den Flammen des Deckshauses umgekommen ist.

Der Großeinsatz EVER LEVEL beweist, wie richtig eine Katastrophenvorsorge der DGzRS auf den Großschiffahrtswegen der Nordsee und Ostsee war. Die 44-Meter-Boote sind in solchen Fällen schwimmende Einsatzzentralen sowie als Rettungsfahrzeuge mit großer Aufnahmekapazität zur Stelle. Mit an Bord genommenen Testpersonen bewies man, daß die beiden 44-Meter-Seenotkreuzer WILHELM KAISEN und JOHN T. ESSBERGER rund 350 Schiffbrüchige an Bord nehmen können. Immer muß mit Großunfällen von Containerschiffen, Fährschiffen, Tankern oder auch Bohrinseln gerechnet werden. Es können schlagartig sehr viele Menschen in höchste Gefahr geraten oder auch besondere Großfeuersituationen entstehen, die schwere Umweltschäden verursachen können, zumal beim Auslaufen von Rohöl aus geborstenen Tankzellen.

Im Februar 1966 hatte eine Kollision zwischen dem norwegischen Tanker ANNE MILDRED BROEVIG (25 454 BRT) und dem britischen Frachtmotorschiff PENTLAND (876 BRT) beide Schiffe in Flammen aufgehen lassen. Die Seenotkreuzer ARWED EMMINGHAUS und ADOLPH BERMPOHL standen im Einsatz. Die Grenzen der Feuerlöschkapazität der damaligen Seenotkreuzer in so schwerwiegenden Fällen wurden offensichtlich, was den Entschluß zum Bau der 44-Meter-Seenotkreuzer und die rasante Erhöhung der Feuerlöschkapazität bei den beiden Neubauserien der EIS-WETTE- und der BERLIN-Klasse ausgelöst hat. Dennoch hat vor allem die ADOLPH BERMPOHL damals mit Bravour das Bestmögliche getan und tatsächlich den Brand im völlig zerdrückten Vorschiff der PENTLAND endlich niederkämpfen können.

# In der Hölle vor Helgoland

Ein Jahr später, Ende Februar 1967. Seit Tagen schon kochen die Riffe westlich und nördlich von Helgoland in einem mörderischen Weiß. Die tosende Brandung leuchtet zeitweilig sogar aus den Schneeböen heraus, die den Menschen in die Gesichter peitschen.

Auf dem Oberland der roten Sandsteininsel kommt man nur noch »Hand über Hand« vorwärts. Wer vom Sturm nicht glattwegs umgerissen werden will, darf den stabilen Draht des Schutzgeländers keinen Augenblick aus den Händen lassen, wenn er sich der felsigen Kante nähert. Dort jagen die Luftturbulenzen am Oberrand der Insel die Schneeflocken wie Teilchenbeschleuniger von dannen. Das Blitzen des Leuchtfeuers dringt nicht weit durch. Das Nebelhorn, der dröhnende Luftschallsender, muß wettzumachen versuchen, was an optischer Eindringtiefe fehlt. Aber auch dessen entnervend lautes Organ wird vom Tosen, Rauschen und Orgeln übertönt. Die Worte des 90. Psalms werden sinnfällig: »Denn tausend Jahre sind wie der Tag, der gestern vergangen ist.« Tausend Jahre voller Sturm und Unwirtlichkeit der winterlichen Nordsee.

Über die Beton-Tetrapoden der Uferschutzmauer und die Westmole des Helgoländer Außenhafens wuchten die Brecher. Mit der Gewalt von Staubexplosionen fetzt haushoher Gischt jeden beiseite, der dort etwa seinen Fuß hinzusetzen wagen würde. Und jeder Helgoländer weiß, wie es jetzt draußen auf dem Sellebrunnriff zugeht, dessen Untiefentonnen hinter Wänden von Schneetreiben und Gischt unsichtbar bleiben.

Der Sturm droht den durch dauernde Unwettereinwirkung baufällig gewordenen Helgoländer Kirchturm umzuwerfen. Das Kirchenschiff kann nicht betreten werden, darum versammeln sich am Nachmittag rund 600 Menschen zu einer ergreifenden Trauerfeier im benachbarten Ge-

meindehaus der Insel. Vom Heulen des Sturmes begleitet, singt der gemischte Kirchenchor den Seemannschoral
»Wie mit grimm'gem Unverstand Wellen sich bewegen /
Nirgends Rettung, nirgends Land vor des Sturmes Schlägen ...«

Nahe der Kanzel sind vier große Kränze symbolisch ausge-
legt – vom deutschen Bundespräsidenten, von der Deutschen
Gesellschaft zur Rettung Schiffbrüchiger, von der Gemeinde
Helgoland und von der holländischen Gemeinde Termun-
ten, die ebenfalls eine achtköpfige Trauerdelegation auf die
Insel entsandt hat.

Der Helgoländer Bürgermeister, der Vorsitzer der DGzRS
und der Bürgermeister von Termunten richten ihre Gedenk-
worte an die Gemeinde, bevor Pastor Mörchel seine Trauer-
predigt hält.

Konsul Hermann Helms, der Vorsitzer der Rettungsgesellschaft, sagt dabei: »Erschüttert und in Trauer – in tiefer
Anteilnahme verbunden mit den Hinterbliebenen – gedenken wir hier der tapferen Besatzung des Seenotrettungskreuzers ADOLPH BERMPOHL, die am vergangenen Donnerstag
bei orkanartigem Sturm selbstverständlich und ohne Zögern
auslief, um in Seenot geratenen holländischen Kameraden
Rettung zu bringen.

Paul Denker, Hans-Jürgen Kratschke, Otto Schülke und
Günter Kuchenbecker – das sind die Namen der Männer, die
sich in ungezählten schweren Einsätzen zusammen bewährt
hatten, die auch am Donnerstag – wohl wissend um die Gefahr, die sie auf sich nahmen – hinausgefahren sind. Sie haben den letzten, den höchsten Einsatz gebracht. Sie haben im
Rettungsdienst ihr Leben gelassen, wie in der Geschichte unserer Gesellschaft vorher 37 andere ihrer Kameraden. Wir
gedenken ihrer in Hochachtung, in Liebe und in Trauer – sie
werden uns unvergessen bleiben.

Es ist ihnen noch gelungen, die drei holländischen Fischer,
denen ihre Rettungsfahrt galt, von ihrem sinkenden Schiff

abzubergen. Jacob Vos, Schelto Westerhuis und Romerd Bijma – das sind die Namen der holländischen Seeleute, die das Tochterboot trotz des furchtbaren Wetters abgeborgen und aufgenommen hat und mit denen es, begleitet von ADOLPH BERMPOHL, auf dem Weg zurück nach Helgoland in den sicheren Hafen war. Das war bei einbrechender Nacht die letzte Meldung – und danach ist das Verhängnis hereingebrochen über die vier deutschen Rettungsmänner und über ihre drei holländischen Geretteten. Was geschehen ist, wissen wir nicht. Es bleiben uns nur vage Mutmaßungen. Mit Sicherheit wird es sich wohl niemals sagen lassen …

Wir wissen, daß alle Technik, alle Voraussicht, alle Menschenplanung ihre Grenzen hat vor den Gewalten der Elemente. Auch das beste Schiff, auch die Ausstattung mit allen Hilfsmitteln der Technik bieten keine hundertprozentige Sicherheit. Wir haben es erschüttert erkennen müssen – und wir haben es im Grunde immer gewußt, ebenso wie unsere Rettungsmänner – die darum noch nicht ihren Kampf mit dem Blanken Hans aufgeben, den Kampf um das Leben ihrer in Seenot geratenen Kameraden.

Paul Denker, Hans-Jürgen Kratschke, Otto Schülke und Günter Kuchenbecker: Ihr seid von uns gegangen. Ihr seid eingegangen in die große Freiwache. Wir werden euch nicht vergessen – wir halten euer Andenken in Ehren, und wir sagen euch nach altem Seemannsbrauch: Gute Ruh.«

Tage vorher herrschte in der Deutschen Bucht ein Südwest- bis Weststurm mit Orkanstärke. Der Orkan XANTHIA hatte die Böen der Sturmzyklone mit 150 km/h wüten lassen. »Die Wellenköpfe wurden zu Flugwasser abgerissen und fegten wie eine Nebelwand hoch über die brüllende See«, schreibt Vormann Eilers vom Seenotkreuzer GEORG BREUSING. »Alle Lotsendampfer in der gesamten Nordsee hatten zu dieser Zeit ihre Stationen verlassen. Aus den eingehenden Funkgesprächen über Norddeich Radio konnte man die bedrängte Lage der Schiffe auf See erkennen. Um 12.36

Uhr hörten wir auf 2182 Kilohertz »Mayday« von dem holländischen Kümo ZAANBURG. Die Position war bei der Westertonne. Die Decksladung war verrutscht, das Schiff hatte Schlagseite. Wir meldeten sofort an die Küstenfunkstelle Norddeich Radio, daß wir auslaufen würden. In der Fischerbalje hörten wir die von Norddeich-Radio eingepeilte genaue Position. Die Küstenfunkstelle ließ die ZAANBORG wissen, daß der Bergungsschlepper DANZIG und wir ausgelaufen seien. ... Wir liefen vorerst zwölf Seemeilen Fahrt, mußten aber bei Zunehmen der See die Fahrt den Umständen entsprechend verringern. Wie unser Boot bei diesem Unwetter arbeitete, braucht nicht besonders erwähnt zu werden. Gegen 13.55 Uhr hatten wir die ZAANBORG zwischen den Tonnen 3 und 4 erreicht. Das Schiff hatte die Decksladung Preßholzplatten fast vollständig verloren. Auch war die Ladung selbst übergegangen. Das Schiff steuerte sehr schlecht und schwer vor der See fast von der einen zur anderen Seite des Fahrwassers. Durch den starken Flutstrom wurde das Einlaufen jedoch begünstigt. Auch wäre bei Ebbe die See noch viel steiler gewesen ... Oberhalb Borkum, bei der Tonne M, wurden wir von der ZAANBORG entlassen, da der holländische Lotsendampfer die Begleitung nach Delfzijl übernehmen wollte. Norddeich Radio hatten wir laufend unterrichtet, so daß der Seenotfall aufgehoben werden konnte.«

Fast die ganze Flotte der deutschen Motorrettungsboote und Seenotkreuzer war beim Orkan XANTHIA draußen. Jedes Boot bestand andere, gefahrvolle Abenteuer. Die RUHR-STAHL wurde nach Dagebüll gerufen, weil dort an der Mole das Küstenmotorschiff OSTE in Schwierigkeiten war. Bald gerieten auch alle anderen Schiffe in diesem kaum geschützten Hafen in Not.

Auf dem Weg nach Dagebüll aber kam ein noch dringenderer Hilferuf durch den Äther. Im Wattenmeer drohte das Fahrgastschiff KAPITÄNE CHRISTIANSEN zu stranden.

RUHR-STAHL lief hin, fuhr ein ebenso schwieriges wie riskantes Bergungsmanöver und erreichte tatsächlich mit dem Havaristen im Schlepp den Hafen von Wyk auf Föhr. Dann ging RUHR-STAHL sofort wieder hinaus, um der OSTE beizustehen. Alle Versuche, Leinenverbindungen herzustellen, schlugen fehl. Die Seeleute der OSTE konnten die Leinen nicht zu fassen kriegen. Der Gischt war allzu schlimm. Das Schiff strandete mit dem Heck auf der Steinböschung, die Besatzung konnte an Land springen. Für RUHR-STAHL war dieser Einsatz damit beendet. Aber bald mußte der Kreuzer zwischen der Süderhever und der Eider-Mündung eine schwere, vergebliche Suchfahrt nach dem vermißten Küstenmotorschiff IKONE antreten. RUHR-STAHL fand nichts anderes mehr als einen Lukendeckel. Er war letztes Überbleibsel der IKONE. Während der Bergung dieses Wrackrestes hörten die Rettungsmänner über Funk, daß auch das dänische Kümo ILSE PRIESS untergegangen sei. Das Unglück hatte sechs Todesopfer gefordert.

Der Orkan XANTHIA wurde so schlimm, daß die langsameren Motorrettungsboote LANGEOOG und WESER umkehren mußten. Das erste Boot fand in der Otzumer Balje – zwischen den Inseln Langeoog und Spiekeroog – eine so tobsüchtige, kreuz und quer laufende Brandung vor, daß es nicht mehr möglich war, über die rote Spierentonne 2 hinwegzukommen. Die Maschinenleistung des – inzwischen durch einen Neubau ersetzten – MRB reichte einfach nicht aus. Und schweren Herzens mußte auch der Vormann der WESER den Einsatz abbrechen und nach Wilhelmshaven zurückkehren. Nur dem ungleich maschinenstärkeren SK H. H. MEIER gelang es, sich von Bremerhaven bis auf die Nordsee hinauszuboxen. Allerdings fiel ihm unterwegs dreimal der Schmieröldruck des Hauptmotors aus. Vormann Plump mußte sich mit den beiden Seitenmaschinen allein weiterhelfen. Alle drei Rettungsboote – die LANGEOOG, die WESER und die H. H. MEIER – wollten dem deutschen Kümo RUHR zu Hilfe eilen, das nördlich von Spiekeroog »Mayday« gerufen hatte.

Gegen 21 Uhr meldete Feuerschiff WESER rote Notraketen in nordöstlicher Richtung. Seenotkreuzer H. H. MEIER nahm Kurs in die angegebene Richtung. Die Leuchtsignale stammten von der RUHR. Aber H. H. MEIER kam um Nasenlängen zu spät. Der RUHR war inzwischen bei der Tonne A/2 gekentert. Der Fischdampfer KAP WALLONE hatte das Drama mit ansehen müssen, ohne helfen zu können. Er hatte noch versucht, eine Leine zu dem Havaristen zu übergeben. Aber es war nichts mehr zu machen.

Der Seenotkreuzer suchte noch bis halb zwei Uhr nachts das ganze Unfallgebiet ab. Die von den Orkanböen gepeitschten Seen warfen unvorstellbare Brecher. Man hatte keine zehn Meter Sicht! Immer wieder pendelten die Strahlen der beiden Turm- und des Mastscheinwerfers von H. H. MEIER steil in die Luft. Inzwischen war der Seenotkreuzer weit und breit das einzige Schiff, das noch auf See war. Auch die KAP WALLONE hatte sich nicht mehr halten können, sondern in die Elbmündung zurückziehen müssen. Von den sechs Seeleuten der gekenterten RUHR fanden die Bremerhavener Rettungsmänner nichts mehr.

Vor dem Hintergrund dieser Ereignisse müssen wir die Tragödie des Helgoländer Seenotkreuzers ADOLPH BERMPOHL sehen. Er war vor Einbruch der Dunkelheit ebenfalls ausgelaufen, um dem mit schwerem Seeschaden und Wassereinbrüchen treibenden Fischkutter J. C. WRIEDE beizustehen, der etwa 45 Seemeilen westlich Helgoland dringend Hilfe benötigte.

Nach anderthalb Stunden Vorwärtskämpfen gegen die schweren, sieben Meter hohen Sturmseen teilte Norddeich Radio der Seenotleitung Bremen mit, daß jetzt auch SOS-Rufe des holländischen Fischkutters BURGERMEESTER VAN KAMPEN vorlägen. Der Kutter sinke acht Meilen nördlich von Helgoland. Sofort nahm ADOLPH BERMPOHL Funkkontakt mit diesem Havaristen auf: Die Lage der Holländer war bitterernst.

Vormann Paul Denker und Vormannstellvertreter Hans-Jürgen Kratschke hielten vermutlich kurz Schiffsrat ab, denn hier war eine Entscheidung auf Leben und Tod zu fällen. Man mußte zwischen zwei Seenotfällen wählen!

Auf ADOLPH BERMPOHL entschied man sich für den holländischen Kutter, weil dessen Lage offensichtlich noch hoffnungsloser war. Auch wurde gemeldet, daß andere Fahrzeuge bereits der J. C. WRIEDE zu Hilfe kämen.

Vormann Denker forderte den Schiffsführer der BURGE-MEESTER VAN KAMPEN auf, wiederholt ins Funktelefon zu zählen, damit er den Kutter über Sprechfunkimpulse anpeilen konnte. So fand man die Holländer trotz tobender See und miserabelster Sicht auf Anhieb.

Die Rettungsmänner gaben den Holländern zu verstehen, daß ADOLPH BERMPOHL langsam vorauslaufen und sie sicher nach Helgoland geleiten wolle. Als aber der Seenotkreuzer den entsprechenden Kurs steuern wollte, erkannten die Holländer, daß sie ihren havarierten Kutter in der irrsinnigen See nicht mehr drehen konnten. Ein Schleppmanöver war erst recht illusorisch. Darüber war man sich auf beiden Fahrzeugen im klaren.

Nein, es half alles nichts. Die drei Holländer mußten von Bord. Man wollte mit dem Kreuzer von achtern an den Kutter heranstoßen, eine Leine hinüberschießen und dann die Männer einzeln durch die See ziehen. Aber die Holländer waren vollständig erschöpft und unterkühlt, die Wassertemperatur betrug immerhin nur vier Grad Celsius. Die Holländer waren schon stundenlang von Gischt überschüttet worden und hatten jetzt nicht mehr die Kraft, den Weg durchs Wasser anzutreten.

Was nun? Ein direktes Abbergen mit dem Seenotkreuzer war ausgeschlossen. Der Seegang war allzu unberechenbar. Die Holländer hätten von ihrem niedrigen, vollgelaufenen

# DER SAR-DIENST IN
# DER BUNDESREPUBLIK DEUTSCHLAND

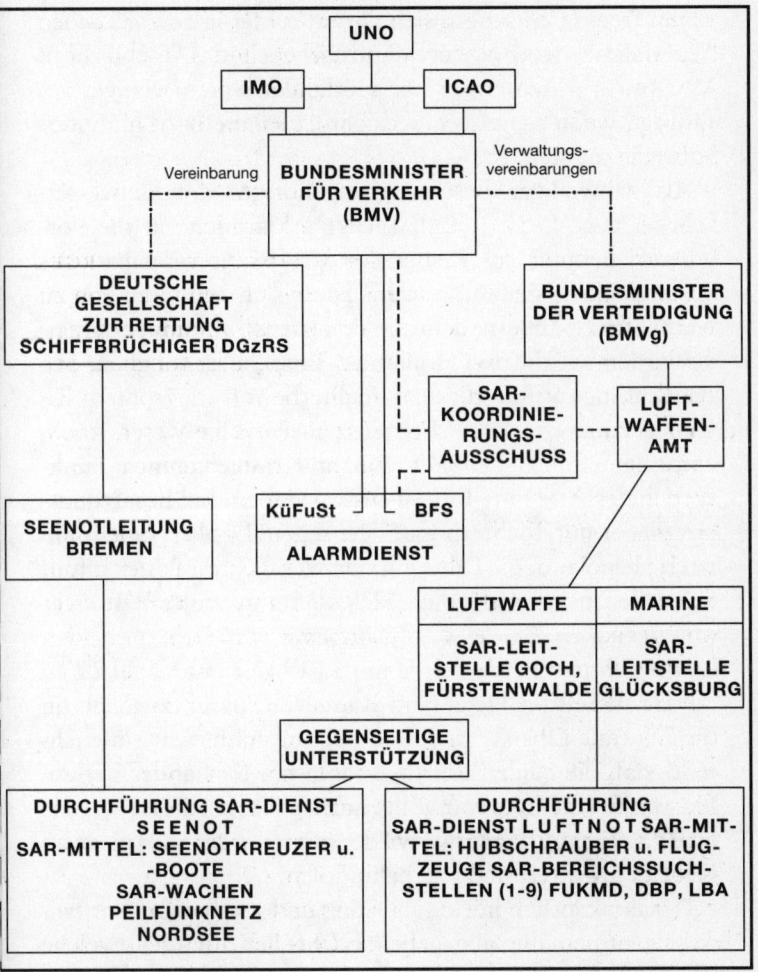

UNO = UNITED NATIONS ORGANIZATION
IMO = INTERNATIONAL MARITIME
ORGANIZATIOND
ICAO= INTERNATIONAL CIVIL
AVIATION ORGANIZATION
BFS = BUNDESANSTALT FÜR FLUGSICHERUNG

KüFuSt= KÜSTENFUNKSTELLEN
LBA = LUFTFAHRT-BUNDESAMT
DBP =DEUTSCHE BUNDESPOST
TELEKOM
FUKMD= FUNKKONTROLLMESSDIENST

Schiff auf das höhere Kreuzerdeck emporgeholt werden müssen. Die beiden Schiffe tobten so herum, daß die Holländer mit einiger Sicherheit zerquetscht worden wären. Vormann Denker entschloß sich darum zu der ungewöhnlichen Maßnahme, trotz voller Windstärke elf das Tochterboot VEGESACK auszusetzen. Die Holländer waren weniger gefährdet, wenn sie in das niedrigere, kleinere Boot hinunterspringen mußten.

Als zeitweiliger Besatzungsangehöriger des Schwesterschiffes der ADOLPH BERMPOHL erkläre ich mir die Vorgänge jedenfalls so. Keiner der vier Rettungsmänner des verunglückten Seenotkreuzers kann sich selbst zu diesen Maßnahmen äußern, denn sie sind ebenso ein Opfer der See geworden wie die drei Holländer. Tatsache ist lediglich, daß die Rettungsaktion mit dem Tochterboot trotz größtem Risiko gelang. Die UKW-Betriebszentrale Elbe-Weser Radio empfing nämlich den auf Tonband festgehaltenen Funkspruch der ADOLPH BERMPOHL: »Haben drei Besatzungsmitglieder mit Tochterboot abgeborgen. Laufen gemeinsam nach Helgoland, die Fahrt kann länger dauern. Position fünf Seemeilen nordnordöstlich Helgoland, Seenotfall BURGEMEESTER VAN KAMPEN aufgehoben.«

Dieser Funkspruch wurde um 18.19 Uhr auf Kanal 27 an die UKW-Station Helgoland Radio und damit zugleich an die Zentrale Elbe-Weser Radio abgegeben. Es war einleuchtend, daß die beiden Rettungsboote hintereinander herlaufen mußten, denn es war völlig unmöglich, bei dieser Wetterlage das Tochterboot etwa wieder mit Hilfe der Slipanlage an Deck des Mutterbootes zu bekommen.

Der Funkspruch hörte sich ruhig und normal an, war beinahe routinemäßig abgegeben. Nichts ließ auf irgendwelche ungewöhnliche Vorkommnisse schließen. Danach trat Funkstille von seiten der BERMPOHL ein. Auch das entspricht den Gepflogenheiten. Der Kreuzer würde sich erst wieder melden, wenn er den Hafen erreicht hatte.

Aber ADOLPH BERMPOHL meldete sich nicht wieder. Die Helgoländer warteten vergeblich auf die Heimkehr ihres Seenotkreuzers. Sie warteten die ganze Nacht. Bei Elbe-Weser Radio stutzte man schon ziemlich früh. Schon ab 19.27 Uhr wurde ADOLPH BERMPOHL laufend über die unbemannte, ferngesteuerte Station Helgoland Radio gerufen. Der Seenotkreuzer antwortete nicht. Die UKW-Zentrale rief den Kreuzer immer wieder, monoton, die ganze Nacht hindurch. Allmählich wurde gewiß, daß etwas Furchtbares passiert sein mußte.

Auch als die Helligkeit anbrach, konnte man die ADOLPH BERMPOHL ebensowenig entdecken wie ihr Tochterboot. Die Helgoländer, die UKW-Funker, die Rettungsgesellschaft – alle standen vor einem Rätsel. Ein als unsinkbar und unkenterbar geltender Seenotkreuzer der modernsten Bauserie kann doch nicht einfach verschollen sein – und wieso sind Mutterschiff und Tochterboot gemeinsam verschwunden, obwohl sie doch getrennt operierten?

Die ganze Deutsche Bucht wurde jetzt alarmiert. Ungeachtet des schweren Sturmes starteten in Kiel-Holtenau Amphibiensuchflugzeuge von der Seenotrettungsstaffel der Bundesmarine, um mit mathematischer Präzision bestimmte Suchmuster ostwärts von Helgoland abzufliegen – leewärts der mutmaßlichen Unglücksstelle. Mehrere Schiffe sowie Seenotkreuzer und Motorrettungsboote nahmen an dieser Suchaktion teil.

Und tatsächlich wird die ADOLPH BERMPOHL zwischen den Schiffahrtswegen zur Elbe und Eider in der kochenden See entdeckt. Der Kreuzer schwimmt noch – er liegt gewaltig schlingernd quer zur See.

Für Rolf Hoffmann und Richard Hartmann, ja für vier Rettungsmänner der ARWED EMMINGHAUS beginnt der merkwürdigste, düsterste Einsatz ihrer erlebnisreichen Praxis im Seenotrettungsdienst. Sie nehmen unverzüglich Kurs auf die Fundposition – und umrunden dort ein Gespensterschiff: die Takelage mitsamt Radardrehstrahler, Antennen, Scheinwerfer und Lautsprecher ist weggeknickt, der Dreibeinmast nach achtern umgefallen, die vorderen Fensterscheiben des unteren Ruderstandes zertrümmert, Teile der Reling fehlen. Auch sonst sind zahlreiche Verwüstungen erkennbar. Aber keine Menschenseele zeigt sich auf dem demolierten Schwesterschiff. Lautsprecheranrufe und Funkanrufe bleiben gleichermaßen unbeachtet.

Immer noch herrscht volle Windstärke zehn. Der Seegang ist höllisch, weil er die ganze Nacht über zur jetzigen Höhe auflaufen konnte. Und es wurde voller Orkan registriert.

Rolf Hoffmann sieht seinen Vormannstellvertreter und Steuermann wortlos an. Richard Hartmanns Gesichtsmuskeln und Backenknochen arbeiten. Plötzlich aber kommt ein seltsames Glimmen in die Augen dieses immer leicht vornübergebeugten Fischdampferkapitäns, eine Auflehnung wie sonst nur gegen die Ungerechtigkeit. Es sind nur drei plattdeutsche Worte, die Old Richard leise und bedächtig murmelt: »Ick mok dat!«

Rolf Hoffmann erschrickt: Ein Überspringen auf die BERMPOHL ist bei dieser See nicht zu verantworten, die Chancen stehen achtzig zu zwanzig dagegen, daß es gut ausgehen kann!

»Un wenn dor Verletzte liggen? Dor dröben is Not am Mann!« Der Vormann weiß, daß Richard nicht umkehren wird. Der bindet sich schon die Rettungsweste um und läßt sich eine Sicherheitsleine anlegen. Dann hangelt sich der alte Käptn über das tanzende Deck nach vorn, von beiden Maschinisten gefolgt, die Richards Leine führen.

Noch nie ist dem Vormann ein Anlauf an ein Wrack so schwergefallen wie diesmal. Und während Rolf Hoffmann jetzt mit zwei Fahrhebeln herumrudert und die EMMINGHAUS an ihr gespenstisches Schwesterschiff heranbackst, merkt er, daß zum erstenmal seine Hände zittern. Dort vorn hockt Richard, sein Kamerad und Freund. Er hockt dort sprungbereit, sein Kappmesser zwischen den Zähnen haltend. Wenn das Überspringen schiefgeht, hat der Vormann seinen Steuermann auf dem Gewissen ...

Eine aufsteilende See stemmt den Bug der ARWED EMMINGHAUS in den Himmel. Dann fällt der Kreuzer krachend ins Bodenlose, unheimlich dicht auf die BERMPOHL zu. Eine Wand von Gischt platzt zwischen den beiden Rettungskreuzern empor und nimmt jede Sicht. Aber Richards Platz auf dem Vorschiff ist plötzlich leer. Richard muß tatsächlich abgesprungen sein.

Hoffmann zieht rasch den Kreuzer rückwärts aus dem Gefahrenbereich, damit es nicht zur Kollision kommt. Und dann erst hat er Richard wieder in Sicht, der drüben behende über den noch erhaltenen Teil der Reling geentert ist und blitzschnell die Sicherheitsleine kappt, um nicht von ihr weggerissen zu werden. So schnell wie das jetzt nötig ist, könnten die beiden Maschinisten auf dem Vorschiff der EMMINGHAUS die Leine nicht nachgeben.

Das Überspringen hat also geklappt! Und nun hangelt sich Richard an den Griffleisten des Turmaufbaues nach vorn. Er muß sich immer wieder festhalten, um nicht über Bord gewedelt zu werden – zumal dort, wo die Reling fehlt. Er brüllt in die zertrümmerten Fenster hinein, aber er bekommt keine Antwort.

Richard kriecht zur anderen Schiffsseite hinüber, sie liegt in Lee. Und kaum ist er dort angelangt, stockt ihm der Atem: Da hat eben jemand einen Dieselmotor der BERMPOHL angeworfen! Also ist doch noch jemand an Bord, zumindest im Maschinenraum.

Wieder auf dem Achterdeck angelangt, bindet Old Richard zunächst den ständig mit lautem Gepolter hin- und herrollenden Mastkorb fest und tappt dann ins Schiffsinnere.

»Hallo, ist da jemand?«

Keine Antwort. Drinnen schwappt nun Wasser umher. Die

Spinde sind aufgeplatzt. Ölzeug, Rettungswesten und Signalmunition liegen verstreut, ja schwimmen durcheinander.

Den alten Fahrensmann packt das Grauen. Auch im unteren Ruderstand sowie im Vorschiff ist keine Menschenseele zu finden. Richard war wohl darauf gefaßt, zumindest seinen Kollegen mit Schädelbruch oder gar tot in irgendeiner Ecke zu finden.

Unten in der Messe, im Eß- und Aufenthalts- sowie Küchenraum der ADOLPH BERMPOHL, schwallt das Seewasser, mit ausgekippter Erbsensuppe und zertrümmertem Geschirr, herausgefallenem Besteck und dem gesamten Inhalt der Backskisten vermengt. Auch der Kojenraum erweist sich als menschenleer.

Achselzuckend klettert der Käptn wieder den Niedergang hoch. Er war immer hart im Nehmen, aber er weiß jetzt, daß er ausgesprochene Angst vor der Inspektion des Maschinenraumes hat. Dort unten ist ganz bestimmt einer der Maschinisten irrsinnig geworden. Vielleicht hat er beim Überkippen der BERMPOHL den Verstand verloren, eine Gehirnerschütterung erlitten oder sonst etwas. Richard hat keine Taschenlampe dabei. Darum reißt er jetzt das Notausstiegsluk vom Maschinenraum zum Behandlungsraum auf, um ein bißchen Tageslicht, vielleicht sogar einen gelegentlichen Sonnenstrahl in diese dunkle Höhle hinunterzulassen.

Dann wagt sich Richard durch das Maschinenschott in den Dieselraum. »Hallo, ist da jemand?«

Keine Antwort. Niemand springt ihn an. Nirgendwo liegt jemand leblos in einer Ecke. Richard wird schlagartig klar, daß der Dieselmotor bereits lief, als er an Bord sprang. Der Diesel lief ununterbrochen seit dem Vortag! Richard hatte den Motor auf der Luvseite wegen der Sturmgeräusche nicht hören können, erst im Windschatten konnte er sein Stackern bemerken.

Es ist unfaßbar: Die ADOLPH BERMPOHL ist völlig unbemannt. Die Sache wird immer mysteriöser. Wie, in Gottes Namen, konnte eine Seenotkreuzerbesatzung spurlos verschwinden? Aber allzu viel Zeit zum Nachgrübeln hat Richard Hartmann nicht. Er muß zunächst dafür sorgen, daß der Gespensterkreuzer geborgen werden kann. Ich werde nie begreifen können, wie ein Mann – Old Richard – bei Windstärke zehn die Leinen- und Trossenverbindungen zwischen den beiden Seenotkreuzern herzustellen vermochte. Er wußte es, offen gestanden, selbst nicht.

Aber die Schleppbergung gelang. Rolf Hoffmann erreichte mit diesem traurigen Schleppzug Cuxhaven. Unterwegs hatte Richard Hartmann das wechselseitige »Gieren« oder Zickzacken der nur mit dem Handruder notdürftig zu steuernden ADOLPH BERMPOHL durch Ausbringen einer im Wasser nachschleppenden langen Trosse einigermaßen gemildert.

24 Stunden später fand ein deutscher Frachter zehn Meilen von Helgoland entfernt auch das kieloben treibende Tochterboot VEGESACK.

An der Suchaktion in der Deutschen Bucht hatten 18 deutsche Bundeswehrmaschinen und vier holländische U-Jagd-Flugzeuge, ferner alle verfügbaren Seenotkreuzer, MRBs, Handelsschiffe, das Küstenminensuchboot TÜBINGEN und der Zerstörer HAMBURG teilgenommen.

Am Nachmittag des 25. Februar konnten südwestlich Helgoland zwei Tote von einem Bundesmarine-Hubschrauber entdeckt und geborgen werden. Die Leichen wurden zur Identifizierung auf den Marinefliegerhorst Nordholz bei Cuxhaven gebracht. Danach sichtete die Hubschrauberbesatzung zwei weitere Leichen. Sie wurden vom Seenotkreuzer H. H. MEIER aufgenommen, der vorher das kieloben gefundene Tochterboot VEGESACK nach Helgoland eingeschleppt hatte. Ein weiterer Hubschrauber der Marine entdeckte ein zerschlagenes Rettungsboot, das sich als zur IKONE gehörig herausstellte.

Die aufgefundenen Toten gehörten nicht zur BERMPOHL-Besatzung. Erst nach Monaten gab die Nordsee die sterblichen Überreste von drei BERMPOHL-Männern wieder her. Der Vormannstellvertreter und Kapitän auf Großer Fahrt, Hans-Jürgen Kratschke, verheiratet, zwei Kinder, ist niemals wiedergefunden worden. Die Nordsee hat ihn behalten.

Selbstverständlich wurden der menschenleer geborgene Seenotkreuzer und das gekenterte Tochterboot sofort von den Experten untersucht. Man kam dabei zu erstaunlichen Feststellungen: Auf beiden Fahrzeugen waren die Uhren zur gleichen Zeit stehengeblieben. Die analysierten Echolotstreifen des Mutterschiffes zeigten abnehmende Wassertiefen bis ca. sechzehn Meter an. Dann fehlten für einen Zeitraum von drei Minuten die Lotungsanzeigen, anschließend wurden noch einmal 9,3 Meter Wassertiefe gemessen. Die Wellenhöhe betrug in diesem Augenblick zehn Meter. Da zu diesem Augenblick der Wasserstand dreieinhalb Meter über dem Seekartennull lag, hatte der Seenotkreuzer also im Augenblick seines Unfalles eine Riffkante erreicht.

Dafür sprachen auch die Beschädigungen der ADOLPH BERMPOHL: Der Turm war auf der Backbordseite deformiert, das Deck des oberen Ruderstandes nach unten durchgedrückt, die Verschanzungen stark nach außen gebogen und das Metall der stabilen Lüfterkästen im Steuerstand »geknickt und gefaltet wie vom Schlag eines Dampfhammers«. Das sind deutliche Indizien dafür, daß eine Grundsee den Seenotkreuzer links vorn in Sekundenschnelle und mit verheerender Gewalt getroffen hat. In dieser herabstürzenden Grundsee lag die Wucht von einigen hundert Tonnen Wasser zuzüglich der kinetischen Energie der anrennenden See. Unter dem Schlag muß sich die ADOLPH BERMPOHL um rund 90 Grad auf die Seite gelegt haben. Das beweist auch die Verschmutzung des Maschinenraumes durch genau rechtwinklig ausgelaufenes Motoröl. Der Seenotkreuzer muß dem Sellebrunnriff versehentlich zu nahe gekommen sein. Zwar kannten die erfahrenen Rettungsmänner alle Untiefen rings um ihre Insel genau. Aber bei dem Flugwasser dieses Orkans war eine exakte Orientierung einfach nicht mehr möglich. Jede Radaranzeige und jede Funkortung durch den Decca-Navigator-Hyperbelfunkpeiler wurde durch die dichten Wasserschleier unmöglich gemacht. Hinzu kam, daß die Markierungsleuchttonnen SELLEBRUNN und NATURN infolge des Unwetters verlöscht oder sogar von ihrer Position vertrieben waren.

Aus tiefem Wasser aufsteigend, türmen sich bei solchem Orkan die aufs Sellebrunnriff auflaufenden Wellen zu unvorstellbaren Grundsee-Alpen auf. Sie werden vom Riff abgebremst, bekommen geringeren Abstand voneinander und steilen dadurch höher auf. Zugleich werden sie noch weiter überhöht durch die von Helgolands Felsen reflektierten, zurücklaufenden Seen. Branden nun zwei aus verschiedenen Richtungen laufende Wellenberge mit voller Wucht gegeneinander, ergeben sich Kreuzseen, die im Extremfalle als riesige, fast senkrechte und sich überstürzende Wasserwände bis zu 14 Meter hoch werden können.

Vereinigen sich nun gar mehrere anlaufende Wellenberge an solcher Stelle zu einer gemeinsam kulminierenden Interferenzsee, werden bei ihrem Vorüberschießen Tausende von Kubikmetern Luft eingeschlossen. Erfahrene Ozeanografen behaupten, daß die Wassermassen die eingeschlossene Luft schließlich so stark komprimieren, daß der Gegendruck die Riesenblase schließlich mit furchtbarer Wucht zum Zerplatzen bringt und einige hundert Tonnen Wasser unvorstellbar hoch schleudert.

Alles spricht dafür, daß die ADOLPH BERMPOHL in einen solchen »Kaventsmann« hineingeraten ist. Vielleicht geschah das in dem Augenblick, als das Tochterboot längsseits gekommen war, weil die Holländer wegen Unterkühlung aufs Mutterschiff übernommen und in die Unterdeckswärme gebracht werden mußten. Möglicherweise ist der

Seenotkreuzer dann beim Umschlagen auf sein eigenes Tochterboot gefallen.

Vieles spricht dafür, daß die Rettungsmänner ausnahmsweise zunächst die bei Orkan außerordentlich gefährliche Nordeinfahrt nach Helgoland wählen wollten, um die unterkühlten Geretteten so schnell wie möglich an Land zu bringen. Als sich das aber als unmöglich herausstellte, sind sie umgekehrt. Darum wurde vermutlich die Abgabe der Geretteten aufs Mutterschiff versucht.

Tatsächlich hat der Helgoländer Leuchtturmwächter Krüss zwischen zwei schweren Regenböen für ganz kurze Zeit ein kleines Fahrzeug in der Nordeinfahrt nach Helgoland bemerkt. Er sah ein weißes Topplicht und eine grüne Seitenlaterne sowie einen nach Backbord suchenden Scheinwerfer. Die Beobachtung der Lichter war aber äußerst schwierig. Der Regen peitschte gegen die Scheiben. Und nur mit Mühe gelang es einem zweiten Mann, das waagerecht drehende Fenster gegen den Sturm so weit aufzudrücken, daß der Leuchtturmwärter freie Sicht mit dem Fernglas bekam. Er konnte noch ein zweites Fahrzeug entdecken, das nördlich Helgoland auf Westkurs lag. Als er sich dann wieder dem zuerst beobachteten Fahrzeug zuwenden wollte, war davon nichts mehr zu sehen. Krüss mußte annehmen, daß auch dieses Fahrzeug nach Norden abgedreht hatte, weil der Seegang vor der Nordeinfahrt jedes Passieren unmöglich machte. Eines hat ADOLPH BERMPOHL bei diesem Unglück bewiesen: Sie ist unkenterbar, sie stand von selbst wieder auf und blieb schwimmfähig.

Bald war der Helgoländer Seenotkreuzer von allen erlittenen Seeschäden wieder »geheilt«. Dieses bewährte Fahrzeug, das schon in den anderthalb Jahren bis zum Unglück 164 Menschen gerettet und 45 Fahrzeuge geborgen hatte, fuhr unter einer neuen Besatzung wieder zu Einsätzen hinaus. Inzwischen steht es in Finnland im Rettungsdienst.

# Vier bescheidene Marineflieger

In der Kette von Ereignissen während des Orkans XANTHIA ist eine großartige Rettungsleistung zunächst unbeachtet geblieben, die besondere Würdigung verdient. Erinnern wir uns jenes Nachmittags, an dem sich bei Helgoland das Schicksal der BERMPOHL-Besatzung und der drei holländischen Fischer erfüllte.

Kurz zuvor ist der Seenotkreuzer GEORG BREUSING zu seinem Liegeplatz im Hafen von Borkum zurückgekehrt, nachdem er draußen dem holländischen Kümo ZAANBORG beigestanden hat. Schon beim Festmachen des Kreuzers laufen neue Seenotmeldungen ein. Darunter ist die Hiobsbotschaft, daß in der Westerems das Küstenmotorschiff GEMMA zu kentern droht. Die elfköpfige Besatzung müsse sofort aussteigen.

Vormann Eilers hat gesehen, welche See jetzt da draußen steht. Er kennt die nur auf Umwegen zugängliche Position der GEMMA ganz genau. Er weiß, daß diesmal auch sein schneller, seetüchtiger Seenotkreuzer nicht mehr rechtzeitig beim Havaristen sein kann. Die Entfernung ist einfach zu groß. Die Schlagseite der GEMMA ist so katastrophal, daß jede Minute mit dem Schlimmsten gerechnet werden muß. Alles spricht dafür, daß hier nur noch das modernste aller Seenotrettungsfahrzeuge eingesetzt werden kann – ein Hubschrauber!

Auf Borkum unterhält der Such- und Rettungsdienst des Marinefliegergeschwaders 5 eine Hubschrauber-Außenstelle. Hier sind zwei Helikopter stationiert. Eine SAR-Einsatzmaschine ist ständig alarmbereit.

Dieser Hubschrauber wird jetzt für die GEMMA-Schiffbrüchigen die einzige Hoffnung. Vormann Eilers telefoniert mit der Seenotleitung Bremen, die sich sofort fernmündlich mit dem Flottenkommando und dem Marinefliegergeschwader 5 kurzschließt. Die Marine stimmt zu. Der Einsatzstabsoffizier in Kiel-Holtenau steht vor einem schwerwiegenden Dilemma. Es besteht »Grenzwetterlage«. Der Sturm tobt mit solcher Heftigkeit, daß er zwei Windstärken über der offiziellen Flugverbotsgrenze für Hubschrauber liegt. Der Korvettenkapitän darf deshalb den Einsatz, der nur unter schwerer Lebensgefahr geflogen werden kann, nicht ohne weiteres befehlen. Der riskante Flug kann von der Besatzung nur freiwillig unternommen werden.

Die Besatzung von PEDRO 33 weiß sehr wohl, daß sie bei diesem Hasard-Einsatz ihren Kopf riskiert, zumal ihr Hubschrauber nur (eine derartige Sachlage ist seit Einführung der neuen SEA-KING-Hubschrauber Vergangenheit! D. Verf.) ein einziges Triebwerk besitzt. Sein Ausfall bedeutet unweigerlich das Ende in der stürmischen See. Aber die Männer in ihren orangefarbenen Seeflieger-Kombinationen wissen auch, welche Verantwortung sie übernommen haben. Elf Menschenleben hängen jetzt nur noch von ihnen ab.

In einem kurzen, denkwürdigen Telefongespräch erklärt der Borkumer Hubschrauberpilot Oberbootsmann Hubert Struck: »Wir melden uns freiwillig. Ich kann es wagen, und ich werde fliegen, wenn Sie den Befehl geben.«

Er wird sofort erteilt. Hubert Struck und sein Co-Pilot Oberbootsmann Neuber, die beiden Bordmechaniker Bootsmann Kunze und Bootsmann Indorf laufen zu ihrer Maschine. Sie können sich draußen kaum auf den Beinen halten. Und schon Anlassen, Warmlaufen des Triebwerks und Rotoreinkuppeln werden zu einem Drahtseilakt. Die Orkanböen drohen den Hubschrauber einfach umzuwerfen. Die vier sind eine erfahrene, aufeinander eingespielte Crew. Sie sind nicht zum erstenmal bei schlechtestem Wetter unterwegs, aber so etwas hat doch noch keiner von ihnen erlebt. Die Sikorsky S-58 oder H 34 G rüttelt, bebt und schlingert schon am Boden bedrohlich. Aber Hubert Struck bekommt die Maschine startklar. Vor ihrem Abheben meldet der Kontrollturm Wind aus 270 Grad mit 50 bis 60 Knoten, Spitzenböen bis 80 Knoten. In den Böen werden also bereits Windstärke zwölf und dreizehn gemessen!

Aber PEDRO 33 paddelt sich wacker gegen den Kuhsturm vorwärts. Die Maschine tanzt dabei einen wilden Jitterbug. Und wenn die vier Flieger nicht ohnehin wüßten, was ihnen da draußen blüht, dann genügte jetzt der Anblick der tosenden Brandung und der haushohen Brecher am Strand.

Der Kontrollturm meldet, daß sich SK GEORG BREUSING als Funkvermittler eingeschaltet habe. Er steht auf der Notfrequenz laufend mit der GEMMA, mit Norddeich Radio und mit dem Hubschrauber in Verbindung.

In niedriger Höhe müllert PEDRO 33 über die Gischtschleier der kochenden Scc. Die Sicht ist beinahe Null, weil wieder Regenschauer aufgekommen sind. Und nun erfahren die Flieger über Funk, daß Norddeich Radio gutmeinend, aber voreilig an die GEMMA-Leute die Order durchgab, die Funkantennen zu kappen; sie sollten dem Hubschrauber bei seiner Rettungsaktion keinesfalls im Wege sein.

So richtig die Maßnahme an sich ist, kommt sie doch viel zu früh. Die GEMMA kann ohne Antennen keine Grenzwellenimpulse auf der Frequenz 2182 Kilohertz aussenden. PEDRO 33 ist dadurch nicht imstande, mit Hilfe des sogenannten Homing-Empfängers einen Funkzielanflug auf die GEMMA durchzuführen. Die Maschine kann das in Seenot geratene Schiff nicht peilen. Das hat zu allem Überfluß noch gefehlt, daß der Hubschrauber bei diesen Sichtverhältnissen die GEMMA optisch suchen muß!

Bei Norddeich Radio erkennt man die Misere, in die die Flieger wegen der zu früh gekappten Funkantennen geraten sind. Die Küstenfunkstelle fordert die GEMMA daher sofort auf, rote Raketen zu schießen. Und diese Raketen werden von PEDRO 33 gesehen. Zwar sind durch das Herumsuchen 40 wertvolle Minuten vergangen. Aber noch ist es nicht zu spät.

Oberbootsmann Struck bringt den Helikopter 80 Fuß,

knapp 25 Meter, über dem torkelnden Havaristen zum Stehen. Sieben bis acht Meter hohe Seen stoßen das schiefliegende Schiff, dessen Ladeluken großenteils von Brechern eingeschlagen sind, unaufhörlich herum. Die einzige Möglichkeit der Luftrettung aller elf Schiffbrüchigen liegt darin, daß man sie aufs Achterdeck beordert.

Gegen den Wind ansteuernd, manövriert der Pilot die Maschine schließlich nach den genauen Angaben des Bordmechanikers Jürgen Kunze, der die Rettungswinde bedient, über die dicht gedrängt stehenden, sich aneinander festklammernden Seeleute auf dem Achterdeck. Einer hat einen Bootshaken dabei, um das vom Sturm weit nach hinten weggedrückte Rettungsseil zu greifen und heranzuziehen.

Der Co-Pilot Hermann Neuber hört bei diesem Einsatz alle Angaben des Windenfahrers in der Bordsprechanlage mit. Anschaulich kann er die weiteren Vorgänge beschreiben:

»Der erste Mann legt sich jetzt die Rettungsschlinge um. Jetzt ist er in der Schlinge drin. Ich habe ihn frei. Mann ist vom Deck losgekommen. Jetzt drei Meter über dem Wasser. Seil läuft weiter ein. So, jetzt hängt er fünf Meter unter der Maschine. Noch drei Meter, noch zwei, ich habe ihn vor der Tür. Nehme ihn an Bord. Erster Mann ist jetzt im Hubschrauber.«

Hubert Struck fliegt metergenau vertikal die Wellenbewegungen des Schiffes mit. Er muß sich besonders vor den kreiselnden Masten der GEMMA in acht nehmen, die den Hubschrauber glatt herunterschlagen würden. Er muß sich bei den Winschmanövern mit der Rettungswinde so weit achtern wie möglich halten.

Jede einzelne Winschbergung dauert drei bis vier Minuten. Jeder der Geretteten wird mit kräftigem Griff vom Luftretter Fritz Indorf wahrgenommen, in die Maschine hereingeholt und dort von der umgelegten Rettungsschlinge befreit. Es klappt alles wie am Schnürchen, die Besatzung der GEMMA verhält sich umsichtig und diszipliniert, jedenfalls während der Rettung der ersten acht Mann. Zwei Mann stehen noch auf dem Achterdeck und nehmen gerade die Schlinge wahr. Ein Seemann hält sie fest, während der andere plötzlich den Niedergang emporhastet und dann im Innern des Schiffes verschwindet. Sagen wir es mit den Worten des Co-Piloten Hermann Neuber:

»Was soll das bedeuten? Wir werden unruhig. Jede Minute ist kostbar. Die Sicht wird immer schlechter. Lange kann es nicht mehr dauern, bis die Nacht hereinbricht. Unser Kraftstoff reicht höchstens noch für 30 Minuten.

Jürgen und Fritz geben dem Mann durch Handzeichen zu verstehen, daß er sich beeilen und die Schlinge umlegen soll. Er winkt zu uns herauf. Anscheinend versteht er nicht.

Jetzt tauchen zwei Leute aus dem Schiff auf. Sie klammern sich mühselig an der Reling fest und bewegen sich, mühsam gegen den Sturm ankämpfend, auf das Achterschiff zu.

Gischt und Schaumflocken werden vom Orkan über das Deck der GEMMA gepeitscht. Die beiden Männer haben jetzt das Achterschiff erreicht.

›Einer der beiden legt sich die Schlinge um‹, meldet der Windenfahrer Jürgen. ›Jetzt ist er in der Schlinge drin. Ich lasse das Seil einlaufen. Was macht er denn?‹ – Jürgens Stimme klingt plötzlich ziemlich aufgeregt. ›Zieh hoch! – Schnell – der Mann ist im Wasser!‹

Donald, der Pilot, reißt die Maschine vertikal hoch. Mit einem kräftigen Ruck spannt sich das Seil, und der Seemann hängt, wild am Seil hin und her pendelnd, zwischen der brodelnden See und dem Hubschrauber.

›Der gute Mann scheint nicht gesehen zu haben, wie wir die anderen hochgezogen haben‹, sagt Jürgen. ›Kaum war er richtig in der Schlinge drin, da kletterte er auf die Reling und sprang mit einem Riesensatz über Bord!‹«

Dieser Seemann hätte sein unsinniges Verhalten um ein Haar furchtbar gebüßt. Er hörte die rotierende Schiffsschraube der noch gegen den Wind Fahrt machenden GEMMA immer lauter werden. Daß er nicht von dem Propeller zerhackt wurde, ist allein der blitzschnellen Reaktion des Piloten zu verdanken, der die Maschine mitsamt Rettungsseil und dranhängendem Mann sofort hochriß. So schnell hätte es die elektrische Rettungswinde unmöglich schaffen können, den Mann »aus dem Bach« zu ziehen.

Der waghalsige GEMMA-Einsatz gelingt. Mit elf Schiffbrüchigen an Bord und beinahe mit dem letzten Tropfen Kraftstoff in den Tanks setzt PEDRO 33 schließlich wieder auf seinem Borkumer Landeplatz auf. Und die vier Seenotflieger können ihre Messe, ihren Aufenthaltsraum, mit einer neuen Trophäe verzieren. Sie sammeln Rettungswesten. Jede erfolgreiche Rettung wird durch eine Schiffbrüchigen-Rettungsweste mit Schiffsnamen, Datum und Anzahl der geretteten Personen versehen.

Eine Woche nach dem GEMMA-Einsatz veranstaltet das Marineamt in der Flugplatz-Gaststätte von Mariensiel bei Wilhelmshaven eine Pressekonferenz, die alle eingeladenen Journalisten aufhorchen läßt. Dabei bietet sich der ungewöhnliche Anblick »demontierter« militärischer Dienstgradabzeichen, die auf dem Tisch der vier GEMMA-Flieger verstreut liegen. Struck, Neuber, Kunze und Indorf sind in Anerkennung ihrer außergewöhnlichen Leistung außer der Reihe zum nächsthöheren Dienstgrad befördert worden. Außerdem wurde jeder von ihnen mit der Silbernen Medaille der Deutschen Gesellschaft zur Rettung Schiffbrüchiger ausgezeichnet.

Die vier Marineflieger gewinnen bei allen anwesenden Journalisten sofort Sympathie. Sie machen keinerlei Aufhebens von ihrer Tat. Es scheint ihnen beinahe ein bißchen peinlich zu sein, daß sie überhaupt vor ihren Kameraden herausgestellt worden sind. Der Hubschrauberpilot Hubert Struck und sein Co-Pilot Hermann Neuber sagen kein Sterbenswort davon, daß sie es immerhin auch schon waren, die im Februar 1965 den Einsatz zur Rettung von neun Männern des norwegischen Küstenmotorschiffs JODELTA und im November 1965 einen weiteren zur Rettung von 15 Seeleuten des griechischen Frachters PANNAGORAS geflogen haben. Struck als Pilot und Neuber als Co-Pilot haben also zum Zeitpunkt der Pressekonferenz im Flugplatzrestaurant Mariensiel drei komplette Schiffsbesatzungen auf dem Luftweg gerettet, ganz zu schweigen von allen sonstigen Einzelrettungen.

Die JODELTA trieb mit etwa 50 Grad Schlagseite im Wasser. Dabei war nur eine Windenrettung der Seeleute vom Brückendeck aus möglich. Das aber hieß, daß PEDRO 33 in besonders großer Gefahr war, von dem unberechenbar umherwedelnden Achtermast des Küstenmotorschiffes aufgespießt oder heruntergeschlagen zu werden. Einer der Seeleute bekam die Rettungsschlinge nicht richtig um den Körper. Die Rettungsweste behinderte ihn. Zwei Kameraden kamen ihm zu Hilfe. Hermann Neuber berichtet darüber:

»Eile ist geboten! Die nächste heranrollende Woge wird das Schiff oder die nächste Sturmbö wird uns selbst versetzen, und ein neuer Anflug wäre erforderlich.

›Der Mann hat sich die Weste vom Leib gezerrt und greift nach der Schlinge. Seine Kameraden geben Zeichen, ihn nach oben zu ziehen‹, hört man den Bordmechaniker und Windenfahrer im Kopfhörer.

›Ich lasse vorsichtig die Winde einlaufen. Das Seil strafft sich! Verdammt! Der Sturm reißt dem Seemann die Beine weg! Er wird gegen die Reling geschleudert und darüber hinweggewirbelt.‹

Ich halte den Atem an und beobachte durch das linke Fenster, wie der Seemann, am Seil hängend, vom Sturm hin und her geschleudert wird. Unter ihm brodelt die See; heimtückisch und gefährlich. Doch das Seil hält. Die Winde läuft weiter ein, als Karl-Heinz mit vor Aufregung zitternder Stimme meldet: ›Der arme Teufel hängt nur mit einem Arm in der Schlinge!‹

Mir läuft ein kalter Schauer über den Rücken. Hoffentlich geht das gut! Nur noch drei Meter trennen ihn von der offenstehenden Tür des Hubschraubers.

Karl-Heinz, an einem Sicherungsgurt festgeschnallt, beugt sich aus der Tür und reicht ihm die Hand entgegen. Nach wenigen Augenblicken ist der Mann an Bord und in Sicherheit. Erschöpft läßt er sich auf einen Sitz fallen.«

In ihrer Aufregung und Eile haben Schiffbrüchige schon die unsinnigsten Dinge mit Rettungsschlinge und Windenseil angestellt. Einer kam auf den glorreichen Einfall, mit bereits umgelegter Schlinge noch einmal unter Deck zu gehen. Pilot und Luftretter schwitzten Blut, denn nun war der Hubschrauber mit dem sinkenden Schiff untrennbar verbunden. Vor allem aber war der Schiffbrüchige selbst in schwere Lebensgefahr geraten. Er konnte buchstäblich zerrissen werden, wenn eine Bö den Hubschrauber plötzlich ein Stück nach oben jagte.

In Amerika ist ein ganz genialer Kümo-Matrose darauf gekommen, das heruntergefierte Rettungsseil des Hubschraubers nach allen Regeln der seemännischen Kunst am nächstbesten Poller zu belegen. Auch er verband Schiff und Flugzeug miteinander und zwar völlig untrennbar. Man brüllte dem Mann über Bordlautsprecher zu, er solle um Himmels willen sofort wieder loswerfen. Dieser besonders intelligente Sailor reagierte jedoch nicht. Dem Bordmechaniker blieb nichts anderes übrig als das sofortige Sprengmeißelkappen des Stahlseils!

Der Matrose, unten an Deck, verstand die Welt nicht mehr. Er hatte es nun mal so gelernt, daß »jedes längsseits kommende Fahrzeug« zunächst einmal anständig festgemacht werden müßte. Die Wesensart von Hubschraubern war dem Manne ein Buch mit sieben Siegeln.

# Fliegende Helfer und Retter

Bisweilen richten Pressemeldungen die Blicke der Öffentlichkeit auf die SAR-Flieger des Marinefliegergeschwaders 5 in Kiel-Holtenau, das nicht nur für alle Seenotflieger-Einsätze im deutschen SAR-Bereich, sondern zugleich für die Ölsünder-Überwachung unserer Seegebiete aus der Luft zuständig ist.

Die Hubschrauberstaffel dieses MFG 5 ist mit 20 Hubschraubern des Typs SEA KING (Typfamilie Sikorsky S-61, britische Version MK 41) ausgestattet. Die SAR-Flieger der Marine erfüllen zu mehr als 90 Prozent zivile humanitäre Aufgaben. Ende November 1992 feierten sie ihr Jubiläum »25 Jahre SAR-Dienst«. Bis dahin hatten sie mehr als 13 000 Einsätze geflogen und dabei 8774 Menschenleben gerettet: Schiffbrüchige, über Bord Gefallene, in Not geratene Wassersportler und Badegäste, abgestürzte und abgesprungene Piloten, von der Flut überraschte Wattwanderer. Außerdem wurden und werden immer wieder Schwerkranke und Schwerverletzte von Schiffen abgeborgen und von den Inseln oder von unzugänglichen Unfallstellen abgeholt und auf dem Luftwege direkt zu den Unfallkliniken gebracht.

Der deutsche SAR-Bereich See umfaßt die Deutsche Bucht bis 55 Grad Nord, 6 Grad 30 Bogenminuten Ost sowie die westliche und mittlere Ostsee jeweils bis zur Seemitte zwischen Deutschland und Dänemark bzw. Deutschland und Schweden bis zu einem Punkt südwestlich von Bornholm auf den Koordinaten 54 Grad 55 Bogenminuten Nord und 14 Grad 22 Bogenminuten Ost. Östlich davon beginnt der SAR-Bereich der Republik Polen.

Die Deutsche Gesellschaft zur Rettung Schiffbrüchiger und die Seenotflieger der Marine unterhalten gleichermaßen gutnachbarliche Beziehungen zu ihren holländischen, dänischen, schwedischen und polnischen Kollegen. Das MRCC BREMEN und das für die Rettungsflugeinsätze der Marine zuständige RCC GLÜCKSBURG sind durch Standleitungen miteinander verbunden, die nie von anderen Fernsprechteilnehmern blockiert werden können. Die RCCs sind jeweils wieder mit denen ihrer unmittelbaren Nachbarländer auf ebensolchem Direktweg verbunden.

Besonders eng aber ist die Zusammenarbeit mit der Deutschen Gesellschaft zur Rettung Schiffbrüchiger. Oft genug sind die Suchflugzeuge das weitreichende »Auge« der Rettungsmänner auf ihren gischtüberwehten Seenotkreuzern. Die Hubschrauber greifen dort ein, wo den Booten der DGzRS ein Erfolg versagt bleiben muß. So war es auch in einer Dezembernacht des Jahres 1967, als der griechische Frachter EMMANUEL M. bei Sturm und Hagelschauern auf dem Scharhörnriff strandete. In der üblichen, trügerischen Hoffnung blieb die dreißigköpfige Besatzung gegen jeden Rat an Bord, obwohl zunächst noch eine Rettung durch den Seenotkreuzer ARWED EMMINGHAUS möglich gewesen wäre.

Der Havarist rief statt dessen dauernd nach Schlepperhilfe und trieb dabei immer weiter auf den östlichen Teil der Robbenplate zu, die der Wesermündung zugekehrt ist. Der Seegang war aber so schlimm, daß die Schlepper nicht an die EMMANUEL M. herankommen konnten. Daraufhin teilte der griechische Kapitän mit, daß die Besatzung vom Rettungsboot abgeholt werden wolle. Jetzt lag der Frachter, immer noch bei Böen von Windstärke 9 bis 10, mit dem Heck genau im Wind. Es keilte eine derartige Grundsee hoch, daß die Rettungsmänner es kaum mit ansehen konnten. Die Grundbrecher fetzten nur so an der EMMANUEL M. vorbei. Und schon beim Herantasten der ARWED EMMINGHAUS an den Havaristen »fiel das Lot immer wieder zusammen«. Es machte nur noch irre Tiefenangaben, obwohl sich der Kreuzer ohnehin schon die tiefste Zufahrtrinne ausgesucht hatte.

ARWED EMMINGHAUS fuhr mit eingeschaltetem Mastscheinwerfer, so daß der Vormann gute Kontrolle über die heranrollenden Grundseen hatte. Es war aber mangels Anhaltspunkten in der dunklen Nacht gar nicht möglich, alle vorhandenen Untiefen glatt zu umfahren. Auf der Robbenplate, deren Sandschwänze sich immerfort verändern, bekam ARWED EMMINGHAUS Grundberührung. Nach sehr hartem Aufschlagen kam der Kreuzer mit geschickten, schnellen Manövern von Ruder und Schraube wieder frei. Ein Heranscheren ans Wrack erwies sich jedoch als unmöglich. Die Hochwasserzeit war überschritten, selbst für das Tochterboot bestanden an dieser Stelle und bei diesen Grundbrechern keine Chancen mehr. Rolf Hoffmann legte den Kreuzer erst einmal auf Gegenkurs. Beim Anboxen gegen die Brandung wurde ARWED EMMINGHAUS fürchterlich eingedeckt. Die See kletterte oft bis in den oberen Steuerstand. Der Vormann stand zumeist bis über die Knie im Wasser. Die übrige Besatzung hatte er vorsorglich unter Deck geschickt, damit niemand über Bord gerissen wurde. Die Gewalt der Brandung auf der Robbenplate, bei Windstärke zehn, spottete jeder Beschreibung.

Der Seenotkreuzer erreichte schließlich wieder tieferes Wasser. Und nun beruhigte der Vormann den griechischen Kapitän über Funk. Man solle auf gar keinen Fall eigene Rettungsboote aussetzen, die würden sofort zerschlagen. Noch sei keine unmittelbare Gefahr. Nach dem Gezeitenwechsel werde der Seenotkreuzer erneut einen Anlauf versuchen.

Aber die Hilferufe des Griechen waren doch so herzzerreißend, daß die Seenotleitung Bremen ihren »heißen Draht« zur SAR-Leitstelle beim Flottenkommando in Glücksburg-Meierwik benutzte und um Hubschraubereinsatz bat. Gleich nach Hellwerden starteten drei S-58-Maschinen unter Führung von Kapitänleutnant Semmler, Hauptbootsmann Böhlke und Hauptbootsmann Labitzke. Semmlers Maschine war zuerst über dem Havaristen. Es gab keine Nachrichtenverbindung mehr, weil die gesamte elektrische Anlage an

Bord des gestrandeten Schiffes ausgefallen war. Semmler ließ darum den Obermaaten Balz auf die EMMANUEL M. abwinschen und mit dem Kapitän verhandeln. Während des Gesprächs und der notwendigen Rettungsvorbereitungen landeten die drei für die EMMANUEL M. vorgesehenen Hubschrauber auf einer nahegelegenen Sandbank, um Kraftstoff zu sparen. Und genau zur angegebenen Zeit begann die Abbergung der Schiffbrüchigen, die durch die getoppten, also hochstehenden Ladebäume des Frachters erheblich erschwert wurde. Alles verlief aber wie am Schnürchen. Am Heck stand Obermaat Balz und legte den Seeleuten fachgerecht die Rettungsschlinge um. Semmlers Maschine nahm zehn, die Maschine von Böhlke neun und die von Labitzke fünf Schiffbrüchige sowie den wieder aufgewinschten Obermaaten an Bord. Zuletzt holte Semmlers Maschine die restlichen sechs Mann von der EMMANUEL M. herunter, die vorsorglich ins Krankenhaus gebracht wurden.

Viele der Schiffbrüchigen sprachen weder deutsch noch englisch. Sie waren aber dankbar, daß sie aus dieser Falle herausgeholt worden waren. Und sie winkten dem Hubschrauber PEDRO 33 noch lange nach, als er wieder nach Kiel-Holtenau zurückflog. Die Hubschrauberflieger winkten zurück. Aber sie konnten es sich nicht verkneifen, noch eine Ehrenrunde zum Seenotkreuzer ARWED EMMINGHAUS zu fliegen, der gerade auf der Rückfahrt nach Cuxhaven war. Über Ultrakurzwelle ging ein Dankspruch an den Vormann ab. Kapitänleutnant Semmler wußte sehr wohl, was der Seenotkreuzer bei diesem Hubschraubereinsatz bedeutet hat. Er war als Sicherungsboot immer in größtmöglicher Nähe – und damit war er sozusagen das moralische Korsett der ganzen Aktion. Denn wie gesagt: Die Hubschrauber vom Typ S-58 (H 34 G) hatten nur ein Triebwerk.

Seit 1974 stehen die mit zwei Turbinen-Triebwerken ausgerüsteten großen Turbinen-Hubschrauber vom Typ SEA

# Das engagierte Team »hinter den Kulissen«

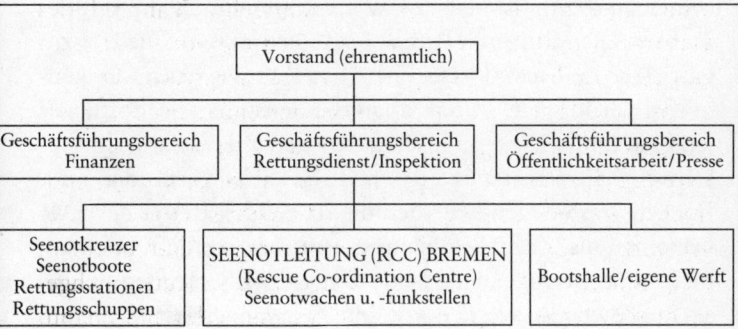

Die **Deutsche Gesellschaft zur Rettung Schiffbrüchiger** hat ihren Sitz in Bremen. Sie ist eine privatrechtliche Vereinigung, der bereits im Jahre 1872 durch den Senat der Freien Hansestadt Bremen die Rechte einer juristischen Person« verliehen wurden. Nach dem heute gültigen Vereinsrecht des BGB entspricht das dem Status eines »Eingetragenen Vereins«.

Legislativ-Organ der DGzRS ist der ehrenamtlich tätige **Gesellschaftsausschuß**, der sich paritätisch aus gewählten und berufenen Vertretern der Gesamtheit aller Mitglieder zusammensetzt und alle zwei Jahre an jeweils wechselndem Ort zusammentritt. Der vom Gesellschaftsausschuß gewählte **Vorstand** der DGzRS, bestehend aus dem Vorsitzer und einem oder zwei Stellvertretern, leitet in ebenfalls ehrenamtlicher Funktion verantwortlich die gesamte Tätigkeit der Gesellschaft nach Maßgabe der Satzung sowie der Beschlüsse des Gesellschaftsausschusses.

Auf regionaler Ebene werden die Interessen unserer Gesellschaft durch **Bezirksvereine** oder **Ortsvertretungen** wahrgenommen.

**Wie finanziert sich die Gesellschaft?**
Seit Gründung im Jahre 1865 wird das Seenotrettungswerk ausschließlich durch freiwillige Beiträge und Spenden finanziert. Und so soll es auch bleiben, solange Freunde und Förderer – wie bisher – bereit sind, sich uneigennützig helfend hinter den Einsatz unserer Rettungsmänner zu stellen. Bewußt verzichten wir daher auf staatliche Zuschüsse, denn wir meinen, daß die Rettung von Menschen aus Seenot nicht den Charakter einer aus anonymem Steueraufkommen finanzierten behördlichen Dienstleistung haben, sondern vom Gemeinschaftssinn und von der persönlichen, inneren Anteilnahme der Mitbürger getragen werden sollte.

363

KING im Einsatz. Ihre Basis ist nach wie vor Kiel-Holtenau, aber zu den Nordsee-Außenstellen Borkum, Helgoland und Westerland/Sylt ist seit der Wiedervereinigung die Ostsee-Außenstelle Stralsund/Parow hinzugekommen. Die frei zugängliche deutsche Ostseeküste hat sich wie gesagt längenmäßig verdoppelt, so daß auch die deutschen Seenotflieger jetzt bis zur deutsch-polnischen Grenze und bis zur polnisch-schwedischen Seegrenze der SAR-Bereiche zuständig sind. Die schwimmenden wie auch die fliegenden Retter der SAR betreiben nicht nur Erfahrungsaustausch, sondern auch gemeinsame Übungen, weil jederzeit grenzübergreifende Einsätze notwendig werden können. Seit langem ist es üblich, daß alljährlich in einem anderen Gastgeberland unter den Nordseeanrainern eine große internationale Übung stattfindet, die sich auch mit ganz komplizierten Sachlagen befaßt. Was ist beispielsweise bei einem Fährschiffsunglück oder bei Absturz oder Notwasserlandung eines Verkehrsflugzeugs mitten in der Nordsee zu tun?

Als die Deutschen noch ihre einmotorigen Hubschrauber vom Typ H 34 G aus der Typenfamilie Sikorsky S-58 einsetzten, hatten die Besatzungen der nicht nachtflugtauglichen oder zumindest nicht nachtbergetauglichen Hubschrauber in Kiel-Holtenau sowie auf den Außenstellen sommers und winters, auch an Sonn- und Feiertagen, täglich von 07.30 Uhr bis eine halbe Stunde nach Sonnenuntergang Alarmbereitschaft. Sie trugen die ganze Zeit über ihre orangefarbene See-Fliegerkombination, die im Absturzfalle das Sichten der im Wasser schwimmenden Flieger erleichtert.

Die seit 1974 eingesetzten Hubschrauber vom Typ S-61 SEA KING sind jedoch nicht nur allwetterfähig, sondern dank ihrer prozeßrechnergesteuerten Anflug- sowie Schwebflugregelung und ihrer wesentlich besseren Elektronik voll nachtflug- und nachtbergetauglich, ja sogar im Blindflug bergetauglich.

Seit ihrer Einführung ist man zum 24stündigen Bereitschaftsdienst übergegangen. In der ganzen Zeit sind die Bereitschaftsbesatzungen wie eine Feuerwehr Tag und Nacht auf dem Sprung.

Die Personaldecke ist ziemlich dünn, das Familienleben der SAR-Flieger wird leider nicht sonderlich großgeschrieben. Rund um die Uhr bestimmt das Warten den Dienst der Männer. Sie unterliegen den Zwängen einer Wachroutine, für die es die von Laien sicherlich nicht verstandene Formel gibt: $B (T + N) + 3 (12 HB z.Hs.e.s.) + B (T + N)$.

Im Klartext bedeutet dieser Wachplan: Erst hat man 24 Stunden Tag- und Nacht-Bereitschaft auf dem Fliegerhorst, dann drei Tage lang 12-Stunden-Bereitschaft (zu Hause erreichbar sein), bevor schließlich wieder Tag- und Nacht-Bereitschaft auf dem Fliegerhorst folgt – ausgenommen im Urlaub, aber der ist kaum länger als bei anderen Soldaten auch.

Als kürzlich ein Reporter von BILD am SONNTAG Renate Wodack, Frau eines SAR-Fliegers, nach ihrem Befinden fragte, erwiderte sie: »Ich würde mir schon ganz gern überall ein Bild von ihm aufhängen, weil ich ihn so selten sehe.« Und so kam es dann heraus: »19 Jahre Ehe, drei Kinder, alles okay, aber 60 Stunden sind jedesmal in der Woche durch die Wachen weg.«

Nachher gab das Interview doch zum Schmunzeln Anlaß, denn die Wodacks haben zum Tapezieren ihres Wohnzimmers ganze fünf Tage gebraucht: »Immer wenn gerade wieder eine Bahn eingekleistert war, kam ein Einsatz.«

Am Tage sind die alarmierten Rettungshubschrauber innerhalb von sieben bis acht Minuten in der Luft. Nachts dauert es zwangsläufig einige Minuten länger.

Einer der Bordmechaniker und Luftretter, Oberbootsmann Otmar Amos, macht eine Aussage, die zu denken gibt. Sie befaßt sich mit der Reaktion von Menschen, die er und seine Kameraden gerettet haben: »Da gibt's nicht viel zu erzählen. Von 50 Leuten sagte Tage später gerade mal einer Dankeschön. Wahrscheinlich hängt das zusammen damit, daß man nicht so gern an die eigene Not, dieses Ausgeliefert-sein anderen gegenüber, zurückdenkt.« Und er bringt es auf den Punkt, bei dem ihm auch jeder Rettungsmann der DGzRS vorbehaltlos zustimmen wird: »Rettung, das ist ein hartes ›Geschäft‹. Sentimentalitäten sind hier kaum gefragt. Letztendlich bleibt dazu auch gar keine Zeit.«

Und solche Einsätze wie am Abend des 25. Januar 1990 wird es immer wieder geben: Ein Orkantief tobt über den britischen Inseln, mit Windgeschwindigkeiten bis zu 177 km/h. Dieser Orkan namens »Daria« richtet in ganz Süd- und Mittelengland sowie Wales Verwüstungen mit drei Milliarden DM Schadensumfang an und tötet 45 Menschen. Dann greift er auf den Kontinent über. Auch die Seenotflie-ger der SAR-Bereitschaft Borkum verfolgen die Meldungen aufmerksam: Feuerwehr und Polizei sind bald überall im Einsatz. In Rheinland-Pfalz wird der 60 Meter hohe Schorn-stein einer Müllverbrennungsanlage glatt umgeweht, in Nie-dersachsen ein ganzer Erdölbohrturm. In Hessen entgleisen zwei Züge, die in umgestürzte Bäume hineingerast sind.

Morgens um 02.35 Uhr ist es soweit. Das RCC GLÜCKS-BURG alarmiert die SAR-Bereitschaft Borkum. Kapitänleut-nant Weiss und sein Co-Pilot Oberleutnant zur See Schlot-feld, der SAR-Operationsoffizier (SAROO) Kapitänleutnant Schuhmann und der Bordmechaniker/Luftretter Haupt-bootsmann Faika kämpfen sich daraufhin mit ihrer SEA KING gegen 70 Knoten Gegenwind mühsam seewärts. Vor Terschelling treibt das russische Fischtransportschiff BRITZ, ohne Licht und quer zur See, mit 30 Grad Schlagseite. Acht Meter Wellenhöhe verbietet den in der Nähe befindlichen Schiffen jedes Aussetzen von Rettungsbooten. Überhaupt wird vom Wasser her jede Annäherung an den Havaristen unmöglich sein. Die Besatzung des Schiffes hat sich mit um-gebundenen Rettungswesten an Deck versammelt.

Kapitänleutnant Weiss bringt seinen »Heli« in eine Posi-tion 15 Meter über dem Achterschiff, aber es ist ausgeschlos-

sen, den Haken der Rettungswinde zum Deck hinunterzu-
kriegen.

Oberleutnant Schlotfeld berichtet später darüber: »Der
Frachter macht in der hohen See regelrecht Bocksprünge.
Erst die Benutzung der Führungsleine, eine ständige Verbindung zwischen Windenhaken und Schiff, macht das Aufwinschen von Personen bei diesen Wetterverhältnissen möglich.

Das Aufnehmen der ersten 13 Seeleute, darunter drei
Frauen, dauert eine Stunde. Mehr Personen können wir aus
Gewichtsgründen nicht mitnehmen. Weitere Hilfe ist zur
Zeit nicht zu erwarten, so daß wir den Rest der Besatzung
vorerst alleine ihrem Schicksal überlassen müssen.«

Das sagt sich alles so leicht dahin: Das Aufwinschen dauert eine Stunde ... Eine verdammt lange Stunde in so schwieriger Situation über einem tollwütig gewordenen Schiff!

Nach Absetzen der Geretteten im holländischen Leeuwar-
den jagt die Maschine nach neuem Auftanken wieder hinaus.
Inzwischen hat das todgeweihte Schiff schon bis zu 50 Grad
Schlagseite. Es wird gleich mit der BRITZ zu Ende gehen. Der
SAROO hilft beim Aufwinschen mit, während der Pilot »mit
zum Teil extremen Steuereingaben (bis zu 15 Grad Fluglage-
änderungen) den Hubschrauber im Schwebeflug über dem
Achterschiff hält«, weiß Schlotfeld auszusagen. Und er fügt
hinzu: »Da auf Grund der starken Bewölkung kein Horizont
die räumliche Orientierung erleichtert, muß der Kopilot
ständig auf den Instrumenten bleiben, während der steuer-
führende Pilot sich voll auf das Windenmanöver konzen-
triert.«

Es gelingt der SEA KING, abermals 13 Russen abzubergen.
Dann drängt die Zeit, weil sich die Triebwerke wegen zunehmender Versalzung erhitzen.

Inzwischen ist ein belgischer Hubschrauber über der
BRITZ und nimmt ebenfalls 19 Männer auf, so daß die Borkumer Maschine nach erneutem Schiffbrüchigen-Absetzen
und Auftanken beim dritten Anflug nur noch die letzten drei

Schiffbrüchigen aufzunehmen braucht, darunter den Kapitän.

Die Presse hatte mal wieder ihr Thema: »Borkumer SAR-Hubschrauber rettete 29 Seeleute.«

Gerade die Borkumer SAR-Flieger sind in einer ganz besonderen Wetterecke stationiert, sie kriegen es immer mal »stiefelsdick«, wie man in Süddeutschland sagen würde. Und als die aus den Oberleutnanten Bolender, Fräsdorf und Waldherr sowie dem Hauptbootsmann Wodack bestehende Hubschrauberbesatzung einige Zeit vorher von Borkum aus die neunköpfige Besatzung des durch Verrutschen seiner Ladung in schwerer See gekenterten finnischen Roll-off-Roll-on-Schiffes RA (1244 BRT) auf seiner Untergangsposition 52 Seemeilen nordwestlich Borkum aus der See geholt hatte, waren die vier Seenotflieger »fertig mit Jack und Büx«.

Zwar war es nicht Januar, sondern Mitte September. Es war auch kein Orkan, sondern »nur« Windstärke acht nach der Beaufort-Skala. Aber das genügte durchaus, eine See »aufzubauen«, die dem finnischen Schiff zum Verhängnis wurde. Nach dem Übergehen der Ladung kenterte RA derart schnell, daß sechs Mann gerade noch eine Rettungsinsel aktivieren und in diese hineinspringen konnten. Die anderen drei Mann »jumpten« in die See und trieben dort etwa zwei Stunden in dem ziemlich kühlen Wasser – darunter der Kapitän, der als einziger keinen Kälteschutzanzug mehr hatte überstreifen können und darum die schlimmsten Unterkühlungen erlitt.

Das RoRo-Schiff schlug so schnell um, daß es nicht einmal imstande war, einen Notruf auszustrahlen. Was da passiert sein mußte, wurde erst ruchbar, nachdem der norwegische Gastanker NORGAS CAPTAIN die treibenden Schiffbrüchigen bemerkte. Er konnte angesichts dieser Wetterlage beim besten Willen nicht selbst helfen, aber er alarmierte den SAR-Dienst. Der Borkumer wie auch der Helgoländer Hubschrauber jagten wenig später der Unfallposition entgegen.

Die Borkumer Maschine war zuerst »am Ball«, weil sie die kürzere Anflugstrecke hatte. Sie war nach 22 Minuten über den Schiffbrüchigen, die eine halbe Stunde später alle an Bord des »Heli« waren. Aber die neun Finnen waren derart erschöpft und apathisch, daß der Luftretter sich in der Winschhose abseilen lassen mußte und in der umhertobenden Rettungsinsel schließlich direkt im Wasser jeden einzelnen Schiffbrüchigen in die Rettungsschlinge hineinbugsieren mußte, um ihn dann vor die Brust zu nehmen und mit beiden Armen zu umklammern, während der SAROO die Rettungswinde fuhr und jedesmal den Luftretter mit dem nächsten Schiffbrüchigen im Doppelwinschverfahren nach oben brachte. Dann mußten er und der zu Hilfe kommende Kopilot den bewegungsunfähigen Schiffbrüchigen mit vereinten Kräften in die Maschine ziehen. Danach ging der Luftretter sofort wieder in die stürmische See zurück, Wasser schluckend und vor Anstrengung keuchend. Inzwischen mußte der Pilot zusehen, wie er punktgenau die Position einhalten konnte. Aber die Rettung aller Schiffbrüchigen gelang, die nach der Landung sofort in der unfallchirurgischen Abteilung des städtischen Hans-Susemihl-Krankenhauses von Emden in Behandlung genommen wurden.

Peter Behrendt schrieb in der Zeitschrift »hobby«: »Das Leben mit der Gefahr und ihre Bewältigung, das Miterleben menschlicher Not braucht auch eine sehr gute seelische Konstitution. Nach außen gibt es beim SAR die Locker-Lässigen, die Ernsten, die Fröhlichen, die Sachlich-Kühlen, und es gibt sicher die Mischung aus alledem.« Und Oberleutnant zur See Schlotfeldt fügt hinzu: »Der beste Pilot ist, der seine Grenzen kennt und nicht versucht, sie zu überschreiten ... der das kleine Quentchen Sicherheit dazunimmt.«

Im Vertrag von Chicago haben sich alle Unterzeichnerstaaten verpflichtet, für ihr Territorium und die angrenzenden Seegebiete eine leistungsfähige SAR-Organisation aufzubauen. Alle technisch zivilisierten Nationen sind sofort oder später Vertragspartner dieser Konvention geworden. Damit entstand ein weltumspannendes Such- und Rettungssystem zur Sicherung des internationalen Flugverkehrs. Die Forcierung dieser SAR-Verbände ist vornehmlich der Internationalen Zivilluftfahrt-Organisation (International Civil Aviation Organization = ICAO) zu verdanken. Gemäß Artikel 25 soll ohne Rücksicht auf deren Nationalität allen in Luftnot geratenen Flugzeugen und deren Insassen unverzüglich geholfen werden. Und obwohl es unterschiedliche politische Systeme und Entwicklungsstände in den einzelnen Staaten gibt, klappt die Zusammenarbeit im Sinne der Konvention gut.

Im deutschen SAR-Bereich See ist der Träger des zivilen Such- und Rettungsdienstes die Deutsche Gesellschaft zur Rettung Schiffbrüchiger, die zugleich als Bereichsstelle 8 für die Suche nach überfälligen Flugzeugen fungiert. Ihre Seenotleitung nennt sie MRCC, das »M« steht für »Maritime«.

Da die Einsatzmittel ziviler Einrichtungen aus finanziellen Gründen begrenzt sind und den Erfordernissen militärischer Rettungen – zum Beispiel von mit Schleudersitz und Fallschirm »ausgestiegenen« Piloten abgestürzter Düsenflugzeuge – nur beschränkt Rechnung tragen können, hat Deutschland nach dem Muster fast aller Unterzeichnerstaaten die finanzielle Hauptlast aus der Verpflichtung der Konvention von Chicago auf die Bundeswehr und deren SAR-Dienste übertragen. Im westdeutschen Binnenland unterhalten Luftwaffe und Heeresflieger eigene Luftrettungsstaffeln, die zum erstenmal bei der Hamburger Flutkatastrophe des Jahres 1962 der breiten Öffentlichkeit bekannt geworden sind. Damals haben rund hundert deutsche Hubschrauber in Zusammenarbeit mit amerikanischen, britischen, kanadischen und belgischen Maschinen 1167 Menschenleben retten können. Die Luftrettungszentrale, das Rescue Coordination Center (RCC) für den gesamten westdeutschen SAR-Bereich Land, befindet sich in Kalkar/Niederrhein (früher Porz-Wahn).

Das RCC für den deutschen SAR-Bereich See und den Katastrophen-Einsatz in Schleswig-Holstein und Hamburg ist dem Flottenkommando in Glücksburg-Meierwik angegliedert. Die Marine hat eigene Fliegerverbände und stellt auch die SAR-Hubschrauber, die erforderlichenfalls die Arbeit der Seenotkreuzer sinnvoll ergänzen.

Unsere Nachbarländer haben alle eigene Rescue Coordination Centers: die Holländer in Valkenburg bei Den Helder, die Dänen in Karup/Jütland, die Schweden in Stockholm, die Iren in Shannon, die Portugiesen in Lissabon. Andere Länder Europas sind durch extreme Länge ihrer Küsten gezwungen, ihren SAR-Bereich zu unterteilen und mehrere regionale RCCs zu unterhalten. Großbritannien unterhält je ein RCC in Edinburgh und Plymouth. Frankreich, Italien und Spanien haben je drei SAR-Bereiche mit RCCs in Paris, Bordeaux und Aix-en-Provence; in Rom, Mailand und Grottaglie beziehungsweise in Madrid, Sevilla und Palma de Mallorca. Norwegen und Finnland haben sogar vier SAR-Bereiche mit RCCs in Oslo, Stavanger, Trondheim und Bodö, in Helsinki, Vaasa, Jyvaskyla und Rovaniemi. Außerdem unterhalten die Amerikaner für alle SAR-Aktionen in Europa, Vorderasien bis Pakistan, im Ostatlantik zwischen Nord- und Südpol eine Luftrettungszentrale, das »Aerospace Rescue and Recovery Center«, in Ramstein/Pfalz, dem auch die örtlichen SAR-Kommandos und Rettungsstaffeln in Prestwick/England, Lajes/Azoren sowie – seit Räumung der Luftbasis Wheelus Field/Libyen – in Saragossa/Spanien unterstehen. Als die deutsche »Einhandseglerin« Edith Baumann mit einem Katamaran, einem Doppelrumpfboot, den Atlantik zu überqueren versuchte, geriet sie in Seenot. Von Ramstein aus wurde eine atlantische Großsuchaktion geleitet, die zwei Millionen Mark gekostet hat. Edith Baumann und sogar ihr mitsegelnder Pudel konnten gerettet werden. Man sieht an diesem Unternehmen, wie sich der Such- und Rettungsdienst seit der Pamir-Katastrophe verbesserte.

SAR-Dienste mit fliegenden Verbänden sind unvorstellbar teuer, sie können tatsächlich nur vom Staat finanziert werden.

In Deutschland wird eine Hubschrauber-Flugstunde mit der SEA KING mit rund DM 10 000,- veranschlagt, wobei DM 6380,- auf echte Betriebskosten entfallen. Davon brauchen die Versicherungsträger im Falle eines Schwerverletzten- oder Schwerkrankentransportes nur DM 1550,- pro Stunde zu bezahlen. Der Rest wird unter dem Titel »Ausbildung« verbucht. Nicht weniger als 42 Mann Bodenpersonal – vom Triebwerks- und Zellentechniker bis zum Funkmechaniker, Radartechniker, Hydrauliker, Instrumentenmechaniker – sind notwendig, eine SEA KING in die Luft zu bekommen. Ihnen stehen vier Mann Flugzeugbesatzung gegenüber! Anders ausgedrückt: In jeder Flugstunde stecken 50 bis 60 Wartungsstunden.

Es gibt bislang keine zivile Seenotrettungsgesellschaft auf der Welt, die sich eigene Hubschrauber leisten kann. Sie greift im Bedarfsfall immer auf Maschinen des militärischen SAR-Dienstes zurück.

Hauptbasis der SAR-Fliegerei im deutschen SAR-Bereich See ist der Marinefliegerhorst Kiel-Holtenau. Dort befindet sich die Einsatzleitstelle des Geschwaders, die nach dem Brauch aller militärischen Fliegerverbände den Namen »Gefechtsstand« trägt. So martialisch das auch klingt: Das RCC See in Glücksburg-Meierwik und der Gefechtsstand des MFG 5 in Kiel-Holtenau meistern gemeinsam eine stille, erfolgreiche Friedensarbeit und eine vornehme Aufgabe im Interesse der Humanität. Das Marinefliegergeschwader 5 in Kiel-Holtenau, das früher auch sieben Flugsicherungs- oder Seenotboote unterhielt, hat Hubschrauber-Außenstellen in Westerland/Sylt, auf Helgoland, auf Borkum und in Parow bei Stralsund.

Als Seenotflieger benötigt man keine »tollkühnen Männer in ihren fliegenden Kisten«, sondern gut ausgebildete, gewissenhaft handelnde und niemals leichtfertige Fachleute, die auch ihre eigenen Grenzen kennen. Um sie auf unschädliche Weise immer wieder auch mit kritischsten Situationen vertraut zu machen, werden die Piloten ebenso wie die SAR-Operationsoffiziere immer wieder im 16 Millionen DM teuren Flugsimulator in Kiel-Holtenau trainiert. Der Simulator macht weder Krach noch verbraucht er Treibstoff, er schadet weder dem Etat noch der Umwelt. Er ist imstande, 250 denkbare Fehler zu kombinieren und die Reaktion auf die dadurch eintretenden Flugzustände zu provozieren. Selbst der Absturz aus 100 Meter Höhe kann derart realistisch simuliert werden, daß das Cockpit schiefhängt, die Anschnallgurte sich straffen und der Magen Alarm schlägt. Der Computer beherrscht auch die exakte Darstellung der Gegebenheiten bei einer Notwasserung. Sogar die entstehenden Triebwerkgeräusche und Seegangsbewegungen sind echt oder die Rotorvibrationen bei jeweiligen Fluglagen. Eine komplizierte Elektronik steuert die Hydraulik der Hydraulikbeine, die mit ihren Bewegungen das Verhalten des Hubschraubers in der Luft oder im Wasser vortäuschen. Ohne Wissen des Piloten werden tückische Scherwinde, Triebwerkausfälle oder Störungen anderer Art ins Flugprogramm des Simulators eingespeist. Und so können ganze Such- und Rettungsaktionen fachgerecht durchgespielt werden. Simulatortraining zur perfekten Beherrschung.

## Die Gilde der Orkanflieger

Der Such- und der Rettungsdienst der Seenotfliegerei gingen früher fast überall noch mit verschiedenen, optimal für die jeweilige Aufgabe geeigneten Flugzeugtypen vor sich. Während der Helikopter schon das ideale Rettungsflugzeug darstellte, bevorzugte man für die meistens recht langwierigen Seenot-Suchaktionen Starrflügelmaschinen – und zwar ro-

buste, allwetterfähige Seefernaufklärer mit großem Aktionsradius. Die (damalige) Flugbootstaffel des Marinefliegergeschwaders 5 war bis Herbst 1971 mit 19 Tonnen schweren
Amphibienflugzeugen vom Typ Grumman ALBATROSS ausgerüstet. Es handelte sich also um Flugboote, die auch auf
Landflugplätzen niedergehen konnten.

Tag und Nacht standen in Kiel ALBATROSS-Maschinen
alarmbereit. Mit ihren beiden Triebwerken von je 1475 PS
hatten diese Propellerflugzeuge eine normale Reisegeschwindigkeit von 158 Knoten. In Flughöhen ab 5000 Fuß
waren 200 Knoten Geschwindigkeit möglich. Wurden auch
die abwerfbaren Zusatztanks und die Stützschwimmer mit
Kraftstoff gefüllt, konnte die ALBATROSS im Normalflug bis
zu 16, im Sparflug bis zu 22 Stunden in der Luft bleiben!
Etatmäßig hatten diese Maschinen fünf Mann Besatzung:
Pilot, Co-Pilot, Flugoperationsoffizier (Navigator), Bordfunker und Bordmechaniker.

Zwar hatte jede ALBATROSS in der Radarnase am Bug ein
Radar von 200 Seemeilen Reichweite, das aber allenfalls
größere Schiffe zu orten vermochte. Die Suche nach Klein-
fahrzeugen oder im Wasser treibenden Menschen war jedoch – und ist auch heute noch für moderne Suchflugzeuge –
eine höchst strapaziöse Sache, zumal bei bewegter See. Sie
gleicht tatsächlich der Suche nach einer Stecknadel im Heu-
haufen.

Wird aber eine optische Suche notwendig, erfordert sie
mathematische Präzision. Die Flughöhe – abhängig von der
herrschenden Sicht und der Größe des zu suchenden Gegen-
standes – und das anzuwendende Suchschema (Pattern) hängen von vielen Faktoren ab. Seit der PAMIR-Katastrophe ist
die Suchtaktik eine richtige Wissenschaft geworden. Es wird
immer das zeitsparendste Verfahren angewandt, das dennoch den bestmöglichen »Überdeckungsfaktor« verspricht.
Es darf kein Quadratmeter Wasserfläche unbeobachtet bleiben!

Nur selten stehen genügend Flugzeuge für die aufwendige »Quick Search« zur Verfügung, die das schnellste Auffinden Vermißter möglich macht. In genau berechnetem Abstand voneinander kämmen beliebig viele Flugzeuge in breiter Kette das abzusuchende Seegebiet ab. Bei sehr niedrigen Wassertemperaturen geht es buchstäblich um Minuten, wenn die Rettung im Wasser treibender Menschen noch Erfolg haben soll. Bei 4,5 Grad Celsius tritt schon nach fünf Minuten die Erstarrung ein, nach etwa einer Stunde besteht keine Überlebenschance mehr. Auf Flößen, in Rettungsinseln und Rettungsbooten ist die gegebene Frist natürlich größer. Aber in unseren Breiten bleibt die Unterkühlung oder Hypothermie von Schiffbrüchigen und abgestürzten Fliegern eindeutig die Hauptgefahr. Als beispielsweise im Februar 1967 vor der dänischen Küste das sowjetische Fischereifangschiff TUKAN unterging, konnten die meisten Besatzungsmitglieder nur noch tot geborgen werden, obwohl die Rettungsaktion in größter Eile in Gang gebracht worden war. Alle Schiffbrüchigen hatten gut funktionierende Schwimmwesten umgelegt – aber der Wasserkälte waren sie nicht gewachsen.

Eine »Quick-Search« durch eine Kette von Flugzeugen wird immer ein Ausnahmefall bleiben, in der Regel stehen nur wenige Suchmaschinen oder gar nur Einzelflugzeuge zur Verfügung. Bei bestimmten Wetterlagen häufen sich die Seenotfälle, so daß die vorhandenen Suchflugzeuge von vornherein weit verteilt werden müssen. Alles kommt dann darauf an, daß die Wahl des richtigen Such-Schemas das allein operierende Suchflugzeug zu hohem Wirkungsgrad bringt.

Ist ein Suchgebiet sehr groß und die Position des Notrufenden nur grob schätzbar, wird ein »Parallel Track« geflogen. Das Flugzeug begibt sich in eine Ecke des angegebenen Suchraumes und kämmt in der zugewiesenen Flughöhe das Seegebiet durch Einhalten genau parallel zueinander verlaufender »Tracks«, Flugrouten, ab. Der erste Track wird meistens in einer Weglänge geflogen, die genau der Breite des gesamten Suchraumes entspricht.

Von entscheidender Bedeutung ist die exakte laufende Standortkontrolle des Suchflugzeugs, bei dem die geringsten Navigationsfehler tödliche Folgen – durch Übersehen der vielleicht im Wasser treibenden Schiffbrüchigen oder abgesprungenen Flieger – haben würden.

Im Bereich von Decca-Funkfeuerketten, also in mittlerer Entfernung von der Küste, nimmt ein Decca-Navigator-Funkpeiler laufend die Impulse und Phasendifferenzen von Funkfeuern wahr und ermittelt den jeweiligen Standort mit 30 Meter Genauigkeit. Auf dem freien Atlantik aber müssen Suchflugzeuge das eigens für die Langstreckennavigation entwickelte LORAN-Verfahren anwenden. Die Abkürzung LORAN bedeutet Long Range Navigation.

Zentrale Bordrechner sind heute bei modernen Suchflugzeugen – auch bei den neuen SEA-KING-Hubschraubern der Bundesmarine – imstande, die Ortungsergebnisse der einzelnen Navigationsgeräte mittels Data-Link zu einem System zusammenzufassen und sogar laufend kartografisch aufzuzeichnen. Diese Automatisierung der Navigation erhöht die Wirksamkeit der Suchverfahren beträchtlich.

Die in Nordholz bei Cuxhaven stationierten Seefernaufklärer und U-Jagd-Flugzeuge vom Typ Bréguet Br-1150 ATLANTIC sind die größten Flugzeuge der Bundeswehr. Diese »flüsternden Riesen« haben Turboprop-Antrieb (Propellerturbinen) und zwölf Mann Besatzung. Für Sonderfälle – Suchaktionen großen Stils – ist ständig eine SAR-Suchmaschine startbereit.

Nachdem das über 37000 BRT große Leichter Mutterschiff MÜNCHEN am 12. Dezember 1978 um 04.10 Uhr MEZ SOS-Notrufe ausgestrahlt hatte, entwickelte sich eine riesige elftägige Suchaktion, an der 29 Schiffe aus zwölf Nationen und 13 Flugzeuge aus vier Nationen teilgenommen haben.

In vorbildlicher internationaler Zusammenarbeit flogen amerikanische HERCULES-, britische NIMROD- und deutsche ATLANTIC-Flugzeuge gemeinsam das sturmzerwühlte Suchgebiet ab, das anfangs die Größe von Hessen hatte. Erst am Ende der aufwendigen Großaktion, nachdem allein die dabei eingesetzten neun deutschen ATLANTIC-Maschinen über 600 Stunden in der Luft gewesen sind – jeweils bis zu elf Stunden am Tag und damit bis zur physischen und psychischen Erschöpfung der Besatzungen, die nahezu unentwegt bei einer Geschwindigkeit von 380 Kilometern pro Stunde Wellenberge anstarren mußten. Die Männer lösten sich im Rotationsverfahren ab, um in den torkelnden Maschinen nacheinander Ausguck vorn, Radarschirmüberwachung, Ausguck achtern und Freistunde zum Augenausruhen zu praktizieren. Aber alle Mühe war vergebens. Der Seemannstod der 28 Männer und Frauen an Bord der MÜNCHEN war zur schrecklichen Gewißheit geworden. Der orkangepeitschte Atlantik war stärker gewesen als die technische Perfektion eines Ozeanriesen, der größer war als die populären Schnelldampfer CAP ARCONA oder gar COLUMBUS der Vorkriegszeit! Ein unvorstellbarer Schiffsverlust ...

Suchflüge werden bei jeder Wetterlage notwendig. Einmal suchten wir bei Windstärke 10 bis 11 den etwa zweihundert Seemeilen westlich von Jütland vermißten deutschen Fischkutter DOROTHEA, der auch tatsächlich gefunden wurde. Ein dänischer Hubschrauber hat dann das mit Wassereinbrüchen im Maschinenraum und defekter Funkanlage ziemlich mitgenommene Fahrzeug nach Esbjerg hineingeleitet. Bei diesem Sturmflug bockte und tobte, schaukelte und sprang unsere robuste Maschine zum Gotterbarmen. Wir taumelten alle ein bißchen, als wir wieder am Boden waren. Flüge im vollen Orkan sind erst recht nicht jedermanns Sache. Aber die ALBATROSS hielt sich wacker:

Wieder mal tobte es draußen mit 70 Knoten Sturm. In den Böen wurde Windstärke zwölf gemessesn. Auf Fehmarn war

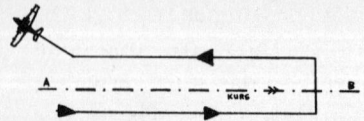

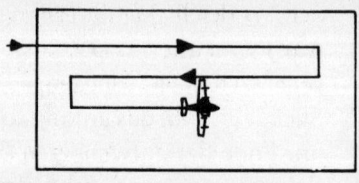

Einfaches Suchmuster:
»Track Crawl«, d. h. beiderseitiges Abfliegen einer Schiffsroute, wenn »Mann über Bord« gemeldet wurde. Gegenwärtige Position des Schiffes und Position beim letzten Vorhandensein des Vermißten bilden die Endpunkte (A, B).

Der erwählte »Parallel Track«. Das abzusuchende Seegebiet wird durch Einhalten genau parallel zueinander verlaufender »tracks« (Kurse) durchgekämmt. Die »legs« (Suchstreifen) verlaufen in Längsrichtung des Rechtecks.

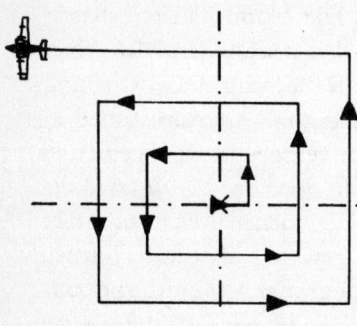

»Expanding Square Search« ist das bei optischer Suche nach Rettungsinseln oder abgestürzten Fliegern häufigste Verfahren. Man beginnt am Punkt der größten Positionswahrscheinlichkeit. Er wird durch Rauch- oder Leuchtboje markiert. Dann werden exakt nach Stoppuhr immer größere Quadrate um diesen Punkt herumgeflogen. Die »legs« werden jeweils um eine Seemeile erweitert. Die größte Überdeckungsdichte besteht im Zentrum des Quadrats und damit im Bereich der größten Fundwahrscheinlichkeit.

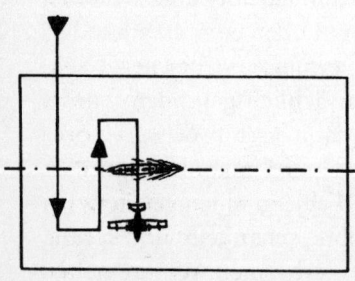

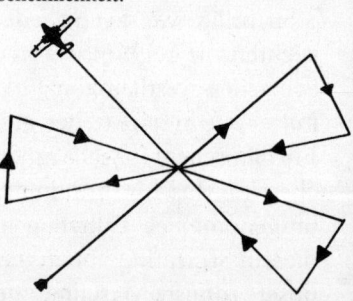

Eine »Creeping Line« bietet sich als Suchmuster an, wenn ein besonders langgestreckter Raum – etwa in Nachbarschaft eines mutmaßlichen Schiffskurses – abzusuchen ist. Die Suchstreifen verlaufen parallel zur kurzen Achse des Rechtecks.

Man fliegt eine »Sector Search«, wenn der Standort des zu Suchenden noch genauer bekannt ist. Der Punkt wird gekennzeichnet (Rauch- oder Leuchtboje) und als Mitte des radialen Suchgebiets zwangsläufig immer wieder überflogen.

der Vordeich gebrochen. Das Feuerschiff FEHMARNBELT war von seiner Position abgetrieben. Auf Sylt donnerten die Brecher haushoch gegen die Strandmauer. Die Kurpromenade war mit Treibgut und Eisschollen übersät. Die Feuerschiffe meldeten 6 Meter Wellenhöhe.

Notrufe in der Deutschen Bucht, wie zu erwarten. Das dänische Kümo SUSANNE GÖRRES sank. Zwei Amphibienhubschrauber der dänischen Luftwaffe starteten zum Rettungseinsatz. Anruf der SAR-Leitstelle Glücksburg im Gefechtsstand Kiel-Holtenau: Etwa 40 Meilen nordwestlich Helgoland hatte auch der Finkenwerder Fischkutter ADONIS »Mayday« gerufen. Die dreiköpfige Besatzung mußte sofort von Bord. Sie wollte ins Beiboot – bei diesem Wetter!

Einsatz für den Seenotrettungskreuzer ADOLPH BERMPOHL. Alarm für die Bereitschaftsbesatzung des Seenot-Suchflugzeugs DUMBO 30 in Kiel-Holtenau. Der Notruf des Fischkutters riß so schnell ab, daß die Position nicht mehr von den Peilstationen an der Küste eingepeilt werden konnte.

Es dauerte eine Viertelstunde, bis sie schwere ALBATROSS in der Luft sein konnte. Warmlaufenlassen und »Abbremsen« der Triebwerke, nicht zuletzt der bei mehrmotorigen Maschinen komplizierte »Ground Check« erforderten ihre Zeit. Der »Ground Check« ist das auch in der heutigen Verkehrsfliegerei unumgängliche Abfrageexamen zwischen Co-Pilot und Pilot. Die zu stellenden Vergewisserungsfragen sind auf einem Papierfilm im Cockpit der Reihe nach in gedruckter Form festgehalten. Der Co-Pilot der ALBATROSS drehte den Film langsam am Ablesegerät vorbei und fragte:

»Sind die Luken von Bug und Cockpit geschlossen? Ist der Batterieladeschalter eingelegt? ... Sind alle Fluginstrumente kontrolliert? ... Sind die Kurzschlußschalter in Ordnung? Wurden die Tankwählschalter auf ›Haupttank‹ gestellt? ... Ist der Schalter für das Zünden der Starthilferaketen wirklich in Stellung ›Aus‹? ... Wurden die Generatoren angeschaltet?

Es muß auch vorm Start eines SEA KING-Hubschraubers eine solche Vielzahl von technischen Einzelheiten überprüft werden, daß ohne »Ground Check« kein Menschenhirn vor Vergeßlichkeiten sicher wäre. Aber so war es damals:

Endlich war alles klar zum Start. Der Kontrollturm gab Starterlaubnis. Die Seenotmaschine DUMBO 30 verschwand in der einbrechenden Dunkelheit. Ihre Navigationslichter und das blitzende Rotationslicht verschwanden zwischen den tief daherstürmenden Wolken.

Das dänische RCC Karup meldete über die Direktleitung zum deutschen RCC in Glücksburg, daß ein dritter Hubschrauber zum Seenotfall ADONIS entsandt worden ist. Deutsche und Dänen suchten in verschiedenen Zonen.

Es war praktisch schon Nacht, als die ALBATROSS das angegebene Seegebiet erreichte und mit eingeschaltetem Landescheinwerfer, der senkrecht nach unten gerichtet war, die stürmische See abharkte. Man flog einen »Parallel Track« durch das zugewiesene Suchgebiet.

Die drei schiffbrüchigen Fischer lebten noch. Sie hatten keine Notraketen und Handrotfeuer mehr. Sie klammerten sich an ihr umherschleuderndes Schlauchboot, das immer wieder umzukippen drohte. Aber sie hörten trotz des Sturms Motorengebrumm. Einer hatte noch seine wasserdichte Taschenlampe dabei. Das war ein jämmerlich schwacher Lichtschein in der kochenden Nordsee.

Aber er genügte! Ein Suchbeobachter in der ALBATROSS hatte ihn erkannt. Sofort nahm die Maschine Kurs in die angegebene Richtung. Im Scheinwerferkegel wurden die drei Überlebenden sichtbar. Der Pilot ließ eine Leuchtboje werfen, um die Fundstelle nicht aus dem Auge zu verlieren. Und dann rief der Bordfunker den dänischen Hubschrauber heran. Der vollbrachte eine nächtliche Windenrettung und flog die drei unterkühlten Fischer sofort ins Krankenhaus von Esbjerg. Dieser Erfolg war eins von vielen Beispielen für die Koordination von Such- und Rettungsflugzeugen und für die internationale Zusammenarbeit im Seenot-dienst.

Obwohl fast nur noch als Suchflugzeuge verwendet, muß-ten die ALBATROSS-Amphibien darauf vorbereitet werden, auf hoher See plötzlich auch selbst Menschen retten zu kön-nen. Eine Schiffskatastrophe oder eine ungewöhnliche Notlage konnte dazu zwingen, falls sich auf der betreffenden Position Hubschrauber gar nicht oder aber nicht rechtzeitig genug einsetzen ließen. Darum übte jede ALBATROSS-Besat-zung regelmäßig Wasserlandungen, Rettungsmanöver und Wasserstarts – im internationalen Fachausdruck »Water Works« genannt.

Eine ALBATROSS war auf dem Wasser tatsächlich ein Schiff, wie z. B. das legendär gewordene deutsche Seenot-flugboot vom Typ DO 24. Diese dreimotorige, außerordent-lich seetüchtige Maschine hat im Zweiten Weltkrieg etwa 12 000 abgestürzte Flieger und Schiffbrüchige aus der See ge-holt. Sie war ein reines Flugboot und kein Amphibium. Die Maschine hat sich so bewährt, daß auch die schwedischen, holländischen, französischen und spanischen Seenotflieger damit ausgerüstet wurden. Die Spanier flogen die DO 24 bei der Seenotrettungsstaffel Palma de Mallorca noch bis zum Herbst 1971. Insgesamt wurden 255 Flugboote dieses Typs gebaut.

Mit dem Amphibium Grumman ALBATROSS konstruier-ten die Amerikaner nach dem Zweiten Weltkrieg (1947) das am weitesten verbreitete Seenotflugzeug der Welt. Diese robuste, allwetterfähige Maschine wurde in rund 450 Exem-plaren gebaut und von 13 Nationen geflogen: Brasilien, Chile, National-China (Taiwan), Deutschland, Indonesien, Italien, Kanada, Japan, Norwegen, den Philippinen, den USA, Portugal und Spanien – dort zeitweilig zusammen mit der DO 24.

Es ist klar, daß Wasserlandungen von SAR-Flugbooten bei Seegang immer problematisch sind. Als Starrflügel- oder

Drachenflugzeuge haben diese schweren Maschinen eine hohe Landegeschwindigkeit. Die ALBATROSS setzt mit etwa 100 Knoten Fahrt auf und kracht dementsprechend hart auf die Wellen. Inzwischen gehören »Open Sea Landings« wohl weltweit der Vergangenheit an.

So haben deutsche ALBATROSS-Maschinen zur Lebensrettung schwerverletzter Fischer westlich Helgoland und auf der Doggerbank sogar außerordentlich verwegene Nacht-Wasserlandungen gewagt. Zum Ausleuchten hatten sie nicht einmal Leuchtfallschirme, sondern lediglich die starr nach unten gerichteten Landescheinwerfer ihrer Tragflächen. Man half sich durch zusätzliches Abfeuern weißer Signalsterne, um wenigstens etwas Licht vor dem Bug zu haben. Der Seegang war, wie sich beim Landen herausstellte, viel zu stark. In einem der Fälle kam die ALBATROSS mit völlig demoliertem Bootsbooden zurück, verursacht durch das harte Aufschlagen auf die Seen. Und beide Male kamen die Flugzeugführer nach der erfolgreichen Anbordnahme der Schwerverletzten nur mit Hilfe von JATO-Raketen wieder aus dem Wasser. Es gehörte eine seemannschaftliche Artistik des Bordmechanikers/Bootsmannes dazu, bei derartigem Seegang die zentnerschweren Starthilferaketen in die außerhalb des Rumpfes klappbar angebrachten Raketentraversen zu hängen. Die Aktionen gelangen, obwohl die ziemlich kurzen Maschinen in dem steilen Seegang der Nordsee fürchterlich stampften. Nachher warteten die Flugzeugführer, bis eine See den Bug weit himmelwärts anhob, und zündeten in derselben Sekunde die Raketen. Zugleich schoben sie »volle Pulle« rein und rissen die Maschine mit Vollgas aus der See. JATO heißt »Jet Assistance Take-off«, Start mit Raketenhilfe. Dabei schoß der schwere Vogel ungewöhnlich steil in die Luft empor.

Wie riskant Wasserlandungen mit Drachenflugzeugen sind und wie leicht sie auch schiefgehen konnten, ist anschaulich

Im Orkan verlor der Seenotkreuzer ADOLPH BERMPOHL bei Helgoland seine gesamte Besatzung. Mit weggebrochenem Mast wird das menschenleere Gespensterschiff nach Cuxhaven geschleppt. BERMPOHL bewies seine Unkenterbarkeit vollauf.

Wie strapazierfähig die Seenotkreuzer der DGzRS sind, zeigte RUHR-STAHL mit der haarigen Strandung im Einsatz bei Dagebüll. Als ein 500-Tonnen-Schwimmkran den Kreuzer in sein Element zurückhob, war RUHR-STAHL fast unbeschädigt.

Der offene Turmruderstand des Seenotkreuzers VORMANN LEISS bei Sturm-
fahrt.

15 Neubauten von Seenotrettungsbooten des 8,5-Meter-Typs ersetzen die vorherigen 7-Meter-Boote. Die vom eleganten Aussehen her wie kleine Seenotkreuzer anmutenden neuen Boote sind 17 Knoten schnell. Sie bewirken eine be-
trächtliche qualitative Verbesserung für die nicht mit Seenotkreuzern besetzten
DGzRS-Stationen.

egfall des Schornsteins und
weibeinmasten ermöglichen gu-
Sicht nach achtern. Hier wird
neu entwickelte Spezialtrage
t integrierter Vakuum-Matratze
fgehievt.

af die Namen BUTT, BARSCH,
ANDER und HECHT wurden im
ril 1993 vier neu entwickelte
ddenboote für die Stationen
ihlungsborn, Wustrow, Zingst
d Zinnowitz getauft. Diese
Meter-Spezialtypen mit Wasser-
ahldüsenantrieb (Jet-Antrieb)
nnen wahlweise für die offene
e oder die rückseitigen Bodden-
wässer verwendet werden. Uni-
g-Zugmaschinen schieben den
hänger so in die Brandung, daß
e Boote mit dem Bug seewärts
fschwimmen.

dem Bericht einer deutschen Schiffsbesatzung zu entnehmen: »Mitten auf dem Atlantik akute Blinddarmentzündung mit Durchbruchgefahr bei einem unserer Seeleute. Unbedingt muß ein Arzt her. Weit und breit befindet sich weder ein Fahrgastschiff noch ein großes Kriegsschiff mit Bordhospital und Ärzten. Von den Azoren wird über Funk eine AL-BATROSS vom portugiesischen SAR-Dienst auf Position 35 Grad Nord und 35 Grad West angekündigt. Pünktlich kommt die Maschine am Sonntagnachmittag in Sicht. Während wir unter laufendem Ölablassen auf wechselnden Kursen versuchen, die Dünung etwas zu beruhigen, um der Maschine das Wassern zu erleichtern, kreist sie über uns und mißt mit einem achteraus geworfenen kleinen Schirmdraggen an einer Stahlleine die Wellenlängen. Dabei ist immer reger Funksprechverkehr auf der vereinbarten Frequenz. An Bord der ALBATROSS sind sechs Mann. Der Pilot hat Bedenken, bei dieser Hochseedünung zu wassern. Nach zwei Stunden ist es endlich soweit, und das Flugzeug setzt zum Wassern an. Es fliegt im spitzen Winkel zur Dünung, und kurz vor dem Aufsetzen sehen wir mit Schrecken, daß die Maschine etwas verzieht. Beim Aufsetzen fliegt der rechte Stützschwimmer in hohem Bogen achteraus, die Maschine macht einen Satz nach schräg oben und kracht dann mit ihrem vollen Gewicht ohne Fluggeschwindigkeit in die See. Sofort liegt das Flugboot mit starker Schlagseite und einer untergeschnittenen Tragfläche im Atlantik. Wir sehen drei Besatzungsmitglieder auf der hoch herausragenden Backbord-Tragfläche stehen. Wir manövrieren heran und übernehmen aus dem inzwischen ins Wasser geworfenen und selbsttätig aufgeblasenen Schlauchboot drei Flieger. Der portugiesische Luftwaffenarzt steht noch mit auf der Tragfläche. Er wird von unserem Motorboot abgeholt und birgt aus dem Cockpit des Wracks seine Instrumententasche. Die Operation auf hoher See gelingt. Die ALBATROSS aber läuft langsam über die aufgeschlagene Radarnase voll. An der Unglücksstelle sind Haie ...

Eine Schleppverbindung zu dem havarierten Flugboot wird hergestellt, der erste Schleppversuch verläuft gut. Doch schon nach einer geringen Fahrterhöhung dreht sich das Flugboot um seine Längsachse und treibt nun kieloben im Atlantik. Es versinkt 600 Seemeilen von den Azoren entfernt, ein Wertobjekt von vier Millionen Mark. Das ist für ein gerettetes Menschenleben kein Preis. Den tapferen Portugiesen – die nun als Retter selbst »schiffbrüchig« geworden sind, gebührt Lob für den Einsatz ihres Lebens. Wir haben später erfahren, daß an Bord des Flugzeugs vor dem Wassern von den Besatzungsmitgliedern abgestimmt worden ist, ob runter gegangen werden soll oder nicht. Das Ergebnis war drei zu drei. Die Pilotenstimme hat dann dafür entschieden.«

Flugboot-Wasserlandungen waren jahrzehntelang das einzige Mittel, um auf hoher See das Leben verunglückter See- und Luftfahrer zu retten. Viele tausend Menschen verdanken solchen riskanten Flugbootaktionen ihr Leben. Die Albatross war der Schlußstein einer Epoche. Als Rettungsmaschine hat ihr inzwischen der Hubschrauber den Rang abgelaufen, der in seiner amphibischen Version als Drehflügel-Flugboot buchstäblich ein »Fliegendes Rettungsboot« ist. Solche Maschinen fliegen die SAR-Staffeln von Dänemark und Malaysia sowie, teilweise, der US Coast Guard.

Allerdings war auch der amphibische Hubschrauber nur eine Zwischenstufe in der technischen Entwicklung. Die daraus weiterentwickelte Sea King meidete dank ihrer Blindflug-Bergefähigkeit jede Berührung mit der Wasserfläche.


## Das Meisterstück vor Hirtshals

Die Seenothubschrauber der Bauserien S-55, S-56 und S-58 hatte man durch Einbau von automatisch aufblasbaren, etwa kugelförmigen Gummi-Notschwimmern in die Radnaben des Fahrwerks und in den Schwanzteil der Maschine bedingt notwasserungsfähig gemacht. Bei halbwegs ruhiger See funktionierten diese von Spezialgasbehältern aufgeblasenen Notschwimmer recht gut. Wir haben den Fall erlebt, daß vor Kampen auf Sylt ein SAR-Hubschrauber meines Geschwaders infolge Triebwerkstörung mit hoher Sinkrate auf die See aufschlug, bis zum Cockpit wegtauchte und anschließend ruckartig wieder aus dem Wasser schoß. Die pneumatischen Notschwimmer waren sofort beim Eintauchen der Maschine aktiviert und aufgeblasen worden. Der Bordmechaniker wußte gar nicht, wie ihm geschah: Er sah plötzlich grüne Nordsee vor den Fenstern, saß Augenblicke später bis zum Hals im Wasser und ebenso schlagartig wieder im Trokkenen.

Bei Seegang sind die Notschwimmer wenig oder gar nicht von Nutzen, denn für Radlandungen konstruierte Landhubschrauber sind auf der Wasserfläche »topplastig«. Der schwere Rotor mit Hauptgetriebe, das hochliegende Cockpit und das im Bug untergebrachte Triebwerk machen die Maschine so instabil, daß sie leicht umkippt. Ihr rapides Absacken und die noch rotierenden Rotorblätter bedeuten für die Hubschrauberbesatzung eine große Gefahr, wenn sie aussteigen und sich schwimmend in Sicherheit bringen muß. Die USCG hat darum bei Triebwerkausfällen über See dreimal so hohe Personalverluste gehabt wie bei Triebwerkausfällen über Land; die Notschwimmer wirken also in erster Linie »moralisch«. Selbst eine mit »Autorotation« sanft auf die See niedergehende Maschine ist schon bei geringem Seegang unrettbar verloren, wenn sie nicht voll schwimmfähig ist. Autorotation ist antriebsloser Sinkflug.

Diese Erkenntnis bewog die USCG, zusammen mit der Industrie, Ende der fünfziger Jahre »Seacopters«, amphibische, also voll schwimmfähige Hubschrauber mit Bootsrumpf, zu entwickeln. Das setzte voraus, daß man von Magnesium-Aluminium-Verbindungen als Baumaterial abging. Sie neigen im Seewasser verstärkt zu Korrosion. Das Hauptproblem aber blieb die Kentergefahr eines auf offener See gewasserten Hubschraubers, der eine gehörige Segelfläche oberhalb der Wasserlinie bietet und dessen schwerste Bauteile, wie Triebwerke und Hauptrotorgetriebe, sehr hoch liegen.

Im Sommer 1961 nahm die Marineerprobungsstelle Patuzent River auf Veranlassung der Coast Guard umfangreiche »Seacopter«-Versuche vor. Dabei kam man zu der ganz neuen Erkenntnis, daß ein gewasserter Hubschrauber mit laufendem Rotor eine außerordentlich große Stabilität besitzt. Die Hubschraube hebt ihr eigenes Gewicht bei der Rotation auf. Beim »Rollen« oder Vorwärtsfahren auf der Wasserfläche benötigt der »Seacopter« ungleich weniger Triebwerkleistung als beim »Hovern«, im stationären Schwebeflug. Er fliegt dann leicht angehoben über die Wellenkämme und behält nur seinen Kiel im Wasser. In diesem »leichten Zustand« ist der »Seacopter« um alle drei Achsen voll manövrierfähig. Er kann sogar quer zu schwerer, seitlicher Brandung »rollen«. Für die noch zumutbare Wellenhöhe gibt es eigentlich nur eine einzige Grenze: Der vertikal kreisende Heckrotor darf nicht in einen Wellenkamm eintauchen. Bei drei Meter hohen Seen und 35 Knoten Wind kutschiert ein »Seacopter« mit solcher Selbstverständlichkeit in jeder beliebigen Richtung auf der Wasserfläche herum, daß er ohne weiteres auf Winschmanöver verzichten und die im Wasser treibenden Schiffbrüchigen mit Hilfe eines ausgefahrenen Rettungspodestes direkt auffischen kann.

Diese Plattform geht auf die Idee holländischer Rettungsfachleute zurück. Sie hat sich glänzend bewährt. Man befestigt sie in der Eingangstür zum Hubschrauber und hat beim Wegfieren eine Standfläche, die nur wenige Zoll über der Wasserfläche liegt. Der dort postierte Luftretter kommt unmittelbar an die zu rettenden Leute heran. Er sichert sich durch einen verlängerten Stehgurt auf diesem Podest, so daß er bei Seegang nicht über Bord fallen kann.

Wenn eine Wasserlandung – die ja senkrecht, ohne Fahrt, vorgenommen werden kann – seegangsmäßig noch vertretbar war, wollte man sie bevorzugen. Das Winschmanöver sollte nur noch angewendet werden, wenn es unvermeidlich war. Die Bergung von Schiffbrüchigen mit der Rettungswinde sollte also sekundär werden. So wollte es die ursprüngliche »Seacopter«-Konzeption, die mittlerweile durch neue Erkenntnisse überholt ist. Der Konzeption lag folgender Gedankengang zugrunde:

Rollt ein amphibischer Hubschrauber auf der See, kann er seinen »Downwash« derartig verringern, daß die Maschine ohne Schwierigkeit auch an leichteste Schlauchboote herankommen kann, ohne sie wegzublasen. Die »Seacopter« leisten also dasselbe »Water Work«, das man bislang nur mit Flugbooten machen konnte.

Im Februar 1963 wurde der erste vollwertige »Seacopter« an die USCG ausgeliefert. Es handelt sich um die Sikorsky S-61, die heute unter der Typenbezeichnung HH 52 A Standardmaschine des amerikanischen SAR-Dienstes ist. Diese fliegenden Rettungsboote wurden vor allem dadurch populär, daß man sie bei allen Astronauten-Bergungen einsetzte.

Zwei Maschinen aus der Baureihe S-61 flogen im Mai 1967 von New York zum Internationalen Luftfahrtsalon in Paris-Le Bourget. Es war die erste Non-Stop-Überquerung des Atlantik durch Helikopter! Allerdings wurden die Maschinen während des Fluges nachbetankt; sie hatten teleskopisch ausfahrbare Kraftstoffsonden zur Verbindung mit Tankerflugzeugen.

Die Hubschrauber der Typfamilie S-61 haben an beiden Bootsrumpfseiten Stabilisierungsschwimmer, in die nach dem Landstart die Räder des Fahrwerks eingezogen werden. Auch mit stehendem Rotor sind diese »Seacopter« dadurch auf dem Wasser ziemlich stabil. Vor allem ist die S-61 deshalb besonders sicher, weil sie mit zwei Turbinentriebwerken ausgerüstet ist, die im Schwebeflug nur etwa 80 Prozent ihrer

Leistung zu geben brauchen. Fällt ein Triebwerk aus, so erhöht das zweite seine Leistung automatisch auf etwa 110 Prozent und hält den Hubschrauber flugfähig. Die Flugdauer beträgt bei 139 km/h etwa 6,3 Stunden. Damit werden die deutschen SAR-Bereiche in Nord- und Ostsee voll abgedeckt. Die zwischenzeitlich erwogenen Projekte, weit draußen in der Nordsee zivil bemannte deutsche Hubschrauberträger für Rettungszwecke zu stationieren, sind überflüssig. Auch wird ein Nachtanken während des Einsatzfluges kaum jemals notwendig sein. Solche Nachtankmethoden für See-Hubschrauber sind auf originelle Weise in Amerika entwickelt worden: Starrflügel-Flugzeuge bringen benzingefüllte Gummifässer ins Operationsgebiet der Helikopter und werfen sie in die See. Die Maschine angelt sich die Fässer mit dem Rettungshaken aus dem Wasser. Sie werden mit der Winde bis zur Türhöhe gewinscht und dann durch Sicherheitsgurte gegen Pendeln gesichert. Vom Boden der bis zu 250 Liter fassenden Gummisäcke führt ein Schlauch zu einer elektrischen Pumpe, die den Kraftstoff zum Tank hinaufpumpt. In etwa fünf Minuten kann der gesamte Inhalt eines solchen Gummibehälters übernommen werden.

In der Mehrzahl der Fälle wird das Auftanken von Coast-Guard-Hubschraubern auf hoher See an Bord von Küstenwachkreuzern und Patrouillenbooten vorgenommen, die alle mit Landedecks ausgerüstet sind. Auch bei starken Bewegungen des Schiffes im Seegang ist das Landen von Hubschraubern möglich. Eine Preßluftharpune stellt eine Leinenverbindung zwischen Schiff und Flugzeug her. Die Maschine kann sich dann schnell mit einer Winde auf das schwankende Landedeck herabziehen und ist dort rutschfest verankert. Auch in Deutschland wurde dieses Landeverfahren erprobt (Lotsendienst).

Für deutsche Seenoteinsätze reicht der 245-Seemeilen-Aktionsradius der Turbinenhubschrauber ohne Bordstützung völlig aus.

Während sich in den früheren SAR-Helikoptern der Co-Pilot um die Navigation kümmern und sich schlecht und recht mit Funkkreuzpeilung der nächstgelegenen Flug-Drehfunkfeuer behelfen mußte, sind die neuen Amphibienhelikopter komplett mit Radar, Decca-Navigation, Kartentisch und mit sämtlichen in Frage kommenden Fernmeldemitteln der Bereiche Dezimeterwelle (UHF), Kurzwelle (HF) und Ultrakurzwelle (VHF) ausgerüstet. Der SAR-Operationsoffizier (SAROO) verfügt in dieser nacht- und blindbergetauglichen Maschine über bessere Avionik, d. h. elektronische Navigationsinstrumente als einst der FLOPO einer ALBATROSS. Damit kann eine SEA KING ihre Suchmuster mit derselben mathematischen Präzision abfliegen wie die Flugboote. Die Turbinenhelikopter sind damit Such- und Rettungsflugzeuge zugleich. Unser Nachbarland Dänemark hat von vornherein richtig gehandelt. Die Dänen kauften acht amphibische Helikopter vom amerikanischen Originaltyp, den auch die Coast Guard fliegt. Diese bei der Staffel Nr. 722 der »Konungle Danske Flyvevabnet« eingesetzten Maschinen sind in Skrydstrup, Tirstrup, Vaerloese, Aalborg und Karup stationiert. Sie flogen Einsätze, die internationales Aufsehen erregten. Vor allem aber wurde bei der SKAGERRAK-Katastrophe bewiesen, zu welchen Wunderleistungen die »fliegenden Rettungsboote« imstande sind. Das war am 7. September 1966:

Das funkelnagelneue norwegische Fährschiff SKAGERRAK ist mit 30 Tonnen Stückgut, sieben schwerbeladenen Bahnwaggons, 15 Personenautos und Wohnanhängern auf der Reise von Christiansand nach Hirtshals/Dänemark. Ein schwerer Sturm verursacht zehn Meter hohe Seen, die Fähre torkelt zum Gotterbarmen. Unversehens wird sie von einem achtern aufsteilenden Brecher überrollt. Er reißt die vier Meter breite Fahrzeugklappe weg und gibt der See den Weg ins Schiffsinnere frei. Wie Spielzeug wirbelt das Wasser die Autos durcheinander und brandet durch das ganze Deck. Die unteren Räume und sogar der Maschinenraum laufen sofort voll Wasser. Die topplastig gewordene Fähre bekommt starke Schlagseite. Die schweren Bahnwaggons reißen sich von ihren Zurrdrähten los, rollen übers Gleisdeck und zermalmen die Autos. Einzelne kippen um und verschlimmern die Schlagseite weiter.

Wegen der Wassereinbrüche in den Maschinenraum liegt die Fähre nun ohne Antrieb steuerlos quer zur See. Die Lage verschlechtert sich zusehends. Kapitän Dvergsnes läßt »Mayday« funken. Die Position ist 33 Seemeilen nordwestlich Hirtshals.

Das Schiff kann jeden Augenblick kentern: Es brauchen nur noch das Stückgut zu verrutschen und weitere Waggons umzukippen. Darum beordert der Kapitän alle 143 Fahrgäste, unter denen sich 36 Kinder befinden, und die Besatzungsmitglieder aufs Bootsdeck.

Bis bei diesem Seegang die Strand-MRBs von Hirtshals, Lönstrup und Lökken hierher gelangen können, vergehen fünf bis sechs Stunden! Die Gedanken des Kapitäns jagen sich: Es kann eine furchtbare Katastrophe geben, wenn er die Menschen so weit von Land entfernt dieser furchtbaren Sturmsee aussetzt. Die Skagerrak kann jeden Augenblick zum Sarg für alle werden, deshalb muß ausgebootet werden, allen Gefahren zum Trotz. Die 46 Mann Besatzung der Fähre helfen den verstörten Passagieren in die leuchtend orangefarbenen Schwimmwesten. Vom hochliegenden Lee-Bootsdeck können nur drei Rettungsboote zu Wasser gebracht werden. Von der niedrigeren Luvseite fliegen 32 überdachte Rettungsinseln über Bord, die sich knurrend selbst aufblasen.

Jetzt, da die Fahrgäste ins Wasser müssen, bricht Panik aus. Der Seegang ist zu schlimm. Die ersten Rettungsinseln kentern und schleudern ihre Insassen in die hochgehende See. Andere Fahrgäste verfehlen beim Sprung die taumelnden Inseln und landen im Wasser. In der allgemeinen Verwirrung werden Frauen von ihren Männern, Kinder von ihren Eltern getrennt. Selbst diejenigen, die zusammenzubleiben versuchen, werden schließlich doch getrennt, weil die See ihre vorgesehene Rettungsinsel wegreißt, bevor sie alle darin unterkommen. Schlimm ist eine Lehrerin aus Jütland dran, die mit einer ganzen Klasse von 28 Dreizehn- und Vierzehnjährigen auf Ferienfahrt ist. Sie trägt für diese Kinder die Verantwortung, aber sie findet sie nicht wieder. Sie rutscht auf dem schrägen Deck aus, springt mit blutigem Mund ab und wird sofort von einer geifernden Welle überrollt.

Das Chaos ist vollkommen. Doch schon 24 Minuten nach seinem Start in Aalborg ist der sofort bei Empfang der SKAGERRAK-Notrufe vom RCC Karup alarmierte Hubschrauber U-279 unter Hauptmann Willumsen über den Schiffbrüchigen. Der Besatzung wird heiß und kalt, als sie diese Tragödie sieht. Die im Wasser und in den Rettungsinseln treibenden Menschen werden grauenvoll auf- und abgeschleudert. Einige von den Gummiflößen und ein Rettungsboot sind völlig überladen. Willumsen hovert nur neun Meter über ihnen, aber da prasselt eine solche Ladung Gischt gegen die Cockpit-Scheiben, daß der Hauptmann die Maschine sofort vertikal hochzureißen hat. Er muß auf 20 Meter gehen. Der Bordmechaniker seilt eine Rettungsschlinge ab. Aber niemand reagiert. Willumsen wird klar, daß Menschen ohne jede seemännische Erfahrung nicht in eine solche Flughöhe emporgewinscht werden können. Er wagt darum etwas ganz Neues: Er hovert in die Wellentäler hinunter, läßt jedesmal aus niedrigster Flughöhe einen Schiffbrüchigen winschen und steigt dann sofort wieder auf 20 Meter, bevor der nächste 10-Meter-Wellenberg herangefegt ist. Mit dieser Wellenhüpferei birgt die Besatzung von U-279 die ersten vier Frauen und vier Kinder aus überfüllten Rettungsbooten. Dann aber bricht sie die Aktion ab und fliegt zwei Schiffe an, die am Horizont gesichtet worden sind. Offensichtlich haben sie den Notruf der SKAGERRAK gehört, aber sie finden die Position der Fähre nicht. Es handelt sich um den norwegischen Frachter POLARHAV und den sowjetischen Fischdampfer JOSEF GREIFENBERGER.

Hauptmann Willumsen macht das, was alle Seenotflugzeuge der Welt in solchen Fällen tun: Er fliegt die Schiffe mit abwechselnd ein- und ausgeschalteten Scheinwerfern an und kreuzt dreimal mit gedrosselten Triebwerken dicht vorm Bug ihren Kurs. Das bedeutet, daß die Schiffe Kurswechsel vornehmen und dem Hubschrauber folgen sollen.

Dann fliegt Willumsen wieder zur SKAGERRAK zurück. Der Bordmechaniker hat eben über die INTERCOM-Bordsprechanlage durchgefragt, ob er sich nicht doch lieber zur Hilfeleistung abseilen solle. Willumsen verneint. Das sei bei dieser extremen See zu gefährlich, er könne das Leben seines Luftretters nur im äußersten Notfall riskieren.

Aber der Pilot hat kaum zu Ende gesprochen, als er seinen Bordmechaniker, dem Oberfeldwebel Rasmussen, zuschreien muß: »Vergessen Sie das Gesagte – los, sofort hinunter!«

Rasmussen hat es auch gesehen. Direkt unter dem Helikopter ist ein Junge aus einer Rettungsinsel gefallen. Ein Mann springt ihm nach. Er hat ihn zu fassen gekriegt, aber nun umklammert der Junge in seiner Todesangst den Mann derart, daß er ihn in die Tiefe zu ziehen droht.

Rasmussen ist blitzschnell im Wasser. Dreimal verfehlt er die verzweifelt kämpfenden Schwimmer, die er mal hoch über sich, dann wieder tief unter sich sieht. Beim viertenmal kann er sie packen. Er hilft dem Mann zurück in das Gummifloß, schiebt den Jungen in die Rettungsschlinge und umklammert ihn fest, während sie beide aufgewinscht werden.

Der Windenfahrer zieht den keuchenden halbertrunkenen Rasmussen in die Maschine zurück. Der japst nur noch und stößt hervor: »Nie wieder … Das war zuviel … Das geht einfach nicht!«

Derselbe Oberfeldwebel Bengt Rasmussen geht aber noch

drei weitere Male hinunter und rettet auf diese riskante Weise drei weitere Menschen aus der kochenden See!

Inzwischen ist U-279 nicht mehr allein. Nach siebzigminütigem Flug ist auch der vom 250 Kilometer entfernten Stützpunkt Vaerlöse herbeigekommene Hubschrauber U-280 eingetroffen. Er winscht ebenfalls Schiffbrüchige und macht schließlich dem nächsten, der aus Vaerlöse eintreffenden U-240, Platz. Drei Minuten vor ihr ist die U-278 aus Skydstrup zur Stelle. Die beiden Maschinen winschen um die Wette. Und noch bevor sie damit fertig sind, ist die U-279 von Hauptmann Willumsen von dem rasch improvisierten Behelfslandeplatz Lönstrup-Strand zurückgekehrt. Dort hat sie 18 Schiffsbrüchige abgesetzt und der Obhut von Ambulanzwagen übergeben. Jetzt übernimmt sie, über der Katastrophenstelle kreisend, das Amt des »On-Scene-Commanders«, die Funkführung aller Rettungsmittel am Einsatzort. Inzwischen sind auch die Hubschrauber U-270 und U-275 eingetroffen, die den weitesten Anflugweg hatten. Damit sind sechs Maschinen versammelt, die alle unentwegt und mutig den Verunglückten helfen.

Sobald die U-240 vom Anlanden ihres ersten Schiffsbrüchigen-Schubs zurückgekommen ist, nimmt sie neun weitere Personen auf und beginnt dann in Lee der sinkenden Fähre eine Suchaktion. In etwa drei Meilen Entfernung von der SKAGERRAK entdecken die Flieger ein in der Schwimmweste treibendes neunzehnjähriges Mädchen, das besonders schnell abgetrieben ist. Nach Rettung dieser jungen Dame »müllert« U-240 abermals nach Lönstrup-Strand, damit alle Geretteten schnell in ärztliche Behandlung kommen können.

Mittlerweile ist der kleine Landeplatz kaum wiederzuerkennen. Man sieht, daß die SAR-Leitstelle Karup ganze Arbeit geleistet hat. Der Platz ist zu einem richtigen Brückenkopf ausgebaut worden: Ärzte und Schwestern für die erste Versorgung der Schiffbrüchigen sind zur Stelle, eine ganze Kolonne von Ambulanzwagen; Zelte werden errichtet, drei

Tankwagen mit Flugbenzin sind aus Aalborg herbeigekommen sowie ein Wagen mit Wartungsmechanikern für die Hubschrauber.

Die SKAGERRAK schwimmt zwar noch immer, aber ihre Schlagseite beträgt bereits 45 Grad. Nur der Kapitän, der Erste Offizier und neun Freiwillige harren noch immer an Bord aus.

Hauptmann Willumsen beordert den Hubschrauber U-278, weiter über dem waidwunden Fährschiff zu kreisen und Wache zu halten. Alle übrigen Maschinen formiert er zu einem »Quick Search« unter seiner Führung. In breiter Kette kämmen die fünf Helikopter das ganze Seegebiet ab. Die Maschinen fliegen so tief wie möglich, denn die Köpfe einzelner Schwimmer sind anders nicht auszumachen. Auch dieser Suchflug wird zur Wellenhüpferei. Immer wieder muß Willumsen seine Kameraden über UKW warnen: »Aufpassen, U-Zwo-Sieben-Fünf, ihr seid zu niedrig! Aufpassen, da kommt ein Brecher heran! ... He da, U-Zwo-Vier-Null, ihr seid doch kein U-Boot!«

Bei ihrer Suche entdecken die Flieger eine weit abgetriebene, umgekippte Rettungsinsel. Sie scheint menschenleer zu sein. U-280 hovert ganz niedrig über diesem Gummiklecks und will gerade resignierend weiterfliegen, da kommt zur Verwunderung der Flieger eine Hand aus diesem Gummiboden heraus und winkt. In der gekenterten Insel sind zwölf Personen eingeschlossen! Sie haben das Gummifloß nicht wieder aufrichten können. Als nun die Motorengeräusche hörbar wurden, hat einer von den Schiffbrüchigen schnell das im Boot angebundene Messer benutzt und ein Loch in den Gummiboden geschnitten!

Die zwölf werden sofort gerettet und nach Lönstrup geflogen. Die anderen Hubschauber suchen weiter und finden noch ein gekentertes Rettungsboot, an dessen Griffleinen sich verzweifelt zehn Schiffbrüchige anklammern. U-270 nimmt schnell drei von ihnen an Bord, U-276 die nächsten vier, während U-279 die letzten drei rettet. Bei diesen Menschen zählt jetzt jede Minute, weil sie ja stundenlang im Wasser hingen. Darum werden sie alle sofort in Lönstrup abgesetzt. Dort tankt U-279 nach und löst dann die U-278, die bei der SKAGERRAK Sicherung fliegt, ab.

Die ganze Aktion ist von geradezu phantastischer Perfektion! Inzwischen sind auch zwei schwedische und ein norwegischer Hubschrauber, eine deutsche ALBATROSS und eine dänische CATALINA-Amphibienmaschine zur Stelle, die bei Bedarf noch weitere Rettungsflöße abwerfen können.

Um 17.30 Uhr verschlechtert sich das Wetter weiter, die Sicht nimmt rapide ab. Abermals bilden alle Helikopter bis auf die Sicherungsmaschine eine Suchkette, aber sie können im Wasser nichts mehr finden. Eine Stunde später werden auch der Kapitän und seine zehn Getreuen von der SKAGERRAK abgeborgen, die bald darauf untergeht.

Nach Radiomeldungen fehlen immer noch 39 Personen, aber diese Zahl klärt sich wenig später als Mißverständnis auf: Der sowjetische Kapitän der JOSEF GREIFENBERGER setzt sie alle wohlbehalten in Frederikshavn an Land. Ganz Dänemark ist stolz: Die neuen S-61-Hubschrauber haben wirklich eine Weltpremiere gehabt. Sie haben, zusammen mit den von ihnen herangeführten Schiffen, alle 143 Menschen von der SKAGERRAK lebend retten können. Nur ein alter Mann aus Norwegen hat nach den überstandenen Aufregungen im Hubschrauber einen Herzschlag bekommen. Alle anderen Menschen leben. Auch die Lehrerin Thordal aus Rask Mölle findet ihre 28 Schulkinder, die mit auf der SKAGERRAK waren, unversehrt wieder. Sie stehen später alle zu ihrem Empfang auf dem Schulhof.

Bald stellt sich heraus, daß sogar die Schiffskasse der SKAGERRAK gerettet werden konnte! Der Zahlmeister des Schiffes hatte sie an einer Schwimmweste festgebunden und in eine Rettungsinsel zu werfen versucht. Sie fiel aber vorbei und wurde kilometerweit abgetrieben. Am Nachmittag hat der Hubschrauber U-280 auch diese treibende Schwimmweste entdeckt und mit der Rettungswinde hochgeholt.

Die Erfolge der dänischen S-61-Hubschrauber haben die Norweger so beeindruckt, daß auch sie sich zum Aufbau einer Hubschrauber-Staffel mit solchen Maschinen entschlossen. Auch in Deutschland horchte man auf: Die Dänen scheinen tatsächlich die richtigen Helikopter gewählt zu haben.

Das zeigt sich erneut, als im Mai 1968 das norwegische Fahrgastschiff BLENHEIM mit 167 Menschen an Bord auf der Reise von Newcastle nach Oslo Feuer fängt. Der im Schornstein entstandene Brand breitet sich so schnell aus, daß der Funkraum nicht betreten werden kann. Die BLENHEIM kann keine Notrufe mehr senden. Das Großfeuer wütet so schrecklich, daß alle Leute von Bord müssen.

Ein dänischer Fischkutter hat von weitem die Rauchwolke entdeckt, schließlich auch rote Leuchtraketen. Er alarmiert die dänischen Küstenfunkstellen. Und obwohl sich die BLENHEIM-Schiffbrüchigen genau mitten in der Nordsee befinden, sind in Bälde vier S-61-Helikopter aus Dänemark zur Stelle. Sie operieren an der Grenze ihrer Reichweite und haben an der Unglücksstelle höchsten 20 Minuten Zeit. Dann fliegen sie mit jeweils 18 Schiffbrüchigen nach Jütland zurück, tanken auf und kommen wieder. Die Methode ist aber so umständlich, daß man schließlich auf eine bessere Idee kommt: Die Hubschrauber setzen alle weiteren Schiffbrüchigen zunächst einmal auf einer 19 Meilen von der BLENHEIM entfernten Hochsee-Bohrinsel ab. Von dort können sie später ohne Zeitdruck abgeborgen werden.

60 Personen sind von Fischkuttern aufgenommen worden. Alle anderen haben die Helikopter geborgen. Das Unglück hat nur einen Schwerverletzten gefordert. Dieser Seemann der BLENHEIM wurde sofort von einer S-61 mit dem ersten Schub der Geretteten zum Krankenhaus von Esbjerg geflogen.

1970 hat der Verfasser dieses Buches bei der 722. Staffel der

Königlich Dänischen Luftwaffe in Vaerlöse bei Kopenhagen noch echte Wasserrettungsübungen der S-61 A mitgemacht – »waterworks« der auf der Wasseroberfläche »rollenden« Maschine, wie er sie von den Grumman-ALBATROSS-Amphibienflugzeugen her gewohnt war. Aber ihm fiel auf, daß das »Fliegende Rettungsboot« für diese Wasserlandungen einen dänischen Binnensee aufsuchte. Die im Salzwasser unvermeidlichen Leichtmetall-Korrosionsschäden machten die Grenzen des »Seacopters« allzu deutlich. Die dänischen Flieger hatten in der Einsatzpraxis längst der Windenrettung aus der Luft wieder den Vorzug gegeben.

## Sie fliegen immer

In der deutschen Marine zog man die Konsequenzen aus solchen Erfahrungen und beschaffte als neue Generation SAR-Hubschrauber eine Weiterentwicklung der S-61 – die in England gebaute Lizenzversion Westland Mark 41, die eigentlich als U-Jagd-Hubschrauber entwickelt wurde, aber gerade deshalb für den Such- und Rettungsdienst besonders günstige Eigenschaften mitbringt. Diese allwetterflugfähige, auch bei Nacht und Nebel bergetaugliche SEA KING wird, wie schon gesagt, rund um die Uhr eingesetzt. Sie bedeutet ein neues Zeitalter in der deutschen Seenotfliegerei.

Laut Behauptung einer sehr auflagestarken deutschen Illustrierten ist die SEA KING freilich eine millionenschwere Fehlbeschaffung, da die Maschine »ihrem eigentlichen Zweck überhaupt nicht gerecht wird – sie kann nämlich gar nicht auf dem Wasser landen«.

Selten hat eine unqualifizierte Pressemeldung solche Heiterkeitserfolge bei Eingeweihten ausgelöst wie jene. Dem Verfasser dieser »Ente« war vollständig entgangen, daß die inzwischen hochentwickelte Hubschraubertechnik Wasserlandungen überhaupt nicht mehr notwendig macht. Zwar hat auch die Westland MK 41 einen Bootsrumpf wie die gesamte Typenfamilie S-61. Sie ist praktisch ein Drehflügel-Flugboot geblieben. Ihre Fahrwerkgondeln mit einziehbarem Fahrwerk fungieren erforderlichenfalls weiterhin als Stützschwimmer. Eingebaute Notschwimmer, sogenannte »floats«, erhöhen zusätzlich die Stabilität – sprich: Kentersicherheit – der Maschine im Wasser. Aber solche Berührungen mit der Wasserfläche würden nur noch in etwaigen Luftnotfällen und damit im Notlandefall vorgenommen.

Zwar ist das Glasfaserradom am Rumpfkiel – mit der Doppler-Antenne – wasserdicht und wasserlandungsfest eingebaut. Weitere Elektronikteile an der Rumpfaußen- und Rumpfunterseite würden jedoch ausgesprochen »sauer« auf Wasserlandungen reagieren. Eben weil es keine rettungstechnischen Notwendigkeiten für solche mehr gibt, konnte man es sich leisten, die funk- und ortungstechnisch optimal ausgerüstete Maschine mit mehr als einem Dutzend empfindlicher Außenantennen zu versehen.

Die SEA KING des Typs Westland MK 41 hat sich die Wasserlandung wohlweislich »abgewöhnt«. Damit steht sie im Gegensatz zu tatsächlichen Amphibienhubschraubern der Typenfamilie S-61. Ihre Fähigkeit, auch bei Nacht, bei Schneetreiben oder Nebel im Blindflug »hovern«, d. h. auf der Stelle schweben zu können, setzt freilich eine automatische Anflug- und Schwebflugregelung sowie eine dazugehörige komplizierte Navigations-Elektronik voraus. Die jetzt in Deutschland eingesetzte SEA KING von der Version Mark 41 ist tatsächlich das Neueste vom Neuen, was an Rettungshubschraubern denkbar ist. Sie macht das bei früheren Hubschraubertypen notwendige »Einsprechen« der Maschine durch den Luftretter überflüssig. Da die beiden Piloten keine Sicht direkt unter die Maschine haben, war es früher beim Handhaben der Rettungswinde unumgänglich, daß der als Luftrettungsmeister fungierende Bordmechaniker laufend die Position der Maschine über die Eigenverständigungsanlage (Intercom) korrigierte: »Acht Meter nach rechts ... Stopp ... Drei Meter zurück ... Stopp ... Recht so ... Und jetzt nochmals drei Meter zurück.«

Bei der SEA KING übernimmt der Windenfahrer über ein Fernlenktableau das Steuern der Maschine selbst – genauer gesagt: Er korrigiert als »Bauchladenflieger« die Bewegungen der Maschine, die von der automatischen Schwebeflugregelung bewirkt werden, nach Belieben.

Die neuen Maschinen haben zwei Turbinen-Triebwerke (Freifahrtturbinen) vom Typ Rolls Royce Gnome H-1400 – und zwar in der Lizenzversion von General Electric. Eine elektrohydraulische Regelung bewirkt eine nahezu konstante Drehzahl der Arbeitsturbine unter allen Lastenbedingungen. Der Pilot hat also nach dem Einstellen der gewünschten Rotordrehzahl keine Triebwerksregelung mehr nötig. Die maximale Dauerleistung jedes der beiden Triebwerke liegt bei 1250 WPS, die Maximalleistung für eine Stunde bei 1400 WPS, die Startleistung (für 2,5 Minuten) gar bei 1500 WPS.

Ein Triebwerk läuft ständig »leer« mit. Fällt die arbeitende Turbine aus irgendwelchen Gründen ab, schaltet sich das Reservetriebwerk sofort auf Vollast und hält den großen, fünfblättrigen Rotor in der erforderlichen Drehzahl. (Der Rotordurchmesser beträgt rund 20 Meter!)

Die Reisegeschwindigkeit der SEA KING beträgt 211 km/h, die Höchstgeschwindigkeit 230 km/h. Das maximale Abfluggewicht der Maschine liegt bei 9,3 Tonnen. Jede SEA KING hat vier Mann Besatzung: Pilot, Co-Pilot, Navigator/SAROO und Bordmechaniker/Luftrettungsmeister.

Eine SEA KING kann durchschnittlich 18 Passagiere an Bord nehmen. In der Praxis heißt das: Über einen Einsatzradius von 100 Seemeilen können 26 Personen, über einen Radius von 300 Seemeilen nur 12 Personen gerettet werden. Das ist aber nur eine Faustregel. Das »SAR-Einsatzprofil« spricht realistischer von einem 245-Seemeilen-Aktionsradius einschließlich fünf Minuten Warmlaufzeit, 30 Minuten Schwebeflug zur Aufnahme von 12 Geretteten und Rückkehr zum Startplatz mit 20 Minuten Kraftstoffreserve. Immerhin hat die Maschine eine Maximalflugdauer von reichlich sechs Stunden. Sie ist deshalb als Suchflugzeug ebenso geeignet wie als Rettungsinstrument. Durch ihr integriertes Radar- und Doppler-Navigationssystem ist die SEA KING auch unter schlechtesten Sichtbedingungen über Wasser einsetzbar. Der nach dem österreichischen Mathematiker Christian Doppler (1803–1853) genannte Doppler-Effekt wird für die Navigation ausgenutzt: Es lassen sich durch Sendung elektromagnetischer Wellen zum Boden und durch den Empfang der zurückgeworfenen Echos Frequenzänderungen messen und damit schon äußerst langsame Bewegungen über Grund feststellen. Freischwimmenden Saugbaggern und Bohrschiffen ist mit diesem Verfahren eine dynamische Positionskontrolle möglich.

Die Integration des in die SEA KING eingebauten Dopplers mit dem automatischen Flugregelsystem macht vollautomatische »Transitionen« vom Marschflug in den Schwebeflug oder umgekehrt möglich. Im Schwebeflug, beim sogenannten »Hovern«, wird die Position des Helikopters präzise automatisch eingehalten. Das ist darauf zurückzuführen, daß der die Navigationsinformation liefernde Doppler das automatische Flugregelsystem beaufschlagt. Ein Controll Indicator Computer (CIC) vermittelt kontinuierliche Anzeige der Flugposition durch Angabe der Distanzen nach geografischer Länge und Breite. Bei vorgegebener Windrichtung und Windgeschwindigkeit nimmt der Rechner automatische Korrekturen für alle Bewegungen gegenüber dem Boden vor.

Das automatische Flugregelsystem ermöglicht eine Stabilisierung um alle drei Achsen, außerdem die Einhaltung des Steuerkurses, der barometrischen sowie der (durch den Radarhöhenmesser mitgeteilten) Funkhöhe. Die Eingangsinformation gibt eine Kombination von Kreiseln, Kompaß, Radarhöhenmesser und Luftdruckhöhenmesser.

Der Navigator (SAROO) sitzt am taktischen Sichtgerät des Suchradar in der Hauptkabine. Er kann auf seinem Bildschirm andere Suchflugzeuge gleichen Typs mittels Transponder (Radarantwortgebern) einwandfrei ausmachen, was die Kombination erleichtert.

Das Suchradar selbst befindet sich in einem Radom, d. h. in einer Kuppel auf dem Rücken der Maschine hinter dem Hauptrotor. Damit ergibt sich zwangsläufig ein toter Winkel von wenigen Graden, vor allem in der Vorausrichtung. Das spielt jedoch in der Suchpraxis eine relativ geringe Rolle. Es wird ja ohnehin in der Regel ein Suchmuster mit wechselnden Kursen geflogen – es sei denn, daß der Notrufende weiterhin eingepeilt und im Funkzielflug direkt angesteuert werden kann (Electronic Search).

Die Navigation wird auf dem Radar-Sichtpult augenfällig gemacht. Es können jederzeit wie auf einem Leuchttisch »overlays« (Proki-See- oder Landkarten) verwendet werden. Zugleich ist laufendes Radarplotten möglich. Dabei stabilisiert der Doppler das Radarbild. Er gibt ständig Driftanzeige und errechnet die Geschwindigkeit über Grund. Außerdem verfügt der SAROO, wie gesagt, über ein Decca-Anzeigegerät, das über See Standortbestimmungen von etwa 30 Metern Genauigkeit ermöglicht.

Gemessen an der früheren Navigationsmethode in Seenot-Hubschraubern – vor allem mittels Funkkreuzpeilungen und Koppelung durch den Co-Piloten – bedeutet das, was der SAROO in seiner kleinen, durch Vorhänge abteilbaren Dunkelkammer an exakten Positionswerten ermittelte, einen großen Schritt vorwärts. Und seitdem kann bei einer Suchaktion eine SEA KING jederzeit als On-Scene-Commander (OSC) fungieren: Fliegerische Such- und Rettungsmaßnahmen lassen sich direkt von Bord des Einsatzflugzeuges aus koordinieren.

Was die SEA KING tatsächlich zu leisten vermag, hat sie

Kieloben treibt die MERC ENTERPRISE (s. S. 407) in den Sturmseen des Kanals. Drei Hubschrauber vom Typ SEA KING beginnen unverzüglich mit der Überlebendensuche. Völlig abgekämpft wird schließlich Luftrettungsmeister Leutnant zur See Schüler mit dem aufgefischten Kapitän des gekenterten Schiffes nach oben geholt.

Hubschrauber des Typs SEA KING bei einer »Winschübung«. Ein kundiges Auge erkennt die Ausrüstung mit zwei Turbinentriebwerken, das Radom für das Suchradar hinter dem Rotor und eine der beiden – notfalls als Stützschwimmer dienenden – Fahrwerkgondeln mit einziehbarem Fahrwerk.

schon bei ihrer Feuertaufe bewiesen. Noch während der Umschulung auf diesen neuen Hubschrauber in England haben deutsche SAR-Flieger vom Marinefliegerhorst Culdrose/Cornwall aus ingesamt 34 Menschenleben gerettet. Der spektakulärste Einsatz, geflogen mit gemischter englisch-deutscher Besatzung, wurde durch das Kentern des 780 BRT großen dänischen Motorschiffes MERC ENTERPRISE notwendig. Als der kleine Frachter den Mayday-Notruf ausstrahlen mußte, weil ihm die Ladung übergegangen war, fegte ein Orkan mit 130 km/h Windgeschwindigkeit vom Atlantik in den Kanal und türmte bis zu 15 Meter hohe Wellenberge auf. Während der Rettungsaktion nahm der Sturm an Stärke weiter zu, er steigerte sich auf 160 km/h!

Die zuerst alarmierte Maschine GERMANY 5 war binnen acht Minuten nach dem Seenotalarm in der Luft – eine »saubere« Leistung für einen Hubschrauber, der im Hangar gestanden hat. Vom Orkan geschoben, erreichte GERMANY 5 gleich 200 Knoten Geschwindigkeit und legte somit die 50-Seemeilen-Distanz zur Notrufposition in einer knappen Viertelstunde zurück! Kapitänleutnant Hermann Neuber, Hubschrauberpilot beim Marinefliegergeschwader 5, schreibt über den ungewöhnlichen Einsatz in seinem Buch »Über uns der Himmel und unter uns die See«, Januar 1977 erschienen im W. Fischer-Verlag, Göttingen, und als Reportage zuerst veröffentlicht in »Köhlers Flottenkalender 1977«:

»Motorschiff MERC ENTERPRISE ist bereits gekentert. Man sieht neben dem kieloben treibenden Schiff unzählige Wrackteile, Rettungsringe und Schwimmwesten in einer See, wie sie keiner der Beteiligten je zuvor erlebt hat.«

Laut SAR-Leitstelle Plymouth hatte das gekenterte Schiff 19 Mann Besatzung. Vier hat der in der Nähe stehende sowjetische Trawler LENINGRAD unter schwierigen Umständen aus der brodelnden See gerettet. Russische Seeleute sprangen unter Einsatz ihres Lebens angeleint über Bord und haben die Schiffbrüchigen dem Hexenkessel der brüllenden See entrissen.

Lieutnant-Commander Mallock dreht GERMANY 5 gegen den Wind. »Da vorn schwimmt einer!« ruft Leutnant zur See Schüler, der mit dem Stehgurt gesichert in der offenen Türluke kauert. Er hat also den fünften Schiffbrüchigen entdeckt. Von Sturmböen geschüttelt, nimmt GERMANY 5 Kurs auf ihn. Der hoch auffliegende Gischt behindert die Sicht. Schon während des Sinkfluges ist Mallock gezwungen, die Steuerautomatik auszuschalten, sie spielt bei diesem extremen Wetter verrückt. Es wird von Hand weiter gesteuert. Und jetzt steht GERMANY 5 im Schwebeflug über dem im Wasser treibenden Mann.

»Die Schlinge läuft ab – wir stehen gut so!« meldet der Bordmechaniker ins Cockpit. »Jetzt hat der Schiffbrüchige die Schlinge erfaßt!« Im nächsten Augenblick rollt ein haushoher Brecher heran und fegt den Mann davon.

»Er hat die Schlinge losgelassen!« brüllt Schüler. »50 Meter zurück! Noch 20! Stopp, wieder gut so. Gleich hat er sie wieder ... Jetzt ... Schlinge ist am Mann!«

Durch den schäumenden Gischt in der Sicht behindert, kann der Luftretter nicht genau erkennen, was der Mann in dem brodelnden Wasser mit der Schlinge macht. Er meint, er habe sie umgelegt und läßt das Seil einlaufen. Es strafft sich.

»Verdammt, er hat losgelassen, es hat keinen Zweck. Ich gehe selbst nach unten!«

»Okay, Max!« stimmt der Kommandant zu. »Wenn Sie freiwillig nach unten gehen, bedient Allan die Winde!«

Angetan mit der »Winschhose«, die das Arbeiten mit freien Händen ermöglicht, und mit einer Rettungsschlinge in der Faust, schwebt Schüler zur Wasserfläche hinunter, während Co-Pilot Reiners nach achtern eilt, um dem SAR-Operationsoffizier bei der Übernahme des Geretteten behilflich zu sein.

Mallock kann bei diesem Kuhsturm beim besten Willen

keine konstante Höhe halten. Mal ist der Hubschrauber zwanzig Meter über dem Wasser, im nächsten Augenblick rollt einer der riesigen Brecher nur drei Meter unter der Maschine durch.

Nur drei Minuten dauert es, bis Schüler mit dem geretteten Kapitän des gekenterten Schiffes nach oben kommt.

Gleich darauf taucht er zum zweitenmal neben einem gesichteten Schwimmer in die kochende See und hängt wenig später mit einer leblosen Frau im Arm vor der offenen Luke. Reiners zieht die Frau an Bord und befreit sie aus der Rettungsschlinge. Vergebens versucht er, sie aufzurichten. Da sie kein Lebenszeichen mehr von sich gibt, legt er sie zunächst einmal nieder, um nach den nächsten Schiffbrüchigen Ausschau zu halten. Mit langsamer Fahrt fliegt GERMANY 5 ihren Suchstreifen ab, eingehüllt in sprühenden Gischt. Um bessere Sicht zu haben, hat Reiners sein Schiebefenster geöffnet. Angestrengt starrt er in das Tohuwabohu hinunter. Plötzlich zuckt er zusammen. War da nicht etwas? Da – jetzt wieder!

Undeutlich, aber doch erkennbar, ragt ein winkender Arm aus den Wellen. »Stopp! 100 Meter nach links!« ruft Reiners seinem Kommandanten zu. Und sofort begibt sich Schüler wieder nach achtern. Während er zum drittenmal am Winschseil nach unten schwebt, versucht Lieutenant-Commander Mallock den Hubschrauber nach den Angaben des SAR-Operationsoffiziers direkt über den Schiffbrüchigen zu plazieren. »Max ist noch drei Meter über dem Wasser! ... Jetzt ist er eingetaucht ... Fünf Meter nach rechts!« ruft Tremelling. »Dann kann Max den Mann fassen!«

Im nächsten Augenblick kommt wieder ein ungeheurer »Roller« herangeschäumt. Schüler wirft sich herum und bekommt den Schiffbrüchigen gerade noch zu fassen, als die Wellen über ihm zusammenschlagen. Der Mann klammert sich verzweifelt an ihm fest. Seine Hände verkrampfen sich im Kälteschutzanzug seines Retters und zerren den Reißverschluß auf. Eiskalt strömt das januarkalte Atlantikwasser in Schülers Anzug. Der Leutnant hat das Gefühl, daß ihm der Kopf zerspringen müßte. Er hat nur noch den einen Gedanken: Luft!

Dennoch hält Schüler den Schiffbrüchigen eisern fest. Endlich taucht er, nach Luft japsend, wieder an die Oberfläche. Der vollgelaufene Kälteschutzanzug behindert ihn ungemein. Schüler hat große Mühe, dem an ihm hängenden Mann die Rettungsschlinge umzulegen. Schließlich schafft er es doch. Tremelling zieht ihn sofort hoch. Sekunden später schwebt er mit dem Geretteten im Arm zwischen der geifernden See und dem Hubschrauber. Als Schüler den Kopf nach oben reckt, bemerkt Tremelling erschrocken Blutspuren in Schülers Gesicht. Hoffentlich ist ihm nicht dasselbe passiert wie vorhin dem Luftretter von der britischen Maschine RESCUE 596, dem das Stahlseil (die Rettungsleine) so schlimm das Gesicht zerschnitt, daß der Einsatz abgebrochen werden mußte.

Schüler und sein Schützling hängen nun draußen vor der Luke. Der deutsche Co-Pilot, Kapitänleutnant Onno Reiners, faßt mit an und hilft, die beiden ins Innere der Maschine zu ziehen. In seiner Todesangst klammert sich der gerettete Seemann am Bein des Co-Piloten fest und läßt ihn nicht mehr los. Tremelling brüllt: »Was ist mit deinem Gesicht, Max? Bist du okay?« Schüler wischt sich über das Gesicht und sieht erstaunt die Blutspuren auf dem nassen Handrücken. »Muß wohl der Winschhaken gewesen sein – ist nicht so schlimm, ich habe gar nichts gemerkt ...«

Während sich Schüler total erschöpft auf den Boden des Hubschraubers legt und das eingedrungene Wasser aus seinem Kälteschutzanzug hinauslaufen läßt, steuert Mallock die GERMANY 5 durch den grauen, hochfliegenden Gischt. Etwa 200 Meter voraus soll der nächste Schiffbrüchige treiben, so hat die benachbarte britische Maschine eben gemeldet. Wieder dirigiert Reiners, der alle Mühe hatte, die Hand des sich noch immer an seinem Bein festklammernden Geretteten mit Gewalt wegzudrücken, den Kommandanten in die Nähe des Schwimmers. Mallock ist in Schweiß gebadet, während er die Maschine zum Stillstand bringt. Der Fahrtmesser am Instrumentenbrett pendelt zwischen 60 und 100 Knoten. Mit einem Auge ständig auf dem Radarhöhenmesser, versucht der Pilot, so gut es eben geht, die größten Wellenberge abzureiten, um wenigstens eine einigermaßen konstante Höhe über der Wasseroberfläche zu halten. Er muß tunlichst vermeiden, daß der Bordmechaniker abermals so tief unter Wasser gerät wie bei der letzten Rettung. Der immerhin 10 Tonnen schwere Hubschrauber war dabei von den beiden am Winschseil hängenden Männern wie von einem Treibanker nach achtern gezogen worden. Nach dem Radarhöhenmesser dürften die zwei mindestens zehn Meter unter Wasser gewesen sein!

»Max hängt außenbords und geht wieder nach unten!« meldet Tremelling ins Cockpit. Und Sekunden später taucht Schüler dicht bei dem Schiffbrüchigen in einen riesigen, sich überschlagenden Wellenberg ein. Immer wieder von Wellen überspült, Salzwasser schluckend und nach Luft japsend, müht er sich ab, dem Seemann die Rettungsschlinge umzulegen. Trotz aufgeblasener Schwimmweste ist der Luftretter während des verbissenen Kampfes mehr unter als über Wasser.

Die Minuten werden zur Ewigkeit. Der zu Rettende ist völlig hilflos, er hängt ohne jede Bewegung in seiner Schwimmweste. Gleich nach dem Aufwinschen von Schüler und seinem leblosen Geretteten entschließt sich Mallock, sofort die Klinik von Plymouth anzufliegen. Der Zustand aller Geretteten ist bedenklich. Sie sind alle unterkühlt und stehen unter Schockwirkung. Vielleicht sind zwei von ihnen sogar schon tot.

»Kurs Plymouth Null-Zwo-Fünf!« meldet Tremelling, nachdem er sich am Radarschirm orientiert hat. Mallock übergibt jetzt die Steuerung an Reiners und begibt sich zu den Geretteten. Schüler, der viermal im Wasser war und vor Anstrengung zittert, schaltet das Heißwassergerät ein und öffnet ein Ventil, um Heißluft von den Triebwerken in die nun wieder geschlossene Kabine zu leiten. Dann beginnt er verzweifelt die Mund-zu-Mund-Beatmung der Kapitänsfrau, während der eine Brite einen anderen Geretteten beatmet. Der Kommandant müht sich nun ab, die beiden eindeutig lebenden Schiffbrüchigen in Bewegung zu halten. Er läuft mit ihnen umher, läßt sie in die Hände klatschen und flößt ihnen heißen Kaffee ein. Der Hubschrauber tanzt unterdessen in den Sturmböen derart Rumba, daß Tremelling an seinem Radarschirm luftkrank wird. Nur durch Willenskraft ist er in der Lage weiterzunavigieren.

Gleich nach Absetzen der Geretteten geht es wieder hinaus auf See. Zunächst sucht GERMANY 5 mit Erfolg das als überfällig gemeldete Motorrettungsboot PLYMOUTH, dem nur die Funkanlage ausgefallen war. Anschließend wird bis Einbruch der Dunkelheit – zusammen mit der von Lands End hinzugekommenen Maschine GERMANY 8, die zwei Tote der MERC ENTERPRISE gefunden und unter großen Schwierigkeiten geborgen hat – im Bereich der Unglücksposition weitergesucht. Erst bei völliger Finsternis wird die Aktion als sinnlos abgebrochen. Es gäbe ohnehin für im Wasser Treibende keine Überlebenschancen mehr.

Auf dem Rückflug zur Küste beginnt GERMANY 5 wie irre zu schütteln und zu bocken. Zugleicht ertönt ein Knallen, das sich wie Maschinengewehrfeuer anhört. Im Nu ist die Besatzung hellwach. Kapitänleutnant Reiners bemüht sich verzweifelt, die Maschine unter Kontrolle zu halten. Die Augen des Kommananten huschen suchend über das Instrumentenbrett ... alles in Ordnung!

Ebenso plötzlich, wie sie entstanden waren, sind die unkontrollierten Bewegungen des Hubschraubers wieder vorbei, auch das Knallen hat aufgehört. Infolge der starken

Böen sind vermutlich die Rotorblattspitzen in den Überschallbereich geraten. Mallock läßt Reiners vorsorglich die Fahrt auf 100 Knoten reduzieren. Aber Minuten später gerät die Maschine wieder in starke Turbulenz, das Knallen ertönt erneut. Zugleich stellen die Piloten mit Schrecken fest, daß die Leistung des Steuerbordtriebwerks um 45 Prozent abfällt. Zugleich wird es gespenstisch hell im Cockpit. Oben schlagen aus der Steuerbordturbine Stichflammen und Funken heraus.

Culdrose wird informiert, damit auf alle Fälle ein Hubschrauber zum sofortigen Rettungseinsatz startbereit gemacht wird.

Der Co-Pilot steigt auf 750 Fuß Höhe und reduziert abermals die Fahrt. Die Flammen erlöschen wieder. Mit ungeheurer Anstrengung behält Reiners die Maschine unter Kontrolle. Aber sobald wieder starke Böen den Hubschrauber treffen, schlagen erneut Flammen aus der Steuerbordturbine. Bald ist abzusehen, daß mit dem Totalausfall gerechnet werden muß. Der Kommandant setzt eine weitere Dringlichkeitsmeldung nach Culdrose ab. Die Besatzung von GERMANY 5 bereitet sich auf das Schlimmste vor. Die Kälteschutzanzüge und der Sitz der Schwimmwesten werden noch einmal kontrolliert. Noch fünf Meilen bis zur Küste. Pechschwarze Nacht. Tobende See.

Etwa eine Meile vor der Steilküste macht sich eine außerordentlich starke Turbulenz bemerkbar. Schlagartig fällt die Leistung beider Triebwerke auf Null. Der schwere Hubschrauber sackt wie ein Stein nach unten. Blitzschnell drückt der Kommandant, der vorher die Steuerung übernommen hat, den Rotorblattverstellhebel nach unten und leitet eine Autorotation ein – eine motorlose Landung. Gleichzeitig setzt er einen Notruf ab.

Auf alles gefaßt, erwartet die Besatzung das Aufschlagen der Maschine auf die geifernde See, von deren haushohen Wellen man jetzt nur noch wenige Meter entfernt ist. Aber während des Autorotations-Sinkfluges haben sich die Triebwerke doch wieder stabilisiert und Leistung aufgenommen. Aufatmend fängt Mallock den Hubschrauber ab und bemüht sich, wieder Höhe zu gewinnen.

Jetzt ragen nur wenige hundert Meter voraus – unsichtbar in der Finsternis – die Klippen der Steilküste empor. Darüber heißt es nun hinwegzukommen, ohne daß GERMANY 5 zerschellt! Die Nerven der beiden Piloten sind zum Zerreißen gespannt. Die drei anderen Männer können nichts anderes tun, als ihre Sicherheitsgurte strammer zu ziehen und zu warten.

Mallock ist mühsam wieder auf 500 Fuß geklettert. Wenn er jetzt wenigstens diese Höhe halten könnte ...

Aber die letzten Meter bis zur Küstenkante kosten die meisten Nerven. Mehrfach setzen erneut die Triebwerke aus, um dann schlagartig wieder Leistung anzunehmen. Die Instrumente lassen sich kaum noch ablesen, so wild fluktuieren die Nadeln der Triebwerksüberwachungsinstrumente hin und her.

Mit Hängen und Würgen torkelt GERMANY 5 tatsächlich über die Klippenkante hinweg. Jetzt muß nur noch das unwegsame Gelände in deren Nähe »übersprungen« werden. Aber der Fliegerhorst läßt sich keinesfalls mehr erreichen.

Mallock läßt klarmachen zur Notlandung: Fahrwerk raus, sämtliche Navigations- und alle überflüssigen Funkgeräte abschalten, Landescheinwerfer an. Aber trotz strahlender Helligkeit der Scheinwerfer kaum noch Sicht. Die Cockpitfenster sind total mit Salzkristallen verklebt.

Gerade hat man die Lichter eines kleinen Fischerdorfes umflogen, als wieder Triebwerk 2 aussetzt. Fast im gleichen Augenblick spielt auch das andere Triebwerk verrückt. Bei abrupten Leistungsänderungen von 0 bis 150 Prozent sackt der Helikopter nach unten weg. »Kraftstoffzufuhr Turbine 2 schließen – wir landen!« ruft Mallock und schaltet wieder auf Autorotation. Das auf- und abschwellende Heulen der einen, noch zum Teil funktionierenden Turbine ist unheimlich anzuhören. Im letzten Augenblick entdeckt Mallock durch die Salzkrusten der Cockpit-Frontscheibe direkt voraus Bäume. Der Radarhöhenmesser meldet nur noch 100 Fuß, rund 30 Meter Höhe. Mit einer Reflexbewegung reißt Mallock den Vogel noch einmal nach oben.

»Nach links, nach links!« stößt Reiners hervor, der durchs geöffnete Schiebefenster eine ganze Masse weiterer Bäume entdeckt hat. Auch dieses Ausweichmanöver geht um Haaresbreite klar. GERMANY 5 torkelt an den Hindernissen vorbei, um Sekunden später krachend und schaukelnd auf einem gepflügten Feld aufzusetzen. Die Maschine ist sekundenlang in Gefahr, umzukippen. Erst jetzt erkennt man, daß der verdammte Sturzacker etwa 25 Prozent Neigung hat.

Endlich wird alles still – bis auf das Tosen des Sturmes. Benommen nehmen die fünf schweißgebadeten Männer zur Kenntnis, daß sie mit blauem Auge davongekommen sind. Noch wissen sie freilich nichts davon, daß sie soeben eine Starkstromleitung durchschlagen und die ganze Gegend verdunkelt haben. Sie haben in ihrer Erschöpfung nicht mal den blauen Blitz bei der gefährlichen Kollision mit der Leitung bemerkt. Auch ist ihnen noch nicht klar, was mit den Triebwerken los gewesen ist: Sie waren vom Flugwasser der riesigen Wellenberge versalzt. Die Verdichterschaufeln waren infolge der Salzablagerungen ausgefallen.

Eines aber ist der Besatzung der GERMANY 5 klar: Sie hat die beiden schwersten Einsatzflüge hinter sich, die ihnen bisher im Seenotdienst abverlangt wurden.

Eine zweite Feuertaufe erlebten SEA-KING-Hubschrauber bei der Sturmflutkatastrophe vom 3. Januar 1976. Drei Maschinen wurden – erstmals in der deutschen Luftfahrtgeschichte im Nachtblindflug und Nachtbergeeinsatz über Landgebieten – im überfluteten Hamburger Hafen und in der nach Deichbruch überschwemmten Haseldorfer Marsch/Landkreis Pinneberg eingesetzt, eine vierte Maschine im Deichbruch-Katastrophengebiet Drochtersen-Krautsand. Allein die letztgenannte Maschine hat unter dramatischen Umständen bei völliger Dunkelheit oder gar Schneesturm 46 Menschen aus Baumkronen oder von Hausdächern mit der Rettungswinde geborgen! Alle vier Maschinen operierten in ständiger Gefährdung durch unbeleuchtete Kranausleger und abgeschaltete, kein elektrisches Feld anzeigende Hochspannungsleitungen. Zugleich war in Nord- und Ostsee der Teufel los, so daß auch dort SEA KINGS in schwerem Einsatz standen.

Ein typischer Einsatz aus der Praxis unserer Hubschrauberstaffel: Das Bremer Motorschiff SCHWARZENFELS setzt 30 Meilen vor Borkum einen Notruf ab, weil an Bord ein Seemann in einen Laderaum hinuntergestürzt ist; er hat einen Schädelbruch und mehrere Rippenbrüche erlitten.

Der Borkumer Seenotkreuzer würde zur SCHWARZEN-FELS bis zu zwei Stunden unterwegs sein. Es stürmt mit 50 Knoten Windgeschwindigkeit, Terschelling und Borkum melden fünf Meter Wellenhöhe.

Darum gibt die SAR-Leitstelle in Glücksburg-Meierwik Einsatzbefehl. Der Gefechtsstand in Kiel-Holtenau alarmiert die Borkumer Einsatzmaschine. PEDRO 33 startet mit einem Oberstabsarzt und einem Sanitätsgefreiten samt Sanitätsausrüstung. Sie werden auf die SCHWARZENFELS abgewinscht. Dort wird der Schwerverletzte fachgerecht versorgt und in den Schleifkorb eingebunden, der mit der Rettungswinde zum Helikopter emporgehievt wird. Dann erst holen der Bordmechaniker den Arzt und den Sanitäter wieder an Bord zurück.

Nach der Landung auf Borkum werden nicht nur der Schwerverletzte, sondern auch der Sanitätsgefreite ins Inselkrankenhaus gebracht. Er war nämlich bei dem herrschenden Sturm am Rettungsseil derart ins Pendeln geraten, daß er mit voller Wucht gegen einen Decksaufbau des Frachters prallte. Die Ärzte stellten einen Rippenbruch fest.

Den bisher seltsamsten SAR-Hubschraubereinsatz dürfte die amerikanische Küstenwache geflogen haben. Sie sah sich eines Tages gezwungen, einen kompletten Feuerlöschzug von 18 Mann mitsamt Ausrüstung und Gerät aus der Luft auf einen brennenden italienischen Tanker abzuseilen, der völlig unbemannt auf die belebten Schiffahrtswege und Häfen der Ostküste zusteuerte. Bei Ausbruch des Feuers war die Besatzung in solcher Panik über Bord gesprungen, daß sie sogar die Maschine des Tankers abzustellen vergaß. Die Küstenwache konnte dann zusehen, wie sie die »selbstfahrende Brandstelle« unter Kontrolle bekam!

Vor mir liegt eine Mitteilung der Deutschen Botschaft Stockholm. Sie besagt, daß gleichzeitig acht schwedische Seenotflieger in feierlicher Form und im Beisein hoher schwedischer Persönlichkeiten mit der Bronzenen Medaille der DGzRS und der Hamburgischen Lebensrettungsurkunde ausgezeichnet wurden. Es handelte sich um die Besatzungen des SAR-Hubschraubers H 91 unter Hauptmann Hans Frisk und des SAR-Hubschraubers HKP 4 unter Feldwebel Olof Arbin.

In den ersten drei Monaten eines Jahres waren nicht weniger als sechs deutsche Schiffe in schwedischen Gewässern verlorengegangen. Schwedischen Rettungsmännern und Hubschrauberbesatzungen ist es zu verdanken, daß sämtliche Seeleute dieser Schiffe in Sicherheit gebracht werden konnten. Der Helikopter H 91 von der »Svea Flygflotilla F 11« rettete fünf Mann vom Kümo MERKUR, das im Januar – völlig vereist und mit starker Schlagseite – westlich Gotland in Seenot geraten war. Das Wetter war so, daß der Flug kaum zu verantworten war, es herrschte schwerer Schneesturm. Aber Hauptmann Frisk und seine drei Männer starteten nach eingehender Beratung doch, nachdem Tingstäde Radio die verzweifelten Notrufe der MERKUR aufgefangen hatte. Es war den Hubschrauberfliegern aber völlig unmöglich, in dem Flockenwirbel den Havaristen zu finden. Die Küstenfunkstellen hatten leider nur verstümmelte Peilzeichen bekommen, die gepeilte Position erwies sich als falsch. Die SAR-Leitstelle Stockholm mußte notgedrungen eine mit Radar ausgerüstete Starrflügelmaschine zu Hilfe schicken. So wurde die MERKUR in der grauweißen Götterdämmerung zuletzt doch entdeckt. Während des Schneesturm-Winschmanövers konnten die Hubschrauberflieger nicht mal die herumwedelnden Masten des schiefliegenen Schiffes früh genug erkennen. Es gelang aber doch, die fünf Seeleute emporzuwinschen, ohne daß der Helikopter mit den gefährlichen Masten in Berührung kam. Man flog die Geretteten nach Visby/Gotland.

14 Tage vorher hatte der Helikopter HKP 4 von der Flugstaffel F 8 in Barkaby alle acht Personen des deutschen Kümo HINRICH QUAST gerettet. Dabei erlebten die Feldwebel Arbin, Södermann, Bengtsen und der Erste Flugtechniker Sjöstedt ein schwedisches Gegenstück zum deutschen GEMMA-Abenteuer.

Die HINRICH QUAST, von Mäntyluoto mit Schnittholz unterwegs nach Nantes, war in der Dunkelheit eines stürmischen Winterabends 20 Seemeilen östlich Grundkallen im Bottnischen Meerbusen auf einer Felsklippe gestrandet. Die Brandung schlug das Motorschiff derartig hart auf, daß es sofort vollief. Der Kapitän funkte »Mayday« und brannte rote Notfeuer ab. Mariehamn Radio, die Küstenfunkstelle der Åland-Inseln, kam in Verbindung mit der HINRICH QUAST. Die Lage des Schiffes war hoffnungslos.

Das Backbordrettungsboot war beim Versuch des Aussetzens verlorengegangen. Das Steuerbordboot konnte infolge der starken Schlagseite ohnehin nicht benutzt werden. Ein Teil der Decklast ging verloren. Die überbrandenden Brecher wirbelten Hunderte von Schnittholzbrettern umher. Ein Entkommen aus dieser gefährlichen Umgebung gab es nicht. Bald war auch die Lichtanlage ausgefallen, der Salon stand schon unter Wasser. Schließlich war das Schiff so weit abgesackt, daß das Wasser im Ruderhaus stand. Nur das Peildeck der schiefliegenden Kommandobrücke ragte noch aus der See. Laufend gingen Brecher über, und die Schiffbrüchigen konnten jeden Augenblick von einem mitgeschleuderten zentnerschweren Schnittholzstück erschlagen werden. Es wurde höchste, allerhöchste Zeit, daß der Hubschrauber kam. Den hatte Mariehamn Radio noch angekündigt, bevor auch der Empfänger der HINRICH QUAST ausgefallen war. Die vier Hubschrauberflieger wußten sehr wohl, was sie mit diesem Nachteinsatz bei Schneesturm auf sich genommen hatten. Aber ihnen war bekannt, daß die Deutschen ohne den Hubschrauber verloren wären. Auch hatten die Flieger erfahren, daß die Frau des Steuermannes und ein siebenjähriges Kind mit an Bord seien.

Das gestrandete Küstenmotorschiff schlingerte, obwohl praktisch ganz unter Wasser liegend, fürchterlich hin und her. Es machte auf der Klippe unberechenbare Bewegungen. Das Winschmanöver des Hubschraubers wurde darum das Schwierigste, das in Schweden wohl jemals geflogen worden ist. Die herumfuchtelnde Takelage gefährdete auch das Rettungsseil mit den pendelnd daran hängenden Schiffbrüchigen. Man mußte sie jeweils mit größter Hast winschen. Der Bordmechaniker hievte den Steuermann so schnell empor, daß der nicht mal sein Kind mitnehmen konnte. Das sollte eigentlich zuerst in Sicherheit gebracht werden. Nun beauftragte der Kapitän einen Matrosen, er solle die Kleine mit hochnehmen. Das gelang, wenn auch unter großen Anstrengungen. Anschließend wurde die Steuermannsfrau in die Rettungsschlinge genommen. Nach zweistündigem, härtestem Flugeinsatz landete HKP 4 mit den durchnäßten, ausgepumpten Schiffbrüchigen sicher in Stockholm-Brömma. Und trotz der späten Stunde waren Presse, Fernseh-Tagesschau und Angehörige der Deutschen Botschaft zur Stelle. Schwedens Zeitungen waren anderntags des Lobes voll über die Besatzung des »Fanjukare« Olof Arbin.

## Schnelle Hilfe ist alles

Der Zufall wollte es, daß im deutschen Seenotdienst die Einführung der neuen Hubschrauber vom Typ SEA KING zeitlich zusammenfiel mit der Indienststellung der JOHN T. ESSBERGER, des ersten Seenotkreuzers vom großen 44-Meter-Typ.

Meine erste Begegnung mit diesem Rettungsboot-Riesen war ein wenig verwirrend: Ich wurde an einem Dezembermorgen noch vor Hellwerden in der westlichen Ostsee von einer SEA KING mit der Rettungswinde auf die JOHN T. ESSBERGER abgesetzt. Ich »stieg« in etwa 30 Metern Flughöhe, wie in solchen Fällen üblich, »aus« und schwebte nun wie eine Marionette, man könnte auch sagen als eine Art Weihnachtsengel nach unten. Ich glaubte zu träumen, denn ich hatte plötzlich das Gefühl, auf einen Flugzeugträger abgeseilt zu werden. Die strahlend helle Flutlichtanlage eines großen Hubschrauber-Arbeitsdecks kam mir entgegen. Plötzlich wurde ich sogar mit einem Spezialgerät an einer langen Stange geerdet, um bei der Berührung des Decks keinen Schlag durch plötzliche Entladung statischer Elektrizität zu erleiden. Vornehme Sache!

Als ich endgültig auf dem Landedeck Fuß gefaßt und mich aus der Rettungsschlinge befreit hatte, trat ich den Weg ins Schiffsinnere an und war dort erst recht benommen von den Dimensionen. Dieser Seenotkreuzer ist rund 18 Meter länger als meine ARWED EMMINGHAUS!

Inzwischen hat die JOHN T. ESSBERGER längst ein Schwesterschiff in Gestalt des Seenotkreuzers WILHELM KAISEN. Das eine von diesen »Jumbo-Rettungsbooten« ist in der Ostsee, das andere in der Nordsee stationiert und bezieht bei jeder kritischen Wetterlage eine Seeposition oder ist dort stationiert (Helgoland).

Die Presse hatte den neuen Seenotkreuzertyp der 44-Meter-Klasse ein wenig überschwenglich als »schwimmenden

Superlativ« und »größtes Rettungsboot der Welt« bezeichnet. Solche sicherlich gut gemeinten und auch nicht unrichtigen Prädikate verstellen freilich allzuleicht den Blick dafür, daß diese Spitzenschiffe letztlich nur eine ergänzende Funktion haben.

Die Hauptlast der Seenoteinsätze wird auch weiterhin von den Seenotkreuzern und Seenotrettungsbooten kleinerer Typen gefahren – von den Seenotkreuzern der BERLIN-Klasse (27 m) und EISWETTE-Klasse (23 m) sowie von den Seenotrettungsbooten, unter denen künftig die 8,5-Meter-Boote dominieren. Sie nämlich – die Seenotkreuzer der beiden genannten Klassen und die Seenotrettungsboote – sind flächendeckend auf den 48 Stationen im Einsatz, die von der Deutschen Gesellschaft zur Rettung Schiffbrüchiger zwischen Borkum und Zinnowitz bzw. Ueckermünde unterhalten werden. Die großen Rettungsschiffe als »schwimmende Rettungswachen und örtliche Leitzentralen« sind zwar die beiden Flaggschiffe der Flotte, aber sie erfüllen eine bestimmte Schwerpunktaufgabe und sind, nochmals gesagt, als besondere Vorsorge im Sinne des Katastrophenschutzes auf See zu verstehen. Sie sind deshalb sogar mit einem Hubschrauber-Arbeitsdeck ausgerüstet. Und die Seepositionen der beiden 44-Meter-Seenotkreuzer liegen im Bündelungsgebiet der vielbefahrenen großen Seeverkehrsrouten im Bereich der Deutschen Bucht und des Seegebietes Fehmarnbelt–Lübecker Bucht–Mecklenburger Bucht.

Schnelle Hilfeleistung ist das A und O im Seenotrettungsdienst. Die wohldurchdachte Anzahl von 48 Stationen garantiert kürzeste Anfahrtwege. Denn wie intensiv die Rettungsmänner der DGzRS bisweilen auch außerhalb von Orkanen und Kollisionen gefordert werden, das verdeutlicht die Chronik eines einzigen verlängerten Wochenendes. Authentisch aufgezeichnet vom MRCC BREMEN, verdichten sich die Ereignisse allein rund um das Pfingstfest 1992 wie durch ein Brennglas:

*Freitag, 5. Juni 1992*

- Seenotrettungsboot (SRB) MÖVENORT/Station Freest (Vorpommern): Von 12.10 bis 13.20 Uhr Hilfeleistung für Fischerboot. Zwei Personen an Bord (POB). Fahrzeug wurde in die Peene geschleppt.

- Seenotkreuzer (SK) ARWED EMMINGHAUS/Station Grömitz: Von 14.30 bis 16.35 Uhr Hilfeleistung für eine Segelyacht (SY) mit Mastbruch. Zwei POB mit Tochterboot an Land geschleppt.

- SK ALFRIED KRUPP/Station Borkum. Von 00.45 bis 01.50 Uhr Hilfeleistung für SY SAKURA. Fahrzeug ist drei Seemeilen nördlich Borkum-Leuchtturm an Grund gekommen und liegt dort in der Brandung. Das Fahrzeug kommt gegen 01.15 Uhr wieder frei.

- SK MINDEN/Station List auf Sylt: Von 22.45 bis 02.15 Uhr gestrandeten Katamaran GITTE, drei POB, vor Kampen geborgen und eingeschleppt.

*Sonnabend, 6. Juni 1992*

- SK VORMANN LEISS/Station Bremerhaven: Um 14.25 Uhr von der Seeposition Fedderwarder Priel abgelaufen und die bei der Robbenplate treibende SY MERLION, zwei POB, mit Tampen in der Schraube nach Bremerhaven gebracht. Um 17.45 Uhr erneut auf Seeposition.

- SRB RESCUE I/Station Wustrow: Von 18.00 bis 18.20 Uhr abtreibenden Surfer geborgen und an Land gebracht.

- SK JOHN T. ESSBERGER/Seeposition Fehmarn: Von 18.30 bis 19.00 Uhr einen treibenden Katamaran mit zwei POB an den Strand geschleppt. Von 20.25 bis 22.10 Uhr in den Fehmarnsund abgelaufen, um die SY MANGO (drei POB) mit Motorschaden nach Burgstaaken zu bringen. Tochterboot führt Einsatz aus. Von 16.00 bis 16.35 Uhr mit Tochterboot die SY DIMARE (zwei POB) eingeschleppt.

- SK ARWED EMMINGHAUS: Von 16.30 bis 17.00 Uhr mit Tochterboot zwei Surfer aus der Brandung geborgen.

- SRB Marie Luise Rendte/Station Brunsbüttel: Von 18.40 bis 22.00 Uhr Motoryacht Nixe (drei POB), Position vor Brokdorf, wegen Motorschadens nach Brunsbüttel geschleppt.

*Sonntag, 7. Juni 1992*

- SK Hermann Helms/Station Cuxhaven: Von 01.05 bis 02.15 Uhr Einschleppen Motoryacht Sakura (sechs POB) wegen Motorschadens in den Hafen.

- SK Minden/Station List auf Sylt: Von 08.00 bis 12.35 Uhr zum Bagger Cornelia mit Maschinenraumbrand gelaufen. Besatzung und Freiwillige Feuerwehr löschen gemeinsam den Brand. Wir machen Standby und Funkbrücke.

- SK Nis Randers/Station Maasholm an der Schlei: Von 20.20 bis 20.40 Uhr schleppen wir mit Tochterboot die SY Claere (acht POB) frei.

- SK Hans Lüken/Station Greifswalder Oie: Von 15.30 bis 17.30 Uhr schleppen wir die SY Tonya (drei POB), mit dem Tochterboot frei und bringen sie zum Schutzhafen Ruden. Von 14.25 bis 16.40 Uhr dito mit Tochterboot für SY Teja.

- SK Vormann Steffens/Station Wilhelmshaven: Von 09.10 bis 10.50 Uhr ankern vor Hooksiel bei der festgenommenen SY Ranjana (sieben POB), die um Standby gebeten hat. 17.55 Uhr laufen wir weiter zur Seeposition Mellum, nachdem die SY mit auflaufendem Wasser von allein freikommt.

- SRB Asmus Bremer/Station Schilksee: Von 09.30 bis 17.00 Uhr Kontrollfahrt mit Bergung eines Katamarans (zwei POB). 15.10 Uhr übernimmt SRB Carl A. Wuppesahl den Anhang. Von 17.00 bis 18.20 Uhr schleppen wir die SY Beagle (zwei POB) nach Wendtorf.

- SRB Paul Denker/Station Travemünde: Von 09.30 bis 10.50 Uhr gemeinsame Suche mit Wasserschutzpolizei nach einer angeblich im Kreis fahrenden SY. Vergeblicher Einsatz, Fehlmeldung.

- SK Vormann Jantzen/Station Warnemünde: Von 10.45 bis 14.30 Uhr Kontrollfahrt vor Warnemünde. Wir bergen eine Jolle (zwei POB). Von 14.10 bis 17.10 Uhr Katamaran (eine POB) vor Warnemünde geborgen. Von 19.50 bis 20.25 Uhr SY Chri Chri (drei POB) mit Tochterboot freigeschleppt.

- SK John T. Essberger/Seeposition Orther Bucht bei Fehmarn: 14.30 bis 17.05 Uhr schleppen wir die Motoryacht Sea Ray (zwei POB) wegen Motorschadens nach Großenbrode. Von 19.00 bis 21.05 Uhr Einschleppen SY Eleanor (vier POB) mit Tochterboot nach Heiligenhafen.

- SRB Swanti/Station Vitte auf Hiddensee: Von 11.25 bis 14.00 Uhr Freischleppen der auf Grund sitzenden SY Tonga (acht POB).

- SK Berlin/Station Laboe: Von 13.45 bis 14.35 Uhr schleppen wir mit dem Tochterboot das Motorboot Karl (zwei POB) wegen Motorschadens nach Schilksee. Von 18.30 bis 19.45 Uhr schleppen wir großen Katamaran (fünf POB) wegen Mastbruchs von Friedrichsort nach Stickenhörn.

- SRB Carl A. Wuppesahl/Station Eckernförde: Übernehmen nach Kontrollfahrt um 15.10 bis 15.30 Uhr von SRB Asmus Bremer Katamaran (zwei POB) und bringen ihn nach Suhrendorf.

- SK Hannes Glogner/Station Langeoog: Von 13.35 bis 14.35 Uhr Krankentransport mit Tochterboot nach Bensersiel.

- SK Arwed Emminghaus/Station Grömitz: Von 18.00 bis 19.40 Uhr bergen wir eine Jolle bei Pelzerhaken (drei POB) wegen gebrochenen Ruders.

*Montag, 8. Juni 1992*

- SK Vormann Leiss/Station Bremerhaven: Von 21.30 bis 22.30 Uhr drei Schiffbrüchige von gekentertem Motorboot zwischen Tonne 43/45 Weser von SY übernommen.

Bringen sie wegen Verdacht auf Unterkühlung schnellstens nach Bremerhaven. Übergabe an Arzt.

- SK H. J. KRATSCHKE/Station Nordstrand: Von 20.35 bis 22.00 Krankentransport von Pellworm nach Nordstrand.

- SK ARWED EMMINGHAUS/Station Grömitz: Von 15.00 bis 16.20 Uhr gekentertes Motorboot (eine POB) nach Bliedorf geschleppt. Anschließend SY GODEWIND (drei POB) freigeschleppt; danach Motorboot (vier POB) wegen Motorschadens nach Grömitz eingeschleppt.

- SK OTTO SCHÜLKE/Norderney: Von 16.00 bis 18.30 Uhr SY VELDA JEAN (drei POB) freigeschleppt.

- SRB SWANTI/Station Vitte auf Hiddensee: Von 15.15 Uhr bis 19.35 Uhr SY COROLLA (fünf POB) vor Vitte frei- ud eingeschleppt.

- SK MINDEN/Station List auf Sylt: Von 17.30 bis 18.00 Uhr Motoryacht HEIN WIND (zwei POB) nach List eingeschleppt mit Tochterboot.

- SK BERLIN/Station Laboe: Von 18.10 bis 20.00 Uhr mit Tochterboot die SY HILMA (drei POB) bei Stollergrund frei- und nach Wendtorf eingeschleppt.

Norddeich Radio, Deutschlands größte Küstenfunkstelle (Deutsche Bundespost) sendet regelmäßig Nachrichten »An alle« (CQ oder Charly-Quebec angekündigt) rund um den Erdball: Sammelanrufe mit Telegramm- und Seefunkgesprächs-Ankündigungen, Wetterberichte, Nautische Nachrichten, Eisberichte, Zeitzeichen, Wettermeldungen oder den Funkpressedienst. Über Norddeich Radio können Handelsschiffsbesatzungen sogar von Tahiti oder Grönland, Südafrika oder China aus am heimatlichen Fußballtoto und Zahlenlotto teilnehmen.

Kiel Radio und Rügen Radio erfüllen dieselbe Funktion wie Norddeich Radio für die Seeschiffahrt in der Ostsee und im Kattegat/Skagerrak. Beide Stationen übernehmen in

Seenotfällen die Nachrichtenvermittlung für die Nordsee oder Ostsee.

Wie rasch sich die Nachrichtentechnik der Schiffahrt entwickelt hat, beweisen wenige Vergleiche. Norddeich Radio nahm im April 1907 den Betrieb auf. Die Gründung der Station ist kurioserweise auf einen Zornesausbruch Kaiser Wilhelms zurückzuführen. Er kreuzte seinerzeit auf der kaiserlichen Yacht HOHENZOLLERN im Mittelmeer und wollte ein paar wichtige Funktelegramme nach Deutschland durchgeben. Die Marconi-Station Borkum, die damals noch das Monopol besaß, verweigerte aber die Annahme und Weiterleitung. Majestät waren »allerhöchst ungehalten«, und so bekam die damalige Reichspost Order, eine eigene Küstenfunkstelle zu errichten. Sie arbeitete mit einem der damals gebräuchlichen Knallfunkensender. Sein donnerartiges Geräusch war noch im zwei Kilometer entfernten Dorf Norddeich zu hören, obwohl der Senderaum innen mit einer 20 Zentimeter dicken Aschenschicht und einem darüber gespannten Filzbelag ausgekleidet war. Immerhin überbrückte dieser primitive Sender schon 1600 Kilometer. Im Jahre 1911 gab es in Deutschland 41 zivile Stationen für drahtlose Schiffstelegrafie, 1914 schon 380 solcher Bordfunkstellen. 1922 stellte Norddeich Radio auf Röhrensender um. Anfang Januar 1925 wurden Funktelefongespräche auf Langwellen mit Seeschiffen offiziell zugelassen – und 1938 war es bereits möglich, Norddeich Radio über Kurzwelle an der Australküste und in der Antarktis zu empfangen. Heute erreicht diese Küstenfunkstelle jeden Punkt der Erde. Zu ihr gehören die Sendefunkstellen Norddeich und Osterloog sowie die räumlich davon getrennte Empfangsfunkstelle und Betriebszentrale Utlandshörn.

1970 waren mindestens 43 000 Schiffe der Welthandelsflotte mit Funktelegrafie und etwa 320 000 mit Telefonie ausgerüstet. Norddeich Radio hat 1970 nicht weniger als 107 238 Seefunkgespräche und 346 420 Seefunktelegramme übermittelt. Der Funkverkehr nahm seitdem jedes Jahr um ein Fünftel zu!

Außerhalb der Programmzeiten ist eine ständige Funkwache in der Handelsschiffahrt nicht mehr notwendig, weil ein sogenanntes Autoalarmgerät sofort automatisch anschlägt und den Funker herbeiholt, sobald auf der durchgehend ge- schalteten Seenotfrequenz für Telegrafie SOS-Rufe ertönen. Diese Notzeichen ergeben ein gurrendes Geräusch, das die Automaten aktiviert.

In Randmeeren lassen sich Notruf-Positionen in vielen Fällen durch Funkpeilungen mehrerer Küstenfunkstellen lokalisieren. Draußen auf den Weltmeeren ist die Bestimmung der Sendeposition der Notrufe problematischer. Deshalb führte man ja das AMVER-System zur laufenden Computer-Koppelung aller Schiffsstandorte ein, um für Sucheinsätze aus der Luft optimale Ansatzpunkte zu erlangen. Die Einführung von fest an Bord der Schiffe installierten sog. Seenotfunkbaken und von mobilen, schwimmfähigen Seenotfunkbojen der Kategorie EPIRB (Emergency Position Indicating Radio Bacon) auf Handelsschiffen begann 1977. Sie strahlen Funksignale aus, die Suchflugzeugen den Funkzielflug ermöglichen. Die in maximal vier Metern Wassertiefe durch einen Wasserdruckauslöser vom Schiff getrennten EPIRB-Funkbojen bewirken das auch nach dem Untergang eines Schiffes.

Seit geraumer Zeit arbeitet das INMARSAT-System (International Maritime Satellite System) weltweit recht perfekt. Zwölf synchron mit der Erdumdrehung auf ihre Umlaufbahn geschossene Kommunikationssatelliten bilden geostationäre Punkte im Weltraum und ermöglichen mit Hilfe von Erdfunkstellen die Übermittlung von Seefunkgesprächen, Funktelex- und Fax-Mitteilungen an Seeschiffe mit INMARSAT-Empfängern. Der Abdeckungsbereich liegt zwischen 80 Grad nördlicher und 80 Grad südlicher Breite und damit im weitgehend eisfreien Bereich, der von 99,9 Prozent von der kommerziellen Schiffahrt genutzt wird. Die Satelliten decken jeweils bestimmte Zonen ab, verteilt auf die Riesenräume Pazifischer Ozean, Indischer Ozean und Nordatlantik/Südatlantik sowie deren Nebenmeere.

Wenn über INMARSAT weltweit Nachrichten von Schiffen aufgefangen werden können, dann lassen sich ebenso Seenotrufe auf diesem Wege aufnehmen. Diese logische Überlegung führte zur Entwicklung von INMARSAT E = Emergency (Seenot). In Deutschland entwickelte Dornier, federführend für den Produktbereich Satelliten- und Nutzungssysteme der Deutschen Aerospace (DASA) eine DASA-Seenotboje, die einen Sender von nur einem Watt Leistung, einen Digitalteil und einen Empfänger zur kontinuierlichen Positionsbestimmung, außerdem eine Stroboskop-Blitzleuchte zum optischen Auffinden der Boje enthält. Wird ein Seenotruf manuell oder – durch Aufschwimmen der Boje nach dem Schiffsuntergang – automatisch ausgelöst, läuft

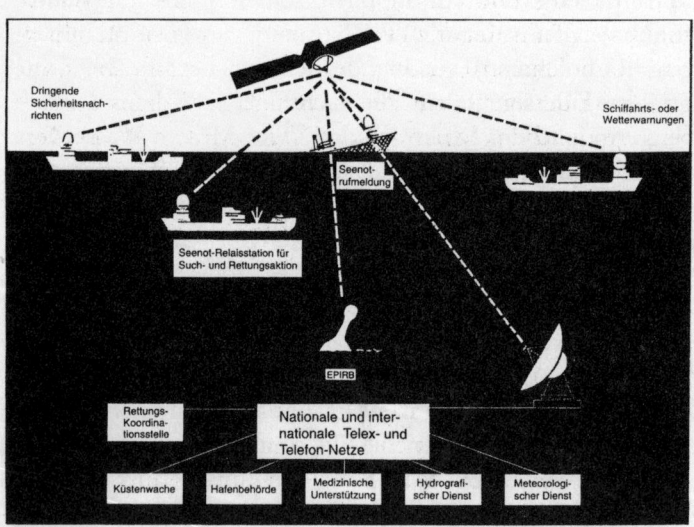

Diese Skizze verdeutlicht das neue Satelliten-Seenotmeldesystem INMARSAT E.

binnen zwei Minuten die Meldung im jeweils zuständigen RCC auf. Der dortige Dokumentendrucker hält alle von der Boje via Satellit gefunkten Informationen (Schiffskennung, Kurs, Geschwindigkeit, letzte Position, Notfallart, Datum und Uhrzeit der Auslösung) fest.

Die DGzRS hat am 10. Dezember 1992 in Bremen das neue INMARSAT-E-Seenotruf-System der Öffentlichkeit vorgestellt. Das MRCC BREMEN ist via Direktleitung mit der Erdfunkstelle Raisting/Bayern verbunden. Fällt einer der empfangenen Notrufe in die deutschen SAR-Bereiche von Nord- und Ostsee, verständigt Bremen die eigenen Rettungsstationen und über die Küstenfunkstellen die allgemeine Schiffahrt.

Seenotalarm und Bestimmung der Notrufposition mit Hilfe von Weltraum-Satelliten – das mutet geradezu futuristisch an. Aber es zeichnet sich ab, daß das in absehbarer Zeit selbstverständlich wird und daß die IMO (Internationale Maritime Organization) EPIRB-Funkbojen für die Seeschiffe auf Großer Fahrt bindend vorschreiben wird. Das Durchsetzen einer solchen Ausrüstungspflicht wird ganz erheblich zur Erhöhung der Sicherheit des menschlichen Lebens auf See beitragen und das heute noch vorkommende spurlose Verschwinden von Schiffen der Vergangenheit angehören lassen. Das MRCC BREMEN sammelt schon seit Jahren Erfahrungen mit dem »Global Positioning Satellite System« (GPS).

Jeder Notruf auf See löst eine Lawine von Maßnahmen aus. In der Regel werden nicht nur die Rettungsboote, sondern auch die nächststehenden Handelsschiffe, Zollkreuzer, Polizeiboote und Kriegsschiffe zur Notposition beordert. Ein direkter Draht verbindet die Seenotleitung Bremen mit der SAR-Leitstelle beim Flottenkommando in Glücksburg-Meierwik, mit dem »RCC« der Marine. Im »Lagezimmer Flotte« werden sofort beim Eintreffen eines Notrufs die Positionen aller »in See stehenden« Marinefahrzeuge überprüft. Die SAR-Leitstelle übernimmt dann die Koordination der zur

Hilfeleistung abgeteilten Marine-Einheiten, deren Einsatz mit MRCC BREMEN abgestimmt wird. Das RCC der Marine ist verantwortlich für den Einsatz der SAR-Flugzeuge.

Ende 1992 waren schon 40 310 deutsche Seefahrzeuge für den Nahbereichsfunkverkehr mit UKW-Funkgeräten ausgerüstet. Auch fast alle Sportboote sind ständig auf Kanal 16, der internationalen Anruf- und Sicherheitsfrequenz 156,8 Megahertz erreichbar. Der UKW-Funkdienst deckt jetzt – frei von Störungseinflüssen – das gesamte SARCOM-Gebiet zwischen Borkum und der Swine-Mündung lückenlos ab.

## Orkan über der Ostsee

Heute ist die Funkdichte beispiellos. Das gilt, auch international, für die Nord- und Ostsee. Dank ihrer hochliegenden Empfangsantennen nehmen die UKW-Stationen auch noch Notrufe aus landfernen Positionen wahr. Die Reichweite der Ultrakurzwelle ist praktisch nicht begrenzt, die amerikanischen Astronauten haben sogar von der Mondoberfläche aus mit Houston kommuniziert. UKW folgt lediglich nicht der Erdkrümmung und damit ähnelt es im Normalfall der Sichtweite.

Wie viele hundert UKW-Funksprüche hat man im Laufe der eigenen Bordpraktika auf Seenotkreuzern »mitgekriegt«, wie viele Alarmrufe tauchen wieder in der Erinnerung auf – und wie viele Gesichter auch von Rettungsmännern, die inzwischen ihre letzte große Reise angetreten haben. Zu ihnen gehört auch Ludwig Schwenn aus der Gilde der Fehmaraner Lotsen. Dieser korpulente Mann, der den Schalk im Nacken hatte und gern Witze erzählte, wurde als Original weit bekannt.

»Luden« Schwenn führte als Vormann den Seenotkreuzer HAMBURG von der ersten Bauserie der THEODOR-HEUSS-Klasse. Sein Sohn trat später in seine Fußstapfen, wie das an vielen deutschen Rettungsstationen üblich ist: Vormann Joachim Schwenn führte nachher bis zu seiner Pensionierung »meinen« Seenotkreuzer ARWED EMMINGHAUS auf der Station Grömitz. Und auch er war von diesem kantigen Schlag jener Menschen, die Fehmarn hervorzubringen pflegt. Fehmarn ist eine Welt für sich. Obwohl die Insel seit vier Jahrzehnten durch eine elegante Spannbetonbrücke über den Fehmarnsund mit dem Festland verbunden ist – erbaut im Zuge der »Vogelfluglinie«, der kürzesten Fährverbindung von Deutschland nach Dänemark über Puttgarden / Fehmarn nach Rödby Färge – sagt man auf der Insel noch immer, wenn man zum Festland hinüber will: »Ick fohr no Dütschland!«

Ludwig Schwenn fuhr also den Seenotkeuzer HAMBURG, der zur Station Burgstaaken auf Fehmarn gehörte. Schwenn und seine Rettungsmänner straften mit ihren unzähligen Einsätzen die vielfach gehörte Behauptung Lüge, die Ostsee sei nichts anderes als eine »überschwemmte Wiese«. Aber Vorurteile sind manchmal hartnäckig. Das 400 000 Quadratkilometer große Nebenmeer kann schlimm die Zähne zeigen. Ludwig Schwenn lernte ich freilich bei sommerlichem Rivierawetter kennen. Die Ostsee war wirklich eine Art Ententeich. Wir fuhren mit dem Seenotkreuzer HAMBURG in gemütlichstem Zuckeltrab Regattasicherung für die Travemünder Woche.

Unser nächstes Wiedersehen war ungleich dramatischer. Zusammen mit dem bekannten Fotografen Karl Bitterling wollte ich in einer Februarnacht des Jahres 1969 mit der Bundesbahnfähre von Puttgarden nach Rödby übersetzen, um von Bord aus Nachtaufnahmen von der HAMBURG bei schwerer See zu machen. Wir hatten von der Schiffsleitung der Fähre THEODOR HEUSS die Erlaubnis bekommen, während der Übefahrt den Burgstaakener Seenotkreuzer mit allen Scheinwerfern anzuleuchten. Es sollten Aufnahmen entstehen, wie sie nur von Bord eines wesentlich größeren Schiffes möglich sind. Wir brauchten dazu schweres Wetter.

Sobald der von uns abonnierte Sturmwarnungsdienst des Seewetteramtes Hamburg telefonisch Windstärke 10–11 ankündigte, riefen wir Vormann Schwenn in Burgstaaken an und vereinbarten einen nächtlichen Treffpunkt mit der HAMBURG im Fehmarnbelt.

Wir fuhren mit der Eisenbahn los und ahnten nicht, in welches Abenteuer wir uns eingelassen hatten. Noch viel weniger wußten die Rettungsmänner der HAMBURG, was ihnen in dieser dramatischen Nacht bevorstand. Sie fuhren einen der härtesten Einsätze in der Chronik der DGzRS.

Während Bitterling und ich in Puttgarden auf Fehmarn aus dem Zuge steigen, pfeift, heult und orgelt ein derartiger Schneesturm über die Bahnsteige, daß wir beinahe nur auf allen Vieren vorwärtskommen. Der Fahrdienstleiter brüllt uns in die Ohren, daß die Reise leider zu Ende sei. Der Fährverkehr zwischen Deutschland und Dänemark sei eingestellt.

Trotz Dunkelheit sieht man, daß der Fehmarnbelt ein einziges fahles Gebrodele von Orkanseen und fliegender Gischt ist. Ein eiskalter Orkan aus Osten fegt die See genau parallel zur Küste. Pausenlos wummern und donnern haushohe Brecher über die Ostmole. Es ist kein Wunder, daß selbst die 5500 BRT großen Fährschiffe nicht mehr ein- oder auslaufen können. Die Bundesbahn-Fähre THEODOR HEUSS hat noch, wie wir über Funk erfahren, mit einem Expreßzug an Bord Rödby Färge verlassen. Draußen jedoch wurde dem Kapitän klar, daß es für sein Schiff kein Vor oder Zurück in einen Hafen mehr gibt. Das Fährschiff beginnt eine dreißigstündige Odyssee. Es reitet auf der tobsüchtig gewordenen Ostsee schwer stampfend das Unwetter ab. Für die Fahrgäste beginnt eine schaurige Nacht. Und das Bahnhofsrestaurant von Puttgarden füllt sich mit Menschen, die zwei Tage und zwei Nächte warten müssen, ehe an eine Weiterreise zu denken ist.

Zwar wird der Kopenhagenverkehr auf die Landroute über Flensburg umgeleitet, aber es ist nicht mehr möglich, Fehmarn auf dem Schienen- oder Straßenweg zu verlassen.

432

Schwere Schneeverwehungen bis zu acht Meter Höhe legen in ganz Schleswig-Holstein die Verkehrswege lahm.

Bei meinem Anruf in der Seenotwache Burgstaaken meldet sich Ludwig Schwenns Bruder, der dort als Seenotbeobachter und Nachrichtenvermittler tätig ist. Dabei erfahre ich, daß die HAMBURG bei diesem Wetter im Einsatz ist. Es wurden gegen 17.30 Uhr Notsignale beobachtet. Vormann Schwenn lief sofort aus. Schon vor der Einfahrt des Hafens stand grobe See. Unter Staberdorf fuhr der Kreuzer, wie man aus Funkgesprächen weiß, nur noch mit den Seitenmaschinen und »dampfte« gegen kolossale »Jonnies« von Seen an. Der Strom lief genau gegen die See an und verursachte diese extreme Wellenhöhe. Nachdem der Kreuzer frei von Staberhuk Riff war, steuerte er mit Kurs 20 Grad an der Ostküste von Fehmarn nordwärts. Das aber bedeutet, daß die HAMBURG die volle Windstärke 11 genau von der Steuerbordseite kriegt.

Mehr vermag die Seenotbeobachtungsstelle Burgstaaken im Augenblick noch nicht zu sagen. Sie weiß nur, daß an der Ostküste der Kabelleger EIDER in höchster Gefahr ist. Er liegt mitten in der tosenden Brandung, genau im Leegerwall – im auflandigen Sturm!

Um 19.10 Uhr ist die HAMBURG beim Havaristen, der zwischen zwei Schneeböen zeitweilig im Scheinwerferlicht erkennbar ist. Die EIDER liegt, von Brechern zugedeckt und schon erheblich vereist, vor zwei rasch noch ausgeworfenen Ankern vermoort, deren Trossen aber jeden Augenblick brechen können. Schon jetzt hat der Kabelleger nur noch 4,50 Meter tiefes Wasser. Er ist schon mehrfach hart auf Grund gestoßen worden. Sein Ruderblatt ist kaputtgestaucht. Ein Bergungsschlepper hat unverrichteter Dinge abdrehen müssen, da er wegen seines Tiefganges unmöglich an die EIDER herankommen kann.

Ludwig Schwenn kennt die Riffe und Strände rund um Fehmarn auch mit geschlossenen Augen. Er weiß, in welche haarige Sache er sich jetzt einläßt. Er muß sich in schwerem Leegerwall durch die hier liegenden Steine bis an die Viermeterlinie heranmogeln, die etwa 50 Meter vor dem Havaristen beginnt.

Die Rettungsmänner peilen die Situation genau aus und machen Ankergeschirr sowie Schlepptrossen klar. Eine 300 Meter lange Perlonleine von 40 Millimetern Durchmesser wird als Ankerleine benutzt. Schwenn läuft etwa 200 Meter luvwärts von der EIDER, läßt den Anker fallen, fängt die HAMBURG mit der Maschine ab und läßt sie langsam zur Küste treiben.

Das ist alles ganz beschaulich dahingesagt: bei Oststurm mit Windstärke 11 in auflandiger Brandung nach Strich und Faden von den überkippenden Brandungsseen zusammengedroschen zu werden, einen Seenotkreuzer rückwärts in den Hexenkessel hineinsacken zu lassen und sich der EIDER tatsächlich auf 60 Meter zu nähern.

Vormann Schwenn steht die ganze Zeit das Malheur des Schwesterschiffes RUHR-STAHL vor Augen. Dieser Seenotkreuzer hat gerade neulich seine Hilfsbereitschaft in ähnlich riskanter Lage teuer bezahlt. Schweres Treibeis hatte die Wyker Autofähre PIDDER LÜNG auf den Dagebüller Seedeich gedrückt. RUHR-STAHL gelang es nach mehreren Anläufen, eine Schleppverbindung herzustellen, bekam dabei aber die Trosse in ihre Propeller, wurde manövrierunfähig und strandete ebenfalls. So lagen der Rettungskreuzer und das Schiff, dem seine Hilfe gelten sollte, zusammen auf dem Deich. Als das Wasser wieder fiel, lagen die Fahrzeuge so hoch auf dem Trocknen, daß später ein weit ausladender 500-Tonnen-Schwimmkran eigens aus Hamburg herbeigeholt werden mußte, der beide Fahrzeuge – jeweils an vier schweren Trossen hängend – wieder in ihr Element zurückschob. Der Rumpf der RUHR-STAHL hat die Strandung heil überstanden, was wiederum für seine Robustheit spricht.

Ludwig Schwenn weiß aber, daß es bei dieser Brandung

anders aussehen würde, falls ihm hier etwa dasselbe passiert. Es war schon schlimm genug, was die HAMBURG vor Jahresfrist durchmachen mußte, als das dänische Küstenmotorschiff IRIS CLAUSEN vor Staberdorf geborgen und bei orkanartigem Südwest von der Küste freigeschleppt wurde. Beim Einschleppen in den Fehmarnsund warf man auf dem Havaristen infolge eines Mißverständnisses zwischen Kapitän und Steuermann die Trosse vorzeitig los, die IRIS CLAUSEN bis zum Ausfahren beider Anker festhalten sollte. HAMBURG holte die losgeworfene Trosse ein in dem guten Glauben, daß das Kümo sicher vor beiden Ankern läge. Zu sehen war es in den schweren Regenflagen nicht, nur auf dem Radarschirm war es konstant 200 bis 300 Meter neben der HAMBURG zu erkennen.

Plötzlich schlug die HAMBURG hart auf Grund. Dem Vormann wurde nun klar, daß der Havarist durch die tiefe Rinne unter der Fehmarn-Küste weitergetrieben war, weil seine Anker nicht gehalten hatten. Jetzt saß die HAMBURG, deren Besatzung das natürlich nicht vermuten konnte, auf dem Mittelgrund fest. Die Trosse war noch nicht vollständig eingeholt und behinderte die Maschinenmanöver. Schwenn konnte daher den Seenotkreuzer nicht mit dem Bug gegen den Wind drehen. Weil keine Zeit zu verlieren war, mußte er die HAMBURG mit rückwärts laufenden Seitenschrauben aus dieser Falle herausziehen. Dabei schlugen beide Propeller hart auf, der Kreuzer kriegte abermals Grundberührung. Die HAMBURG wurde erheblich beschädigt, aber sie blieb wenigstens dicht. Auch die Ruderanlage blieb intakt, die Backbord- und die Mittelmaschine funktionierten noch. So kam man mit einem blauen Auge davon. Die IRIS CLAUSEN konnte noch zur Reede von Heiligenhafen geschleppt werden, wo sie endgültig Schutz fand.

Aber wehe, wenn jetzt etwas Ähnliches passiert, denkt Schwenn – Gott steh uns bei!

Die HAMBURG liegt 60 Meter in Luv vor der EIDER, genau in der Brandung. Jetzt machen die Rettungsmänner achtern Leinenpistolen und Leinenkasten klar. Rettungsmann Max Kühl feuert über das Tochterboot MICHEL hinweg eine Leine. Sie erreicht ihr Ziel nicht, weil der Sturm mit ihr Fangball spielt. Erst die zweite Leine »sitzt«. Jetzt werden eilig 50 Meter Wurfleine, dann 100 Meter Perlonleine darangesteckt und von den Seeleuten des Kabellegers an Bord geholt. Über UKW hat Vormann Schwenn dem EIDER-Kapitän gesagt, sie sollten drüben das Auge des davorgeschäkelten Drahtstropps über den Poller legen.

In diesem Augenblick setzt wieder rabiater Schneesturm ein. Die HAMBURG schert, von einer Urgewalt gepackt, nach Backbord aus. Die auf der EIDER können die Trosse, die sie noch gar nicht an Deck gehabt haben, beim besten Willen nicht mehr halten. Sie saust über Bord. Und sofort wird Schwenn gewahr, daß der Backbordpropeller der HAMBURG unklar ist.

Da haben wir den Salat – mit einem Bein sitzt man sowieso schon auf Strand. Und nun auch noch eine unklare Schraube! Also nichts wie Anker einholen, langsam vorausgehen mit den beiden anderen Maschinen und bloß erst einmal weg von der Küste.

Der Seenotkreuzer macht willig Fahrt voraus. Die Rettungsmänner, die bei dem Schneetreiben überhaupt nichts sehen konnten, denken natürlich, daß die Trosse schon auf der EIDER festgemacht ist und daß sie lediglich von der Backbordschraube der HAMBURG gekappt wurde.

Es gibt jetzt nur eins: sofort Puttgarden als Nothafen anlaufen und dort erst den Propeller klarieren. Aber von Schutz kann in diesem Fährhafen beinahe keine Rede sein. Sobald die HAMBURG die gefährliche Einfahrt zwischen den hochschießenden Brechern passiert hat, werden die Rettungsmänner den enormen Schwell gewahr, die lang rollende Dünung, die jetzt im Hafen steht. Eine kunstvolle Vertäuung an mehreren lang ausgebrachten Trossen bietet die einzige

Möglichkeit, die HAMBURG überhaupt festzumachen. An der Kaimauer würde sie kurz und klein geschlagen, sie torkelt wie irrsinnig herum.

Mitten im Anlegemanöver fällt plötzlich der Hauptpropeller, Sekunden später auch der Steuerbordpropeller aus – zum Glück erst in dem Augenblick, als die luvseitigen Trossen ausgebracht sind und die manövrierunfähig gewordene HAMBURG wenigstens nicht mehr auf die leeseitige Kaimauer draufgedrückt werden kann.

Der ganzen HAMBURG-Besatzung wird heiß und kalt. Sie weiß jetzt, daß der Seenotkreuzer von der Strandungsstelle bis hierher die um den Backbordpropeller herumgewickelte Trosse hinter sich hergeschleppt hat und daß diese nun auch die beiden anderen Propeller blockiert. Wenn das schon vor der Ostküste oder in der Einfahrt passiert wäre – manövrierunfähig bei Windstärke elf!

Es muß sofort ein Taucher heran, trotz fünf Grad Kälte. Aber der im Hafen liegende Bergungsschlepper hat keinen Taucher. Auf ganz Fehmarn ist keiner aufzutreiben. Also Funkgespräch mit Lübeck. Sofort einen Wagen mit Tauchern schicken, damit die HAMBURG wieder klar wird, denn die EIDER hängt ja noch immer in der Brandung! Der Gedanke an deren Besatzung macht selbst den immer ausgeglichenen Ludwig Schwenn nervös.

Aber das Warten setzt sich qualvoll lange fort. Der Wagen mit den Tauchern kommt in den Schneeverwehungen nicht vorwärts. Er bleibt schließlich ganz und gar stecken. Ludwig Schwenn alarmiert nun die Marine, die sich hilfsbereit zeigt und mit ebensoviel Schwierigkeiten wie Einfallsreichtum aus dem nahegelegenen Großenbrode tatsächlich zwei Froschmänner zur Insel durchbringt. Diese beiden Taucher haben ganz bestimmt noch niemals in einem Hafen eine derartige Kombination von Luftschaukel und Fahrstuhl erlebt. Es ist fast ein Wunder, daß die ausgebrachten Festmacherleinen des Seenotkreuzers HAMBURG diese Dünung überhaupt aushalten können. Den beiden Tauchern wird genau aufgezeichnet, wie Ruder und Propeller beschaffen sind, wie es also unter dem Heck der HAMBURG aussieht. Dann gehen diese »Jungs« runter unter Mitnahme einer Säge, damit sie notfalls die Trosse kappen können. Aber der eine Froschmann kommt gleich wieder hoch und bittet um ein scharfes Messer. Abwickeln läßt sich die Perlontrosse überhaupt nicht, sie hat sich überall fest verkniffen.

Dreieinhalb Stunden schuften die beiden Mariner, vor Kälte schlotternd. Immer wieder müssen sie aus dem Wasser geholt, mit eingeflößten Heißgetränken halbwegs wieder aufgewärmt werden. Dann gießt man ihnen warmes Wasser in ihren Naßanzug, damit sie die schneidende Kälte des Wasser wenigstens für eine Weile besser verkraften können.

Während dieser Klarierungsarbeiten gibt das Baltische Meer einen Anschauungsunterricht von seiner satanischen Gewalt. Das Fährschiff THEODOR HEUSS, das 30 Stunden zum Gotterbarmen da draußen umhergerollt ist, dreht nun doch vor der Puttgardener Einfahrt bei, um rückwärts einzulaufen – wie das in diesem Fährhafen notwendig ist. Offensichtlich will der Kapitän seinen zum Sterben seekranken Passagieren das Los erleichtern. Kurz vor der Einfahrt packt eine riesige Grundsee den Fünftausendtonner mit solcher Vehemenz, daß er hoffnungslos aus dem Kurs getragen wird. Mit Donnergetöse kracht sein Heck gegen die Granitmauer der Luvmole. Es wird vollständig plattgequetscht. Auch die Fahrzeugklappe läßt sich nicht wieder öffnen. THEODOR HEUSS wird die an Bord befindlichen Eisenbahnwagen nicht mehr an Land kriegen. (Erst eine Kieler Werft kann sie später mit Schneidbrennern aus ihrem schwimmenden Gefängnis befreien.) Ludwig Schwenn kennt die Heimtücke dieser Hafeneinfahrt bei westlichen und östlichen Stürmen. Er weiß, daß das Passieren dieser »kriminellen« Durchfahrt dann eine Art Lotteriespiel ist. Und jetzt, nach der Kollision mit der Mole, ist die THEODOR HEUSS in tödlicher Gefahr!

Schwenn läßt sofort die beiden Froschmänner aus dem Wasser holen. Dann jagt er auf den Turmruderstand und läßt die Warnsirene heulen, um auch den naheliegenden Bergungsschlepper BUGSIER 27 zu alarmieren. Der einzige verwendbare Motor der HAMBURG wird angeworfen, man macht zum Loswerfen klar.

Den Rettungsmännern stockt der Atem. Durch den Aufprall auf die Mole hat das Fünftausendtonnenschiff jede Fahrt verloren. Es ist mitten in dieser Einfahrt zum Spielball der Elemente geworden. Mit Macht drückt der Orkan das weiße, hochbordige Schiff auf die Leemole zu, deren scharfe Kante wie ein schiffslanges Schlitzmesser der schlingernden Bordwand näherrückt. Das gibt eine Strandung, einen schweren Seenotfall in der Hafeneinfahrt!

Die Schiffsleitung der THEODOR HEUSS hat »Dreimal äußerste Kraft« angeordnet. Mit Hilfe der Turboauflader wird die letzte Leistungsreserve aus den schweren Dieseln herausgeholt. Verzweifelt quirlen die Propeller. Und wie durch ein Wunder kommt das große Fährschiff knapp zwei Meter vor der Schlitzmesserkante doch wieder in Fahrt. Durch ein geschicktes Manöver gelingt es dem Kapitän, das Schiff freizuschwingen.

Der Seenotalarm kann wieder abgeblasen werden. Die Froschmänner gehen wieder ins Wasser und schuften weiter. Sie holen Stück für Stück die Trosse aus den Propellern. Nach weiteren dreieinhalb Stunden Arbeit sind Mittel- und Backbordschraube wieder klar. Der Steuerbordpropeller aber bleibt hoffnungslos blockiert.

»Verdammter Schiet!« brummt Ludwig Schwenn. Er läßt über Funk die Slipanlage in Burgstaaken bestellen, läuft sofort aus, und in nächtlicher Arbeit wird auch der Steuerbordpropeller von den Trossenresten befreit. Neue Trossen werden an Deck klargelegt – und der Schlußakt der EIDER-Bergung kann beginnen.

Völlig vereist kommt die HAMBURG wieder an der Strandungsstelle an, sie ankert 300 Meter vor der Küste und läßt sich wieder auf Leinenschußentfernung heransacken. Dabei fängt Schwenn den Kreuzer immer wieder mit den Maschinen ab.

Abermals wird eine Trossenverbindung hergestellt, obwohl auch die Leinen vereist sind. Dann opfert HAMBURG ihr ausgebrachtes Ankergeschirr, um gleich in der richtigen Position anschleppen zu können. Mit allen verfügbaren Pferdestärken zieht HAMBURG tatsächlich die EIDER nach deren Ankeraufgehen frei.

Schwenn entschließt sich zur Umrundung Fehmarns, um die Leeseite der Insel zu gewinnen. Dabei Trossenbruch im Fehmarnbelt. Neue Leinenverbindung, immer noch bei Orkan. Das Leinenmaterial ist vereist. Bei Flügge-Leuchtfeuer wird eine stärkere 500-Meter-Trosse ausgebracht. Wieder stehen harte Seen vorm Fehmarnsund. Aber Ende gut, alles gut: Schwenn gelingt das Meisterstück, die immer wieder gewaltig ausscherende EIDER, deren Ruder hart backbord klemmt, trotz seitlichem Orkan in den Hafen von Orth/Fehmarn hineinzubugsieren. Er ließ vorher die Trosse auf sechs Meter verkürzen und auf der EIDER den Steuerbordheckanker mit zehn »Faden« Trosse auswerfen. Dieser Hemmschuh hielt das Heck beim Passieren des Nadelöhrs immer im Wind. Tatsächlich hatte der Schleppzug in der Einfahrt beiderseits nur vier Meter Platz.

Zwei Tage und zwei Nächte Einsatz. Die HAMBURG eine weiße, schwimmende Tropfsteinhöhle, die Rettungsmänner vollkommen klamm. Aber zehn Menschen sind gerettet, und der Havarist wurde im Triumphzug in den Hafen gebracht. Was macht es dann schon, daß beim Trossenbruch im Fehmarnbelt die zurückfedernde Perlontrosse einen Teil der Reling und das Geländer zum Turmaufgang weggeschlagen hat. Hauptsache ist, daß niemand getroffen wurde. Brechende Trossen können nämlich einen Menschen ohne weiteres erschlagen oder schwer verstümmeln.

# Einsätze ohne Zahl

Das Dasein eines Rettungsmannes ist ein seltsames Nebeneinander von Muße und Streß, Beschaulichkeit und Dramatik. Wir haben zwei ganz ruhige Tage hinter uns, und es ist Zeit, auch mal wieder die kleinen Dinge in Ordnung zu bringen. Egon Köhn, der vormalige Büsumer Kutterfischer, patscht mit Gummistiefeln im Schlick herum und bringt unsere private Aalreuse wieder in Ordnung. Rolf Hoffmann sitzt in seinem »Kommandantenschapp« am Schreibtisch und holt endlich auf der Schreibmaschine die letzten drei Einsatzberichte nach. Wolfgang Dorn, der Erste Maschinist, hat die Kraftstoffpumpe des Tochterboots ausgebaut, weil sie plötzlich Kummer machte. Das Scheppern von Töpfen und Pfannen im Vorschiff verrät, daß Richard Hartmann bereits das Mittagessen vorbereitet. Aber zwischen dem Anschalten seines Elektroherdes und unserer gellenden Anrufglocke scheinen doch geheimnisvolle Induktionsströme zu bestehen: »Seenotwache Cuxhaven ruft ARWED EMMINGHAUS!«

Fluchend schaltet »Old Richard« seinen Herd wieder ab und eilt den steilen Niedergang zwischen Wohnraum und Funkraum hinauf: »Hier ARWED EMMINGHAUS, komm mal!« – »Ja, hier Seenotwache: In der Oste-Mündung sinkt ein kleineres Binnenschiff!« – »Jau, verstanden, wir kommen!«

Egon Köhn wirft seine Aalreuse hin und rennt an Bord. Richard und Rolf schlüpfen in ihre (damals noch üblichen) Öljacken, während Wolfgang in seinem »Keller« verschwunden ist. In dem großen, blitzblanken Maschinenraum startet er die Tag und Nacht mit der Vorglüheinrichtung vorgewärmten drei Antriebsdiesel.

Rolf entert auf seinen Turm, überprüft Kompaß und Ruder und zieht die Persennige von den beiden Echoloten ab. Dann prüft er die unter warmluftbeheiztem Glas liegenden Instrumente.

Ein kurzes Nicken genügt als Signal zum Loswerfen. Brummend und wippend fegt der elegante Seenotkreuzer mit allen 2400 PS, vor achterlichen Seen weich rollend, elbaufwärts.

Um 14.32 Uhr ist Alarm gegeben worden. Um 15.10 Uhr ist ARWED EMMINGHAUS beim Havaristen, der außerhalb des Fahrwassers in der Oste-Mündung auf Grund sitzt und nur noch mit dem Achterschiff aus dem Wasser ragt. Ein vor dem Seenotkreuzer eingetroffenes Boot der Wasserschutzpolizei hat ein Schlauchboot ausgesetzt, auf dem Havaristen aber niemanden gefunden.

Wie die Tide läuft, wissen die Rettungsmänner genau. Der Seenotkreuzer prescht los und sucht in Stromlee die gesamte Wasserfläche sorgfältig ab. Um 15.30 sichtet Rolf die Schiffbrüchigen etwa 1,5 Seemeilen vom Havaristen entfernt. Sie treiben noch immer elbaufwärts. Aber heranzukommen ist dem Kreuzer nicht möglich.

Sofort werden die Spannschrauben vom Tochterboot gelöst, dessen Kraftstoffpumpe unterwegs längst wieder eingebaut wurde. Richard und Egon klettern ins Cockpit. Maschinist Wolfgang fährt die hydraulische Heckklappe des Seenotkreuzers nach unten und macht damit die Ablaufbahn fertig. Wieder genügt ein Nicken vom Vormann. Wolfgang Dorn klingt den Sliphaken aus. Durch seine eigene Schwerkraft saust das Tochterboot über die Gleitrollen ins Wasser, taucht platschend ein ganzes Stück weg, schwimmt nickend wieder auf und manövriert mit Vollgas vom Mutterschiff frei. Sein UKW-Gerät ist auf Intern-Frequenz der DGzRS geschaltet. Das ist sogleich günstig, denn es bläst mit Windstärke sieben. Das Wasser ist derartig aufgewühlt, daß die beiden Rettungsmänner in ihrer Nußschale praktisch keine Sicht haben. Der Vormann gibt ihnen darum von seinem oberen Ruderstand aus über Funk genaue Kursanweisungen durch. Gegen 15.40 Uhr sind die beiden völlig erschöpften Schiffbrüchigen, die sich an treibenden Lukendeckeln festgekrallt hatten, übernommen. Es handelt sich um den Schiffer und seine Frau, die »gesamte Besatzung« des Mini-Frachters CATHARINA, der mit 156 t Schüttgut von Hamburg nach Nordenham unterwegs war und darum durch den Hadelner Kanal zur Weser wollte.

Rolf Hoffmann legt den Kreuzer quer zur See, damit das Ehepaar auf der ruhigeren Leeseite an Deck gehoben werden kann. Die beiden Leute werden sofort unter Deck gebracht, ihrer nassen Kleidung entledigt und mit Heizsteppdecken in die Hospitalkojen gesteckt. Dann flößt man ihnen heiße Getränke ein.

Wolfgang Dorn hat inzwischen die Aufslipleine ganz lang ausgelegt und wartet nun, den Sliphaken in der Faust, am offenen unteren Ende der Heckwanne auf das Tochterboot. Richard Hartmann steuert genau in die Wanne hinein. Der Bug des Seezwerges ALTE LIEBE springt ein ganzes Stück aus dem Wasser. Sofort klinkt Dorn den Haken in die Kausch des Heißstanders am Vorsteven des Tochterbootes ein und macht sich unverzüglich aus dem Staub.

Vom Turm aus fährt der Vormann die Aufslipwinsch. Mit temperamentvollem Schwung und schließlich einem Ruck wird das Boot nach oben gerissen. Unmittelbar darauf klappt das Kreuzerheck wieder empor. Das Tochterboot wird wieder in die Slipvorrichtung eingeklinkt und mit den Laschdrähten gesichert. (So geschah das vor Erfindung der automatischen Aufholvorrichtung).

ARWED EMMINGHAUS nimmt 24 Knoten Höchstfahrt auf, diesmal gegen die See. Es wird eine ziemlich nasse Angelegenheit. Aber Eile tut not. Richard Hartmann bestellt über Funk einen Unfallwagen und vorsorglich einen Arzt zum Alten Hafen. Um 18.15 Uhr liegt das gerettete Schiffer-Ehepaar im Unfallwagen der Feuerwehr und wenig später im Krankenhaus, Unterkühlung erfordert immer Vorsicht.

Wieder sind zwei Menschen gerettet.

Einsätze dieser Art machen keine Schlagzeilen, aber sie

sind typisch für den Alltag der Rettungsmänner. Nicht die spektakulären Strandungen wie die der ONDO, FIDES, PELLA, NJANDOMA machen das Gros der Einsätze aus. Das »täglich Brot« im Rettungsdienst ist wenig bekannt. Es füllt ganze Ordner von Einsatzberichten:

Bei ELBE 1 einem Küstenmotorschiff Hilfe geleistet. Holzladung war bei Windstärke neun übergegangen, Schiff drohte zu kentern ... Von einem Fischkutter, der unweit ELBE 2 von einem Motorschiff überrannt wurde, zwei Mann aus dem Wasser gerettet. Vergebliche Suche nach dem dritten Mann ... Von Scharhörn erkrankten Vermessungstechniker abgeholt, mit dem Tochterboot durch die Brandung ... Leckgesprungenen Kutter vom Großen Vogelsand heruntergeholt. Lenzen mit Tauchpumpe des Tochterbootes und halten Kutter während Schleppfahrt über Wasser ... Stewardeß vom norwegischen Tanker STOR FONN mit Blinddarmdurchbruch von Bord geholt ... Taucherunfall beim Schwimmkran MAGNUS 3 ... Tanker BARDAHL meldet Maschinenexplosion, zur Hilfeleistung ausgelaufen ... Pfahlramme in Seenot, vier Mann abgeborgen ... Ausländisches Kümo, das im Nebel die Orientierung verlor und ständig im Fahrwasser kreuzte, auf den richtigen Kurs gebracht ... Abholung eines Seelotsen vom Lotsendampfer KOMMODORE RUSER, der beim Lotsenversetzen über Bord gefallen war – Unterwegs Unterkühlungsbehandlung ... Bergung einer polnischen Yacht vom Gelbsand ... Schwerverletzten vom französischen Dampfer SNA 1 abgeholt ... Schwerkranke Frau von der Insel Neuwerk abgeholt, die mit dem Wattwagen bis zur Kante des Watts gebracht wurde ... Tobsüchtiger von Fischdampfer abgeborgen. In Transporthängematte eingeschnürt und der Feuerwehr übergeben ...

Der Alltag der Rettungsmänner ist überall ähnlich. Und doch gleicht kein Einsatz dem anderen. Die Schwierigkeitsgrade wechseln von Fall zu Fall – und die Einsatzziffern steigen unablässig. Ich notierte abermals:

Jeder Vormann hat seine eigene Art, auch mal aus der Haut zu fahren. Bei Rolf Hoffmann passiert das, wenn überhaupt, nur bei kleinen Anlässen. In kritischen Situationen ist er von jener Bierruhe, die sich auf das ganze Boot überträgt. Wirklich vollends »aus dem Häuschen« gerät er aber, wenn wieder irgendwer mit einem knapp schwimmfähigen »Untersatz« in Cuxhaven auftaucht, um damit »nach Amerika« oder womöglich gleich »nach Australien« reisen zu wollen. Solche Verrückten, die nicht die geringsten navigatorischen Kenntnisse haben, erscheinen mit schöner Regelmäßigkeit auf der Bildfläche. Da waren kürzlich drei völlig unbelehrbare junge Leute, die den Warnungen aller Fachleute zum Trotz gegen die Februar-Weststürme mit einem Katamaran, einem selbstkonstruierten Doppelrumpfboot, ansegeln wollten. Den Reiseproviant zogen sie genialerweise – in aufrecht stehenden Säcken! – auf einem geschleppten zweiten Katamaran hinter sich her. Reiseziel natürlich auch gleich New York, Fernsehen, Presse, große Show.

Rolf Hoffmann prophezeite wie alle anderen Seeleute, daß diese Fuhre nur bis zum Feuerschiff ELBE 1 kommen werde. Diese Prophezeiung war aber falsch, denn sie kam nicht mal bis ELBE 2! ARWED EMMINGHAUS mußte die drei vom Großen Vogelsand retten. Den Wahnsinn nun einsehen und aufgeben? Never mind! Also nochmaliger Start. Wieder ein Seenotfall. Und nochmal probiert. Den dritten Rettungseinsatz fuhr H. H. MEIER den vierten die holländische Rettungsgesellschaft. Damit war das Abenteuer endlich aus.

Gemessen an dieser »Amerikatour«, war jener Oberbayer schon harmloser, der mit Sepplhosen und Gamsbart am Hut erschien und sich einen völlig morschen Krabbenkutter kaufte, um damit ebenfalls »den Atlantik zu überqueren«. Die herausgefaulten oberen Plankenstöße hatte er mit Matratzen (!) abgedichtet. Man konnte von weitem durch dieses »Ozeanschiff« buchstäblich hindurchsehen!

Zum Glück für die Rettungsmänner soff der Kahn aber schon in der Grimmershörn-Bucht ab. Der wieder fällige Rettungseinsatz konnte direkt »vor der Haustür« vorgenommen werden.

Einen anderen Mann, der mit einem selbstgebastelten Wasser-Velo aus leeren Benzinkanistern nach Madeira strampeln wollte, konnte die Wasserschutzpolizei ausnahmsweise an diesem Selbstmordversuch hindern. Leider ist in den meisten Fällen die rechtliche Handhabe zu gering. Man kann die Rettungsmänner nicht wirksam genug vor der Dummheit irgendwelcher Abenteurer bewahren, die immer wieder unnötige Rettungseinsätze provozieren. Auch leichtfertige Luftmatratzenschiffer und Schlauchboot-»Kapitäne« werden immer mehr zum Problem. Das gilt zunehmend auch für allzu waghalsige Windsurfer.

Die Männer der Bergwacht sind in ähnlicher Lage wie die der DGzRS. Auch sie müssen unzählige Male ihren Kopf riskieren, weil Unkundige sich um keinen Preis belehren lassen wollen. Es gibt Zeitgenossen, die womöglich in Turnschuhen und Shorts die Eiger-Nordwand besteigen möchten.

Auf leichtsinnige Abenteurer reagieren Rettungsmänner je nach Temperament verschieden. Bei Wilhelm Plump, dem inzwischen verstorbenen damaligen Vormann der H. H. MEIER, war schon der »repressive Wunsch« aufgetaucht, solche Leute übers Knie zu legen, und ihnen mit einem Tauende, wie in der Segelschiffzeit, »Zehn hintendrauf« zu verpassen. Vielleicht hatte Wilhelm Plump nicht unrecht. Er war ein freundlicher, herzensguter Mann. Ich mochte gerade ihn ganz besonders gern. Er gehörte zu den verläßlichen, wortkargen Philosophen der Waterkant. Dieser sportlich sehnige, fast hagere Mann fuhr lange Jahre auf Loggern, auf Fischdampfern und einem Walfangboot in der Antarktis zur See, bevor er seine Patente machte und zur Rettungsgesellschaft ging. Wir besuchten ihn, wenn es sich gerade mal so traf, ab und zu auf seiner Seeposition beim Hoheweg-

Leuchtturm, im Priel eines unendlich weiten, blanken, spiegelnden Watts, wo sich Seehund und Möwe Gutenacht sagen. Plump freute sich jedesmal herzlich, wenn unser Seenotkreuzer bei seinem längsseits kam. Und jedesmal, wenn wir auf dem Weg zur Wesermündung über die Nordergründe steuerten, kamen wir zwangsläufig an dem im Meer stehenden, (damals noch bemannten) Großleuchtturm ALTE WESER vorbei, der den Ozeanschiffen mit seinen Leuchtfeuer-Leitsektoren einen sicheren Weg durch die 17 Kilometer breite Riffzone vor der Außenjade und Außenweser zeigt. Immer wieder pendeln dort die Fahrrinnen hin und her. Ein weithin sichtbares, konstantes Seezeichen ist daher unerläßlich. Dieser Turm ersetzt seit Jahren den alten ROTESAND-Leuchtturm, der nur noch ein Nebenfeuer trägt und als Denkmal erhalten wird. Der Bau von ALTE WESER stand unter einem unguten Stern, er machte dreimal Seenotkreuzer-Einsätze der H. H. MEIER nötig.

Das erste Mal war in einer Sturmnacht der in den Meeresboden eingelassene Caisson-Stahlschaft des Turmes infolge Unterspülung und Senkung acht Meter unter der Wasseroberfläche plötzlich eingerissen. Mit großer Gewalt drang das Wasser ein, es gab Tote und Verletzte. Die Turmbau-Hubinsel gab »Mayday«. Weder Helikopter noch andere Fahrzeuge konnten sich wegen der hoch über Deck ragenden Hubbeine und wegen Wind und Seegang heranwagen. Nur das Tochterboot ROLAND der H. H. MEIER schaffte es, in zwei riskanten Anläufen sieben Verletzte zu übernehmen. Einer hatte einen Nervenschock erlitten, ein anderer starb auf dem Seenotkreuzer während der Fahrt.

Ein Jahr später wurde ein neuer Stahlmantelschaft von der Hubinsel abgesenkt. Da brach ein schwerer Sommersturm los, den die Bauleute wohl nicht einkalkuliert hatten. Die ganze Besatzung der Bohrinsel – 25 Mann! – mußte abgeborgen werden. Diesmal war mit dem Tochterboot nichts mehr zu machen. Vormann Plump ließ das Hosenbojengeschirr klarlegen und die Kletternetze aushängen. Auch die Bohrinsel fierte ihre Notkletternetze herab.

Es wehte »Kuhjungen«, als H. H. Meier in das Tollhaus von wabernden Kreuzseen unter der Hubinsel vorstieß. Der störrisch gewordene Kreuzer machte Bewegungen, wie sie keiner von den Rettungsmännern jemals erlebt hat. Da hingen nun 25 Bauarbeiter in diesem Netz zwischen Himmel und See, immer in Gefahr, von der Takelage des verrückt gewordenen Seenotkeuzers getroffen zu werden. Völlig verängstigt krallten sich diese seeungewohnten Menschen in den Netzmaschen fest. Sie mußten förmlich aus dem Kletternetz herausgerissen werden. Das gelang bei jedem Anlauf allenfalls bei 2 bis 3 Männern. Zehnmal mußte darum Plump die H. H. Meier unter die Hubinsel lavieren. Es war unvermeidlich, daß der Kreuzer zweimal krachend dagegenschlug, sich die Antennenausleger abrasierte und die Sprungnetzstützen brach.

Auch der nächste Seenotfall derselben Hubinsel war nicht von Pappe. Beim »Jacken« oder Anlüften der Plattform versagte plötzlich die Kletterschluß-Klemme. Schlagartig rutschte die Hubinsel einseitig um etwa fünf Meter ab, ehe sie abgefangen werden konnte. Die Verspannungen der Tragbühne rissen, ein 50 Tonnen schwerer Bagger kam ins Rollen. Es gab Prellungen, Verletzungen und Schocks unter der Besatzung. Die Seen bleckten bereits über die Plattformkante. Als H. H. Meier an der Unfallstelle eintraf, waren die Vorderbeine der schiefstehenden Insel schon eingeknickt. Es bestand erhöhte Gefahr, daß die ganze Konstruktion abkippte.

Der Seenotkreuzer wagte sich dennoch bis unter die Hubinsel vor und konnte einen Mann aus dem Kletternetz pflükken. Dabei aber demolierte sich H. H. Meier das Heck. Das Tochterboot mußte weitermachen. Es hat in fünf Fahrten die restlichen 18 Leute abgeborgen.

Die Rettungsmänner von der Station Bremerhaven haben

Einsätze aller Schattierungen erlebt – bis hin zur tagelang andauernden Rettung der gesamten Besatzug des liberianischen Frachters BALMORAL, der im Sturm auf der Mellumplate gestrandet war und Totalverlust wurde. In Etappen mußten mit dem Tochterboot erst zehn, dann fünf, zuletzt drei Mann aus der Brandung geholt werden. Aber keiner der Fälle steckt Plump und seiner Besatzung derart in den Knochen wie die drei Einsätze an der Hubinsel der Arbeitsgemeinschaft Leuchtturm ALTE WESER.

Das heißt, ganz sicher sind sich die Männer der H. H. MEIER darin inzwischen auch nicht mehr, denn alle Dinge sind relativ. Als ich nämlich das letzte Mal auf diesem Seenotkreuzer war, kam er gerade frisch aus der Werft. Er hatte sich bei einem neuen Rettungs-Husarenstück drei Lecks in den Rumpf geschlagen. Auch ein Brennstoff- und ein Lufttank waren abgesoffen und ein Ruderschaft verbogen. Das geschah in einer Novembernacht, als bei Orkanböen bis Stärke zwölf vor Schottwarden drei Mann von einem völlig überfluteten, wild herumtobenden Bagger gerettet werden mußten, die sich dort mit umgebundenen Rettungswesten angeklammert hatten. Beiderseits waren steinerne Buhnen und in Lee des Baggers das große Saugrohr im Wege. Also mußte H. H. MEIER quer zur Brandung auf der Luvseite anlegen, obwohl dort die stählernen Ankerleinen des Baggers ausgebracht waren. Genau zwischen zwei Sturzseen gelang es, die Schiffbrüchigen an Bord zu zerren. Sekunden danach hob wieder ein Grundbrecher den Kreuzer an und schmetterte ihn schräg von oben auf den Bagger, dessen Poller nun den Rumpf der H. H. MEIER zerschlitzte. Das Ruder verfing sich mit scheußlichem Geräusch in einem der Ankertaue – aber H. H. MEIER kam schließlich genauso mit knapper Not davon wie seinerzeit die BORKUM beim Rettungseinsatz am Wrack der TEESWOOD, nicht zuletzt dank der doppelten Außenhaut!

Jetzt ist das nur noch Erinnerung. In Bremerhaven steht

längst der Seenotkreuzer VORMANN LEISS – als Nachfolger-Seenotkreuzer der EISWETTE-Klasse – im Einsatz. Vormann der Station Bremerhaven ist heute Peter Plump. Er und seine Männer können neue »Romane« erzählen. Denn ob man will oder nicht – zum unfreiwilligen Abenteuer gerät der Seenotrettungsdienst doch von Zeit zu Zeit.

Auf zwei Seenotkreuzern habe ich die Nordsee bei manchem Wetter und zu jeder Jahreszeit erlebt. Ich kenne jetzt diese seltsame amphibische Wüste des Wattenmeeres, die einmal jemand treffend als die »unbekannteste Landschaft Europas« bezeichnet hat. Sie ist nichts anderes als vernichteter Kulturraum, von der See geraubtes Land.

Allein die Marcellus-Sturmflut von 1362 soll 100 000 Todesopfer gefordert haben. Sie ließ Rungholt untergehen und riß die Halligen vom Festland ab, sie überschwemmte für immer die Zuidersee, die Jade, die Ley-, die Harlebucht und teilweise den Dollart.

Kein Komfort unserer technischen Zivilisation kann verhindern, daß die See ihr Zerstörungswerk immer weiter fortzusetzen versucht. Die Sturmkatastrophen von 1953, 1962, 1976 sind in frischer Erinnerung. Und allein im Winter 1966/67 hat es in der Deutschen Bucht 18 weitere Sturmfluten gegeben. Mindestens ein dutzendmal pro Jahr melden die Halligen »Land unter«.

Alle Ideologien und alle blinkenden Reden unserer Zeit ändern nichts daran, daß »Mannsdränken« seit Menschengedenken die Küste bedrohen. Der Kampf gegen den Blanken Hans, zur Erhaltung der Deiche und Dörfer, bleibt unerbittliches Lebensgesetz.

Die Rettungsmänner führen diesen oft ungleichen Kampf draußen auf den Riffen und Sänden einer erbarmungslosen See. Sie geben einer Ur-Herausforderung immer von neuem eine Antwort. Sie nehmen Abenteuer auf sich, die bisweilen einer rechnenden Vernunft zu widersprechen scheinen. Sie wissen aber, daß es eine andere Lösung nicht gibt.

Fast 55 000 Menschen hat »die nobelste Gilde unter allen Seeleuten« bis Ende 1992 allein in Deutschland aus der See geholt – die Einwohnerschaft einer ganzen Mittelstadt.

Auf der ganzen Welt sind es längst Hunderttausende, die Rettungsmännern und Seenotfliegern ihr Leben verdanken.

Diese Männer setzen – nicht anders als jene aus der Generation ihrer Väter, Großväter und Urgroßväter – nach wie vor das eigene Leben ohne Zögern für das Leben unbekannter Mitmenschen ein. Sie bewahren sich in einer Zeit der Wirrnis und eines blindwütigen, sinnlos mordenden Terrorismus höchstes Menschentum.

Ich bin rückständig genug, diese Tatsache zu bewundern. Sie enthüllt pauschalen Weltekel als Bewußtseinsstörung.

Und mit Verlaub zu sagen: Ich leiste mir den nicht ganz »zeitgeistkonformen Luxus«, das ziemlich beruhigend zu finden.

# Deutsche Gesellschaft zur Rettung Schiffbrüchiger

Gott segne das Rettungswerk!

118 Rettungsstationen    Mehr als 5000 Gerettete

## Gedenket Eurer Brüder zur See!
### Gebt mindestens 3 Mark jährlich

Hauptgeschäftsstelle: Bremen, Martinistraße 41 – Postscheckkonto Hamburg 7046.

# Bildnachweis

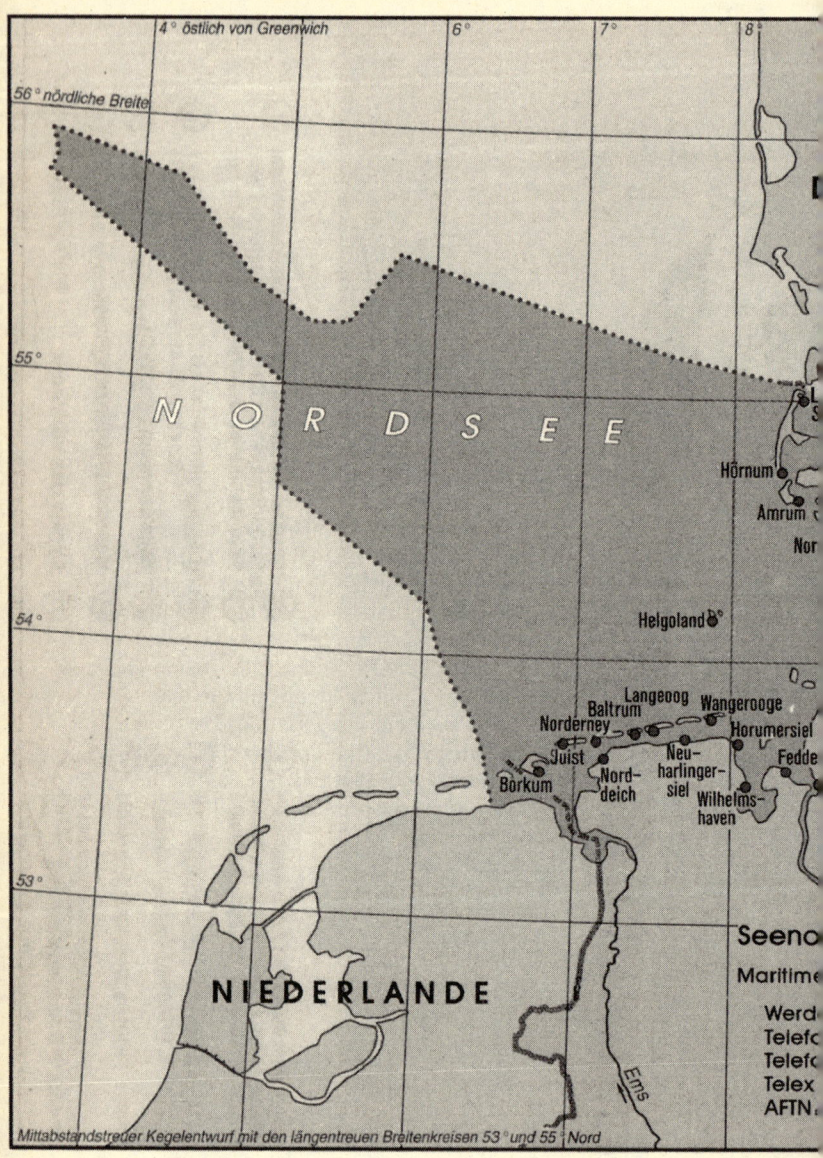

4° östlich von Greenwich  6°  7°  8°

56° nördliche Breite

55°

N O R D S E E

Hörnum

Amrum

Nor

54°

Helgoland

Langeoog  Wangerooge
Baltrum
Norderney  Horumersiel
Juist  Neu-  Fedde
Borkum  Nord-  harlinger-
deich  siel
Wilhelms-  
haven

53°

Seeno

Maritime

Werd
Telefo
Telef
Telex
AFTN

NIEDERLANDE

Ems

Mittabstandstreuer Kegelentwurf mit den längentreuen Breitenkreisen 53° und 55° Nord

454

**Einsatzgebiet und Stationen der DGzRS-Rettungsflotte**

Maßstab 1 : 4 000 000

# SEENOTKREUZER „JOHN T. ESSBERGER"

**Abmessungen:** Länge: 44,50 m, Breite: 8,05 m, Tiefgang: 2,58 m.
**Antrieb:** Mittelanlage: 3750/4500 PS, Seitenanlagen (2): je 1125/1350 PS.
**Höchstgeschwindigkeit:** 32 Knoten.
**Reichweite:** 1200 Seemeilen.
**Baujahr:** 1975.
**Bauort:** Schiffs- und Bootswerft
**Fr. Schweers, Bardenfleth/Weser.**

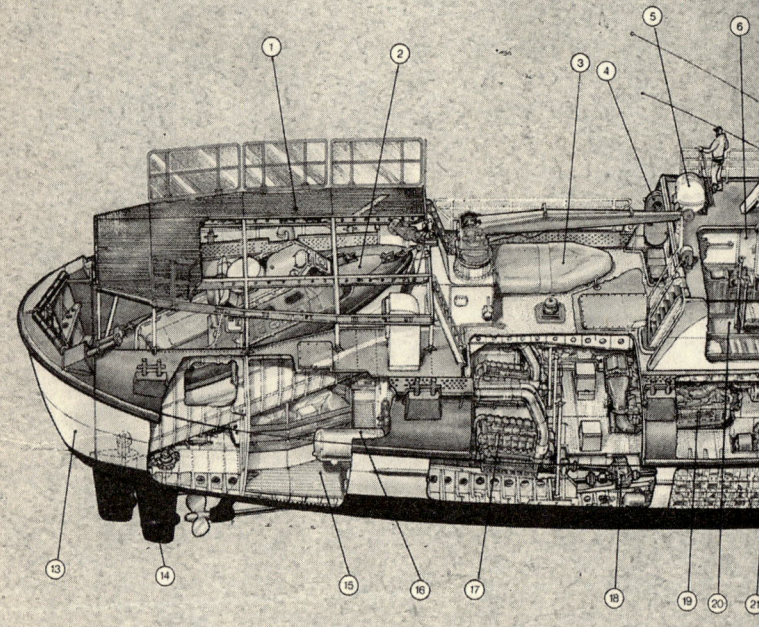

① Hubschrauber-Arbeitsdeck. An- und Abseilung von Verletzten oder Arzt in Zusammenarbeit mit SAR-SEA KING-Helikopter.

② Tochterboot „ELSA", Geschwindigkeit 15 kn (150/180 PS), selbstaufrichtend.

③ Schlauchboot mit Außenborder.

④ Eingang zum Maschinenraum.

⑤ Rettungsinsel.

⑥ Korridor.

⑦ Feuerlöschanlage (Monitor) zur Bekämpfung von Schiffsbränden. Zwei Pumpen mit einer Leistung von 580 cbm/h – 140 m Wassersäule, 2,5 t Spezialschaummittel.

⑧ Radioraum mit Situations-Radargerät, UKW-UHF-Peiler sowie Sende- und Empfangsanlagen auch für den Luftverkehr.

⑨ Navigationsraum mit Kartentisch.

⑩ Oberer Fahrstand.

⑪ Unterer Fahrstand, geheizt.

⑫ Messe und Aufenthaltsraum mit Farbfernsehgerät.

⑬ Heckklappe zum Wassern des Tochterboo

⑭ Drei-Propeller-Drei-Ruder-Anlage für beide Seitenmaschinen und Hauptmaschine.

⑮ Stauraum.

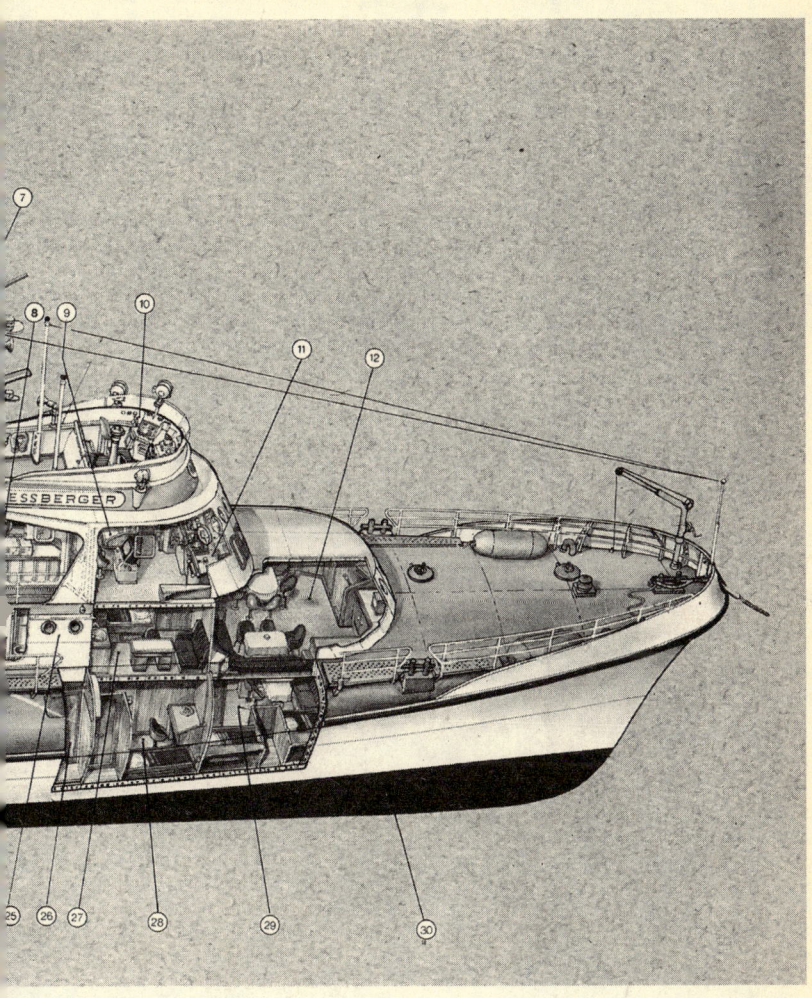

pezialschaummitteltank (2,5 t) zur
ekämpfung schwieriger Brände; wird
ber Monitor im Mastkorb ausgestoßen.

wei Seitenmotoren für Halbe Fahrt,
1125/1350 PS, bringen 18 kn.

-Getriebe.

ittelmotor für Marschfahrt (32 kn)
it 3750/4500 PS Antriebsleistung.

ospital mit Operationskoje und
nterkühlungsbadewanne, vier Kojen.

ilfsdiesel (2) je 150 PS Leistung
r Stromerzeugung etc.

22. Spezial-Netzspantsystem aus Aluminium.

23. Fahrstand Maschinenraum.

24. Dusche.

25. Toilettenraum (drei WC).

26. Mannschafts-Einzelkabine.

27. Kabine des Vormanns.

28. Mannschafts-Einzelkabine.

29. Mannschafts-Doppelkabine.

30. Bugschraube.

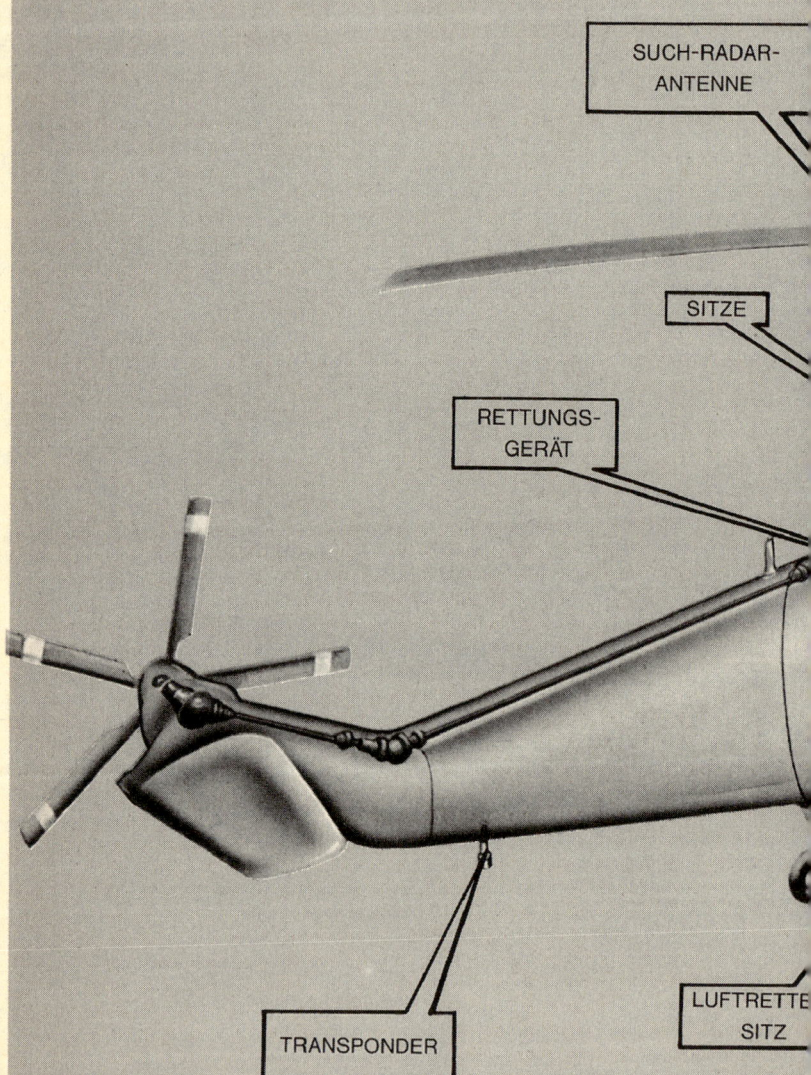

# Seenot-Hubschrauber SEAKING Mk 41

SUCH-RADAR-
ANTENNE

SITZE

RETTUNGS-
GERÄT

LUFTRETTE
SITZ

TRANSPONDER

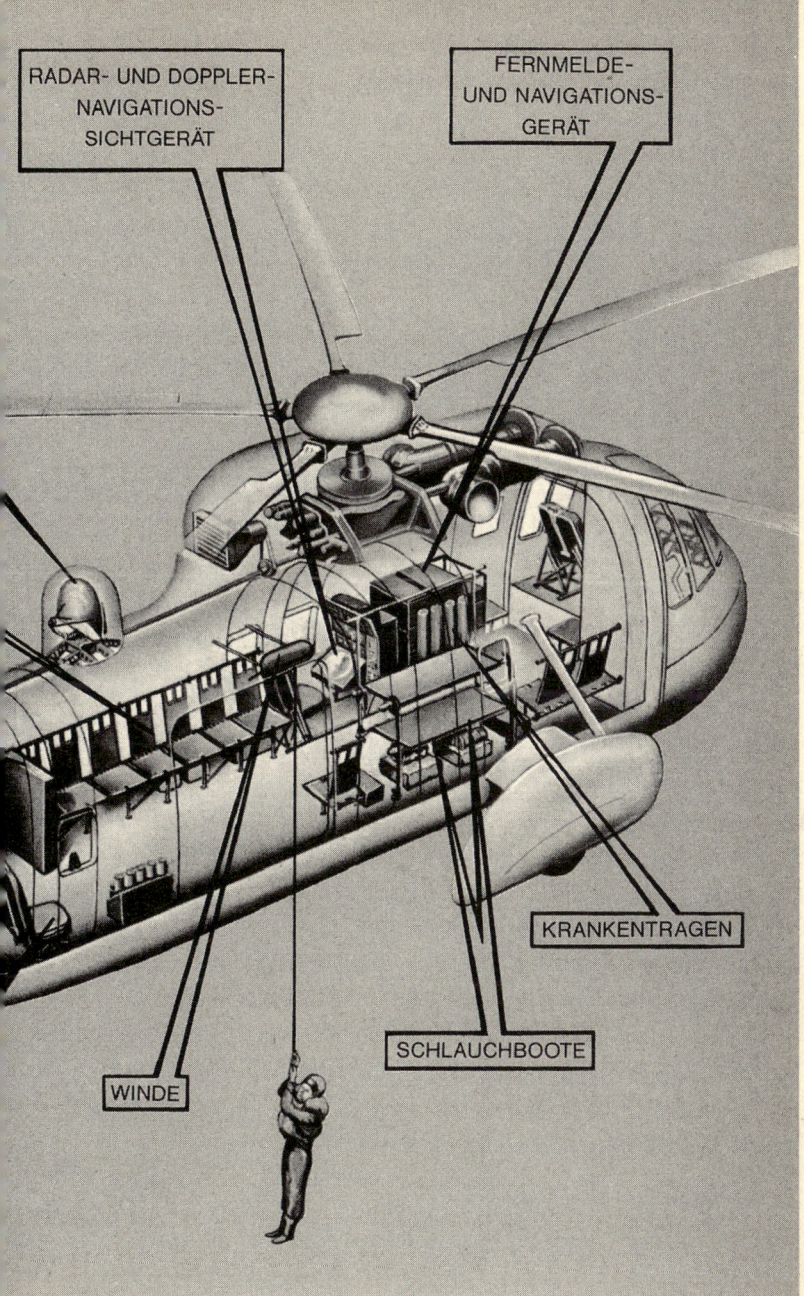

RADAR- UND DOPPLER-
NAVIGATIONS-
SICHTGERÄT

FERNMELDE-
UND NAVIGATIONS-
GERÄT

KRANKENTRAGEN

SCHLAUCHBOOTE

WINDE

# Register

463